ACTA ORGANOLOGICA · BAND 11

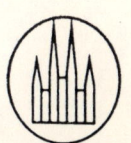

# ACTA ORGANOLOGICA

## BAND 11

IM AUFTRAG DER

GESELLSCHAFT DER ORGELFREUNDE

HERAUSGEGEBEN VON

ALFRED REICHLING

1977

VERLAG MERSEBURGER BERLIN

ACHTUNDFÜNFZIGSTE VERÖFFENTLICHUNG
DER GESELLSCHAFT DER ORGELFREUNDE

JAHRESGABE 1977

Mit 34 Abbildungen auf 20 Tafeln, 2 Zeichnungen und 18 Faksimiles.

Edition Merseburger 1471
© 1977 Verlag Merseburger Berlin GmbH
Alle Rechte vorbehalten · Printed in Germany
Gesamtherstellung: Fränkische Gesellschaftsdruckerei, Würzburg
Gestaltung des Umschlags: Walter Supper
ISBN 3-87537-154-2

# Inhalt

                                                                    Seite

OTMAR GERGELYI und KAROL WURM
Zur Geschichte der großen Orgel in der Stadtpfarrkirche
St. Jacobi zu Levoča (Leutschau) . . . . . . . . . . . . . . .   9

HARALD OSCHLER
Die Prescher-Orgel zu Wechingen . . . . . . . . . . . . . . .   47

BERND SULZMANN
Eine Planung Abbé G. J. Voglers aus dem Jahre 1806 . . . . . . .   54

GOTTHILF KLEEMANN
Einheimische und auswärtige Orgelmacher im Herzogtum Württemberg . .   70

GÜNTER HART
Daniel Meyer – Orgelmacher zu Göttingen . . . . . . . . . . .   119

P. MEYER-SIAT
Die Silbermann-Genealogie nach den Straßburger Akten . . . . . . .   137

WILLY WINTER
Die Orgelbauerfamilie Wiegleb . . . . . . . . . . . . . . .   146

WALTER HÜTTEL
David Gotthilf Thümmler (1801–1847) – Leben und Werk . . . . . .   161

BERNHARD BILLETER
Albert Schweitzer und sein Orgelbauer . . . . . . . . . . . . .   173

Namensregister . . . . . . . . . . . . . . 226

Ortsregister . . . . . . . . . . . . . . . 229

# Verzeichnis der Abbildungen

*Tafelbilder*                                          Seite

1. Leutschau, Stadtpfarrkirche (Zeichnung von Viktor Miskovszky) . . . 17
2. Leutschau, Stadtpfarrkirche. Ehemaliges Rückpositiv . . . . . . . 18
3. Leutschau, Stadtpfarrkirche . . . . . . . . . . . . . . . 35
4. Leutschau, Stadtpfarrkirche. Blick in das ehemalige Rückpositiv . . . 36
5. Leutschau, Stadtpfarrkirche. Pfeifen aus dem ehemaligen Rückpositiv . . 36
6. Siegel von Hans Hummel . . . . . . . . . . . . . . . 36
7. Olkusz. Spielanlage . . . . . . . . . . . . . . . . . 36
8. Wiesensteig, Kollegiats-Stiftskirche (Zeichnung) . . . . . . . . . 77
9. Bad Teinach. Gehäuseentwurf mit Disposition von Joh. Jakob Fesenbeckh 78
10. Schwäbisch Gmünd, Hl. Kreuz (Zeichnung von W. Rupp) . . . . . 87
11. Bergfelden b. Horb . . . . . . . . . . . . . . . . . 88
12. Kilchberg . . . . . . . . . . . . . . . . . . . . 88
13. Wildberg, Stadtkirche . . . . . . . . . . . . . . . . 88
14. Mundelsheim . . . . . . . . . . . . . . . . . . . 88
15. München, Deutsches Museum. Positiv von Nicolaus Franziscus Lamprecht 97
16. Vaihingen a. d. Enz, Stadtkirche . . . . . . . . . . . . . 98
17. Weiler a. d. Zaber . . . . . . . . . . . . . . . . . 98
18. Blaubeuren, Stadtkirche . . . . . . . . . . . . . . . . 98
19. Strümpfelbach . . . . . . . . . . . . . . . . . . . 98
20. Oberlenningen . . . . . . . . . . . . . . . . . . 107
21. Mössingen . . . . . . . . . . . . . . . . . . . . 108
22. Gültstein . . . . . . . . . . . . . . . . . . . . 108
23. Entringen . . . . . . . . . . . . . . . . . . . . 108

24. Münsingen, Stadtkirche . . . . . . . . . . . . . . . . . . 108
25. Hollenbach . . . . . . . . . . . . . . . . . . . . . . 117
26. Weil der Stadt . . . . . . . . . . . . . . . . . . . . . 118
27. Haubersbronn . . . . . . . . . . . . . . . . . . . . . 118
28. Joh. Andreas Silbermann (Pastellbild von François Bernard Frey) . . 135
29. Joh. Andreas Silbermann (Porträtstich von Christophe Guérin nach Joh. Georg Tanisch) . . . . . . . . . . . . . . . . 136
30. Kronach, Kreuzkapelle. Gehäuseentwurf von Joh. Conrad Wiegleb . . 153
31. Reihen . . . . . . . . . . . . . . . . . . . . . . . . 154
32. Wechingen, Obere Kirche St. Veit . . . . . . . . . . . . . 163
33. Schönberg b. Meerane . . . . . . . . . . . . . . . . . 164
34. Tettau b. Meerane . . . . . . . . . . . . . . . . . . . 164

*Graphiken im Text*

München, St. Peter. Grundriß . . . . . . . . . . . . . . . . . 55
Mühlbach im Elsaß (Zeichnung von Fritz Haerpfer) . . . . . . . . 205

OTMAR GERGELYI und KAROL WURM

# Zur Geschichte der großen Orgel in der Stadtpfarrkirche St. Jacobi zu Levoča (Leutschau)

EINLEITUNG

Am Treffpunkt wichtiger Handelswege gelegen und im Besitz gewinnbringender Privilegien, war *Leutschau* Jahrhunderte hindurch die reichste und mächtigste Stadt der Zips, und ihr Einfluß reichte über die Grenzen dieser Landschaft hinaus. So war sie – im Wechsel mit Košice (Kaschau) – die führende Stadt der Pentapolitana, des Bundes der fünf oberungarischen Städte. Der starke Zustrom deutscher Kolonisten nach dem Tatareneinbruch war nicht nur für die Gründung entscheidend, sondern bestimmte für lange Zeit auch die nationale Zusammensetzung der Einwohnerschaft. Zum deutschen Anteil gehörten vor allem die wohlhabenden Bürger, die Kaufleute und die Handwerker, die auch die städtischen Ämter und die Ratssitze innehatten, während das slowakische Element – als die ärmere Schicht – meist in der Landwirtschaft tätig war. Erst vom XVIII. Jahrhundert an begann sich auch der ungarische Zufluß – der Adel und die Beamten – durchzusetzen. Im Jahre 1555 zählte die Stadt 536 Häuser mit etwa 3500 Einwohnern, war also für jene Zeit von bedeutender Größe. Trotz schwerer Rückschläge durch Feuersbrunst, Pest und Kriegswirren erholte sie sich immer wieder, nicht zuletzt auch deshalb, weil sie nach der Schlacht bei Mohács (1526) für die Habsburger Partei ergriff und von diesen nach der Niederlage der Familie Zápol'sky dankbar unterstützt wurde. Erst der Niedergang des Bürgertums und die wachsende Industrialisierung führten im XIX. Jahrhundert zum Stillstand und zum allmählichen Verfall, um so mehr, da Leutschau abseits der Haupteisenbahnlinie verblieb und deshalb rasch von Spišská Nová Ves (Zipser Neudorf-Igló) und Poprad überflügelt wurde. Doch blieb ein Großteil der Baudenkmäler und Kunstschätze erhalten[1].

Die Stadtpfarrkirche St. Jacobi ist der größte gotische Kirchenbau der Zips und nach dem Dom zu Kaschau der zweitgrößte der ganzen Slowakei. Ihr Bau wurde im ersten Viertel des XIV. Jahrhunderts begonnen und gegen 1400 vollendet. Als großartigstes Kunstwerk der inneren Einrichtung ist der monumentale Flügelaltar des Meisters PAUL zu nennen; aber auch ein Dutzend weiterer wertvoller Altäre, die Kanzel, die Fresken aus dem XIV. Jahrhundert und vieles andere sind seltene Kostbarkeiten ihrer Art.

---

[1] FELBER-CHALUPECKÝ-KLUBERT-KREST'AN: *Levoča*, Košice 1964, S. 7–18.

Da das städtische Archiv im Jahre 1550 von der großen Feuersbrunst vernichtet wurde, sind die Nachrichten über Orgeln und Organisten vor diesem Termin spärlich.
Ein MARTINUS DE LEUTSCHOVIA hat 1503 die Orgel in *Prešov* (*Eperjes*) repariert[2].
1506 hat ein Meister GALLUS in Leutschau gearbeitet. Ein Schreiben des Leutschauer Richters an den Richter und Rat von *Bardejov* (*Bartfeld*) ersucht die Bartfelder, sie möchten sich gedulden, der Meister werde kommen, sobald er in Leutschau fertig sei[3].
Mit dem Jahre 1516 wurde GREGORIUS CORONENSIS aus Brasso (Kronstadt in Siebenbürgen) als Organist zu Leutschau angestellt[4]. 1522 ist hier MESSINGSCHLÄER alias MELCHIOR POLIERER gestorben, der über 30 Jahre Ratsmitglied und Kirchenvater war und eine schöne große Orgel gestiftet hat[5].
1529 wurde das Haus des Orgelbauers NIKOLAUS (domus NICOLAI Organiparae) verkauft, weil er zur Pestzeit nach Polen entflohen und nicht zurückgekehrt war. Sein Vermögen (über 300 fl.) wurde konfisziert[6].
In den Jahren 1539–40 hat JOHANN AMMER in der Pfarrkirche eine Orgel mit 20 Registern erbaut[7].
Zur Zeit der Reformation hatte Leutschau den Höhepunkt seiner politischen und kulturellen Entwicklung erreicht. Die 1513 gegründete städtische Schule wurde zu einer Brücke nach Ost und West, zu den sächsischen Städten Siebenbürgens und zu den deutschen Universitäten, namentlich zu Wittenberg. Bald hatte sich – dem Beispiel der führenden Familien THURZO und TÖKÖLYI folgend – ein überwiegender Teil der Zipser der Reformation angeschlossen und die Kirchen, auch die Leutschauer Pfarrkirche, übernommen.
Über die kirchenmusikalische Praxis der ersten Hälfte des XVII. Jahrhunderts geben die handschriftlichen Tabulaturen der Leutschauer evangelischen Bibliothek wertvollen Aufschluß[8]. Die beiden Sammelbände des GASPAR PLOTZ enthalten unter anderem eine größere Anzahl von Kompositionen des GIOVANNI GABRIELI, HIERONYMUS PRAETORIUS, BARTHOLOMAEUS GESIUS, JACOBUS HANDL (GALLUS) und ORLANDO DI LASSO. Von besonderer Bedeutung sind zwei weitere Sammlungen, die neben den SCHÜTZschen Psalmen, den „Concerti sacri" von SAMUEL SCHEIDT und der „Musikalischen Seelenlust" des TOBIAS MICHAEL auch mehr als 40 meist achtstimmige Chöre aus der Feder des begabten Zipser Kantors JÁN SCHIMBRACKÝ zum Inhalt haben. Von einheimischen Orgelkompositionen sind bisher aus diesen Quellen nur einige kurze Stücke des SAMUEL MARKFELDNER in der ebenfalls handschriftlichen Bunten Leutschauer Sammlung zum Vorschein gekommen. MARKFELDNER, aus Spišské Vlachy (Wallendorf) gebürtig, kam aus Spišské Podhradie (Kirchdrauf) nach Leutschau, wo er 1648 bis 1670 als Organist diente. Sein Vorgänger war JOHANN PLOTZ, der Sohn des obengenannten GASPAR PLOTZ. Von gedruckten Werken ist vor allem die „Cithara Sanctorum" des JIŘÍ TRANOVSKÝ zu nennen, das erste und bis jetzt im Gebrauch

---

[2] Rechnungsbuch der Stadt Prešov (Eperjes) von 1506, S. 229.
[3] Stadtarchiv Bardejov Nr. 3946.
[4] BURLAS-FIŠER-HOŘEJŠ: *Hudba na Slovensku v XVII. storoči*, Bratislava, 1954, S. 148.
[5] HAIN, CASPAR: *Zipserische oder Leütschauer Chronica*, S. 20. HAIN war 1659 Rektor zu Leutschau. Seine Chronik erschien 1909–1911 als Jahresgabe der Zipser Historischen Gesellschaft.
[6] HAIN, a.a.O., S. 42.
[7] Ebd., S. 84.
[8] BURLAS etc., a.a.O., S. 96 ff.

stehende Gesangbuch der slowakischen evangelischen Kirche, das, mit Melodien versehen, 1636 bei dem Leutschauer Buchdrucker SAMUEL BREWER erschienen ist. Die BREUERsche Offizin – das Haus steht noch und wird restauriert – brachte auch wichtige pädagogische Werke des JAN AMOS KOMENSKY: die „Janua linguarum reserata" (1645) und den „Orbis sensualium pictus" (1683) im Druck, das letztere mit den Bildern des Leutschauer Professors JONAS BUBENKA.

## ZUM BAU DER GROSSEN ORGEL

Bei den regen Handelsverbindungen und kulturellen Kontakten der Zipser Städte mit Polen nimmt es nicht wunder, daß der Leutschauer Magistrat den Krakauer Bürger HANS HUMMEL zum Bau einer neuen Orgel ansehnlicher Größe berief.

HANS HUMMEL (auch HOMMEL), aus Nürnberg – nach anderen aus Coburg – gebürtig, scheint in der deutschen Fachliteratur wenig bekannt zu sein. Die polnischen Quellen hat JERZY GOLOS folgendermaßen zusammengefaßt [9]: HUMMEL war seit 1608 Bürger in *Krakau*, wo er 1617/18 in der Marienkirche und 1626 in der Markuskirche gearbeitet hat. Vor 1613 soll der Meister eine Orgel in der Pfarrkirche zu *Miechow* erbaut haben, die nicht erhalten ist. In den Jahren etwa 1612 bis 1623 errichtete er in *Olkusz* ein Werk, das heute als die älteste ohne grobe Eingriffe erhaltene größere Orgel Polens betrachtet und geschätzt wird. Während der Arbeit in Olkusz starb dem Meister ein vierjähriger Sohn JOHANN und wurde unter der Orgel begraben. Die Inschrift des Epitaphs lautet:

Abb. 7
S. 36

> *„Nobilis organifex* HANS HUMMEL *ab urbe Norimberg*
> *ortus hoc eximiae dum struit artis opus*
> *erepto puero properata morte Joanni*
> *perfusus lachrimis hac monumenta dedit.*
> *Ossa sub hoc tumulo pueri defeta teguntur*
> *at superis iuncius spiritus astracolit.*

Ja pogrzebl syna pod swemi organy mistrz z Norimberga HANS HAMEL nazwany, który wykonczal wszedlszy w czwartem roku ducha dal Bogu."

Merkwürdigerweise erscheint bei GOLOS auch ein weiterer Sohn desselben Namens, von dem eine Inschrift in der Markuskirche zu Krakau Kunde gibt: „JOHANNES HOMEL, *Cracoviae natus, in Hungaria educatus fecit organum hoc anno 1628.*" Dieser zweite JOHANN müßte nach dem Tode des ersten geboren sein. Deshalb scheint es unwahrscheinlich, daß er schon 1628 selbständig gearbeitet hat. Vielleicht liegt ein Irrtum in der Lesung der Jahreszahl vor.

Die „Convention so ein ehrs. Rath der königl. freystadt Leütsch mit HANS HUMMELN orgelmachern gemacht und aufgerichtet Ao 1615" besagt:

„Im Jahr Christi Sechzehnhundert und fünfzehenden, den 22 tag Aprilis, welcher ist der Mittwoch nach Ostern, hatt ein Ersamer, weiser Richter undt Rath der königlichen freyen Stadt LEUTSCH in Ober Ungarn im Zips gelegen, Mir Meister HANNSEN HUMMEL Orgelmacher zue CRAKAW dero Zeit zue ILKOSCH in Polen Wohnendt, ein Werk der Orgel in Ihre Kirchen zue machen, mit Fünf und zwanzig Stimmen, angedingt, Wie solche in Specie und absonderlich verzeichneter und schriftlich ihnen zugestellet, zue welchen Werk ich alle Not-

---

[9] GOLOS J.: *Polskie organy i muzyka organowa*, Warszawa, 1972, S. 44–46, 55, 95 und 459.

turft umb mein geldt /: ohne die Tischler arbeyt, sampt Brettern, zum Stuel und Chor der Orgel, auch Schmiedt, Mahler, und Eisen, so die Herren vonn der LEUTSCH selbst verschaffen unndt zahlen werden:/ erkauffen und zu bereiten soll. Vir welches alles Sie mir geben und zahlen sollen ein und zwanzig Hundert polnische Gulden, so in ungarischer Zahlung machen 9 per den. 100 Achzehen Hundert und Neinzig gulden es sollen aber die fördersten Pfeiffen oder Principal sampt dem Sub Bas und großen Pfeiffen von lauter Zinn gemacht werden. Was ich um zue Haus machen, oder sonsten materialia zue des Werkes notturft hinein in die LEÜTSCH aus ILKOSCH oder CRAKAW werde schiken sollen, werden die Herren von der LEÜTSCH die Unkosten spendiren auff die Fuhr. Verspreche auch Ihnen hiemit bey meinen ehren, das ich meinen Zuesag nach kommen, und das Werk mit allen Vleiss machen und ehest als immer müglich ausfertigen will. Alles freilich ohne Gefehrdte. Zue mehrer Versicherung hab ich diesen Schein mit eigner Handt undt Petschafft gefertiget. Actum LEÜTSCH, Jahr und tag als obstehet.

Ich HANS HUMEL<br>orgel Meister undt<br>burger zu Krakow"[10]

Der Text der zugehörigen „Consignation der notwendigen zuegehör und Materien zue der Orgell" gibt Aufschluß über die Disposition:

„Das gantze Manual midt 10 Stimmen

 1 Erstlich dass principahl vonn 4 ⎫  
 2 Die Octav                  "     2 ⎬ Ellen  
 3 Super Octav            "     1 ⎭  
 4 Mixtur auff ein Clavis 8 Pfeyffen, die grösste vonn 1 Ellen  
 5 Cymbel vonn 5 Pfeyffen  
 6 Hohlfleyten der thonn oder principal gleich vonn 4 Ellen  
 7 Blockfleyten "    "    "    octav manual    "    2 Ellen  
 8 Roßquint vonn ½ Ellen  
 9 Gembshornn vonn 1 Ellen  
10 Schweytzerpfeyffen vonn 4 Ellen

Sonderlich was anbelanget dass Werck im Pedal

11 Erstlich das principahl oder Subbass im Pedall ein octav tiefer alss dass Principahl manual von 8 Ellen das grosse C  
12 Die octav im pedal auch ein Octav niederer alss die Octav manual von 4 Ellen  
13 Super octav, auch ein octav niederer alss die superoctav manual  
14 Mixtur vonn 6 Pfeyffen die größte lang 2 Ellen  
15 Hohlfleytenn der thonn oder principal von 4 Ellen  
16 Pommort vonn 8 Ellen  
17 Corneth vonn 1 Ellen                                                      (7 Stimmen)

Was anbelangt dass Rück posietieff

18 Das principal vonn 2 Ellen. Ein octav höher alss dass Principal manual  
19 Die octav vonn 1 Ellen der superoctav im manual gleich  
20 Mixtur von 3 Pfeyffen die grösste eine halbe ellen lang  
21 Cymbel vonn drey Pfeyffen  
22 Subfleyten vonn 2 Ellen der thonn oder Principal gleich in Rückposietieff

---

[10] Stadtarchiv Leutschau (StadtAL) XII/88.

23 Quinta dena der thonn oder Principal vonn 4 Ellen dem Principal manual gleich
24 Spielfleytenn vonn 1 Ellen
25 Ein Tieff Regal vonn 4 Ellen (8 Stimmen)

Zue diesem Werck kommen 6 blassbelge, 4 Ellen lang, anderthalb Ellen breitt. Zuem anderen 4 Windladen 2 manual undt ein pedal einen im Rückposietieff"[11]
[Am Rande von anderer Hand]: „S[umm]a der Pfeiffen sindt 1652."

Übersichtlicher in heutiger Schreibweise:

| HAUPTWERK | | RÜCKPOSITIV | | PEDAL | |
|---|---|---|---|---|---|
| Principal | 8′ | Quintadena | 8′ | Subbaß | 16′ |
| Hohlflöte | 8′ | Principal | 4′ | (Zinn, offen) | |
| Schweizerpfeife | 8′ | Subflöte | 4′ | Octav | 8′ |
| Octav | 4′ | Octav | 2′ | Hohlflöte | 8′ |
| Blockflöte | 4′ | Spielflöte | 2′ | Superoctav | 4′ |
| Superoctav | 2′ | Mixtur 3fach | 1′ | Mixtur 6fach | 4′ |
| Gemshorn | 2′ | Cymbel 3fach | | Pommort | 16′ |
| Roßquint | 1 1/3′ | Tiefregal | 8′ | Cornet | 2′ |
| Mixtur 8fach | 2′ | | | | |
| Cymbel 5fach | | | | | |

Bei einem Umfang von C bis $a^2$ hatten die Manuale 41 Töne (kurze große Oktave, kein $gis^2$) und das Pedal 23 Töne (C bis $d^1$). In Wirklichkeit ergibt die angeführte Disposition nur 1629 Pfeifen. Die Pfeifenzahl 1652 ist um eine Pedalstimme größer. Es ist möglich, daß die später zu erwähnende Pedalquinte $5\,{}^1/_3{}'$ schon beim Bau dem ursprünglichen Plan hinzugefügt wurde.

Zur Zeit des Vertrags war die Arbeit in *Olkusz* noch nicht beendet. HUMMEL verpflichtete sich, die Orgel in Leutschau „ehest als immer müglich" fertigzustellen, allerdings ohne sich an einen bestimmten Termin zu binden. Wir werden sehen, daß schon darin ein Keim künftiger Schwierigkeiten lag.

Zehn Monate später, am 25. Februar 1616, schreibt er etwas obenhin: „Wegen des Werkes dass ich mit den Herrn beschlossen habe und darauf von den Herrn empfangen habe zwey Hundert Gulden. Die Herrn werden vernunftlicher sein und bey sich selbs erachten können das man vor zwey Hundert Gulden nicht viel von der Matheryen, die dazue gehöret kauffen kan." Zum Glück habe er eigenes Material gehabt, das aber nicht ausreiche. Er bittet um weitere 200 Gulden, sonst wolle er nichts begehren, bis er selbst kommen werde. Seine vier Gesellen brauche er jetzt in Olkusz wenig, sie arbeiteten zumeist an dem Werk für Leutschau. Auf Michaeli möge der Rat 6 Wagen zu 4 Rossen schicken, denn er werde ihnen genug zum Laden geben und auch selber „bersch Schönlicher khommen". Es wäre nicht seine Meinung gewesen, so lange sich in Olkusz aufzuhalten, doch habe er es nicht abschlagen können, einige Stimmen über den Kontrakt zu verfertigen[12]. Ein weiteres Schreiben aus diesem Jahr, vom 13. Oktober, erwähnt den Besuch des Leutschauer Ratsherrn FRIEDRICH POBST, jenes Mannes, der die Hauptkosten stiftete und sich um den Bau nach allen Kräften bemühte.

---

[11] StadtAL XII/88/19.
[12] StadtAL XII/88/2.

Er war gewiß gekommen, um HUMMEL an seine Verpflichtung zu mahnen. Weiter schreibt der Meister, er sende eben 12 Bretter zu den Blasbälgen, 42 „gegossene bleg" (Orgelmetall) und 16 Stück Wagenschoß. Schon früher habe er 24 Stück Blech geschickt; er hoffe innerhalb 6 Wochen die zinnernen Bleche zu überliefern. Er wiederholt die Entschuldigung für sein weiteres Ausbleiben: die Herren in Olkusz seien daran schuld, sie hätten ihm keinen Frieden gelassen, damit er etliche Stimmen nach ihrem Gefallen „uberig" mache. Sie wollten den Ruhm haben „vor andern" und nur ihre Worte nicht halten, was ihm sehr schädlich sei[13].

Es folgt ein Brief vom 7. April 1618, noch immer in Olkusz datiert. Dem Leutschauer Rat ist zu Ohren gekommen, HUMMEL habe eine Arbeit in der Pfarrkirche zu *Krakau* übernommen. Der Meister bestreitet das. Der Organist habe ihn erst gestern aufgesucht. Er habe allerdings versprechen müssen das Werk in Krakau zu verfertigen, doch nur, sobald er in Leutschau fertig sein wird. In Olkusz gehe es „Gott lob gegen dem Ende". Es ist alles „fördtig biss auff etliche Stime zu stimmen"[14]. Was die Arbeit in Krakau betrifft, hat hier HUMMEL den wahren Stand der Dinge verheimlicht, und das sollte sich später rächen.

Jahre gehen dahin, und der Bau verzögert sich. Der Meister spürt den Unwillen des Rates und wendet sich in einem kurzen und mehr persönlich gehaltenen Brief von Krakau aus an MICHAEL KLEMENS, der 1616 Richter gewesen ist: „Wolet mich ehesten berichten was aldaa bey mich zue hoffen ist ob friedt oder Unfried damit ich keine gefahr ausstehen darff, den ich alhier arbeit genugsam habe […] ist die sach nichts zue beforchten, so schickt mir 4 Wagen damit meine sachen fort zu bringen (4 Tage nach Pfingsten) den ob ich gleich eher khomen kant, so wollen sie die Orgel zue Olkush nicht von mir abnehmen, weil es nach spricht. So bys etwas dürre Zeit komt darnach hab einen zue richten. PS Noch einen Wagen zue die vieren mehten die her auch schicken vor mich, meinem Weib und die Kinder."[15]

Acht Jahre nach Abschluß des Vertrags mußten die ungeduldigen Leutschauer noch immer warten. In einem Schreiben vom 9. März 1623 gibt FRIEDRICH POBST dem Meister zu wissen, der Rat habe ihn beauftragt „solche Urgell schleynig Alhero in unser Leitscher Kyrchen zue verfertigen zue lassen." Er bittet freundlich, „der Herr wolle sich ehebessern gefasset machen Hereyner zue uns Pro Leytsch zue kommen. Mich auch unbeschweret berichten wan ich Furleit und Wagen will Pro Crokaw nach dem Herrn undt der seinen schicken solle."[16] Nach weiteren fünf Monaten muß POBST seine Aufforderung „cito, citissime" wiederholen. Er verspricht fleißig zuzusehen und zu achten, daß der Meister die Zeit nicht vergebens zubringe. Der Platz für die Orgel sei ihm freigegeben zwischen zwei Pfeilern, „die Calcatur wirdt sein wo die Bibliothec ist eingewelbet, dahero kumbt ein Holzern Cor biss zur Urgell, den Stuell aber darauff die Urgell wird stehen will er unten Her an den 2 Pfeilern mit Werkstuecken lassen auffleген." Nachher könnte man eine Mauer zwischen den Pfeilern aufführen „davon die Orgell hangen wird wie man woll." HUMMEL möge das mit ANDREAS HERTEL besprechen, der jetzt gute Gelegenheit habe, nach Leutschau zu kommen. POBST möchte mit den Steinmetzen und Maurern gern bald „dran sein, derowegen thue der

---

[13] StadtAL XII/88/20.
[14] StadtAL XII/88/3.
[15] StadtAL XII/88/21.
[16] StadtAL XII/88/4.

Herr auch dass seinige, der Herr solle kommen" und die Sache „ehebesser mit ehrnst ins Werkh" stellen. Pobst habe ihm auch „den Zihn pro fl 250" besorgt „nur das nichts vorbei gehe."[17]

Am 13. Mai 1624 schreibt Hummel an den Rat, er habe die Sache „von wegen des Schwiebogens" mit Hertel besprochen, der das Notwendige in der Zeit vollbringen könne. Das Werk in Olkusz hoffe er „mit hilff Gottes" in 4 Wochen abzugeben. Danach werde er 14 Tage in Krakau wohnen. Hertel habe sehen können, daß er die ganze Zeit, so er fern war, einen Gesellen an „der Herren arbeit" gehabt hätte. Er schickt „dy windt latten zum Bosy dipf" und werde zu wissen geben, wann man ihn abholen solle[18].

Am 24. Mai desselben Jahres schreibt Hummel wieder ausführlich: er habe Hertel einen Abriß gegeben, wie der „Schwie Bogen" sein sollte. Die Herren sollten nichts befürchten, der Bogen müsse nicht von Grund auf geführt werden, sondern im Pfeiler „gehenckt" sein und sollte 10 solche Werke tragen können. Er hoffe, die Herrn würden mit ihm zufrieden sein, so wie in Olkusz und an anderen Orten. „In kurtzer Zeit" werde er „selber hinein khomen." Er bittet, sie möchten nicht ungehalten sein, daß er sein Wort nicht rechtzeitig gehalten habe, und wiederholt, daß er alle Zeit einen Gesellen „in der Herren Arbeit" halte und auch alle Tage daran arbeite. „Die Windt lade zum Posse diefft", die er mit Hertel überschickt habe, möge man an einen trockenen Ort legen, am besten in die Räume, da er wohnen solle. Er ersucht, man möge ihm mit 100 polnischen Gulden aushelfen, denn er brauche Leder und müsse den Gesellen behalten, wo es „jetzo alhier sehr theure Zeit ist."[19]

Mit dem Datum vom 12. Juli 1624 meldet Hummel, die 2 Manualladen würden auch in Kürze fertig sein und bestätigt den Empfang von 235 fl[20]. Wohl in diese Zeit gehört auch ein undatierter Brief: er habe vernommen, daß man auf ihn ungehalten und böse sei. Die 2 Laden zum großen Werk würden „wils Gott" in 14 Tagen soweit fertig sein, wie die schon gelieferte zum Positiv. (Es wäre besser gewesen, sie wäre geblieben, denn er habe erfahren, daß sie durch Nässe gelitten habe[21].)

In diesem Jahre zieht der Meister endlich nach Leutschau. „Anno 1624 [...] hat auch Hans Hummel von Nürnberg Orgelmacher angefangen am Wercke zu arbeiten, wan es auszgemachet wirdt, weiss der liebe Gott am besten" so lautet der wahrscheinlich mit einem Seufzer geschriebene Vermerk[22]. Auch erscheint „der Erbare Kunstreiche, hoch undt wolverhaltene Herr Hans Hummel" als einer der Zeugen, die am 24. Dezember 1624 „zu LEUTSCH" einen Vergleich des Schwarzfärbers Tobias Netzsch mit seinem Schwiegervater Samuel Wildtner unterschrieben haben[23].

Zum Unterschied vom eigentlichen Orgelbau ging die Arbeit am Gehäuse rascher vor sich. Die „Convention" wegen des Schnitzwerks und der notwendigen Tischlerarbeit hat Friedrich Pobst am 21. August 1623 mit Andreas Hertel „Tischler und Mitbürger ihn Krakau" vereinbart. Für 2 von Greifen getragene Wappen, 2 Engel (2½ Ellen hoch), 2 Adler oder Lampeten, 2 Blindflügel, 12 Apostel, 18 Büschel hängender Früchte, einen Gang

---

[17] StadtAL XII/88/5.
[18] StadtAL XII/88/8.
[19] StadtAL XII/88/9.
[20] StadtAL XII/88/12.
[21] StadtAL XII/88/10.
[22] Hain, a.a.O., S. 168.
[23] StadtAL XII/88/22.

um die Orgel, einen Gang hinter der Orgel und für Brustbilder am Gang sollte er außer Naturalien 600 polnische Gulden erhalten[24]. Nach beendigter Arbeit wendet sich HERTEL an den Rat: Er habe „mit verleyhung Göttlicher gnaden das Corpus zu der Orgel gemacht, wie es inen da vor Augen ist" und meldet „unterthenigst", was er von jeder Arbeit verdient habe. Er habe den „Schwibbogen" selber inventiert und auch aufsetzen geholfen und habe über den Vertrag hinaus noch weiteres Schnitzwerk ausgeführt. So das Positiv samt den Bildern und Gesprengen, die Auferstehung samt zwei Engeln, den Unterstuhl mit 2 „Bildern" lebensgroß (König Salomon und David), 2 Kragsteine mit Löwenköpfen, durchbrochenes Gespreng über den Pfeifen, Gesimse, die „Pudel sampt den auffrechten kalannen", weitere Wappen, Totenkopf, Sanduhr und anderes mehr. (Die einzelnen Posten ergeben eine Summe von 1940 fl.) Er bittet, der Rat möge mit ihm abrechnen. Er möchte nur wünschen, daß Leute vorhanden wären, die sich auf solche Arbeit verstünden, und ist dessen gewiß, daß diese sie noch höher einschätzen würden[25]. Dann entschuldigt er sich in einer ebenfalls undatierten „Supplicatio": Der Rat möge ihm nicht im argen vermerken, daß er seine Arbeit selber taxiert habe. Er habe das ohne Falschheit getan und stelle alles der Erkenntnis des Rates anheim. Als er erkannt habe, daß er bei dem mit „Herrn POBEST seligster Gedechtnuss" abgeschlossenen Gedinge nicht bestehen könne, habe ihn derselbe ermutigt, er solle nur arbeiten, der Rat werde seines Schadens nicht begehren. Als „Herr HUMMEL vorm Jahr allhie gewesen und von dem werck wie es sein sollte nach aller Notturft geredett", sei er genötigt gewesen, seinen ursprünglichen Plan den Ansprüchen des Orgelbauers anzupassen. Damals habe er seine „Beschwerung" „vorm ganzen sitzenden Rath" angemeldet. Abermals sei ihm bedeutet worden, er solle nur arbeiten. Er habe den Rat nicht „überseczt", denn alles Empfangene sei aufgegangen und bei der Arbeit verzehrt worden, so daß er weder seinem Weib noch den Kindern etwas an Kleidern kaufen könne. Er müsse sich schämen, daß diese nicht aus dem Hause gehen können. Deshalb ersucht er, man möge ihn für seine saure Arbeit mit einem Stück Geld versehen, damit er für den kalten Winter etwas ins Haus schaffen könne, auch etwas Bretter, damit er ehrlichen Bürgern einiges verfertigen könne „biss der Almechtige helffen wird", daß er „auff künftigen früling umb Ostern" sich „wider nach Crackau wenden könte." Er ersucht den Rat um Schutz, da ihm die Tischlerzunft jede solche Arbeit verwehre. Schließlich bittet er „zum unterthenigsten", der Rat wolle mit ihm abrechnen, auf daß er wisse, woran er sei[26].
Wie aus einem weiteren Bittgesuch HERTELS hervorgeht, hat er einen Teil der Arbeit von einem „Bildhauer" verfertigen lassen. Bemerkenswerterweise ist aus den angeführten Posten zu ersehen, daß er an den Bildhauer nur einen Bruchteil der für sich beanspruchten Beträge gezahlt hat[27].
Der erwähnte Bildschnitzer war HANS SCHMIED „von Ohrhausen aus Dennemarckt". In einem umfangreichen Gesuch schildert dieser, daß er „hiesigen Orgelbau zue befördern beruffen sey worden" und auch „den Predigt stuel zu machen helffen" sich „von M. CHRISTOF KOLLMÜTZ habe bestellen lassen." Dieser habe am Fastnachtsdienstag eine Gasterei gehal-

---

[24] StadtAL XII/88/6.   [26] StadtAL XII/88/13.
[25] StadtAL XII/88/29.  [27] StadtAL XII/88/28.

---

1. *Leutschau*, Stadtpfarrkirche. HANS HUMMEL, 1616–1630. [Zeichnung von VIKTOR MISKOVSZKY, 1866.]

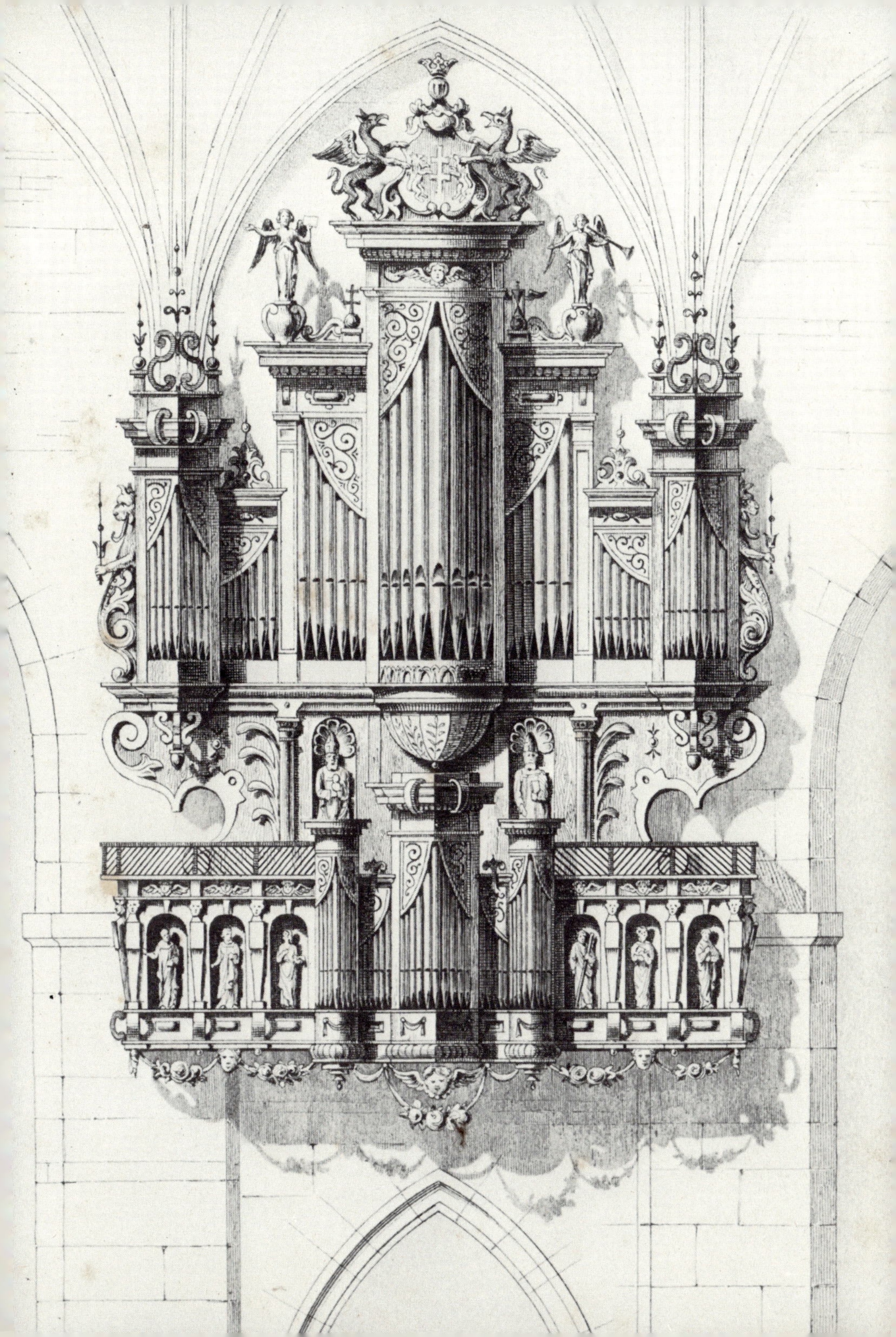

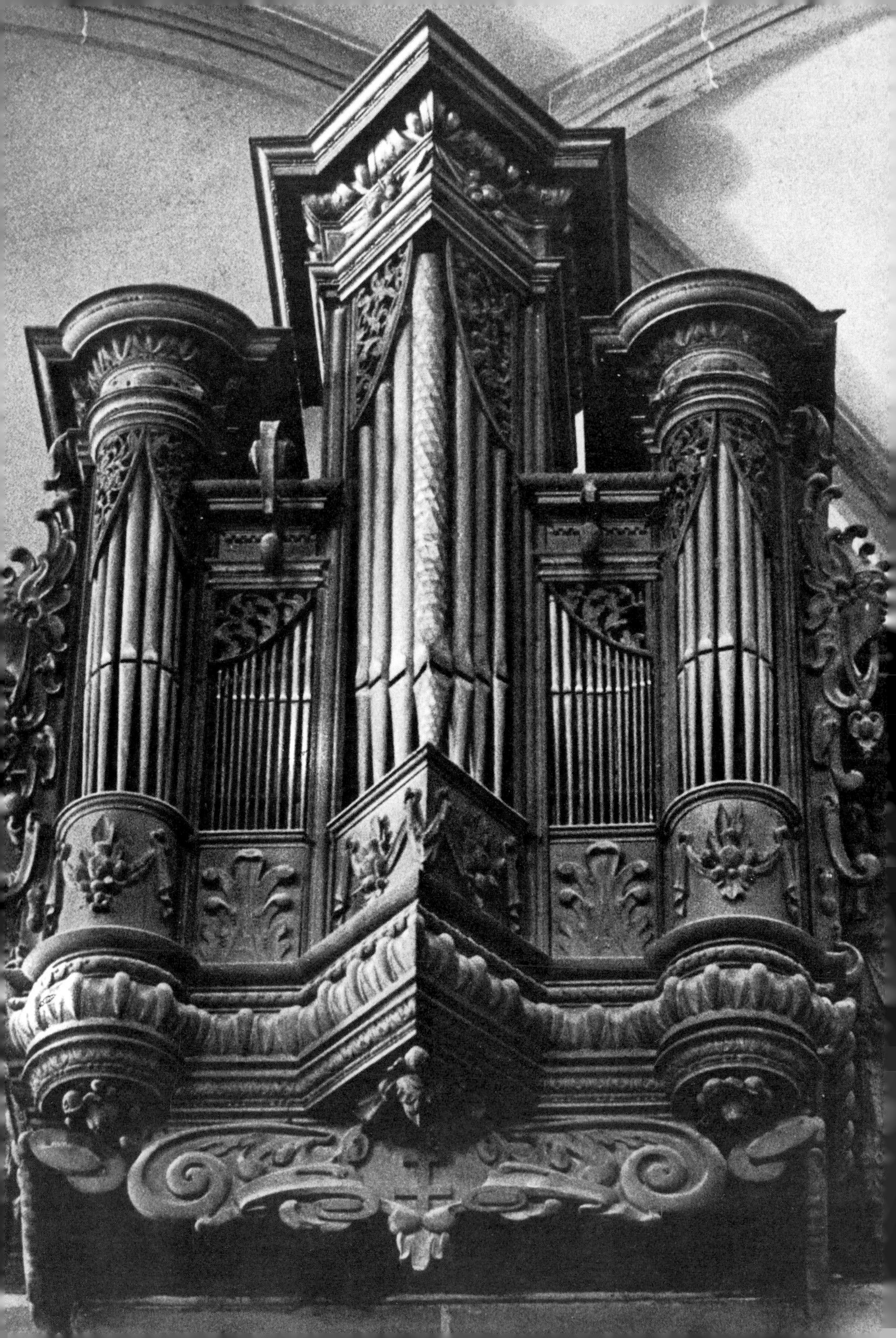

ten. Es sei zu Raufereien gekommen, er sei von HUMMEL und KOLLMÜZ derart geschlagen worden, daß sein rechtes Auge einen bleibenden Schaden erlitten habe. Deswegen bittet er, der Rat möge HUMMEL und KOLLMÜZ der Gebühr nach bestrafen und den letzteren zu genugsamer Satisfaction verpflichten[28]. Ob und inwiefern der Olmützer Exulant CHR. KOLLMÜZ auch am Orgelgehäuse mitgearbeitet hat, geht aus den Akten nicht hervor. Jedenfalls ersucht HERTEL am 16. September 1625 um „honesta dimissio et testimonium", da er seine Arbeit verrichtet habe. Nur wegen des Winters und der schädlichen Pest habe er sich bisher in Leutschau aufhalten müssen. Er bittet, man möge ihm, wie versprochen, zwei Wagen nach Krakau gewähren und wegen seiner geleisteten Arbeit und des ehrlichen Wandels eine „Kundschafft" ausstellen. Zugleich hoffe er, daß man ihn, da er mit großen Unkosten lange ausbleiben mußte, mit einer Ergötzlichkeit günstig versehen werde[29]. Aber sein Abschied ging offenbar nicht so glatt vor sich; denn noch am 5. August 1626 muß sich der Stadtrat von Krakau an die Leutschauer wenden, weil diese HERTELS Habseligkeiten zurückgehalten haben[30]. Mit HUMMELS Ankunft kam endlich auch der Bau des Instruments in Gang. In zwei Schreiben, die wahrscheinlich in das Jahr 1626 gehören, ersucht er den Rat, man möge ihm die Ausgaben auf Weißleder, Pergament, Eisen- und Messingdraht, Kupfer zu den Löteisen, Wismut und anderes mehr ersetzen[31]. Seine wiederholten Bitten hat der Rat augenscheinlich überhört; denn sie erscheinen noch einmal zusammengefaßt:

„Bitten und begeren herrn HANS HUMMELS von einem Ersamen, weysen Rath:

1 Das ein Ersamer w. Rath die zwey Schreiben, so er auffs rathhaus gesand wolten unbeschwert übersehen, das geding u seine ausgaben gegen ein ander halten, so wird es sich selber ausweisen das er mehr ausgeben, denn er gedinget, unangesehen das er noch sein weib u Kinder keine Kost gerechnet worden.

2 das im nach abziehung Herren HANS LANG ausgab das ibrige mochte herabgegeben werden, denn ihm solches hochnottwendig 5 Tech[32] leder darvon zu kauffen so wol andere sachen so im notwendig sein, denn ohne dieses kan er das werck nicht fertig machen

3 umb ein fuder Kolen bittet er demütig

4 bittet er, dass ein E. W. Rath ihn wölle retten, denn bey solcher arbeit müsse essen u trinken sein denn wo es bey dem geding solte verbleiben, so musste er das gantze werck umbsonst gemacht haben, da er doch seinen gesellen alle wochen ihr gerecht wochenlohn geben müsse

5 bittet u begeret herr HUMMEL, Ein Ersamer weiser Rath wollen sich erkleren ob sie ihm wochentlich zu erhaltung sein u der seinigen wollen fl. 12 geben, so wolle er mit verleyhung Göttlicher gnaden biß auff gally sehen das die pfeiffen ihren Hall u Schall an gehorendem Ordt werden hören u sehen lassen"[33].

Doch war die Geduld des Rates jetzt – elf Jahre nach Abschluß des Kontraktes – sichtlich erschöpft, und es kam zu heftigen Auseinandersetzungen. Davon gibt ein „demüthiges Suppliciren" Nachricht, worin der Meister untertäniglich den ganzen Rat um Verzeihung bittet, weil er sich vor wenigen Tagen in großem Zorn vergessen, so daß von ihm etliche

---

[28] StadtAL XII/88/30.
[29] StadtAL XII/88/14.
[30] StadtAL XII/88/15.
[31] StadtAL XII/88/23 und 24.
[32] 1 Dechert (Decher) = 10 Stück.
[33] StadtAL XII/88/30–Beilage.

---

2. *Leutschau*, Stadtpfarrkirche. Ehemaliges Rückpositiv.

böse Worte seien gehört worden. Er bekennt, daß er hieran übel getan und ersucht um die Erlaubnis, die Orgel selbst vollenden zu dürfen. Wenn ihm der Rat nur alle Wochen 12 fl. vorstrecken würde, könnte man auf künftige Ostern das Werk besehen. Sollte es sich dabei zeigen, daß er das Geliehene nicht verdient habe, wolle er es wieder zurückerstatten und bis auf Jacobi das ganze Werk fertig machen; denn die größte und schwerste Arbeit sei daran gemacht. Wenn er die Orgel in zwölf Teile abteilen würde, so wären kaum zwei Teile noch zu machen. Sollte man es aber einem anderen überlassen, so könnte das vielleicht zum Schaden der ganzen Stadt geschehen „in dem sie nicht hergerichtet möchte werden" wie er es „mitt verleihung göttlicher Gnaden" im Sinne habe, damit er seinen ehrlichen Namen und guten Leumund rette. Sonst wollte er sich lieber wünschen, mehr tot als lebendig zu sein. Daß es bisher „so langweilig zugegangen", komme davon, daß er dieses Werk gerne auf das beste und künstlichste machen wollte [34].

Aber die folgende Nachricht vom Jahresende 1628 ist wenig erfreulich: „Die Woche über hatt man mit dem Orgelmacher H. HUMMEL, einem losen betrunkenen Nürnberger der schon gantze 4 Jahr über dem Werck gearbeitet und doppelt sein geding empfangen und dennoch dasselbe nicht ausgefertiget, wüste händel gehabt. Gott helfe esz zum gutten Ende bringen." [35]

Es scheint, daß der so lange Zeit Säumige nun wirklich versucht, zu einem Ende zu gelangen. Doch sollte es anders kommen. Der Stadtrat von *Krakau* und der Provinzial erheben Klage, HUMMEL habe für einen Bau in der dortigen Marienkirche Geld empfangen, dort Orgelpfeifen und sonstiges Material entwendet und sei damit – ohne die Arbeit zu beenden – tückisch nach Leutschau entflohen. König SIGISMUND von Polen nimmt sich der Sache an und sendet an den Leutschauer Magistrat folgenden Brief:

„*Nobilibus et honoratis judici, consulibus Leissouiensibus grate nobis dilectis*
SIGISMUNDUS *D. G. rex Poloniae, magnus dux Lithvaniae, Russiae, Prussiae, Mazoviae, Samogitiae, Livoniaeque, necnon Suecorum, Gothorum, Vandalorumque rex.*
*Nobiles, honorati grate nobis dilecti. Expositum est nobis nomine spectabilium provincialis et consulum civitatis nostrae* CRACOVIENSIS, *quendam* JOANNEM HUMELL, *organorum magistrum, accepta pro construendis in ecclesia BMV organis certa pecuniae summa, non confecto opere, quinimo fistulis et vocibus aliisque apparamentis organariis exemptis et in unum conflatis, in civitatem* LEYSSOUiensem *subdole et fraudulenter aufugisse, ibidem hucusque morari. Cum vero in ejusmode sacrilegos, qui bonis ecclesiarum vim inferunt, eademque nefarie rapiunt, severe, ut dignas sacrilegii poenas luant, animadverti debet Grat. V. requirendas duximus, ut Grat. V. considerato memorati* HUMEL *nefario scelere eundem juxta demeritum ipsius puniant, res et supellectilem omnem ablatam, praefatis consulibus sive plenipotenti ipsorum ad requisitionem primam, bonaque reliqua ipsi in recompensam damnorum ecclesiae praedictae illatorum extradant. Rem et justitiae pactisque et bonae vicinitati consonam et nobis gratam facturi quas de caetero valere cupimus.*
*Datum Bydgostiae die XXVIII. mensis Junii anno Domini MDCXXIX regnorum nostrorum Poloniae XXXXII Sueciae vero XXXVII Anno*
SIGISMUNDUS *Rex*" [36]

Als Kirchendieb angeklagt, strenger Strafe und des Verlustes all seiner Habe gewärtig, fleht HUMMEL um Aufschub und gelobt „bey seiner treuen u Ehren mit hand und mund",

---
[34] StadtAL XII/88/25.
[35] HAIN, a.a.O., S. 186.
[36] StadtAL XIV/25.

das Werk bis auf Weihnachten gänzlich und wohl zu verfertigen und sich spätestens bis auf Fastnacht, den 9. Februar 1630, der Anklage zu stellen[37]. Was weiter geschehen ist, darüber berichten die Quellen: „Er ist in der Nacht auf der Orgel gewesen und geschlafen, endlich hat er sich dem bösen Feind ergeben. Als er fertig war, hat er sich selbst, oder hat Ihn der Böse Feind vom Gerüst herunter gestürzet. Er fiel bei der Tauf darnieder und ist auch todt geblieben. Er wurde endlich ohne Klang und Gesang in das Kloster in der Langen Gasse getragen und begraben."[38] Anderswo kürzer: „Eodem [11. Februar 1630] ist HANSS HUMMEL der gotlose man gestorben und *sine lux et crux* begraben worden auf des neuen klosters Kirchof." Oder ganz lakonisch: „11. Febr.: des gottlosen Orgelmachers HUMELS schnöder todt."

Zur endgültigen Vollendung berief der Rat den bedeutenden polnischen Orgelbauer JERZY (GEORG) NITROWSKY. Aus den Akten ist nicht zu ersehen, wieviel noch zu tun übrig war. NITROWSKY hat während der Jahre 1630–1632 zumindest zweimal in Leutschau gearbeitet. In einem Brief vom 4. Juni 1631 teilt er mit: Er habe das Schreiben empfangen und vernommen, daß die Orgel „wandelbar oder verstimbt" sei. Auch der Organist habe ihm geschrieben, daß er nicht mehr als zwei Stimmen gebrauchen könne. Da sei er im Zweifel, ob er dem Werk werde helfen können. Vielleicht stecke noch der HUMMEL darin; denn er habe auch vorhin große Mühe gehabt die „stinckell" zu finden. Er habe auch vernommen, daß man schon andere vor Jahr und Tag dazu gerufen habe; da wäre er nicht mehr schuldig, auch nur einen Schritt zu tun. Es sei kein Kinderspiel, einem solchen Werk zu helfen, und er möchte gern den Meister sehen, der ihm beistehen könnte. Deshalb sollten die Herren bedenken, was sie tun. Doch will er sehen, ob es ihm gelingen werde. Vorher müsse er aber die Arbeit in *Olkusz* beenden, wo HUMMEL hinweggezogen sei und die Orgel „also verblieben bis auff dato."[39]

Laut des „Verzeichnuss der Unkosten, so auff die Orgel spendirt worden" betrugen diese:

| | |
|---|---:|
| „Von Anno 1615 biss auff anno 1623 | 1158.30 |
| Anno 1623 | 224.21$^{1}/_{2}$ |
| Anno 1624 | 2806.85 |
| Anno 1625 | 1065.42$^{1}/_{2}$ |
| Anno 1626 | 887.99 |
| Anno 1627 | 697.13 |
| Anno 1628 | 664.56 |
| Anno 1629 | 678.56 |
| Anno 1630 mitt dem, so herr MICHEL VENTER bekommen | 306.42 |
| Anno 1631 dem NITROFFSKY 40 und pro sein Kleid | 90.40 |
| summa summarum facit fl. | 8547.40"[40] |

Die kleineren Beträge der beiden letzten Jahre sprechen dafür, daß HUMMEL, wenn auch nach vielem Verzug, schließlich doch das Werk fast zur Gänze vollbracht hat. Eine Quelle

---

[37] StadtAL XXI/4.
[38] Evang. Pfarrbibliothek, Acta diversa G 12a.
[39] StadtAL XII/88/17.
[40] StadtAL XII/88/16.

berichtet sogar, daß schon „Anno 1629 auf Johanni zum ersten mahl auf der Orgel geschlagen und musiciret wurde."[41]
Die Endabrechnung kommt zu dem Schluß: „Auff die Stadt kompt mit den Unkosten so auff die Steinmetz, Schmied, Schlosser spendiret worden fl 1520.88 Abgezogen von der gantzen Summa bleiben [...] fl 7026.52 [...] auf Herrn POBST und seine Erben zu bezahlen."[42] (Manche spätere Quellen geben den Gesamtpreis mit 13 000 Gulden an.) FRIEDRICH POBST, der großzügige Mäzen, hat das Ende des von ihm so eifrig geförderten Unternehmens nicht erlebt. Sein Gedächtnis bewahrte „des Herren POBST seligen wappen" am Hauptwerk, während „der Frau POBSTIN wappen" an das Positiv kam.
Nach langen 16 Jahren war die Orgel endgültig fertig. Allem Anschein nach hat HUMMEL auch diesmal etwas „übriges" hinzugetan, denn alle späteren Quellen sprechen von 27 Stimmen, während der Vertrag auf nur 25 Stimmen lautete. Spätere Änderungen sind freilich nicht auszuschließen, und es könnte auch sein, daß schon NITROWSKY je ein Register im Hauptwerk und Pedal hinzugefügt hat. Doch scheint das nicht wahrscheinlich zu sein.
Wir haben nur eine einzige – und viel spätere – ausführliche Aufzeichnung gefunden, die zu Anfang des XIX. Jahrhunderts den folgenden Registerbestand (ohne Angabe der Fußzahlen) bringt[43]:

| MANUALE in Opere magno | | POSITIVUM | | PEDALE | |
|---|---|---|---|---|---|
| Quintadena | [16'?] | Quintadena | [8'] | Principalbass | [16'] |
| Principal | [8'] | Kopl | [8'] | Octav | [8'] |
| Holflöth | [8'] | Principal | [4'] | Holfleth | [8'] |
| Salicinal | [8'] | Sufflet | [4'] | Quint | [5$^1/_3$'] |
| Octav | [4'] | Octav | [2'] | Superoctav | [4'] |
| Spielflöth | [4'] | Mixtur | | Mixtur | |
| Roszquint | [2$^2/_3$'?] | Cymbel | | Pommort | [16'] |
| Superoctav | [2'] | Pomort | [8'?] | Kornet | [2'] |
| Gemshorn | [2'] | | | | |
| Mixtur | | | | | |
| Cymbel | | | | | |

Ein Vergleich mit dem Vertrag zeigt als wesentlichste Abweichungen, daß das Hauptwerk eine Quintadena (wahrscheinlich 16') und das Pedal die Quinte 5$^1/_3$' über den geplanten Bestand besaß und daß im Positiv statt der Spielflöte 2' eine Koppel 8' stand. Die „tiefe Kopell" wird schon in einem Brief NITROWSKY's vom 2. September 1632 erwähnt[44]. Aus dem Text geht nicht klar hervor, ob sie von ihm stammt. Die Roßquint war als 1$^1/_3$' geplant, hier – wo die Stimmen der Größe nach aufgezählt werden – scheint sie eher 2$^2/_3$' zu sein. Merkwürdig berührt „Pomort" statt des geplanten Tiefregals. Unter Pomort versteht der altpolnische Orgelbau die Posaune (Bombarde), die sich im Positiv schon aus Platzgründen zweifelhaft ausnimmt. Immerhin kommt in mehreren polnischen Verträgen jener Zeit ein Puzanik 8' oder 4' im Rückpositiv vor, wobei dieser Name eine Verkleinerungsform von

---

[41] Siehe Anm. 38.
[42] Siehe Anm. 40.
[43] *Tabella, exhibens praesentem statum Organi Ecclesiae Paroch. Leutschov* (Beilage einer undatierten kanonischen Visitation).
[44] StadtAL XII/88/18.    [45] GOLOS, a.a.O., S. 297.

Puzan (Puzon = Posaune) darstellt. Salicinal (Salicet) statt Schweizerpfeife muß keine spätere Bezeichnung sein. Dieses Register wird auch im Vertrag mit HUMMEL über den Bau in der *Krakauer* Marienkirche genannt und war in Polen auch früher schon bekannt. So in der Orgel zu *Bydgoszt*, die WAWRZYNIEZ (LAURENTIUS) CHWALISZEWSKI alias WEISTOCK 1605 erbaut hat[45]. Das Salicet in *Olkusz* hat allerdings Pfeifen neuerer Herkunft. Die Pedalquinte haben wir schon beim Bau erwähnt.

Eine Parallele mit dem bisher einzigen bekannten erhaltenen Werk des Meisters, mit der Orgel in *Olkusz* zu ziehen ist bedenklich, weil dessen originale Disposition zur Zeit nicht genau vorliegt. Doch sind gemeinsame Züge zu erkennen: Die zahlreichen vielchörigen gemischten Stimmen, die doppelte Besetzung der Zweifußlage und das gut ausgebaute Pedal von verhältnismäßig großem Umfang, in Leutschau auch mit einer zweifüßigen Zunge zum Cantus-firmus-Spiel, Züge, die fast norddeutsch anmuten und stark mit der späteren Entwicklung in unseren Landen kontrastieren.

Auf ein besonderes Detail, Prospektpfeifen mit zwei einen Winkel bildenden Labien, werden wir später zu sprechen kommen.

Das mächtige Gehäuse war auf einer Seitenempore zwischen zwei Pfeilern der Nordwand angebracht. Der Gesamtaufbau – ein siebenteiliges Hauptwerk mit mächtigem halbrundem Mittelturm, je zwei flachen, nach außen stufenförmig abfallenden Verbindungsfeldern und den steil dreieckig vorspringenden Seitentürmen – erinnert an *Olkusz* ebenso wie das Rückpositiv mit umgekehrtem Grundriß, also mit dreieckigem Mittelturm und halbrunden Seitentürmen. Der ornamentale und figurale Schmuck ist in *Leutschau* noch reicher als in *Olkusz*.

Es ist nicht leicht, nach dreieinhalb Jahrhunderten ein Urteil über HUMMEL als Orgelbauer auszusprechen. Immerhin war sein Werk nach fast 200 Jahren in seinem Grundbestand erhalten, und noch 1830 wurde eine Instandsetzung und gegen 1860 die Übernahme großer Teile des Prinzipalchors ernsthaft erwogen. Seine Orgel zu *Olkusz* verdient noch heute eine Restaurierung. Diese Tatsachen lassen seine Arbeit in günstigerem Licht erscheinen, als man es bei den sichtlichen Schwächen seines Charakters erwarten würde.

DAS WEITERE SCHICKSAL

In vielen Wehen geboren, blieb die „große Orgel zu *Leutschau*" für lange Zeiten eine Berühmtheit und galt bis in die Mitte des XIX. Jahrhunderts als die größte Orgel Ungarns[46]. Leider sind die weiteren Nachrichten über ihr Schicksal stark lückenhaft.
Die Stadt wurde nicht nur durch die Glaubenskämpfe der Gegenreformation, sondern auch durch die Kriegshandlungen der aufständischen Truppen des IMRE TÖKÖLYI und FERENC RÁKÓCZY erschüttert. Mit dem wechselnden Kriegsglück ging auch die Pfarrkirche aus einer Hand in die andere. Zeitweilig war sie Simultankirche: Der östliche Teil mit dem Hochaltar diente den katholischen und der westliche mit der Kanzel – durch ein eisernes Gitter abgetrennt – den evangelischen Gläubigen. Nach 1710 kehrte sie dauernd in den Besitz der Katholiken zurück.
Gerade zu dieser Zeit hat eine größere Reparatur stattgefunden, denn ein „Aufsatz des Jenigen Ziens, Bleyes und Messings, wie auch des Wiessmuts, so Anno 1708 zur Reparirung des Orgelwerks ist von verschiedenen Freunden herausgenommen worden" gibt Nachricht, daß 99 Pfund und 54 Lot „Berg Zien", 1 Zentner 43 Pfund 16 Lot „gemeines Zien, als Schisseln, Kannen", 3 Zentner 69 Pfund „Bley", 3 Pfund 21 Lot Messing und 50 Lot „Wiesmuth" zu diesem Zweck geschenkt und gekauft wurden[47]. Man kann voraussetzen, daß die Orgel durch die Kriegswirren, vielleicht auch durch Requirierung ernsten Schaden erlitten hat; doch sind keine weiteren Angaben zum Vorschein gekommen. Auch über weitere Reparaturen schweigen die Akten, obwohl solche gewiß stattgefunden haben.
Aber gegen Ende des XVIII. Jahrhunderts wurde die Orgel noch verwendet. Ihre Stimme erschallte weithin über den großen Hauptplatz, und man sagte, in Leutschau zu sein und die große Orgel nicht gesehen und gehört zu haben, wäre dasselbe, wie in Rom zu sein, ohne den Papst zu sehen.
In seinem „Geographisch-Historischen und Produktenlexikon von Ungarn" (Pressburg, 1786) schreibt JOHANN MATTHIAS KORABINSKY, der sich als Sohn eines Orgelbauers lebhaft für Orgeln interessierte: „Eine ihrer [der Pfarrkirche] schönsten Zierden ist die prächtige Orgel, die von jedem Kenner bewundert wird", und rühmt – nach einigen ungenauen historischen Angaben – besonders die Register Pomord, Principal, Hohlflöt, Salicinal, Gemshorn und Roßquint als solche; die sich schön und lieblich ausnehmen.
Über den Zustand in den ersten Jahren des XIX. Jahrhunderts informiert eine tabellarische Übersicht, die bei Gelegenheit einer kanonischen Visitation zwischen 1801 und 1805 verfertigt wurde. Das originelle und in dieser Form ganz ungewöhnliche Schriftstück hat uns schon oben zum Vergleich mit der geplanten Disposition gedient. Aus ihm geht hervor, daß zu jener Zeit einige Register vollständig oder fast vollständig schwiegen oder stillgelegt waren. Wie nicht anders zu erwarten, gilt das namentlich von den Zungenstimmen, von beiden Cymbeln und der Roßquint.
In der Magistratssitzung vom 31. August 1812 wurden auf Ersuchen des Pfarrers JOHANN EHRENSPERGER 10 trockene astfreie Fichtenbretter zu einer Reparatur an den Pfeifen ge-

---

[46] Noch 1862 hieß es, der Ruhm der großen Orgel zu *Leutschau* sei in Gefahr; denn BUCKOW arbeitete an einem noch größeren Instrument von 56 Registern für die St. Andreaskirche in *Komárno* (*Komorn*) Vgl. Peštbudínske Vedomosti, Jg. 2, Nr. 10 vom 10. Dezember 1862.
[47] StadtAL V/148.

Tabella, exhibens præsentem statum Organi Cæciliæ Parochi Laubacher
Manuale in Opere magno.

| Claves. | C | D | E | F | G | A | H | C | C# | D | D# | E | F | F# | G | G# | A | A# | H | C | C# | D | D# | E | F | F# | G | G# | A | A# | H | C | C# | D | D# | E | F | F# | G | G# | A | A# | H | C | | Fistula universim | | |
|---|---|---|---|---|---|---|---|---|---|---|---|---|---|---|---|---|---|---|---|---|---|---|---|---|---|---|---|---|---|---|---|---|---|---|---|---|---|---|---|---|---|---|---|---|---|---|---|---|
| **Mutationes** | | | | | | | | | | | | | | | | | | | | | | | | | | | | | | | | | | | | | | | | | | | | | | Bonæ | Vitiosæ | Nullæ | Deerat |
| Quintadena | | | | | | | | | | | | | | | | | | | | | | | | | | | | | | | | | | | | | | | | | | | | | | 21. | 7. | | 12. |
| Hohlflöth | | | | | | | | | | | | | | | | | | | | | | | | | | | | | | | | | | | | | | | | | | | | | | 26. | 2. | | 2. |
| Principal | | | | | | | | | | | | | | | | | | | | | | | | | | | | | | | | | | | | | | | | | | | | | | 22. | 7. | | 1. |
| Salicinal | | | | | | | | | | | | | | | | | | | | | | | | | | | | | | | | | | | | | | | | | | | | | | 23. | 10. | | 8. |
| Spießflöth | | | | | | | | | | | | | | | | | | | | | | | | | | | | | | | | | | | | | | | | | | | | | | 33. | 4. | | 4. |
| Octav. | | | | | | | | | | | | | | | | | | | | | | | | | | | | | | | | | | | | | | | | | | | | | | 26. | 8. | | 7. |
| Roßquint | | | | | | | | | | | | | | | | | | | | | | | | | | | | | | | | | | | | | | | | | | | | | | 5. | 4. | | 32. |
| Superoctav. | | | | | | | | | | | | | | | | | | | | | | | | | | | | | | | | | | | | | | | | | | | | | | 20. | 9. | | 2. |
| Gemshorn. | | | | | | | | | | | | | | | | | | | | | | | | | | | | | | | | | | | | | | | | | | | | | | 27. | 8. | | 6. |
| Mixtur. | | | | | | | | | | | | | | | | | | | | | | | | | | | | | | | | | | | | | | | | | | | | | | 22. | 16. | | 2. |
| Cymbel. | | | | | | | | | | | | | | | | | | | | | | | | | | | | | | | | | | | | | | | | | | | | | | 5. | 20. | | 7. |
| | | | | | | | | | | | | | | | | | | | | | | | | | | | | | | | | | | | | | | | | | | | | | | 261. | 105. | | 85. |

Pedale.

| Octav. | | | | | | | | | | | | | | | | | | | | | | | | | | | | | | | | | | | | | | | | | | | | | | 18. | 1. | | 4. |
|---|---|---|---|---|---|---|---|---|---|---|---|---|---|---|---|---|---|---|---|---|---|---|---|---|---|---|---|---|---|---|---|---|---|---|---|---|---|---|---|---|---|---|---|---|---|---|---|---|
| Kornet | | | | | | | | | | | | | | | | | | | | | | | | | | | | | | | | | | | | | | | | | | | | | | — | 1. | | 22. |
| Mixtur | | | | | | | | | | | | | | | | | | | | | | | | | | | | | | | | | | | | | | | | | | | | | | 20. | 1. | | 2. |
| Quint | | | | | | | | | | | | | | | | | | | | | | | | | | | | | | | | | | | | | | | | | | | | | | 14. | 2. | | 7. |
| Superoctav | | | | | | | | | | | | | | | | | | | | | | | | | | | | | | | | | | | | | | | | | | | | | | 19. | — | | 4. |
| Hohlflöth. | | | | | | | | | | | | | | | | | | | | | | | | | | | | | | | | | | | | | | | | | | | | | | 21. | 1. | | 2 |
| Pomort. | | | | | | | | | | | | | | | | | | | | | | | | | | | | | | | | | | | | | | | | | | | | | | 5. | 1. | | 17. |
| Principalbaß. | | | | | | | | | | | | | | | | | | | | | | | | | | | | | | | | | | | | | | | | | | | | | | 19. | 1. | | 3. |
| | | | | | | | | | | | | | | | | | | | | | | | | | | | | | | | | | | | | | | | | | | | | | | 116. | 7. | | 61. |

Positivum.

| | | | | | | | | | | | | | | | | | | | | | | | | | | | | | | | | | | | | | | | | | | | | | | Fistulæ plurimæ deerant responsæ |
|---|---|---|---|---|---|---|---|---|---|---|---|---|---|---|---|---|---|---|---|---|---|---|---|---|---|---|---|---|---|---|---|---|---|---|---|---|---|---|---|---|---|---|---|---|---|---|
| Pomart. | | | | | | | | | | | | | | | | | | | | | | | | | | | | | | | | | | | | | | | | | | | | | | 20. 2. 4. |
| Mixtur. | | | | | | | | | | | | | | | | | | | | | | | | | | | | | | | | | | | | | | | | | | | | | | 24. 2. 5. |
| Octav. | | | | | | | | | | | | | | | | | | | | | | | | | | | | | | | | | | | | | | | | | | | | | | 27. 1. 2. |
| Principal | | | | | | | | | | | | | | | | | | | | | | | | | | | | | | | | | | | | | | | | | | | | | | 29. — 2 |
| Quintadena | | | | | | | | | | | | | | | | | | | | | | | | | | | | | | | | | | | | | | | | | | | | | | 40. 1. |
| Kopl. | | | | | | | | | | | | | | | | | | | | | | | | | | | | | | | | | | | | | | | | | | | | | | Fistulæ etiam deerant responsæ |
| Cymbel | | | | | | | | | | | | | | | | | | | | | | | | | | | | | | | | | | | | | | | | | | | | | | 37. 1. 3. |
| Sifflet. | | | | | | | | | | | | | | | | | | | | | | | | | | | | | | | | | | | | | | | | | | | | | | 217. 12. 17. |

Spatia Clavium, puncto notata, denotant Fistulam bonam; striâ vero notata destructam, et fallacem tonum habentem. Spatia alba exhibent locum vacuum, in quo fistulæ desunt, aut non respondent.

nehmigt[48]. Man hat auch eine gänzliche Instandsetzung in Erwägung gezogen. Darüber gibt ein ausführliches Schriftstück wertvolle Auskunft:

„Unmaßgeblicher Vorschlag die Reparatur der großen Orgel [in Leutschau] betreffend
a) Die Mängel derselben
1tens. Die Stimmung ist 1/2 Ton zu hoch, es kann kein blasendes Instrument zur Begleitung angewendet werden, die Violin Saiten halten die original Stimmung nicht aus, und bei der Transposition verlieren sie an Kraft, eben so die Sänger. Daß zu einer so starken Orgel auch eine verhältnißmäßige Begleitung nothwendig sei, wird wohl kein Sachkenner in Abrede stellen.
2tens. Die Tastaturen haben statt 4 unentbehrlichen 8ven 2 ganze und 2 gebrochene, in der unteren 8ve fehlt Cis, Es, Fis, Gis, in der obersten gis, b, h, c, also 8 Tasten zu wenig, weswegen kein Orgel-Solo darauf gegeben werden kann.
3tens. Das Positiv ist (freilich durch die ungeschickte Reparatur des Organisten) ganz stumm!
4tens. Die Bälge sind voll Löcher, und einer ganz außer Activität.
Nach möglichst genauer Untersuchung der inneren Structur dieses Instruments, entbiete ich mich folgende Reparatur unter angehängten Bedingungen anzugeben, und zu leiten.

    1) Die Orgel wird um $1/2$ Ton tiefer auf den reinen Cammerton gesetzt
    2) Die Tastaturen werden auf vollständige 4 8ven vermehrt
    3) Das Positiv wird mit No 2 angezeigter Vermehrung in Activität gebracht
    4) Die Bälge luftdicht verbessert.

Obige Reparaturen werden unter folgenden Bedingungen angebracht: Keine Pfeife wird von ihrem Platz gerührt! Keine neue gemacht (Ton Kraft ist genug da), bloss durch zweckmäßige Abänderung und Verbindung des Mechanismusses kann die angezeigte Reparatur sub No 1, 2, 3, bewirkt werden, und zwar sehr einfach, und ohne besondere Schwierigkeiten.
Die Kosten. Die Übersetzung der lutherischen Orgel und Verbesserung derselben wurde accordirt mit 1000 fl ö. w., auf mein Zeugniss bey der Prüfung derselben wurde noch ein Douceur von 100 fl bewilligt, also Summa 1100 fl.
Bestand der Reparatur, wie ich solchen bei der Prüfung fand.
1– Eine ganz neue Mutation von Zinn.
2– den ganzen Mechanismus excepto Windladen neu!
3– den Spieltisch und Mutationszüge und Tastaturen neu.
4– die Bälge samt Gerüst neu.[49]

Kurz [nur] Windladen und der Kasten blieben, und die mußten noch übersetzt, id est zerlegt und zusammengesetzt werden, abgesehen von diesen, kann ich obige unterbreitete Reparatur an unserer Orgel höchstens auf 300 fl. ö. W. ansetzen. Selbst wenn sich noch unvorhergesehene Schwierigkeiten finden sollten, wobei ich auch haften kann, daß die Orgel an Tonkraft gewinnen muss, und zwar sehr begreiflich indem durch die angeregte Metamorphose alle Pfeifen zweckmäßig benutzt, vom Staub gereinigt, und durch hinlänglich starken Wind tönen müssen, da dieser vaste Corpus als ein Möbel der 2ten Cathedrale Zipsens zur Begleitung der Figural Musik da ist, und seyn soll, so glaube ich solche als die zweckmässigste: ich

---

[48] Pfarrarchiv Leutschau. Soweit nicht anders angegeben, befinden sich die weiteren zitierten Akten ebendort.
[49] Die 1697 für die ehemalige evangelische Holzkirche erbaute Orgel hat ANDREAS ZIMMER 1837 in der neuen Kirche aufgestellt. Sie befindet sich zur Zeit auf der Seitenempore und ist unspielbar.

unterbreite solche mit dem hier natürlich von selbst verstandenen Vorbehalt, nämlich der 5ten
Bitte des „Vater unsers"

JOH. FRID. PETZVAL m. p.<br>Choralist"[50]

PETZVALS Ausführungen scheinen sich wirklich auf eine genaue Untersuchung der „inneren Structur" zu gründen. Interessant und für jene Zeit bemerkenswert ist seine Absicht, die ganze Instandsetzung ohne Zutaten und mit Beibehaltung des ganzen ursprünglichen Pfeifenbestands durchzuführen. Offenbar hatte er ein Umhängen der Mechanik und das Heranziehen fehlender Töne aus den benachbarten Oktaven im Sinn. Der Ton und die Kraft der alten Orgel haben ihn sichtlich beeindruckt, und was schonendes Vorgehen betrifft, könnte sein Vorschlag auch heute noch als Beispiel dienen.

Aber die Instandsetzung blieb aus, und der Verfall ging weiter. Das Protokoll der Kanonischen Visitation vom 19. Juni 1832 schreibt: „*Chori duo sunt, e primo organum celeberrimum assurgit, Anno 1628 13 mille Ung. fl. procuratum, et 27 registris, magistro Johanne* HUMLER [sic] *instructum, ad cujus pedem stat insigne familiae* BOBEST, *quae ad hos sumptus plurimum contulit. In choro altero est positivum insigne, ambo tamen organa reparatione egent.*"

Nach 1830 wurde die große Orgel kaum mehr gespielt. Ihre Aufgaben übernahm die sogenannte Mittelorgel auf der Westempore. Über dieses Instrument haben wir keine näheren Angaben gefunden. Möglicherweise war es ein größeres Positiv, vielleicht mit dem vorhin genannten *positivum insigne* identisch. Es wurde später nach *Markušovce* (*Marksdorf*) verkauft, wo es in den achtziger Jahren verbrannte.

## DIE NEUBAUTEN

Als 1861 der rührige PAUL STILL das Amt des Stadtpfarrers antrat, nahm er sich vor, der traurigen Lage abzuhelfen. Im Magistratsprotokoll vom 17. Juli 1862 ist zu lesen: „Die Würde des Gottesdienstes erheischt dringend, daß anstatt der den Dimensionen des Gotteshauses nicht entsprechenden kleinen Orgel das erwähnte große Orgelwerk hergestellt und in Gang gebracht werden möchte." Man wandte sich an den Krakauer Orgelbauer DOMINIK MÜLLER der zu dieser Zeit im Dom zu *Kaschau* baute. MÜLLER erbot sich, mit teilweiser Verwendung alter Pfeifen ein Werk mit 30 klingenden Stimmen für 3 800 Gulden oder mit 27 klingenden Stimmen für 3 000 Gulden bis zum Sommer 1863 zu liefern. Die wichtigsten Abschnitte seines Angebots sind:

„Erklärung
für den Bau der Orgel in der Stadt-Pfarrkirche zu *Leutschau*

---

[50] JOHANN FRIEDRICH PETZVAL war seit 1805 Lehrer in Spišská Belá (Zipser Bela) und seit 1810 Regenschori in Kežmarok (Käsmark). Er ist im Juli 1820 als Choralist nach Leutschau gekommen und war nicht nur als Musiker und Komponist, sondern auch als äußerst geschickter Mechaniker und Physiker bekannt. So reparierte er Uhren, baute Instrumente und befaßte sich auch mit den Problemen des menschlichen Fluges. Sein Sohn, JOSEPH MAXIMILIAN PETZVAL hatte die Originalität und die ungewöhnlich vielseitige Begabung geerbt. Er kam als Hochschulprofessor nach Budapest und Wien und wurde durch die Erfindung des nach ihm benannten photographischen Objektivs weltbekannt.

Da obengenanntes Orgelwerk sich in einem Seiten-Chore befindet, welches erstens zu klein und unpassend, zweitens das ganze Chor von Holz gebaut, welches schon sehr fehlerhaft ist, daher der Bestand der Orgel auf diesem Chor nicht mehr anzurathen wäre, so müßte bei dem Umbau der Orgel dieselbe auf das Haupt-Chor, welches hinreichend groß genug ist und auch der Kirche besser entsprechen würde, aufgestellt werden.

Die Balgen, welche sich gegenwärtig in einer Kammer seitwärts dem Chore befinden, und für das jetzige Werk viel zu weit entfernt liegen, müssen auf dem anstoßenden Chore, in die Nähe der Orgel gelegt werden. Das neu hergestellte Orgelwerk soll bestehen aus zwei Manualen von C bis d, oder 51 Tönen und einem Pedal von C bis d, oder 27 Tönen nebst unten angeführten Coppeln, welche vermittelt Tritte dirigirt werden.

Das HAUPTWERK soll weite Mensur, volle Intonation und folgende Stimmen enthalten:

1) Principal — 8 Fuss von Zinn, bleibt alt, neu poliert
2) Bordun — 16 von Holz, neu, gedeckt. Diese Stimme wird von gutem Fichtenholz, Kern und Deckel von Eichenholz, die Vorschläge aufgeschraubt angefertigt und gibt dem Werke ihres dicken und vollen Tones wegen dem Manuale eine ausserordentliche Gravität und Würde
3) Viola et Gamba [sic] — 8 von Zinn, streichend, sanft und schneidend intonirt
4) Portunalflaut — 8 von Holz, neu, offen
5) Flaut grave — 8 von Holz, neu, gedeckt
6) Trompette — 8 neu, Mundstücke, Zungen und Krücken von Messing, mit Stimmschrauben, Körper von Zink
7) Oktave — 4 von Zinn, bleibt alt
8) Rohrflaut — 4 von Zinn, wird die grosse Oktave neu, die übrigen von der alten Hohlflaut hergestellt
9) Gemshorn Quint — 6 von Zinn, die 2 unteren Oktaven neu, die oberen von der alten Spitzflaut hergestellt
10) Flautino — 2 von Zinn, die unteren 2 Octaven neu, die übrigen alt
11) Cornette 4fach — von Zinn neu ... aus 4, 3, 2, $1\,^3/_5$ Fuss, weite Mensur
12) Mixtur 5fach — von Zinn, neu, bestehend aus 2, [$1^1/_3$], 1, $^2/_3$, $^1/_2$ Fuss, geht in dieser Mischung fort bis zum $c^1$, von diesem Ton fängt die Mensur mit 1, $^2/_3$, $^1/_2$, $^1/_3$, $^1/_4$ Fuss an und so fort.

OBERWERK, enge Mensur, lieblich und sanft intonirt:

13) Principal — 8 von Zinn, neu, inwendig
14) Salicet — 8 von Zinn, die große Octave neu, die übrigen alt
15) Flaut amabilis — 8 von Holz, neu
16) Fagott et Oboe — 8 neu, Bestandtheile wie Nr 6
17) Oktave — 4 von Zinn, die grosse Oktave neu, die übrigen alt
18) Flaut traverso — 4 neu, von Birnbaum und gebohrt
19) Quintflöte — 3 von Holz
20) Super Oktav — 2 von Zinn, neu
21) Mixtura 3fach — von Zinn, besteht aus 2, $1^1/_3$, 1 Fuss und durchgehend disponirt

PEDAL, weiteste Mensur, voll und kräftig intonirt:

22) Principal — 16 von Zinn, wird das fehlende in der großen Oktave neu gemacht, das übrige bleibt alt, und welche im Prospekt stehen, neu polirt

| | | | |
|---|---|---|---|
| 23) Violon | 16 | von Holz, neu | |
| 24) Sub Bass | 16 | von Holz, neu, gedeckt | |
| 25) Posaune | 16 | neu, Bestandtheile wie Nr 6 | |
| 26) Oktavbass | 8 | von Zinn, neu | |
| 27) Violoncell | 8 | neu, Holz | |
| 28) Trompete | 8 | neu, Material wie Posaune | |
| 29) Quinta | 6 | von Zinn, bleibt alt | |
| 30) Oktave | 4 | von Zinn, bleibt alt" | |

Die fehlenden Töne müssten neu hinzugefügt werden.

Weiter plant MÜLLER drei Arbeitsbälge und einen Windmagazinbalg (zugleich als Regulator), neue Windladen mit Zinkstreifen statt der Pulpeten, ganz neues Regierwerk sowie neue Kanäle. Als Alternative gibt er folgende Disposition an:

„Disposition 2

## HAUPTWERK

| | | | |
|---|---|---|---|
| 1) Principal | 8 | von Zinn, bleibt alt u. abpolirt | |
| 2) Bordun | 16 | von Holz, gedeckt, neu | |
| 3) Portunalflaut | 8 | –"– offen, neu | |
| 4) Doppelflaut | 8 | –"– gedeckt, neu | |
| 5) Viola et Gamba | 8 | von Zinn, neu | |
| 6) Trompete | 8 | | |
| 7) Oktave | 4 | von Zinn, bleibt alt | |
| 8) Rohrflaut | 4 | von Zinn, alt | |
| 9) Quinte | 3 | –"– –"– | |
| 10) Super Oktav | 2 | –"– –"– | |
| 11) Mixtura 5fach | | von Zinn, die Hälfte alt u. am C mit 1 Fuss anfangend und repetirt wie auf den c | |

## OBERWERK

| | | | |
|---|---|---|---|
| 12) Principal | 4 | von Zinn, die grosse Oktave neu, das übrige alt | |
| 13) Salicet | 8 | von Zinn, alt | |
| 14) Flaut Major | 8 | von Holz, neu | |
| 15) Oboe | 8 | von Holz, neu | |
| 16) Flaut traverso | 4 | von Holz, neu | |
| 17) Quintaflöte | 3 | von Holz, neu | |
| 18) Super Oktav | 2 | von Zinn, neu | |
| 19) Mixtur 3fach | | von Zinn, neu | |

## PEDAL

| | | | |
|---|---|---|---|
| 20) Principal | 16 | von Zinn, bleibt alt | |
| 21) Violon | 16 | von Holz, offen, neu | |
| 22) Sub Bass | 16 | von Holz, gedeckt, neu | |
| 23) Posaune | 16 | von Holz, neu | |
| 24) Oktavbass | 8 | –"– offen, neu | |
| 25) Violoncell | 8 | –"– –"– –"– | |
| 26) Quinta | 6 | von Zinn, bleibt alt | |
| 27) Oktavbass | 4 | von Zinn, bleibt alt" | |

„Für die kleine Orgel, welche sich jetzt auf dem großen Chore befindet", beantragte MÜLLER 500 fl als Abschlag vom Gesamtpreis.

Da MÜLLER die Absicht hatte, 10 bzw. 11 Stimmen der alten Orgel ganz oder teilweise zu verwenden, kann man seinen Plan als – wenn auch weitgehenden – Umbau betrachten. Aber er erhielt den Auftrag nicht, und es wurden weitere Orgelbauer befragt.

JOSEF DEMET(T)ER „ein Schwedler Kind, dass in Wien 9 Jahre bei dieser Kunst sich übte" bewarb sich mit dem Datum vom 12. Oktober 1864 in folgender Weise:

„Entwurf

über den Umbau, resp. Restaurirung der großen Orgel in d. Stadtpfarrkirche zu *Leutschau*.

Am 5. Sept. l. J. [1864] hatte ich das Glück, das große Meisterwerk verflossener Jahrhunderte, die große Orgel zu Leutschau näher durchzusuchen. Ich befand das Meisterwerk in einem kläglichen Zustande. Alle 27 Register von Zinn sind theils ihrer Schwere zufolge zusammen gesunken, theils auch durch muthwillige Hände verstümmelt, das Gebläs ist totaliter ruinirt, so das kein einziges Register anspricht, einzelne Töne hie u. da ausgenommen. Die Manual-Claviatur erstreckt sich auf 41 Töne von C D E im Baß bis gis[51] im Diskant, das Pedal über 23 Töne von C D E im Baß bis d im Diskant.

Soll nun dieses große Meisterwerk seinem erhabenen Zwecke entsprechen, so muß es notwendiger Weise ziemlich umgebaut werden, zu welchem Umbau ich nachstehenden Plan zu unterbreiten mich erkühne.

Die Orgel wird zerlegt, die beschädigten Zinnpfeifen umgegossen, der innere Mechanismus zweckentsprechend hergestellt, der Corpus auf das Musik-Chor dem Hochaltar gegenüber, mit einem separaten Spieltische versehen, versetzt. Anstatt den gegenwärtigen 8 verwerflichen Bälgen kommt ein weit zweckmäßigerer Cilinder Balg sammt zwei Schöpfbälgen, deren Einrichtung mit dem Fusse zu tretten sein wird. Die Größe des Balges ist 12 lang – 10 breit.

| Disposition im MANUAL von Zinn | | Holzwerk im MANUAL | |
|---|---|---|---|
| 1 Principal | 8 Fuss | 9 Bordon | 16 |
| 2 Solicional | 8 | 10 Hohlflöte | 8 |
| 3 Gemshorn | 8 | 11 Portunal | 8 |
| 4 Principal Octava | 8 [4?] | 12 Flauta minor | 4 |
| 5 Dulciana | 4 | | |
| 6 Quinta | 2²/₃ | | |
| 7 Super Octava | 2 | | |
| 8 Mixtura 4fach | 2–c, g, c, e | | |

| Zinnwerk im POSITIF | | Holzwerk im POSITIF | |
|---|---|---|---|
| 13 Principal | 4 | 18 Flauta major | 8 |
| 14 Quintadena | 8 | 19 Rohrflöte | 4 |
| 15 Fugara | 4 | | |
| 16 Violine | 2 | | |
| 17 Mixtura 3fach | 1 – c, g, c | | |

| Zinnwerk im PEDAL | | Holzwerk im PEDAL | |
|---|---|---|---|
| 20 Principal | 16 | 24 Violon | 16 |
| 21 Principal Octav | 8 | 25 Subbasss | 16 |

---

[51] Richtig: a² (ohne gis²).

| 22 Trompette | 8 | 26 Quinta Bass | $5^1/_3$ |
| 23 Cornett 3fach | G, c, e | 27 Violoncello | 4 |
| 28 Evacuant | 29 Manual Coppel | 30 Calcantenruf | |

Sollte vorliegender Plan für annehmbar befunden werden, so schlage ich für die Bewerkstelligung desselben den Preis von sechstausend fl. ö. w. vor. Auch bin ich geneigt im Falle die dazu erforderlichen Materialien herbeigeschafft würden mich in eine wohlannehmbare Unterhandlung einzulassen.

   Euer Hochwürden        ergebenster
                   JOSEF DEMETTER
                   bürg. Orgelbaumeister
                   in Schwedlér"[52]

Aber zu diesem Zeitpunkt war die Entscheidung schon gefallen; denn am 28. September 1864 wurde mit dem Salzburger Orgelbauer LUDWIG MOOSER auf Grund des vom selben Tag datierten Voranschlags samt Disposition der Vertrag abgeschlossen. Die Akten beinhalten:

„Voranschlag und Disposition

den Umbau der Orgel in der Stadtpfarrkirche zu LEUTSCHAU betreffend

I. Bei der Untersuchung der alten Orgel ergab sich folgendes:

1) dass nichts von derselben in Anwendung zu bringen ist, als das Corpus-Gehäuse
2) die Prospekt-Pfeifen, und zwar nur von einem Register nämlich Principal 16 Fuß, und weiter
3) zwei Register aus dem Positiv, als Principal 4 Fuß und Copel 8 Fuß. Alles übrige Zinn Pfeifenwerk ist nur als Material zu gebrauchen, da es: 1- zu schwachen Körper 2- so sehr oxidirt, und überhaupt derart zerbrochen ist, daß es nicht mehr reparirbar, und 3- überhaupt sehr stark mit Blei versetzt ist.

Es ist somit, wenn dieses Werk dieselbe Registerzahl beibehalten soll als gegenwärtig, nämlich 27 – erforderlich, daß ein ganz neues Werk angefertigt werde und 24 Register neugemacht werden müßten, und zwar in folgender Art disponirt:

Disposition:

Sub A - PEDAL

| | | Pfeifenzahl | |
|---|---|---|---|
| | | Holz | Zinn |
| 1 Principal | 16 Fuss aus Zinn, hiezu wird das alte vorhandene verwendet und reparirt | 5 | 20 |
| 2 Violon | 16, wird ganz neu angefertigt | 25 | |
| 3 Pourton | 16 Fuss, neu angefertigt | 25 | |
| 4 Bombard | 16 Fuss, Zungenstimme, ganz neu | | 25 |
| 5 Quint | 12 Fuss, ganz neu | 25 | |
| 6 Octav Bass | 8 Fuss, neu angefertigt | 25 | |
| 7 Trompet | 8 Fuss, Zungenstimme im Bass mit Holzschallröhren | | 25 |
| | Summa A | 105 | 70 |

---

[52] Heute Švedlár (Bezirk Spišská Nová Ves-Zipser Neudorf).

Sub B – MANUAL I

| | | | | |
|---|---|---|---|---|
| 1 Principal | 16, | hiezu werden zu den zwei ersten Octaven obige aus dem Pedal in Anwendung gebracht, und die Fortsetzung wird neu angefertigt, u. zwar | | 26 |
| 2 Quintatön | 16 Fuss ganz neu | | 24 | 27 |
| 3 Octav | 8 Fuss ganz neu | | 5 | 46 |
| 4 Copel | 8 Fuss ganz neu | | 36 | 15 |
| 5 Gamba | 8 neu | | 7 | 44 |
| 6 Trompet et Hautpois | 8 Fuss, Zungenstimme. Hiezu werden die zwei ersten Octaven aus der Pedaltrpet entnommen | | | [26?] |
| 7 Flauton | 8 offen, neu | | 51 | |
| 8 Quinta major | 6 Fuss, neu | | 5 | 46 |
| 9 Superoctav | 4, neu | | | 51 |
| 10 Flauta | 4, neu | | 36 | 15 |
| 11 Cornet | 4 Fuss dreifach, neu | | | 153 |
| 12 Mixtur | 3 Fuss, sechsfach, neu | | | 306 |
| | | Summa B | 164 | 780[53] |

Sub C – II. MANUAL

| | | | | |
|---|---|---|---|---|
| 1 Praestant | 8 Fuss, neu | | 7 | 44 |
| 2 Salicet | 8, neu | | 7 | 44 |
| 3 Copelttons | 8, altes Register | | | 51 |
| 4 Flut | 4, neu | | 36 | 15 |
| 5 Viola | 4, neu | | | 51 |
| 6 Piccolo | 2, neu | | | 51 |
| 7 Cymbel | 1½ Fuss, vierfach, neu | | | 204 |
| 8 Aeoline | 8 Fuss, Zungenstimme, neu | | | 51 |
| | | Summa C | 50 | 511 |

Es ergibt sich somit eine Pfeifenzahl ad A   105   70
                                      ad B   164   780
                                      ad C    50   511
                              Summa   319   1361

oder zusammen Holz und Zinnpfeifen: 1680

Sign. Leutschau am 28. Sept. 1864

                           LUDWIG MOOZER, PAUL STILL Stadtpfarrer,
von Seite des Patronats       VINCENZ RIBICZEY Stadtrichter
                           VICTOR PALLÁG Mag. Rath.

---

[53] Richtig 729 bzw. 755 mit den 26 Pfeifen zur Ergänzung der Manualtrompete. MOOSER rechnet offenbar 51 Pfeifen, ohne sie anzuführen.

Ergänzung:

| | | | | | |
|---|---|---|---|---|---|
| II. MANUAL | 9 Flagiolet | 2 Fuss, neu | | | 51 |
| | 10 Gemshorn | 8 Fuss, neu | | 12 | 39 |
| PEDAL | 8 Violoncello | 8, neu | | 12 | 13 |

Mithin das ganze Werk 30 Register
Sig. ut supra"

Um das Werk mit möglichst geringen Kosten auszuführen, empfahl MOOSER „die großen voluminösen Gegenstände in Loco Leutschau anfertigen zu lassen, bei welchen der Transport sicher mehr Kosten verursachen würde, als das Materiale hiezu." Er verlangte deshalb „die Beischaffung des erforderlichen Holzes zu den hier in Loco anzufertigenden Holzarbeiten und zwar zu dem Gebläse und Windkanälen, Blasbälgen-Gestellen, Heberstangen und zu allen Pedalpfeifen und Schallröhren, dann allen Pfeifen, welche aus Fichten- oder Tannenholz angefertigt werden."

Er verpflichtete sich, das Werk „fix und fertig herzustellen für den Betrag von 4800 fl. ö. w. [...] längstens bis Schluß 1865." Für die als Ergänzung angeführten drei weiteren Register berechnete er eine Aufzahlung von 200 fl., also für alle 30 Register den Gesamtbetrag von 5000 fl.

Eine weitere Ergänzung lautet: „Die Prospekt-Pfeifen, exclusive 16 Fuß, werden alle neu gemacht um die Aufzahlung von 300 fl., mithin kostet das ganze Werk 5300 fl."

Unter der Leitung des Salzburger Gesellen JOHANN STANZER begannen in Leutschau GUSTAV SCHARNER und THAISS mit der Arbeit an den Holzteilen und Holzpfeifen.

Über den weiteren Fortgang mögen folgende Auszüge aus MOOSERS Briefen Aufschluß geben:

4. Jänner 1865 von Salzburg: Er schickt Anweisungen für seine Leute und teilt mit, daß Teile der Orgel fertig seien. Er werde diese per Schiff nach Vác (Waitzen) transportieren lassen. Nichts könne verhindern, daß die Orgel zum St. Stephanstag (20. August) erklinge. Er ersucht um einige hundert Gulden, denn er habe kein Zinn, beschäftige an diesem Werk 13 Arbeiter und müsse beim Jahresschluß seine Angelegenheiten ordnen.

22. Februar desselben Jahres von Salzburg: Er wiederholt sein Versprechen und Ersuchen. Er habe kein Bargeld und verlangt klare Antwort.

26. Juni d. J. ebendort: Vor drei Tagen habe er die wichtigsten Bestandteile abgeschickt. Er selbst werde in etwa zwei Wochen nach Leutschau kommen.

16. August d. J. von Esztergom (Gran): Er sei endlich wieder in Ungarn. Die zweite Ladung sei vorbereitet. Er begreife die ungünstige Stimmung, denn seine persönliche Anwesenheit habe Aufschub erlitten, doch werde er mit doppeltem Eifer bauen. Seine Leute hätten unterdessen genug zu tun.

12. März 1866 von Salzburg: Endlich könne er die wichtigsten Bestandteile schicken und den 1. Mai als Baubeginn festsetzen. Er werde zu diesem Termin gewiß nach Leutschau kommen und persönlich den Bau zu Ende führen. Man würde sehen, wie er den Vertrag einhalte und wie er seine Auftraggeber für die Verspätung entschädigen wolle: Statt des Spieltisches für zwei Manuale habe er einen für drei Manuale geschickt. Aber es fehle ihm an

Zinn. Dies sei per Nachnahme gekommen, und er könne es nicht auslösen. Er appelliert an das Wohlwollen des Propstes, der ihn mit 500 Gulden aus dieser Situation retten könne.

10. Juli 1866 aus Karcag: Er meldet sich aus der Umgebung von Debrecen, wo er sich nur einige Tage aufhalten werde, um dann sofort nach Leutschau zu kommen. Es gäbe für ihn nur eine Entschuldigung, und die könne er dem Papier nicht anvertrauen. Er bittet, man möge ihn nicht verurteilen, er habe doch 150 Orgeln zu allgemeiner Zufriedenheit erbaut. Er werde die Leutschauer reichlich für ihre Geduld entlohnen. Er lasse seine Leute wissen, daß er in 8 Tagen kommen werde.

Aber erst ein Jahr später, am 1. August 1867, hat MOOSER die erste Pfeife eingesetzt. Immerhin war das Werk zum Anfang des Jahres 1869 zwar bei weitem nicht fertig, aber doch so weit gediehen, daß es am 24. Jänner feierlich eingeweiht und dem vorläufigen Gebrauch übergeben werden konnte.

Aus weiteren Briefen MOOSERS ist zu entnehmen:

12. April 1869 aus Salzburg: Beiliegend schickt er Nachricht für seinen Angestellten STÄBEL. Daraus könne der Propst ersehen, wie streng er vorgehe. Sie hätten doch verabredet, daß STILL vor Beendigung der Arbeit keinen Heller mehr auszahlen möge. Als weitere Mitarbeiter nennt er STANZER und TABISCH und bestimmt, wieviel ihnen täglich gebühre. Der Probst möge seinen Sohn KARL mit Strenge behandeln. Das Werk müsse vollkommen beendigt werden bis auf die Aeoline, die habe er nicht bekommen, er werde sie also selbst verfertigen und einsetzen.

Aber wie einst HUMMEL, so ließ jetzt MOOSER lange auf sich warten. Seinerzeit hat der großzügige und freigebige FRIEDRICH POBST die Erfüllung seines Herzenswunsches nicht erlebt, diesmal sollte STILL, der eifrige Initiator, die peinliche Lage voll auskosten. Darüber gibt sein Brief vom 17. Oktober 1873 Auskunft:

„Euer Wohlgeboren!

Es verstreicht ein Jahr nach dem anderen, ohne daß unsere Orgel ausgebessert, mit den fehlenden Registern ergänzt und in vollendetem guten Zustande übergeben wäre, – jetzt ein Jahr haben Wohlgeborener Herr mir geschrieben: daß Sie selbst kommen werden das Werk zu vollenden und zu übergeben, selbst haben sich das Monat Mai festgesetzt, an welchen Sie in Leutschau mit den fehlenden Registern erscheinen sollten, doch umsonst warteten wir den ganzen schönen Sommer, wir sind im October und die Orgel ist heut morgen nicht zu gebrauchen ohne eine gründliche Renovirung, deshalb ersuche ich Sie höflichst nochmals, endlich nach Leutschau zu kommen um diese Angelegenheit zu ordnen, wir haben einen schönen Herbst, auch die Kirche ist renovirt, welche Ehre wäre es für Sie endlich Ihrem Versprechen gemäß noch dieses Jahr im October erscheinen und die vollendete Orgel übergeben wollen!

Sollten aber Euer Wohlgeboren nicht gesonnen sein nach Leutschau zu kommen, haben die Gefälligkeit sich schriftlich zu erklären, damit ich das weitere anordnen kann, denn das Publikum, welches sein Geld auf die Orgel hergab, ist derart verbittert, daß es mir schon mit dem Gerichte droht – nun also Wohlgeborner Herr! Sehen Sie doch nur diese meine und Ihre Lage, sollen wir uns denn vor Gericht lassen schleppen, dieses würde weder mir, noch Ihnen Ehre machen, kommen Sie also noch dieses Jahr, retten Sie Ihre und meine Ehre durch endliches Vorgehen, und alles wird wieder gut sein, auch STANZER kann noch etwas helfen und dann

3. *Leutschau*, Stadtpfarrkirche. Heutiger Zustand der Hauptorgel.

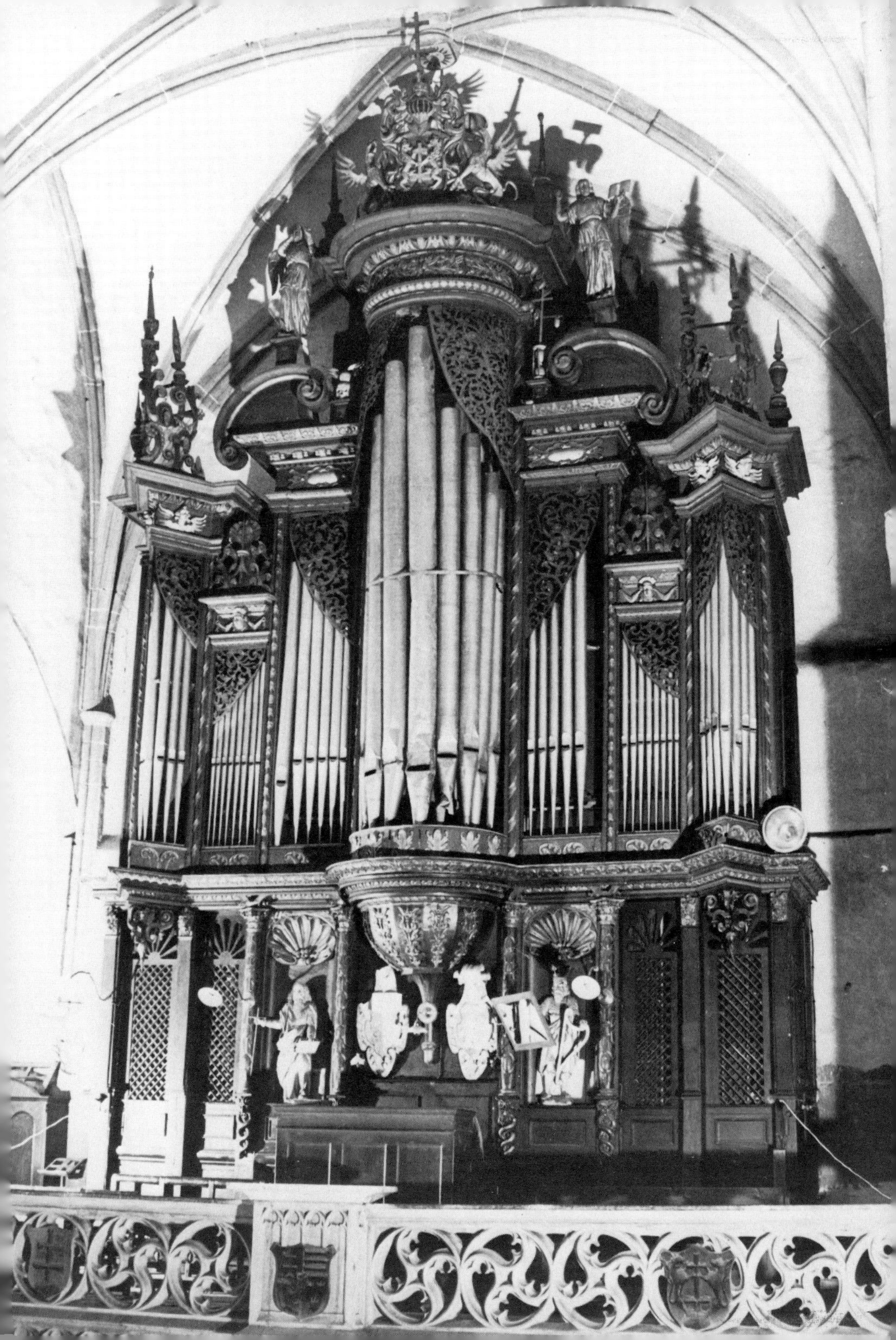

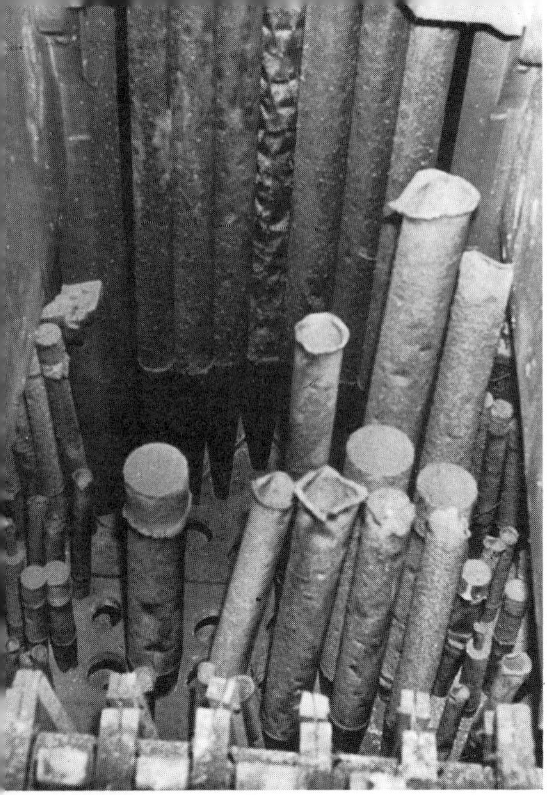
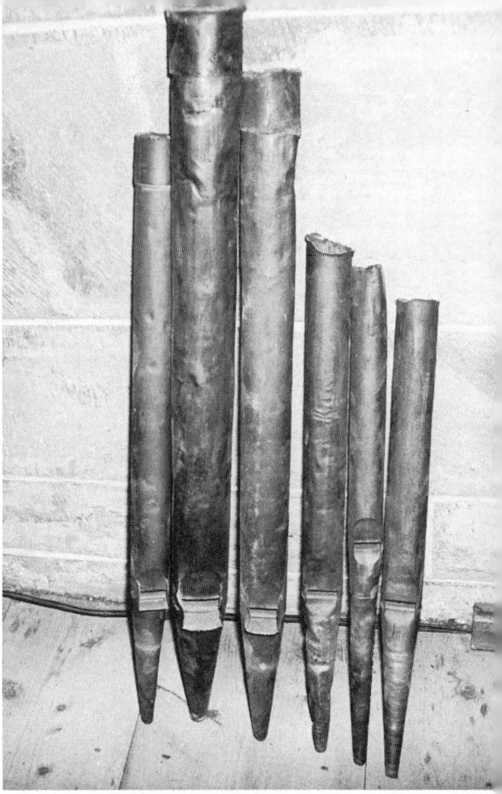
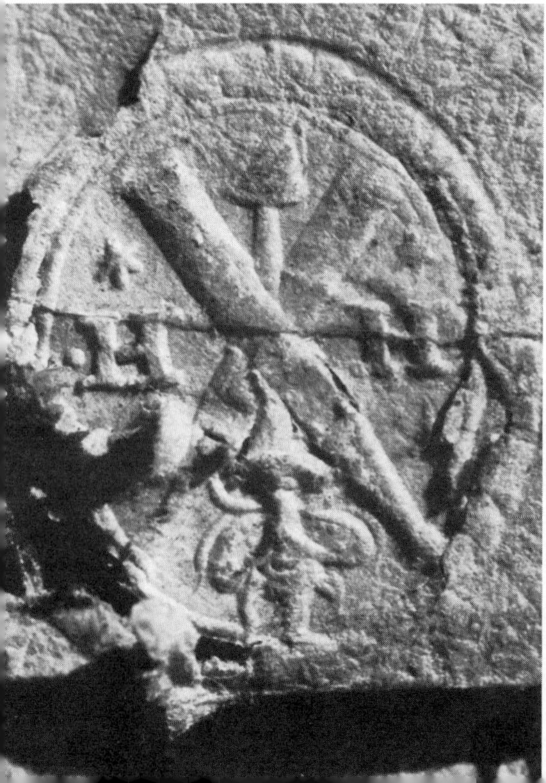
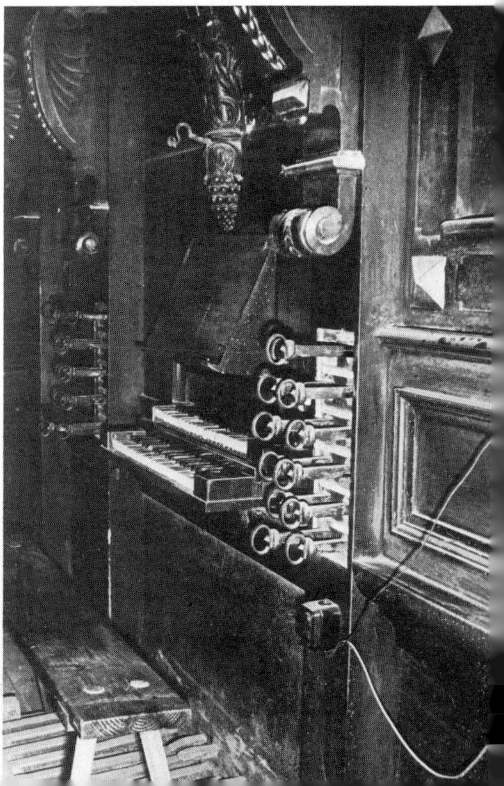

befriedigt werden. Ich erwarte Ihre werte Antwort, die ich bitte derart zu verfassen, damit ich damit das Publikum beruhigen kann, dann aber erwarte ich Ihre sichere Ankunft noch im October 1. Jahres.

    Hochachtungsvoll                                         ergebenster Diener
                                                                           PAUL STILL
                                                              Probst, Stadtpfarrer"

[Von anderer Hand:] „Lieber Vater schnelle Hilf 27 October Liesetazion längste Termin ohne Verschub
                              tausen grüsse ich dich bitte
                              verlass mich nicht dein [...] Bub"

Am 22. Oktober antwortet MOOSER aus Gran: er sei in einer bedauernswerten Lage. Man könne ihn nur mit einem Telegramm an den Salzburger Advokaten retten, daß er in Leutschau die Orgel gebaut und vollendet hätte. Er könne sich nicht vorstellen, gerichtlich verfolgt zu werden. Er bittet, der Propst möge STANZER 200 Gulden auszahlen, um das Unheil abzuwenden.
Doch sollte der Bau noch lange kein Ende finden. Weitere Briefe MOOSERS berichten dazu:
1. September 1875 aus Békés Gyula: er beabsichtige, noch im September nach Leutschau zu kommen. Früher wäre es ihm nicht möglich gewesen, nicht einmal im Falle gerichtlichen Zwanges. Das hätte ihn höchst schmerzlich getroffen: gerichtliche Exekution für seine gelungenen Orgeln!
23. October 1875 von ebendort: er habe STILLS Brief zwei Tage lang gelesen, gerade der gütige Ton stürze ihn in Verzweiflung. Die Orgel in *Békés Gyula* [mit 30 Registern] hätte schon vor einem Monat fertig sein sollen. Er arbeite dort mit seinem jüngeren Sohn. Der ältere, KARL, arbeite selbständig in Galizien an einem Werk mit 20 Registern. Leider sei dieser leichtsinnig und verschwende das Geld seines Vaters. STILL könne sehen, wie bemitleidenswert er, MOOSER, sei. Zum Glück sei er mit 69 Jahren körperlich und geistig frisch und wolle seine Fähigkeiten nicht nur beim Durchstimmen, sondern auch durch eine förmliche neue Regulierung beweisen; denn seine Künstlerehre gehe ihm über alles.
Um ein sachverständiges Gutachten zu erlangen, wandte sich STILL an G. F. WEIGLE, der zu jener Zeit in Kaschau einen Betrieb errichtet hatte. WEIGLES ausführliches Gutachten ist wenig günstig ausgefallen:

„Bericht

über den Bau und jetzigen Zustand der grossen Orgel in der Pfarrkirche zu Leutschau, nebst Angaben zur Umarbeitung der gegenwärtig unbrauchbaren und unvollständigen Mechanik, Windeinrichtung, Disposition, Intonation und Stimmung, ohne welche ein sicherer, der Grösse der Orgel und der Kirche, so wie auch dem Gottesdienste entsprechender Gebrauch derselben nicht gemacht werden kann.

---

4. Oben links: *Leutschau*, Stadtpfarrkirche. Blick in das ehemalige Rückpositiv.
5. Oben rechts: *Leutschau*, Stadtpfarrkirche. Pfeifen aus dem ehemaligen Rückpositiv.
6. Unten links: Siegel von HANS HUMMEL (vergr.) mit Hummel, Orgelpfeifen und Stimmhorn.
7. Unten rechts: *Olkusz*. HANS HUMMEL, ca. 1612–1623. Spielanlage.

Disposition.

Die Orgel enthält 31 klingende Register, die 32. St. Aeoline 8 des III. Manuals wurde nie ausgeführt und fehlt sonst ganz.

### I. MANUAL

| | | | |
|---|---|---|---|
| 1 | Principal | 16 | |
| 2 | Quintatön | 16 | |
| 3 | Octav | 8 | |
| 4 | Coppel | 8 | |
| 5 | Trompete | 8 | (ist unbrauchbar und kann nicht reparirt werden) |
| 6 | Flöte | 4 | |
| 7 | Super Octav | 4 | |
| 8 | Pansib [?] | 4 | (ist eine Quint $2^2/_3$) |
| 9 | Cornett | 4 | |
| 10 | Mixtur | 3 | oder genauer $2^2/_3$, 4fach |

### II. MANUAL

| | | | | | | |
|---|---|---|---|---|---|---|
| 1 | Prästant | 8 | 5 | Salicet | 8 | |
| 2 | Coppel douce | 8 | 6 | Flute d'amour | 4 | |
| 3 | Bourdon | 16 | 7 | Piccolo | 2 | |
| 4 | Gemshorn | 8 | 8 | Cimbel | $1^1/_3$ | |

### III. MANUAL

| | | | |
|---|---|---|---|
| 1 | Flauton | 8 | |
| 2 | Gamba | 8 | |
| 3 | Aeoline | 8 | (ist nicht da u. wurde nicht ausgeführt) |
| 4 | Viola | 4 | |
| 5 | Violine | 4 | |
| 6 | Dolce | 4 | |
| 7 | Flageolet | 2 | |

### PEDAL

| | | | |
|---|---|---|---|
| 1 | Bourdon | 16 | |
| 2 | Violon | 16 | |
| 3 | Bombard | 16 | (unbrauchbar und kann nicht reparirt werden) |
| 4 | Quintbass | 12 | (genauer $10^2/_3$) |
| 5 | Trompete | 8 | (unbrauchbar und kann nicht reparirt werden) |
| 6 | Octav | 8 | |
| 7 | Cello | 8 | |

Nebenzüge 1) Manualcoppelung des I. zum II. Manual
2) Manualcoppelung -"- II. -"- III. -"-
3) Pedalcoppel zum I. Manual

Die Manuale bestehen nun aus folgender Zusammenstellung: Drei 16-füßige Register, neun 8-füßige, sieben 4-füßige, zwei $2^2/_3$-füßige und ein $1^1/_3$-füßiges. Das Pedal aus drei 16-füßigen Registern, einem $10^2/_3$-füßigen und drei 8-füßigen. Diese Art der Zusammenstellung widerspricht nun allen Gesetzen einer Orgel-Disposition, welche sich doch auch streng nach den Gesetzen der Akustik zu richten hat. Der eigentliche Grundton der Manuale einer Orgel ist der 8-füßige Ton und der des Pedals der 16-füßige, alle übrigen Tonhöhen […] sind als harmonische Bei- oder Nebenregister zu betrachten, und dürfen dieselben also nie in größerer

Zahl als die Grundtonregister vorhanden sein, weil sonst kein das menschliche Ohr befriedigendes angenehmes und kräftiges Zusammentönen stattfinden kann. In dieser Richtung ist aber ohne Anwendung neuer theurer Register nur durch bessere und kräftigere Intonation der 8-füßigen Grundtonregister und Unterordnung der vielen harmonischen Nebenregister etwas abzuhelfen.

Intonation und Zustand des Pfeifenwerkes.

Das Pfeifenwerk kann, die Zungenregister, welche total verfehlt und unbrauchbar sind, ausgenommen, im Ganzen als gut gearbeitet angenommen werden, hingegen ist von künstlicher Intonation der Pfeifen auch nicht die geringste Spur zu entdecken und sind die Töne geblieben, wie sie durch einfaches Richten zur Ansprache von selbst geworden sind, daher erklärt sich der wollige, näselnde kraft- klang- und gesanglose Ton sämtlicher Register und die Unmöglichkeit, eine der Grösse der Orgel auch nur im entferntesten entsprechende Abwechslung von Klangfarben vortragen zu können.
Durch künstliche Behandlung kann und muß der Ton verschiedener Register charakteristisch wohlklingend singend und kräftig gemacht werden."
[Um dem „Keuchen" abzuhelfen verlangt WEIGLE 4 Compensationsbälge. Weiter empfiehlt er, an den Bälgen Regulierfedern anzubringen und sämtliche Kanäle gründlich abzudichten.]

„Die Windladen.

Die Register der Orgel sind auf 11 Windladen verteilt, wovon 3 auf die Manuale und 8 auf das Pedal kommen. Die Windladen sind, wenn auch alter Bauart, doch gut und dauerhaft gearbeitet, dagegen sind durch Zeit und große Feuchtigkeit die Windstöcke und Schleifen derselben angequollen und ungleich geworden, so daß die Schleifen sehr schwer und nicht mehr luftdicht beweglich sind. Diesem Fehler muß durch genaues Einpassen der Schleifen und Abrichten der Windstöcke abgeholfen werden. Ferner müssen sämtliche Ventile untersucht, und wenn nötig, neu beledert und luftdicht eingepaßt werden. Sämtliche Ventile müssen mit neuen Federn versehen werden, der Grund hiefür ist im nächsten Abschnitt angegeben.

Mechanik.

Die Registermechanik ist teilweise durch unsichere Befestigung, dann durch ihre außerordentliche Länge und Schwere, sowie durch die schwergehenden Schleifen so in Unordnung geraten, daß sich die Register nicht mehr bestimmt schließen und öffnen lassen, und muß auch hier gründlich nachgeholfen werden, wenn sicherer und dauerhafter Gang erreicht werden soll. Die Mechanik des Regierwerks sämtlicher Windladen ist sehr schwerfällig angelegt, und ist der Grund der jetzigen Unbrauchbarkeit hauptsächlich folgenden Umständen zuzuschreiben:
1) Leicht veränderliche Befestigung der Mechanikteile
2) Dehnungen derselben aus Mangel an genügender eigener Festigkeit
3) Nicht gehörig vermiedene Reibungen und Spannungen in den Achsen und Gelenken der Mechanik.

Diese Mängel treten deshalb so auffallend und nachteilig auf, weil bei dieser Windladenbauart ein sehr starker Luftdruck auf die großen Ventilflächen wirkt und die Mechanik durch ihre Länge und Schwere außerordentlich starke Ventilfedern erfordert, diejenigen aber, welche vorhanden, diese Eigenschaften nicht besitzen und daher durch neue ersetzt werden müssen. Ebenso müssen oben angeführte Mängel gründlich beseitigt werden. Da die Pedalmechanik am ausgedehntesten und schwersten ist und mittels einer Taste 6 große Ventile geöffnet werden sollen, so ist an eine Brauchbarkeit derselben nur dann zu denken, wenn dasselbe mit pneumatischen Hebern versehen wird, wodurch beliebig leichte Spielart und die nötige Öffnungsweite der Ventile erreicht wird, was durchaus notwendig ist, um den Pedalregistern die gehörige Tonkraft geben zu können.

Stimmung.
Nach Ausführung obiger Angaben in Bezug auf Herstellung der Orgel ist dann selbstverständlich eine gründliche Stimmung der ganzen Orgel vorzunehmen.
Dies ist nach genauer eingehender Untersuchung des Unterzeichneten der Zustand der Orgel und sind die Angaben, von deren pünktlicher Ausführung es abhängt, der zur Zeit unbrauchbaren, immer in schlechteren Zustand gerathenden Orgel eine ihrer Größe entsprechende Leistung abzugewinnen und deren Gang und Brauchbarkeit dauerhaft zu erhalten.
Die Herstellung der Orgel nach obigen Angaben kostet nach geringster Berechnung fl. 1600 ö. w.

Leutschau, den 2. März 1876  G. F. WEIGLE
Orgelbauer u. Physiker
Erfinder der electromagnetischen
Concertorgel mit 845 Electromagneten
(Wien, Weltausstellung 1873)
aus Württemberg, Stuttgart"

Zu den Ausführungen WEIGLES über die Gesetze einer Orgeldisposition würde man heute Fragezeichen setzen; darin war er ein überaus eifriger Vertreter des Zeitgeschmackes. Aber seine Voraussage über die geringe Dauerhaftigkeit und Brauchbarkeit sollte allzubald in Erfüllung gehen.
Zur selben Zeit müssen MOOSER bzw. seine Angestellten auch die Orgel der Gymnasialkirche umgebaut haben; denn WEIGLE beurteilt auch dieses Werk und findet die Disposition:

| 1 Principal | 8 | 8 Subbass | 16 |
| 2 Flöte | 8 | 9 Octav | 8 |
| 3 Gedeckt | 8 | 10 Violon | 8 |
| 4 Octav | 4 | | |
| 5 Octav | 2 | | |
| 6 Flöte | 4 | | |
| 7 Mixtur | $2^2/_3$ | | |

„Intonation und Mechanik sind ganz wie bei der großen Orgel der Pfarrkirche ausgeführt und deshalb mit denselben Fehlern behaftet [...]."
Das schöne Gehäuse besteht noch und enthält ein Werk von JÚLIUS GUNA, Prešov-Eperjes.
MOOSER selbst war noch immer anderswo in Anspruch genommen: 18. Mai 1876 von *Eger-Erlau*: er schickt eine ganz neue Physharmonika und will sobald wie möglich selbst kommen und die Leutschauer befriedigen.
11. Juni 1876 ebendort: er wäre schon gekommen, sei aber durch einen Balken am Fuß verletzt worden. Er werde am 19. dieses Monats kommen; man möge das Gerüst aufstellen und SCHARNER oder THAISS benachrichtigen; vielleicht würden diese bereit sein, ihm zu helfen. Er erwartet (schleunigst) 50 Gulden als Reisespesen; denn er habe 12 Arbeiter und müsse noch eine Orgel nach *Gmunden* fertigstellen („ein Kunstwerk aus Ungarn nach Österreich!")
23. Juni von ebendort: bis 15. August müsse er eine Orgel für den Exkönig von Hannover (für 9500 Gulden) beenden. Er sei gewillt gewesen nach Leutschau zu kommen, sei aber ohne einen Groschen geblieben. Jetzt hoffe er Geld zu erhalten und werde am nächsten Montag in Leutschau die Arbeit aufnehmen.

Aber auch diesmal blieb es beim Versprechen. Am 8. Oktober schreibt Mooser aus Gmunden, er habe seinen Sohn Karl als beauftragten Vertreter nach Leutschau schicken müssen. Dieser habe ihm die Meinung eines gewissen Orgelbauers mitgeteilt, daß die Leutschauer Orgel einer Reparatur für 1600 Gulden bedürfe. Was sollte dann ein neues Werk kosten? Er möchte diesen „Schwaben" gern in viele Kirchen führen, um ihm seine Orgeln zu zeigen. Sich vom „Schwaben" distanzierend, schließt er den deutschen Brief: „én vagyok most égés magyar ember, Mooser Lajos, Egri diszpolgar." [Ich bin jetzt ein ganzer Ungar, Mooser Lajos, Ehrenbürger von Erlau]. Ähnliche Sätze in gebrochenem Ungarisch finden sich in mehreren Briefen.

4. Februar 1877 aus Gmunden: die Orgel für den Exkönig sei zwar fertig, doch sei er von der Winterarbeit erschöpft und liege zu Bett. Gelegentlich wolle er im Sommer nach Leutschau kommen und sein Werk besehen. Er bevollmächtigt seinen Sohn Karl, man möge mit diesem abrechnen. Er fragt, wie man mit Karls Arbeit zufrieden sei. Kurz darauf – am 27. Februar 1877, das ist $12^1/_2$ Jahre nach Abschluß des Vertrages – fand die Kollaudation statt. Weigle hatte noch im Jänner sein Urteil in einem Brief an Still wiederholt („dieß mein früheres und jetziges Urteil, das sich leider nur zu bald bestätigen wird") aber das Kollaudationsprotokoll verfaßte er mit auffallender Nachsicht und Milde, wahrscheinlich um Still die mißliche Lage etwas zu erleichtern:

„Gutachten
über die Orgel in der Pfarrkirche zu *Leutschau*.

1. Disposition.

Die vertragsmäßige Disposition lautet auf 30 Register, welche auf 2 Manuale und 1 Pedal vertheilt sind. Die genaue Untersuchung ergab nun, daß das Orgelwerk drei vollständige Manuale und 1 Pedal mit zusammen 33 klingenden Registern enthält, also Herr Orgelbaumeister Ludwig Mooser ein vollständiges 3. Manual samt Windlade und Mechanik nebst 3 klingenden Registern, mehr als der Vertrag bestimmt angefertigt hatte, und worüber der Comission der Sachverständigen kein von dem Orgelbaumeister gemachter Kostenüberschlag vorgelegt wurde. Herr Orgelbaumeister Mooser hat also in dieser Beziehung mehr als seine Verpflichtung erfüllt.

2. Gehäuse.

An dem Gehäuse wurden, wie der Vertrag bestimmt, die nötigen Reparaturen und Befestigungen ausgeführt.

3. Gebläse.

Das Gebläse ist gut und liefert genügend Wind und ist durch die neuerdings angebrachten Regulier-Federn einer der Umstände beseitigt worden, welche die Collaudirung vor 8 Jahren unmöglich machten.

4. Compensationsbalg.

Der neue große Compensationsbalg, welcher bei letzter Instandsetzung zwischen der Orgel und dem Gebläse angebracht wurde, ist ein zweiter Hauptgrund, wesshalb jetzt das Spiel besonders des vollen Orgelwerkes ruhiger, ohne Stöße, angenehmer und reiner klingt.

5. Windladen.

Sämmtige Windladen des ganzen Orgelwerkes sind gut und dauerhaft gearbeitet und wurden bei letzter Instandsetzung mit vielem Fleiß behandelt und in Ordnung gebracht.

6. Die Mechanik.

Die Mechanik der Orgel ist jetzt ebenfalls in möglichst bestem Zustand. Das heißt, so weit das ohne Anbringung pneumatischer Heber bei einem so großen Werke mit Schleifladen überhaupt möglich ist. Durch pneumatische Heber kann nehmlich das Spiel der größten Orgel beliebig leicht gemacht werden und wird eben dadurch auch die so außerordentliche Anspannung und Anstrengung der Mechanik gänzlich beseitigt und noch der große Vorteil gewonnen, daß den Orgelpfeifen fast der doppelte Windzufluß gegeben werden kann. Die Anbringung von pneumatischen Hebern kann natürlich von Herrn Orgelbaumeister MOOSER nicht mehr verlangt werden, da erstens hievon im Vertrage nichts steht, ferner diese Erfindung der neueren Zeit damals in Ungarn noch nicht bekannt war, und ein Orgelwerk von dieser Größe mit vollständiger Einrichtung pneumatischer Heber 2–3000 fl. mehr kostet. Das Urtheil kann deshalb nur dahin abgegeben werden, daß die Mechanik dieser Orgel ohne Abhilfe durch pneumatische Heber nicht die nöthige Sicherheit des Ganges gewährt und nicht die erwünschte Dauerhaftigkeit besitzt.

7. Pfeifenwerk.

Das Pfeifenwerk ist durchweg von gutem Material fleißig und dauerhaft gearbeitet.

8. Intonation und Stimmung.

Die Intonation und Stimmung der Labial-Register ist schön und rein und werden nur die Zungenregister Trompete 8 im Manual und Trompete 8 und Bombard 16 im Pedal etwas durch die akustische Einwirkung der Cancellentöne beeinflußt.

9. Gesammt Urtheil.

Das von H. LUDWIG MOOSER vor 8 Jahren erbaute Orgelwerk war, als er es damals verließ, bis auf Punkt 1, 2, und 3 wie folgt, fertig, ja es war sogar ein IIItes Manual, Windlade und Mechanik nebst 2 klingenden Registern mehr als vertragsmäßig verlangt werden konnte, fertig und fehlten vertragsmäßig nur: 1-tens gründliche Regulierung, Intonation und Stimmung, 2tens ein Magazin- oder vielmehr Compensationsbalg, 3tens eine nicht vertragsmäßige aber unumgänglich nothwendige Vorrichtung zur Regulierung der comprimirten Luft durch Strebfedern am Gebläse. Diese 3 Arbeiten wurden nun von H. MOOSER junior nebst einer neuen Physharmonika 8 mit vielem Fleiß, Ausdauer und Geschicklichkeit ausgeführt und das ganze Werk hiemit vollständig brauchbar und vertragsmäßig vollendet.

Hochachtungsvoll

                      G. F. WEIGLE
                      Orgelbaumeister und
                      Fabrikant phisikalischer Apparate
                      aus Stuttgart, jetzt in Kaschau

Leutschau den 27. Februar 1877

Die Collaudirungs-Commission erklärt sich in jedem Punkte mit dem Gutachten des Orgelbaumeisters G. F. WEIGLE einverstanden und bezeugt diess durch eigenhändige Unterschrift

                      Die Collaudirungs-Commission
                      FRANZ CZIRBUSZ mp. Regenschori
                      AUGUST WEBER, Pfarr Organist"

Der nach der Sitte der Zeit als Umbau bezeichnete Neubau brachte auch schwerwiegende Eingriffe in die äußere Gestalt mit sich, gegen die allein VIKTOR MISKOVSZKY, Professor am Kaschauer Gymnasium und ein begeisterter Vorkämpfer der damals in Ungarn noch jeglicher gesetzlicher Grundlage entbehrenden Denkmalspflege, seine Stimme erhob. Er war es gewesen, der 1866 den ursprünglichen Zustand in einer Zeichnung festgehalten hat. Jetzt warf er mit Recht vor, daß man die architektonische Einheit von Hauptwerk und Rückpositiv barbarisch zerrissen und das naturfarbene, stellenweise geschmackvoll vergoldete Gehäuse mit brauner Ölfarbe dick übermalt habe. Abb. 1 S. 17

Das Rückpositiv wurde weit entfernt an der Vorderfront der Nordempore angebracht. Im Vertrag und bei der Kollaudation wurde es stillschweigend übergangen, aber STILL als nächster Augenzeuge schreibt darüber im „Chronicon seu historia parochiae": Abb. 2 S. 18

„*Organum parvum in parvo laterali choro. Ad conservandam antiquitatem omnes partes ex organo majori ad hoc non necessariae, conversae sunt in parvum organum, quippe positivum cum integro ligneo choro, externe 12 Apostolorum statuis decorato, quod ad majorem chorum ob angustiam loci transferri non potuit, collocatum est ad chorum minorem, ex remanentibus fistulis factae sunt duae novae mutationes, ex pedale ita, ut modernum organum minus sex habeat mutationes; ex octo antiquis follibus duo optimi selecti, ad hocce organum adpliciti sunt, asseres autem cum 12 Apostolis cum scuto familiae* BOBEST *in posteriore parte chori versus sepulchrum Xti Dni locatae sunt. Organum hoc pro ferialibus diebus cultui divino inservit.*"

Ob es längere Zeit gebrauchsfähig blieb, erscheint fraglich, namentlich angesichts der mangelnden Verläßlichkeit der großen Orgel, der gewiß mehr Sorgfalt gewidmet wurde. Der Amtsnachfolger STILLS, COELESTIN KOMPANYIK, beklagte schon im Jahre 1891, daß sich MOOSERS Werk wenig dauerhaft bewährt habe und bereits einige Jahre nach der Vollendung ernste Mängel zeigte. Trotz des unerfreulichen Zustandes behalf man sich mit Reparaturen, so gut es ging. Eine dieser Reparaturen hat BÉLA MISURECZ 1891 durchgeführt[54]. Erst als sich die wirtschaftliche Lage nach dem ersten Weltkrieg beruhigt hatte, wurde eine radikale Lösung erwogen. Nach Fühlungnahme mit JÚLIUS GUNA (Prešov-Eperjes), JAN TUČEK (Kutná Hora) und JOZEF MELZER (ebendort) wurde die Firma Gebr. RIEGER (Krnov-Jägerndorf) mit der Rekonstruktion – in Wirklichkeit einem Neubau des Instruments – betraut.

Demzufolge enthält das alte Gehäuse heute einen zweiten Neubau, den die genannte Fabrik in den Jahren 1931–32 als ihr Opus 2540 mit folgender Disposition errichtet hat:

| I. MANUAL (C–f$^3$) | | II. MANUAL | | III. MANUAL | | PEDAL (C–d$^1$) | |
|---|---|---|---|---|---|---|---|
| Principál | 16′ | Bordun | 16′ | Kvintadena | 16′ | Principál | 16′ |
| Principál | 8′ | Prestant | 8′ | Vox coelestis | 8′ | Bordun | 16′ |
| Copula | 8′ | Copula | 8′ | Gamba | 8′ | Violon | 16′ |
| Kamzičí roh | | Salicet | 8′ | Fléta | 8′ | Oktávbas | 8′ |
| (Gemshorn) | 8′ | Flauta d'amore | 4′ | Dolce | 4′ | Cello | 8′ |
| Oktáva | 4′ | Viola | 4′ | Violino | 4′ | Pozoun líbezný | 16′ |
| Panova flétna | | Piccolo | 2′ | Flageolette | 2′ | (Stillposaune) | |
| (Panflöte) | 4′ | Cymbal 3x | | Kornet 4x | | | |
| Flautino | 2′ | Klarinet | 8′ | Hoboj (Oboe) | 8′ | | |
| Mixtura 5x | | | | | | | |
| Trompeta | 8′ | | | | | | |

Die üblichen Normal-, Super- und Suboktavkoppeln, 2 freie und die üblichen festen Kombinationen, 2 Schwellkästen, Rollschweller.

---

[54] Szepesi Hirnök-Zipser Bote, Jg. XXIX. Nr. 13. vom 28. März 1891.

Trotz einer Anzahl von gut ausgeführten Charakterstimmen ist der Gesamteindruck dieses (pneumatischen) Werkes wenig zufriedenstellend. Namentlich fehlt ein Plenoklang, der wenigstens einigermaßen des herrlichen gotischen Innenraumes und des imposanten Spätrenaissance-Gehäuses würdig wäre.

Abb. 3
S. 35

Im Hauptwerk wurden von alten Pfeifen nur die 9 großen des Mittelturmes beibehalten. Sie stammen wahrscheinlich von der Reparatur gegen 1708.

Was das Gehäuse anbelangt, können wir den heutigen Zustand nur mit der oben erwähnten Zeichnung von MISKOVSZKY vergleichen. Es fehlen heute die Blindflügel, dagegen erscheinen zu Füßen der Engelsfiguren große Volutensegmente, die in der Zeichnung nicht sichtbar sind. Der einst schlanke Unterbau ist in unschöner Weise verbreitert. POBSTS Wappen sowie sechs der Apostelfiguren befinden sich in der Nordwestkapelle; die weiteren sechs Apostelstatuen zieren die vordere Balustrade der nördlichen Seitenempore, wo sich das Positiv befindet. Das Wappen von POBSTS Gemahlin ist an seinem Platz, am Boden des Positivgehäuses geblieben.

Abb. 4, 5
S. 36

Besondere Aufmerksamkeit verdient das Positiv, da es die einzigen erhaltenen Bestandteile der alten Orgel enthält: HUMMELS Windlade mit 41 Kanzellen sowie Pfeifen samt dem ursprünglichen Prospekt, darunter die verzierte Mittelpfeife mit Winkellabium. (HUMMEL hat solche Labien aus Gründen der Symmetrie angewendet und WEIGLE mußte sie hier kennengelernt haben. Möglicherweise war dies der Anstoß zu den Versuchen, die zur Patentierung der Seraphonregister führten.)

Wie in der oben zitierten STILLschen CHRONIK beschrieben, hat man hier bei Gelegenheit des MOOSERschen Neubaus – „*ad conservandam antiquitatem*" – aus alten Pfeifen und Bestandteilen ein kleines Werk von 6 Registern zusammengestellt. Die zwei Bälge sowie ein Pedalregister von 13 offenen achtfüßigen Holzpfeifen befinden sich in einem Verschlag an der Mauer. Der lange Windkanal liegt unter dem Chorboden und ist mit illuminierten Pergamenten abgedichtet. Aus der Zeit des Umbaus stammt der Spieltisch samt Manual- und Pedalklaviatur sowie Holzpfeifen (auf neuer Windlade) für die chromatischen Töne der großen Oktave. Über den hölzernen Registerzügen ist das alte Stirnbrett mit den ursprünglichen Registernamen zu sehen.

Vom Prospekt her ist die Reihenfolge der heutigen Stimmen:

| | | |
|---|---|---|
| Principal | 4′ | |
| Gedeckt | 8′ | (Metall) |
| Quinte | 2$\frac{2}{3}$′ | |
| Gedeckt | 4′ | (Metall, darunter auch Rohrflötenpfeifen) |
| Oktave | 2′ | |
| Superoktave | 1′ | |

Der Zustand ist ruinös, die Holzteile sind stark wurmstichig, viele Pfeifen sind beschädigt, mehr als ein Drittel fehlt. Die Pfeifen sind sichtlich von großem Bleigehalt, leicht einzudrücken. Auffällig ist ein gelblicher Farbton der Oxydation, der sich ebenso in der *Olkuszer* Orgel zeigt und vielleicht auf Arsenikgehalt zurückzuführen ist.

Das sind die kläglichen Überreste des einstigen „*organum celeberrimum*". Immerhin wäre eine Restaurierung des Positivs in Erwägung zu ziehen, um wenigstens (auf diese Weise) ein bescheidenes klingendes Andenken an das berühmte Werk des begabten, aber unglücklichen Meisters zu erhalten.

★

Für die bereitwillige Hilfe bei der Arbeit im Pfarr- und Stadtarchiv danken wir den Herren Dechant ŠTEFAN KLUBERT und Archivar DR. IVAN CHALUPECKÝ.

OTMAR GERGELYI and KAROL WURM

Historical Information about the great Organ in the Parish Church of St James in Levoča (Leutschau).

The parish church of St James in *Levoča* (*Leutschau*), in Czechoslovakia, is richly endowed with historic works of art. As well as the monumental altar triptych by the master PAUL, a dozen other valuable altars, the pulpit and the frescos from the fourteenth century, it possesses a notable organ case, in late Renaissance style.
The instrument was built by HANS HUMMEL, an organ builder of German descent, who was active from 1608 in Poland, as a citizen of Krakau. The contract was signed in 1615, but the master organ builder did not come to Leutschau until 1624, and the building took a long time. In the summer of 1629 HUMMEL was accused if having taken tin pipes and other material from the church St Mary, *Krakau*, and to have received money without having completed his work. Accused of stealing church property, and threatened with a heavy sentence, the master organ builder begged for time. He solemnly promised to complete the organ in Leutschau, and to answer the charge against him by Feb 9th, 1630. With the job nearly finished, the time ran out, and in the night of Feb 11th he ended his life by throwing himself down from the high scaffolding of the organ. To get the work completed, the council summoned the Polish organ builder, JERZY NITROWSKY. The richly decorated and imposing case was made by the master cabinet maker ANDREAS HERTEL, from Krakau, and the woodcarver HANS SCHMIED, who came from Denmark.
"The great Organ of Leutschau" remained for a long time a famous achievement and up to the first half of the nineteenth century, counted as Hungary's largest organ. Round about 1710 there was a major repair, but further information is infortunately sketchy. At the end of the eighteenth century the organ was still in service, and it used to said that to go to Leutschau, and not to see and hear the organ, was like going to Rome and not seeing the Pope. After 1830 the organ was hardly played. Repairs and rebuilding, using some of the old pipe work was considered, but not carried out. At last, in 1864, the Salzburger master organ builder LUDWIG MOOSER was given the contract to build a new organ in the old case. Once again the work was delayed, since MOOSER had accepted many other committments at the same time. Not until 1877 was the work completed, by KARL MOOSER, on behalf of his father. It became apparent that MOOSER's action was inadequate to organ with slider chests of this size – 33 stops, on three manuals and pedal – and it did not last.
MOOSER's work had severely altered the appearance of the organ. From its original position between two pillars on the north side, the great was transferred to the west gallery. The ruckpositiv was placed on the front wall of the north gallery. The main case has contained, since 1932, a new organ by the Brothers RIEGER (Krnov – Jägerndorf). Parts of the old organ are preserved in the ruckpositiv: HUMMELS soundboard and six (incomplete) ranks of his metal pipes. But at present the ruckpositiv is unplayable.

Otmar Gergelyi et Karol Wurm

Contributions à l'historique du grand orgue de l'église paroissiale St. Jacobi à Levoča (Leutschau).

L'église paroissiale St. Jacobi de *Levoča – Leutschau* (Tchéco-Slovaquie) contient de nombreuses oeuvres d'art: en premier lieu le monumental retable à volets du Maître Paul, ensuite une douzaine d'autels de grande valeur, une chaire et des fresques du XIVe siècle et enfin un remarquable buffet d'orgue, relevant de la Renaissance tardive.
Cet instrument est dû au facteur Hans Hummel, allemand d'origine, mais citoyen de Cracovie depuis 1608. Son activité s'exercait en Pologne. Le devis avait été accepté en 1615. Toutefois le maître-organier ne se présenta à Leutschau qu'en 1624 et la construction traîna en longueur. Au courant de l'été 1629 on accusa Hummel d'avoir dérobé des tuyaux d'étain et divers matériaux à l'église Sainte Marie de *Cracovie* et d'avoir encaissé de l'argent pour des travaux non effectués. Dénoncé comme voleur d'objets de culte et sous la menace d'une sévère condamnation, le facteur sollicita un moratoire. Il promit solennellement d'achever l'orgue de Leutschau et de comparaître en justice au plus tard le 9 Février 1630. A cette date les travaux étaient presque terminés, mais, le délai imparti se trouvant dépassé, il se suicida en se jetant du haut de l'échafaudage dans la nuit de 11 Février. Les édiles confièrent les travaux de finition au facteur polonais Jerzy Nitrowsky. L'impressionnant buffet, richement décoré, avait été réalisé par l'ébéniste Andreas Hertel de Cracovie et par le danois Hans Schmied, sculpteur sur bois.
„Le grand orgue de Leutschau" est resté célèbre pendant de longues années. Dans la première moitié du XIXe siècle on considérait encore que c'était l'orgue le plus important en Hongrie. Aux environs de 1710 il subit de profondes réparations, mais nous ne disposons que d'informations fragmentaires à ce sujet. A la fin du XVIIIe siècle il était encore en service. Passer à Leutschau sans aller le voir et sans l'ecouter – disait-on – était aussi impardonnable que de ne pas avoir vu le Pape lors d'un séjour à Rome. Après 1830 il ne se faisait entendre que très rarement. On envisagea un relevage et des modifications avec utilisation de la tuyauterie existante, mais ce projet n'eut pas de suite. En fin de compte on confia la construction d'un orgue neuf dans le vieux buffet au facteur Ludwig Mooser de Salzburg. Une fois de plus l'entreprise traîna, Mooser se trouvant très sollicité par ailleurs. Ce n'est qu'en 1877 que Karl Mooser a pu terminer le travail confié à son père. Mais la mécanique de Mooser se révéla bientôt déficiente dans un orgue d'une telle dimension (33 jeux avec registres traînants sur les claviers et sur le pédalier). Elle ne pouvait assurer un service durable.
L'intervention de Mooser a fait subir de graves modifications au buffet. Installé à l'origine entre deux piliers sur le côté gauche de la nef, le Grand-Orgue a été transféré sur la tribune ouest, tandis que le positif dorsal s'est trouvé accroché sur le devant de la tribune nord. Depuis 1932 le buffet principal contient un orgue neuf des frères Rieger (Krnov – Jägerndorf). Certaines parties de l'orgue primitif ont été conservées dans le positif. Il s'agit du sommier de Hummel et de six rangées (incomplètes) de tuyaux en métal. Ce positif est muet actuellement.

Harald Oschler

# Die Prescher-Orgel zu Wechingen

Die Orgel in der Oberen Kirche St. Veit zu *Wechingen* im Donau-Ries-Kreis wurde im September 1976 durch die Firma G. F. Steinmeyer & Co. in Oettingen gereinigt und instand gesetzt, nachdem sie zuvor schon einige Zeit nahezu unspielbar war. Bei diesen Arbeiten konnten interessante Beobachtungen gemacht werden. Ohne Zweifel handelt es sich bei diesem einmanualigen Instrument um ein hervorragendes Beispiel rieserischer Orgelbaukunst aus der ersten Hälfte des 18. Jahrhunderts; es besitzt glücklicherweise noch die originale Disposition (Reihenfolge der Register auf der Windlade):

Abb. 32
S. 163

MANUAL C, D–c³ (48 Töne)

| | | |
|---|---|---|
| Principal | 4′ | Metall; mit Ausnahme der drei kleinsten Pfeifen im Prospekt |
| Floete | 4′ | durchaus Holz, gedeckt |
| Quint | 3′ | Metall, offen |
| Octav | 2′ | |
| Mixtur 3fach | 1′ | |
| Coppel | 8′ | durchaus Holz, gedeckt |

PEDAL C, D–f⁰ (17 Töne)

| | | |
|---|---|---|
| Subbaß | 16′ | Holz, gedeckt |
| Violonbaß | 8′ | Holz, offen |

Die beiden Pfeifenreihen im Pedal haben einen gemeinsamen Registerzug und können nicht einzeln gespielt werden. Der Winddruck beträgt 53 mm WS, die Temperierung ist nicht gleichschwebend, a¹ steht genau um einen Viertelton höher als 440 Hz.

Bemerkenswert ist die Zusammensetzung der Mixtur mit ihren für den süddeutschen Orgelbau typischen Oktavrepetitionen, wobei stets der höchste und der tiefste Chor mit Oktaven besetzt ist:

| | | | | | | |
|---|---|---|---|---|---|---|
| C | | | | 1′ | ²/₃′ | ¹/₂′ |
| c¹ | | | 2′ | 1¹/₃′ | 1′ | |
| c² | 4′ | 2²/₃′ | 2′ | | | |

Im Windkasten der Manuallade auf der Cis-Seite fand sich ein Zettel eingeleimt, der über den Erbauer dieser Orgel Aufschluß gibt: „Johann Paulus Prescher, *Orgel Macher zu*

*Nördling* [...] *1737 Nach Balgheim gemacht."* Leider konnte der Text nicht vollständig gelesen werden, da der Zettel an der Schmalseite des Windkastens angebracht ist und sich knapp davor ein angeschwänztes Ventil befindet, welches den Text zum Teil verdeckt und nicht ohne weiteres herausgenommen werden kann. Die vermutlich wichtigsten Informationen, nämlich Erbauer, Baujahr und ursprünglicher Bestimmungs- und Standort (*Balgheim* bei Nördlingen) sind aber gesichert.

1842 erfolgte ein Umbau, der jedoch die Windlade des Manuals und das Pfeifenwerk nicht berührte. JOH. PHILIPP SIEBER aus Holzkirchen im Ries baute einen freistehenden Spieltisch, um dem Organisten den Blick zum Altar zu ermöglichen. Die Änderung der Traktur erfolgte unter Verwendung des alten Wellenbretts. Auch die alte Manualklaviatur mit schwarzen Untertasten wurde wiederverwendet, wobei die Tasten, um in den neuen Spieltisch zu passen, gekürzt wurden. Damals hat man auch eine Taste Cis eingefügt, die an cis$^0$ angekoppelt wurde. Die ursprüngliche Traktur war, wie bei den meisten einmanualigen Spielanlagen jener Zeit, direkt angehängt, d. h. sie wurde von den langen, am hinteren Ende geachsten Tasten direkt nach oben zum Wellenbrett und zur Windlade geführt. Demzufolge befindet sich der Windkasten auch vorne am Prospekt.

Heute sind die Tasten ebenfalls am Ende geachst, die senkrechte Trakturführung von der Taste nach unten bis zum ersten Winkelbalken ist als Stechermechanik ausgebildet. Diese im 19. Jahrhundert im schwäbisch-fränkischen Bereich häufig gebaute Konstruktion erlaubt natürlich keine Pedalkoppel in der üblichen Art. Entweder verzichtete man (bei entsprechend reicher Disposition) ganz darauf, oder aber man baute eine Ventilkoppel mit zweitem Windkasten im Bereich des Pedalumfangs. Eine weitere Lösung ist hier verwirklicht. Die Pedaltraktur ist mit der Manualtraktur zusammengeführt, und im Manualwellenbrett haben die Wellen des Pedaltonumfangs statt zwei Ärmchen deren drei. Neben jenem zum Ventilabzug und jenem zur Manualtraktur ist noch eines vorhanden, das zur Pedaltraktur führt. Diese Verbindung läßt sich durch keinen Registerzug steuern, das Pedal ist also angehängt.

Die Orgel wurde später veräußert und im Mai 1874 in die Obere Kirche St. Veit nach *Wechingen* gebracht, nachdem sie 137 Jahre in der evangelischen Kirche in *Balgheim* ihren Dienst verrichtet hatte. PHILIPP und WILHELM SIEBER aus Holzkirchen waren mit der Transferierung beauftragt worden, wie eine Aufschrift an einer Subbaßpfeife ausweist. Das Gebläse auf dem Dachboden über der Orgel mag wohl aus jener Zeit stammen. Auch mußte der Unterbau um etwa 30 cm gekürzt werden, da sonst die Orgel der Höhe wegen auf der Seitenempore in Wechingen keinen Platz gehabt hätte.

Von bemerkenswert guter Erhaltung ist das durchweg originale Pfeifenwerk und die Windlade des Manuals. Die eichenen Pfeifenstöcke besitzen für die Holzpfeifen viereckig ausgestemmte Löcher. Diesen entsprechen die angepaßten Pfeifenfüße, die bis zur 2-Fuß-Größe hinab die Halterung der Pfeifen zu übernehmen haben. Lediglich die Holzpfeifen der Vierfuß-Länge sind durch Fangraster zusätzlich festgehalten. Die Metallpfeifen stehen in ausgebrannten eichenen Rasterbrettern. Für die Pfeifenfüße gibt es im Stock keine Kessel oder konusförmige Ausbildung. Die Fußspitzen stecken in zylindrisch ausgebrannten Bohrungen. Sicherlich ist darin einer der Gründe für die vorzügliche Erhaltung des Pfeifenwerks zu sehen. Stimmen auf normale Art ist nicht möglich, da durch Kulpen mit dem Stimmhorn der Pfeifenfuß in den Stock getrieben und beschädigt würde. Dank dieses Umstands ist die Orgel offenbar fast nie gestimmt worden. Im Orgelbau ist es sonst üblich, Metallpfei-

fen ohne Stimmvorrichtung etwas kürzer abzuschneiden und dafür oben einzuziehen. Das ist hier nicht der Fall; die allesamt sauber auf Tonlänge geschnittenen Pfeifen weisen nur ganz geringe Stimmspuren auf. Das erinnert an Dom Bedos, der 1761 in seinem Gutachten über die Orgel in *Tours* schrieb: „Sie [die Pfeifen] sind so nett gestimmt, daß man nicht einmal wahrnehmen kann, daß sie mit irgendeinem Instrumente berührt wurden; denn sie waren vorher überaus genau, jede zu ihrer Stimmung, zugeschnitten worden."
Auf Grund dieser Verhältnisse blieb über Umbau und Transferierung hinweg die originale, nicht gleichschwebende Temperierung weitgehend erhalten. Bei der Nachintonation, dem stärkemäßigen Ausgleich und dem Regulieren der Ansprache der einzelnen Töne begannen sich plötzlich reine Terzen herauszubilden, und mit ganz wenig Aufwand konnte eine an Kirnberger 2 angeglichene Stimmung verwirklicht werden. Es darf daraus geschlossen werden, daß die Orgel ursprünglich eine solche oder zumindest eine sehr ähnliche Stimmung aufwies. Alle Pfeifen sind überaus exakt gefertigt; an den Lötnähten der Metallpfeifen im Inneren der Orgel erhielt sich bis heute der Bolusanstrich, wie in manchen Barockorgeln zu beobachten ist, beispielsweise bei den meisten Werken der Familie Stumm. Sämtliche Metallpfeifen haben eingedrückte Rundlabien und sehr steile Kernfasen, etwa 75⁰. Die Kernspalten sind durchweg relativ weit, auch sind die Pfeifen bis zum $1/4'$ hinauf mit teilweise ziemlich groben Kernstichen versehen. Nach Aussehen, Oxydations- und Verschmutzungsgrad scheinen diese original zu sein.
Der Klang der Orgel ist sehr stark; offensichtlich hat man bei der Versetzung von Balgheim nach Wechingen, also in einen eindeutig kleineren Kirchenraum, keine intonationsmäßigen Veränderungen vorgenommen und auch sonst wohl nie eine Angleichung an einen veränderten Zeitgeschmack versucht. Trotzdem – oder gerade deshalb – ist die ursprüngliche Intonation, die soweit wie nur irgendwie möglich belassen wurde, bei aller Mächtigkeit des Klanges von besonderer Schönheit und charakteristischer Ausbildung, die durch die ungleichschwebende Temperierung verstärkt wird.
Ein unversehrter Zinnprospekt aus der Barockzeit zählt hierzulande zu den Raritäten besonderer Art. Die Tatsache, daß diese Orgel in einer Dorfgemeinde mit zwei Kirchen gleicher Konfession steht, läßt vermuten, daß die Requirierung dieser Prospektpfeifen im 1. Weltkrieg nur durch ein Versehen oder Versäumnis unterblieben ist.
Das äußere Erscheinungsbild, wie es sich heute darbietet, ist – abgesehen von den wohlausgewogenen Proportionen eines guten Barockprospektes – weniger vorteilhaft. Die derzeitige Fassung, ein schmutziges Gelb, scheint der Orgel nicht angemessen, dagegen dürfte der darunterliegende blaue Anstrich, der an manchen Stellen durchschimmert, dem Farbempfinden der Entstehungszeit eher Rechnung tragen. Deshalb soll demnächst die Freilegung der ursprünglichen Fassung erfolgen.
Auch der nachträglich hineingeflickte Kalkantenhebel und der Windzeiger sind störende Komponenten, die bei einer etwaigen Restaurierung eleminiert werden sollten. Der ursprüngliche Spielschrank kann in seiner Ausbildung noch genau erkannt werden; denn Orgelbauer Sieber hat beim Anbau des Spieltischs 1842 die Öffnungen für Klaviatur und Registerzüge so verschlossen, daß sie immer noch deutlich erkennbar sind. Selbst die alten Registerbeschriftungen (Pergamentstreifen) befinden sich, wenn auch übermalt, heute noch am Gehäuse.
Als Nebenregister ist ein sog. Windventil oder Evacuant eingebaut. Dieser Zug diente zum Entleeren der Bälge nach dem Spiel. Eine überzählige Kanzelle der Manuallade, die zur

Schleifenbahn verschlossen und nach unten geöffnet ist und deren Ventil mit dem Registerzug verbunden wurde, ist hierzu benutzt worden. Möglicherweise handelt es sich bei diesem Windventil nur um eine Verlegenheitslösung, und der Kanzelle war ursprünglich ein anderer Verwendungszweck zugedacht.
Merkwürdig ist auch die Zusammenfassung der beiden Pedalregister in einem Registerzug. Die Pedallade ist schon von Anfang an ohne Schleifen gebaut worden; dafür hatte sie eine Windabsperrung, vermutlich als kleinen Schieber. Die heutige Windsperre ist leider nicht mehr original. Die Pfeifen des Pedalwerks sind frei hinter dem Gehäuse, verteilt auf C- und Cis-Seite, aufgestellt.
Diese trotz verschiedener Eingriffe in wesentlichen Teilen hervorragend erhaltene Barockorgel vermittelt Einblicke in die Arbeitsweise des schwäbischen Orgelbaus vor nahezu 250 Jahren. Natürlich bleibt noch eine Reihe ungeklärter Fragen. Eine umfassende Restaurierung wird zweifellos weitere Erkenntnisse vermitteln und dazu beitragen, das Bild, das wir von dieser Orgel gewonnen haben, abzurunden.

*Mensuren*

Coppel 8′  C,D–$h^1$ Tannenholz mit Kernen und Vorschlägen aus Eiche;
$c^2$–$f^2$ zusätzlich Decke aus Eiche; $fis^2$–$c^3$ ganz Eiche.

|  | Labiumbreite | Tiefe | Aufschnitt | Holzstärke |
|---|---|---|---|---|
| C | 77,5 | 89,5 | 35,0 | 14,0 |
| Fis | 59,4 | 70,0 | 27,5 | 12,0 |
| $c^0$ | 46,3 | 57,0 | 21,4 | 9,0 |
| $fis^0$ | 36,5 | 44,3 | 16,0 | 7,2 |
| $c^1$ | 27,6 | 34,7 | 11,5 | 6,0 |
| $fis^1$ | 21,4 | 27,8 | 10,6 | 4,9 |
| $c^2$ | 16,3 | 22,0 | 8,1 | 4,5 |
| $fis^2$ | 11,9 | 16,2 | 6,0 | 3,4 |
| $c^3$ | 9,7 | 12,8 | 4,6 | 3,0 |

Principal 4′ C, D–$a^2$ im Prospekt; $b^2$, $h^2$ und $c^3$ innen; durchaus Kernstiche.

|  | Durchmesser | Labiumbreite | Aufschnitt | Metallstärke* |
|---|---|---|---|---|
| C | 80,0 | 60,0 | 16,0 | 0,5 |
| Fis | 57,0 | 45,0 | 12,4 | 0,4 |
| $c^0$ | 43,2 | 35,0 | 11,2 | 0,3 |
| $fis^0$ | 33,5 | 25,8 | 8,0 | 0,2 |
| $c^1$ | 24,4 | 19,8 | 6,7 | 0,3 |
| $fis^1$ | 19,7 | 14,8 | 5,7 | 0,3 |
| $c^2$ | 14,7 | 11,1 | 4,2 | 0,4 |
| $fis^2$ | 11,8 | 9,8 | 3,5 | 0,3 |
| $c^3$ | 10,2 | 8,1 | 3,0 | 0,3 |

★ Die Metallstärke wurde oben an den Pfeifenmündungen gemessen. Bei Pfeifen aus dem 17. und 18. Jahrhundert ist das Metall dort meist beträchtlich schwächer als im übrigen Bereich, beispielsweise am Labium.

Floete 4' Durchaus Holz, gedeckt; C,D–$fis^0$ aus Tannenholz, Kern und Vorschlag Eiche; $g^0$–$h^0$ Decken aus Eiche; $c^1$–$c^3$ ganz aus Eiche.

|        | Labiumbreite | Tiefe | Aufschnitt | Holzstärke |
|--------|--------------|-------|------------|------------|
| C      | 47,4         | 58,0  | 20,0       | 7,0        |
| Fis    | 35,2         | 45,0  | 14,6       | 6,2        |
| $c^0$  | 26,5         | 32,4  | 10,9       | 6,0        |
| $fis^0$| 20,0         | 26,0  | 9,1        | 5,3        |
| $c^1$  | 16,4         | 21,6  | 6,8        | 4,9        |
| $fis^1$| 12,5         | 16,9  | 5,1        | 4,3        |
| $c^2$  | 9,6          | 13,2  | 4,1        | 2,9        |
| $fis^2$| 7,8          | 10,6  | 2,8        | 2,8        |
| $c^3$  | 5,5          | 8,0   | 3,2        | 3,0        |

Quint 3' C, D–$c^3$ Metall, offen; fast durchgehend Kernstiche.

|        | Durchmesser | Labiumbreite | Aufschnitt | Metallstärke |
|--------|-------------|--------------|------------|--------------|
| C      | 53,0        | 41,5         | 14,2       | 0,4          |
| Fis    | 39,8        | 31,0         | 12,3       | 0,3          |
| $c^0$  | 31,0        | 24,0         | 9,0        | 0,4          |
| $fis^0$| 22,8        | 19,2         | 7,6        | 0,2          |
| $c^1$  | 18,5        | 15,0         | 5,7        | 0,2          |
| $fis^1$| 14,0        | 12,8         | 5,0        | 0,4          |
| $c^2$  | 11,2        | 9,5          | 3,9        | 0,2          |
| $fis^2$| 9,9         | 7,8          | 3,0        | 0,3          |
| $c^3$  | 7,5         | 6,2          | 2,4        | 0,4          |

Octav 2' C, D–$c^3$ Metall; Kernstiche bis etwa $c^2$.

|        | Durchmesser | Labiumbreite | Aufschnitt | Metallstärke |
|--------|-------------|--------------|------------|--------------|
| C      | 40,0        | 31,3         | 10,3       | 0,3          |
| Fis    | 30,3        | 24,4         | 8,1        | 0,2          |
| $c^0$  | 23,5        | 18,8         | 6,5        | 0,2          |
| $fis^0$| 17,3        | 14,2         | 5,0        | 0,4          |
| $c^1$  | 14,1        | 11,5         | 4,0        | 0,2          |
| $fis^1$| 10,3        | 9,0          | 3,4        | 0,2          |
| $c^2$  | 9,3         | 7,7          | 2,7        | 0,4          |
| $fis^2$| 7,1         | 5,5          | 2,3        | 0,3          |
| $c^3$  | 5,9         | 5,0          | 2,1        | 0,25         |

Mixtur 3fach 1' C, D–$c^3$ Metall; Kernstiche bis etwa $1/4$.

|     |       | Durchmesser | Labiumbreite | Aufschnitt | Metallstärke |
|-----|-------|-------------|--------------|------------|--------------|
| C   | 1'    | 23,1        | 18,7         | 6,7        | 0,2          |
|     | $2/3'$| 16,9        | 13,4         | 6,2        | 0,3          |
|     | $1/2'$| 14,2        | 11,3         | 4,1        | 0,2          |
| Fis | 1'    | 18,3        | 14,4         | 5,2        | 0,2          |
|     | $2/3'$| 14,0        | 10,7         | 4,7        | 0,3          |
|     | $1/2'$| 11,1        | 8,5          | 3,6        | 0,3          |

|  |  | Durchmesser | Labiumbreite | Aufschnitt | Metallstärke |
|---|---|---|---|---|---|
| c⁰ | 1′ | 14,0 | 11,2 | 4,2 | 0,2 |
|  | ²/₃′ | 10,5 | 8,5 | 4,1 | 0,3 |
|  | ½′ | 8,2 | 7,1 | 2,9 | 0,3 |
| fis⁰ | 1′ | 11,0 | 8,7 | 3,7 | 0,2 |
|  | ²/₃′ | 8,4 | 7,2 | 2,8 | 0,1 |
|  | ½′ | 7,6 | 5,9 | 2,5 | 0,2 |
| c¹ | 2′ | 14,2 | 10,1 | 4,2 | 0,2 |
|  | 1¹/₃′ | 10,6 | 8,7 | 4,1 | 0,2 |
|  | 1′ | 8,1 | 6,5 | 3,2 | 0,2 |
| fis¹ | 2′ | 10,0 | 8,0 | 3,7 | 0,25 |
|  | 1¹/₃′ | 9,0 | 6,7 | 3,0 | 0,2 |
|  | 1′ | 6,9 | 6,0 | 2,5 | 0,2 |
| c² | 4′ | 13,3 | 11,1 | 4,2 | 0,1 |
|  | 2²/₃′ | 10,8 | 8,5 | 3,9 | 0,2 |
|  | 2′ | 8,2 | 7,0 | 3,0 | 0,2 |
| fis² | 4′ | 10,8 | 9,0 | 3,2 | 0,2 |
|  | 2²/₃′ | 7,8 | 7,0 | 2,8 | 0,15 |
|  | 2′ | 7,0 | 6,2 | 2,2 | 0,3 |
| c³ | 4′ | 8,0 | 7,3 | 2,7 | 0,2 |
|  | 2²/₃′ | 6,2 | 5,5 | 2,3 | 0,2 |
|  | 2′ | 5,6 | 4,5 | 2,1 | 0,2 |

Subbaß 16′ C, D–f⁰ Tannenholz, Kerne und Vorschläge aus Eiche.

|  | Labiumbreite | Tiefe | Aufschnitt | Holzstärke |
|---|---|---|---|---|
| C | 140,5 | 168,5 | 63,0 | 18,0 |
| Fis | 102,0 | 121,5 | 48,5 | 16,0 |
| c⁰ | 77,0 | 95,2 | 39,5 | 14,0 |
| f⁰ | 60,5 | 77,0 | 31,2 | 12,5 |

Violonbaß 8′ C, D–f⁰ Tannenholz, Kerne und Vorschläge Eiche.

| C | 95,8 | 108,5 | 31,0 | 14,0 |
|---|---|---|---|---|
| Fis | 66,2 | 79,7 | 25,0 | 13,5 |
| c⁰ | 52,9 | 64,8 | 22,7 | 11,0 |
| f⁰ | 43,1 | 51,9 | 16,8 | 11,0 |

Harald Oschler

## The Prescher Organ in Wechingen

In the church of St. Veit in *Wechingen*, 7 kilometres south of Oettingen there has stood, since 1874, an organ built by JOHANN PAUL PRESCHER (Nördlingen). It was built in 1737, for the church in *Balgheim*. In 1842 JOHANN PHILIPP SIEBER (Holzkirchen in Ries) altered the action and built a detached console, facing the altar. The pipe work, however, has remained up to the present day practically untouched. The pipes are powerfully voiced, and are cut precisely to the required speaking length, so that the original tuning (similar to KIRNBERGER 2) hardly experienced any alteration, and could be restored in 1976, on the occasion of a repair, carried out by the firm of STEINMEYER & Co. (Oettingen).


Harald Oschler

## L'orgue Prescher à Wechingen

En l'église de St-Veit à *Wechingen* (à 7 km. au sud de Oettingen) il existe, depuis 1737, un orgue réalisé par JOHANN PAUL PRESCHER (Nördlingen) pour l'église de *Balgheim*. En 1842 JOHANN PHILIPP SIEBER (Holzkirchen im Ries) modifia la traction avec installation d'une console séparée, dirigée vers l'autel. Mais la tuyauterie nous est parvenue à peu près intacte. L'harmonisation tend à la puissance et les tuyaux sont coupés au ton. Ainsi le tempérament d'origine (voisin de ,,KIRNBERGER 2") n'a guère subi de modifications. Il a pu être reconstitué en 1976, lors d'une réparation confiée aux établissements STEINMEYER & C° (Oettingen).

BERND SULZMANN

# Eine Planung Abbé G. J. Voglers aus dem Jahre 1806

## I. ZUR QUELLENLAGE

Bei den Orgelbauakten der Stadt *Kenzingen*[1] findet sich ein in roten und schwarzen Farbtönen gezeichneter „*Grundriß der nach dem Voglerschen Simplifikazions System in der St. Peters Pfarrkirche in München neü zu erbauenten Orgel*" samt einer den Plan erläuternden fünfzehnseitigen Handschrift[1a].
Zeichnung und Text sind nicht signiert; ein Schriftvergleich mit einem VOGLERschen Autograph 1780[2] erlaubt den Schluß, daß es sich bei den Kenzinger Papieren um eine Kopie des Originalentwurfs handelt.
Daß in der Beschreibung mit Sicherheit VOGLERS Wortlaut vorliegt, kann aus dem etwas schwülstigen Stil – insbesondere auf Seite 6 der Handschrift –, den Bibelzitaten, der ausgedehnten Berücksichtigung des Orchesters und den eigentlichen Gedanken zur geplanten Orgel erschlossen werden.
Noch ehe die endgültige Disposition vorgelegt wird – sie wird später „ans Licht treten" – ist die klangliche Charakterisierung der fünf Manuale bereits gedanklich vollzogen. Wir sehen darin einen wichtigen Hinweis auf die Arbeitsweise VOGLERS, der sich neben seinen akustischen Vorstellungen zunächst mit den architektonischen Verhältnissen des Kirchenraumes eingehend auseinandersetzt. In weiser Voraussicht werden auch „Nebensächlichkeiten" wie Stimmzimmer mit Ofen und Musikalienschränke vorausgeplant.
Wie VOGLERS Planung in die Akten von Kenzingen – einer Kleinstadt mit damals etwa 2500 Einwohnern – gelangt sein könnte, geht aus den Archivalien nicht hervor.

---

[1] Stadtarchiv Freiburg i. Br., Depositum Kenzingen – Bündel XVIII, Fasz. 2.

[1a] Das „Verzeichnis von Büchern über Gebrauch, Technik und Geschichte der Orgel" bei TÖPFER-ALLIHN, *Die Theorie und Praxis des Orgelbaus*, Weimar ²1888, bringt auf S. 951 folgende bibliographische Angabe: „VOGLER, GEORG JOSEPH. *Erklärungen der Buchstaben, die im Grundrisse der nach dem Voglerschen Simplifikations-System neu zu erbauenden St. Peters-Orgel in München vorkommen.* München 1806." Demnach müßte diese Abhandlung im Druck erschienen sein. Im Bayerischen Zentralkatalog läßt sich indessen kein Bibliotheksexemplar nachweisen. [Anm. d. Hrsg.]

[2] Generallandesarchiv Karlsruhe (GLA) 213/1267.

Da die badischen Mendicanten-Klöster nicht schon in den Jahren 1804–1806 säkularisiert worden waren[3], wäre es denkbar, daß VOGLERS Unterlagen von einem Kenzinger Franziskanerpater beschafft worden sein könnten[4].

Wahrscheinlicher aber ist, daß der Herbolzheimer Orgelmacher BLASIUS SCHAXEL (1765 bis 1843), der am 16. 10. 1812 einen Neubauvertrag[5] einging, die damals „modernen" Ideen VOGLERS dem Stadtrat in Kenzingen vermittelt hatte.

In den folgenden Jahrzehnten hat SCHAXEL – ohne seine französische Herkunft zu verleugnen – maßvoll von VOGLERS Gedankengut Gebrauch gemacht.

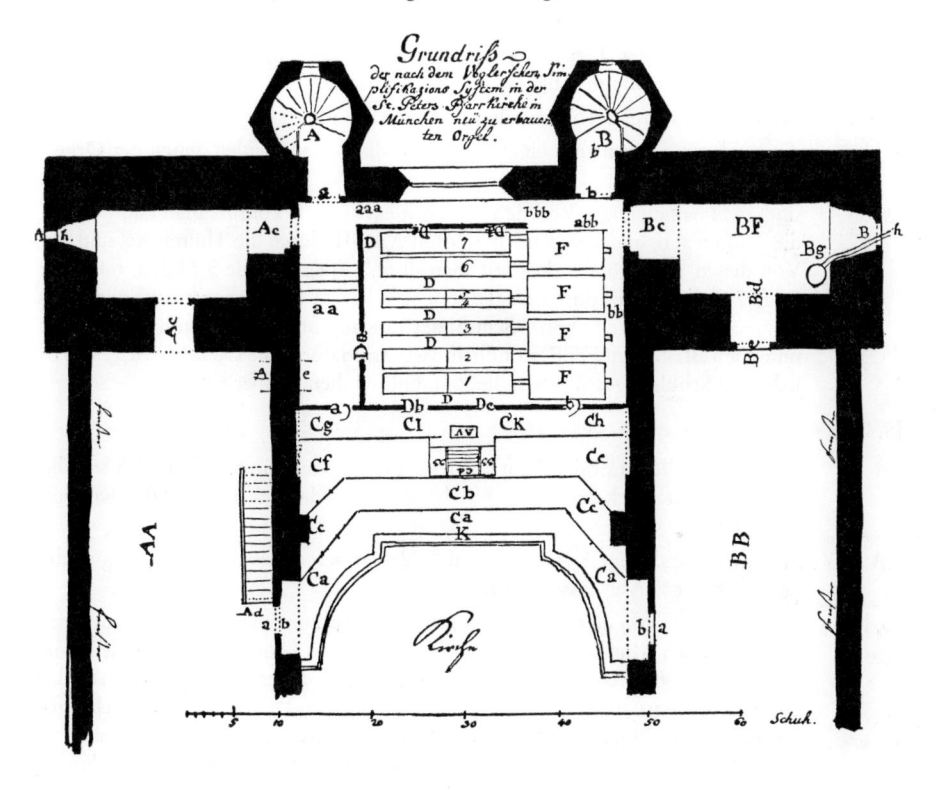

---

[3] GLA 391/1273: Nach einem Bericht des Ministeriums des Innern (kath. Kirchensektion) vom 14. 1. 1817 bestanden in Baden noch 4 Franziskanerklöster (darunter Kenzingen) und 21 Kapuzinerklöster.

[4] Der Kenzinger Franziskanerpater AGAPYTUS SAUTTER prüfte 1816 SCHAXELS Neubau in der Pfarrkirche *Kenzingen*; 1819 auch die von LUDWIG MARTIN erstellte Orgel in Freiburg-*Ebnet*.

[5] Dieser Accord zu 1000 fl. über eine neue Stadtkirchenorgel wurde nicht genehmigt, weil die Stadt die Kosten nicht aufbringen konnte. Am 1. 7. 1813 schloß man einen neuen Vertrag zu 850 fl.; die Orgel wurde jedoch aufwendiger gebaut. Bei ihrer Vollendung 1816 waren auf 2 Manualen 22 Register vorhanden.

## II. DER TEXT

[S. 1]

„Erklärung der Buchstaben,
die im
Grundriß, der nach dem Voglerischen Simplifikazions-System neu zu erbauenden St. Petersorgel in München, vorkommen.

A, B     zwei Thürme und Aufgänge durch die Thurmstiege zur Orgel und zum Musikchor; A der gewöhnliche Aufgang; B ein bisher unbenutzter Aufgang, der neuerdings wieder hergestellt wird, und denjenigen, die durch die Thüre b sich ihrem Standpunkt nähern, zu gut kommt.

a, b     zwei an den Aufgängen befindliche Thüren.

a) b)     die vorderen Thüren zum eigentlichen Musikchor auf beiden Seiten der Orgelbank.

aa, bb     sind zwei Seitengänge. Von den Thurmstiegen, A, B kommt man dahin durch die Thüren a, b, und von den Korridoren AA, BB durch die Thüren Ac, und Bc. Von diesen Seitengängen kommt man über 2 Stiegen (jede 5 Stufen, und jede Stufe 7 Zoll haltend) durch die Thüren a, b, in den Musikchor hinauf. Der Eingang aa hat eine Breite von 7 Schuh, der Eingang bb von 10 Schuh; letzteres ist unter den Blasbälgen FFFF befindlich. Beide sind durch die Oeffnungen a) und b) jede zu 3 Schuh abgeschlossen, die statt Thüren dienen, aber eine

[S. 2]

Mauer vorstellen, um den Laut zurückzuprellen, und die Schallstrahlen so eilig als konzentrirt durch das enge Schiff der Kirche an den Schallspiegel (die Kuppel) zu senden.

AA, BB     zwei große und lange Korridoren auf beiden äusseren Seiten des Musikchors, die das Schiff der Kirche einschließen.

ab, ba     zwei Eingänge von den Korridoren für die Sänger, um sogleich an der vorderen Brustwand des Musikchors den Platz einnehmen zu können, ohne erst den ganzen Musikchor durchschreiten zu müssen. Gemäß dieser Einrichtung erhält der Musikchor (statt dem einzigen, jetzt bestehenden Durchgang aa), sechs gemächliche Eingänge: ab, Ac, Bc, ab, ba; so zwar, daß wenn auch 48 Musizirenden zu gleicher Zeit ankämen, jeder zu seinem Pult gelangen könnte, ohne je einem andern den Weg zu beengen.

C     Musikchor.

Ca     Raum für die Sänger an der in schiefer Richtung abgewündeten vorderen konkaven Brustwand. –
Im Mittelpunkt und horizontaler Richtung mit dem äusseren Worte Kirche, das den unteren Mittelpunkt im Schiffe unten zu ebener Erde bezeichnet, stehen bei

[S. 3]

Ca, K     der Kapellmeister oder Regens Chori;

| | |
|---|---|
| Cb | die Violinisten und Bratschisten; |
| Cc | rechts und links Oboe, Flauti, Clarinetti, Fagotti; |
| Cd | in der Mitte des Musikchors in horizontaler Richtung mit dem Kapellmeister Ca und Instrumental-Musikdirektor Cb, ist der Orgeltisch angebracht, der ober den Stellen Ce, Cf (wo Violonzelle und Kontrabässe Platz finden), vorragt, und mit Cg, Ch, (wo Waldhornisten, Posaunisten, Trompeter und Pauken ihren Pult erhalten), so wie mit dem ersten Violonzell Ci und ersten Kontrabassisten Ck neben |
| Av | AV der Orgelbank gleiche Höhe behauptet. |

Der Organist hat unter seinen Füßen das Pedal zu 32 Tasten, vom C zum eingestrichenen g, vor seinen Händen die Klaviatur zu 5 Manuale, jedes Manual zu 64 Tasten, vom C zum viergestrichenen c; auf beiden Seiten 33 Registerzüge, deren Anzahl zu 66 klingenden Stimmen reicht; vor seinen Augen den Musikpult und wieder in gerader horizontaler Linie den Hochaltar, so zwar, daß er von seinem erhabenen Sitz die Handlungen des Priesters auf dem Hochaltar, den Takt des Kapellmeisters, den Bogen des Konzertmeisters u. alle Musizirende übersieht.

[S. 4]

Der Orgelbank ist etwas schräg, doch im Mittelpunkt der Pfeifen gesetzt, weil in diesem einzeln Werke, dem allerersten in ganz Europa, das kein Wellenbrett, keine Durchkreuzungen der Züge, der Trakturen und Abstrakte dultet, die Tastatur in schnurgerader Richtung auf die Pfeifen wirkt, und um so mehr eine prompte Ansprache sich versichern darf, weil die 8 Blasbälge in horizontaler Richtung mit den Pfeifen die ganze Breite des zwischen den Korridoren eingeschränkten Raumes einnehmen.

Da der Wind ein elastischer Körper ist, der sich ausdehnt, und bei der mindesten Entfernung schon an Stärke verliert, so begünstiget diese Setzart eine noch in keiner Orgel bestehende, sogenaue Annäherung der Schnautzen der Bälge an die Windladen, wodurch mit wenig Wind eine durchdringliche Kraft erzielt wird.

| | |
|---|---|
| Ca | ist das Parterre des Musikchors, der Stand des Kapellmeisters und der Sänger; |

[S. 5]

| | | |
|---|---|---|
| Cb, Cc | ist eine Erhöhung von einem Schuh; | Alle auf beiden Seiten schief einlaufende Abtheilungen Ce, Ce, Cf, haben einen, von einem Ende des Chors zum andern fortgesetzten, stehenden Pult, worin an beiden Ecken, um den Durchgang, wenn man nicht musizirt, offen zu halten, keine bewegliche Einschiebsel angebracht sind. |
| Ce, Cf | „ „ „ „ zwei „ | |
| Cd, Cg, Ch, Ci, Ck | „ „ „ „ drei „ | |

| | |
|---|---|
| Ac | Durchgang, der aufs Korridor AA führt; |
| Bc | ″         ″ ″ ″    BB ″ |
| Bd | eine bisherige Thür, die wegkommt, und an Be versetzt wird. Hiedurch gewinnt man ein geschlossenes, zum Stimmen geeignetes, und (um den Gottesdienst nicht zu beeinträchtigen), von der Kirche abgesondertes Zimmer BF, das durch den noch einzusetzenden Ofen, Bg geheitzt wird. Das Fenster Bh, wie man im Vergleiche mit dem im Korridor AA, wozu der Eingang A c führt, gegenüberstehenden Fenster Ah deutlich ersieht, wird merklich vergrößert, um mehr Licht zu gewinnen. |

[S. 6]

Da in der Kälte alle Blasinstrumente tiefer, alle Saiteninstrumente höher stimmen, hingegen letztere, sobald sie warm werden, im Tone fallen und erstere steigen, so kann nur durch ein geheiztes Zimmer (wo die nämliche Temperatur schon herrscht, welche die allmählig durch den Athem, Handgriffe p: zu erwärmenden Instrumente, mit der unsichersten Alterazion im Ton, erst annehmen), eine reine Stimmung erzielt werden.

Selbst in religiöser Hinsicht ist ein solches Stimmzimmer unentbehrlich, den die leider! sehr allgemeine Gewohnheit, – daß, während dem die andächtigen Gottesverehrer bei der Verwandlung auf den Knien das Allerheiligste anbethen, die stimmenden Musiker mit heterodoxen Tönen den Tempel entweihen, und, statt das Lob Gottes durch die Harmonie zu erhöhen, den vorhergehenden Gottesdienst stöhren; dann daß ein schnödes Präludiren vielleicht gar ein mit eiteln Sprüngen und ekeln Fratzen durchspicktes Instrumental-Solfeggio den Redner in Exhod [= Exhorte] unterbreche – hätte schon längst die strängste Rüge verdient, und gemäß dem Beispiel, das uns die geräuschlose Vorbereitung

[S. 7]

zum Salomonischen Tempelbau gibt (da das Haus gesetzt war, waren die Steine zuvor ganz zugerichtet, daß man keinen Hammer, noch Beil, noch irgend ein Eisenzeug im Bauen hörte, III. Buch der Könige, VI. 7,) unter der schärfsten Ahndung verbothen und gänzlich abgeschaft werden sollen.

Hinter dem Orgelwerk in einem abgeschlossenen Gange, der zu beiden Seitengängen aa und bb führt, zwischen aaa und bbb wird geläutet.

Die Glockenstränge dürften abgeschnitten, und, so wie es am Fronleichnamsfest geschieht, allezeit hinter der Orgel angezogen werden. Sie erhalten (in Kapseln eingeschlossen, um alles Geräusch zu vermeiden), ihre Richtung durch die Gänge der obern Pfeifenkasten, die ein zweites Stockwerk bilden.

Daß diese tumultaarische Manipulazion, die unten in der Kirche in horizontaler Linie mit dem Hochaltar bei ausgesetztem Hochwürdigen Gut vorgeht, nicht erbaulich sei, wird jeder, der Gott im Geist u. in der Wahrheit anbethet (Joh. IV. 24.) gerne eingestehen; daß alle gymnastische Spiele von Personen des andern Geschlechtes, –

[S. 8]

die sich neben dem Beichtstuhl, wo ein Sakrament ausgespendet wird, zum Zeitvertreib an die Stränge hängen und hin- und herschaukeln lassen, – oder von Krüppeln, die an diesem künstlichen Schnappgalgen gerade werden wollen, ebenso skandalös seien, als das Betragen des gottlosen Antiochus (in den sechs ersten Kapiteln des ersten Buchs der Maccabäer), der in Jerusalem heidnische Spielhäuser errichtete und das Heiligthum verunreinigte, ist eine so gegründete als traurige Bemerkung.

Im Korridor AA ist die Treppe Ad, die durch die neue Thüre Ae oben zu einem 7 Schuh breiten Gang über dem Gang aa (wo große Schränke für Musikalien und Instrumente und andere Behaltnisse Platz finden), dann zu den Gängen D entlich selbst zu den 7 Pfeifen – Kasten, und zu den vier Lagen F, jede zu zwei Blasbälge, leitet.

Unter den Blasbälgen auf dem Parterre des Musikchors von der Seite der Thurmstiege B der Thüre b, im großen Gang abb (der 10 Schuh breit ist), sind 8 Stränge für den Bälgzieher angebracht. Dieser Gang schließt nebst CK, Ci, aa, aaa, bbb das untere, innere

[S. 9]

Regierwerk der Orgel ein, wozu man nicht nur durch die Thüre Da beim Gang aa, sondern auch durch die Thüren Db, Dc, Dd, De gelangt, und eine höchst einfache, ohne alle Durchkreuzung fortgereihte, vermittelst des neuen fensters beleuchtete Alle von lauter stählenen, blau angeloffenen Stäben (statt hölzernen Wellen, die durch die Feuchtigkeit stocken u. bei trockener Witterung einschrumpfen) zu sehen bekommt. Die Simplizität bei der Ordnung der Stabe, mit Ausschluß aller Durchkreuzungen, wird dadurch erzielt, daß 1) die Pedalwindladen die allerletzten Plätze 6, 7 einnehmen, weil die langen Stäbe der Bewegung mehr Widerstand leisten, also füglicher den fußtritten zukommen; daß 2) das untere, den Händen des Orgelspielers nächst liegende Manual auch seine Pfeifen in der vordersten Lage erhalte und in demselbigen Verhältniß mit den andern Manualen fort gefahren werde. Deßwegen sind die in zwei Kästen eingetheilte, im obern Stockwerk unter den Pfeifen angebrachte Windladen folgendermaßen gericht:

[S. 10]

6) 7) zwei Pedal-Windladen enthalten nebst den Pedal- und Baßpfeifen jede einen 32 füßigen Register (der dritte 32 füßige Untersatz resultirt von der akustischen Harmonik);

1) 2) zwei Manual-Windladen fürs erste und zweite Klavier, deren jedes ein plein jeu oder Haupt-Manual vorstellt;

3) die Windlade für das dritte Manual, worauf alle Rohrwerke, z. B. vox humana, oboe, Bassethorn, Fagot, Bombarde sich befinden; der doppelte Gang D und die Gemächlichkeit, auf beiden Seiten beikommen zu können, erleichtert bestmöglichst das Stimmen.

Überhaupt hat die Setzart dieser Orgel das vor allen andern jetzt bestehenden Werken auffallendst ausgezeichnete Verdienst, daß man sowohl jeder Pfeife als dem geringsten mechanischen Triebwerk auf allen Seiten sich nähern kann, wodurch die, in die ganze Organisazion eingreifende Simplizität eine unerhörte Dauer sichert.

4) Die Windlade für das 4te Manual, das aus lauter sogenannten Gambenpfeifen besteht; das ist, die täuschendsten Nachahmungen von Kontrabaß; Violonzell, Viola

[S. 11]

di Gamba, Viola di braccio liefert.

5) Die Windlade für das fünfte Manual: ein bloßes Flötenwerk. Hier haben Rohrflöte, Flauto traverso, Flauto piccolo ihren Sitz.

Der mittlere Strich, der jede der 7 Windladen durchschneidet, zeigt an, daß alle Pfeifenbretter und Windladen getheilt, so wie alle Schleifen der Registerzüge halbiert sind, daß sowohl dem Baß als dem Diskant sein eigener Wind zugemessen ist, und vermittelst dieser Oekonomie alle Umwege, die diesen elastischen Körper schwächen, vermieden werden. Dieser Oekonomie kommt noch folgende äußerst simple Einrichtung vorzüglich zustatten, daß die gewöhnlichen Gesichtspfeifen, die, der eiteln Symmetrie wegen, hin und her zerstreut, von besondern, der Windmasse lästigen, windschluckenden Kanälen (in der Orgelsprache Kondukten genannt) mit Wind versehen werden müssen, in dieser Orgel beseitigt sind; daß hier alle Pfeifen in derselben Ordnung auf der allgemeinen Windmasse zu stehen kommen, wie die Tasten auf der Klaviatur liegen,

[S. 12]

und die Baßpfeifen; die eines stärkeren Windes bedürfen, gerade am nächsten der Schnautzen der Blasbälge ihren Platz einnehmen.
Das ganze Pfeifenwerk bekommt ein doppeltes Dach; es besteht aus zwei gleichen aufeinander gereihten, gitterartigen, 16 Schuh breiten Rahmen, deren jede wechselweis einen Deckel von einer Schuh-Breite, einen leeren Raum gleichfalls von einer Schuh-Breite, wieder einen Deckel und eine leere eben so breit p: hat. Die untere Rahme ist unbeweglich, und innwärts mit schwarzem Blech beschlagen, um den Ton der im Kasten befindlichen Pfeifen zurückzuprallen und ihm dadurch eine gewisse Schärfe zu verschaffen; die obere Reih ist beweglich und innwärts mit dichtem Tuch ausgefüttert, um den Ton abzustumpfen und eine düstere Qualität der Resonanz zu erwecken. Die gewöhnliche Lage ist die, daß jeder Deckel der obern Rahme auf den leeren Raum der untern Rahme, jeder leere Raum der oberen Rahme auf den Deckel der untern

[S. 13]

Rahme genau passen. Wenn schon über dieses doppelte Dach ein Ueberzug von Maßleinwand angebracht ist, der die ganze Orgel gegen Staub und Insekten, gegen Kälte und Feuchtigkeit sichert, und vermittelst einer Rolle von einem Ende zum andern gezogen werden kann, so bringt doch schon die gewöhnliche Lage vorgemeldter Rahmen das allerschwächste piano hervor.
Auf die nämliche Art aber, wie durch die Ausfütterung der beweglichen Rahme mit dichtem Tuch, welches den Ton aufhält, die Qualität nicht nur schwach, sondern auch dumpfig klingt; eben so wird auch, wenn diese Rahme vermittelst eines Fußtrittes unten an den Pedalen, sich wegschiebt und allmählig eine Oeffnung macht, das crescendo erzeugt, und zuletzt, wenn die 8 Oeffnungen, jede von einem Schuh, den konzentrirten Laut ausspenden, ein desto stärkeres, frappanteres und schneidenders forte resultieren. Daß das diminuendo eine rükgängige Bewegung vom crescendo erheischt, ist offenbar.
Die Form der neuen Orgel soll sich nicht nur in akustischer, sondern auch in optischer Rücksicht auszeichnen, und, statt einer zinnernen Küchenparade (statt Gesichtspfeifen)

[S. 14]

dem Auge eine schmäuchelnde Aussenseite vorhalten. Nicht genug, daß die auf dem, mit 4 Abstufungen prangenden, Amphitheater vorragenden grün lakiirten Pulte ein schönes Ansehen gewähren, so gewinnt die Kirche selbst von der Thurmseite her mehr Licht und

das Schiff einen helleren Wiederschlag; denn die alte Orgel, die kaum 16 Fuß Ton angiebt, nimmt bei den Baßthürmen eine Höhe von 31 Schuh ein, bedeckt das hintere, zwischen beiden Thürmen eingeschaltete, untere Fenster ganz, und das obere Fenster über die Hälfte – die neue Orgel hingegen liefert drei Bässe 32 Fuß Ton und reicht kaum zur Höhe von 20 Schuh. Dem zu Folge erscheinen die beiden Fenster in ihrer ganzen ungetheilten Wirkung: sie werden des wegen vereinigt, in einer zu der vorderen, neuen architektonischen Verzierungen umgreifenden Form abgerundet, und erhalten in der Mitte ein mit zwei Schlüsseln umgebenes, zum Petrinischen Symbol genau passendes, rothes Kreuz.
Die bisher, dem Grundriß gar nicht kärglich zugemessene Erklärung mag indessen von der Gründlichkeit des Verfahrens zeugen, bis endlich eine nähere

[S. 15]
Beschreibung sowohl der neuen Orgel u. der harmonischen Akustik, als auch der vollständigen Dekorazion, die kein Stückwerk liefern, sondern Ein Ganzes bilden soll, ans Licht tritt. Alle der technologischen Organographie und der architektonischen Symmetrie fremde Bemerkungen haben bei der seltenen Forderung, und dem noch weniger gekannten Resultate des Vogler'schen Simplifikazions-Systems keinen andern Zweck, als die theologischen und akustischen Rücksichten einander näher zu bringen.

München, den 19te März 1806."

Fußend auf SCHAFHÄUTL und RUPP bietet METZLER[6] die Disposition dieser von FRANZ FROSCH (München) um ca. 8000 fl in den Jahren 1806–1809 erbauten Orgel. Das Einweihungskonzert wurde von VOGLER am 16. 10. 1809 gespielt[6a].

**München,** St. Peter (1806–1809)
(Disposition nach METZLER, S. 28f.)

I. MANUAL: C–c⁴

Baß: C–h°

| | | |
|---|---|---|
| 1. Principal | 32′ [ab f°?] | |
| 2. Principal | 8′ | |
| 3. Klein Nasat | 5$^1/_3$′ | |
| 4. Terz | 3$^1/_5$′ [ab c°?] | |
| 5. Principal | 2′ | |
| 6. Quint | 1$^1/_3$′ | |

Diskant: c¹–c⁴

| | | |
|---|---|---|
| 1a. Principal | 32′ | |
| 2a. Principal | 8′ | |
| 3a. Klein Nasat | 5$^1/_3$′ | |
| 4a. Terz | 3$^1/_5$′ | |
| 5a. Principal | 2′ | |
| 6a. Quint | 1$^1/_3$′ | |

PEDAL: C–g¹

Baßauszüge:

| | | |
|---|---|---|
| 7. Fundamentalbaß | 32′ aus 1. | |
| 8. Principal | 8′ aus 2. | |
| 9. Klein Nasat | 5$^1/_3$′ aus 3. | |

Diskantauszüge:

| | | |
|---|---|---|
| 7a. Principal | 8′ aus 1a. | |
| 8a. Principal | 2′ aus 2a. | |
| 9a. Quint | 1$^1/_3$′ aus 3a. | |

---

[6] METZLER, S. 28 ff.; SCHAFHÄUTL, S. 182 ff.; RUPP S. 98.
[6a] SCHAFHÄUTL, S. 59 und FISCHER–WOHNHAAS, S. 96. Diese Schriften stellte mir freundlicherweise P. AUGUSTIN HAHNER O.S.B. (Abtei Münsterschwarzach) zur Verfügung, wofür herzlich gedankt sei.

## II. MANUAL: C–c⁴

Baß: C–h°

| | | |
|---|---|---|
| 10. Principal | 16′ ab F | |
| 11. Großnasat | $10^2/_3'$ ab F | |
| 12. Terz | $6^2/_5'$ ab c | |
| 13. Principal | 4′ | |
| 14. Carillon | $2^2/_3' + 1^3/_5'$ | |
| 15. Principal | 1′ | |

Diskant: c¹–c⁴

| | |
|---|---|
| 10a. Principal | 16′ |
| 11a. Großnasat | $10^2/_3'$ |
| 12a. Terz | $6^2/_5'$ |
| 13a. Principal | 4′ |
| 14a. Carillon | $2^2/_3' + 1^3/_5'$ |
| 15a. Principal | 1′ |

### PEDAL: C–g¹

Baßauszüge:

| | |
|---|---|
| 16. Principal | 16′ aus 10. |
| 17. Großnasat | $10^2/_3'$ aus 11. |

Diskantauszüge:

| | |
|---|---|
| 16a. Principal | 4′ aus 10a. |
| 17a. Quint | $2^2/_3'$ aus 11a. |

## III. MANUAL: C–c⁴

Baß: C–h°

| | |
|---|---|
| 18. Posaune | 32′ ab F |
| 19. Contrafagotto | 16′ ab F |
| 20. Crumhorn | 8′ |
| 21. Trompet | 4′ |

Diskant: c¹–c⁴

| | |
|---|---|
| 18a. Fagotto | 32′ |
| 19a. Vox humana | 16′ |
| 20a. Oboe | 8′ |
| 21a. Clarino & Zink | 4′ |

### PEDAL: C–g¹

Baßauszüge:

| | |
|---|---|
| 22. Bombarde | 32′ aus 18. |
| 23. Serpent | 16′ aus 19. |
| 24. Bassethorn | 8′ aus 20. |
| 25. Clarinet | 4′ aus 21. |

Diskantauszüge:

| | |
|---|---|
| 22a. Fagotto | 8′ aus 18a. |
| 23a. Dulzian | 4′ aus 19a. |
| 24a. Engl. Horn | 2′ aus 20a. |
| 25a. Cornetto | 1′ aus 21a. |

## IV. MANUAL: C–c⁴

Baß: C–h°

| | |
|---|---|
| 26. Theorbe | 16′ ab F |
| 27. Viola da Gamba | 8′ |

Diskant: c¹–c⁴

| | |
|---|---|
| 26a. Alto Viola | 16′ |
| 27a. Flagiolet | 8′ |

### PEDAL: C–g¹

Baßauszüge:

| | |
|---|---|
| 28. Violonbaß | 16′ aus 26. |
| 29. Violoncello | 8′ aus 27. |

Diskantauszüge:

| | |
|---|---|
| 28a. Gambetta | 4′ aus 26a. |
| 29a. Violino | 2′ aus 27a. |

## V. MANUAL: C–c⁴

Baß: C–h°

| | |
|---|---|
| 30. Basso del Flauto | 8′ |
| 31. Gemshorn | 4′ |

Diskant: c¹–c⁴

| | |
|---|---|
| 30a. Flauto traverso | 8′ |
| 31a. Flauto piccolo | 4′ |

### PEDAL: C–g¹

Baßauszüge:

| | |
|---|---|
| 32. Flautone | 8′ aus 30. |
| 33. Flute à bec | 4′ aus 31. |

Diskantauszüge:

| | |
|---|---|
| 32a. Flauto dolce | 2′ aus 30a. |
| 33a. Spitzflöte | 1′ aus 31a. |

Schwelleinrichtung

Für diese 66 Registerzüge kam VOGLER mit 20 Pfeifenreihen aus. Jeder Reihe (mit Ausnahme der Aliquoten in Manual I. und Manual II.) wurden vier „Register" entnommen; zwei im Manual und zwei im Pedal. Die Fußangaben für den Manualdiskant bezog Vogler auf $c^1$, so daß also „Principal 32′ Diskant" nach seinen Vorstellungen als „Principal 8′" (ab $c^1$) zu lesen ist etc.

## III. AUSWIRKUNGEN DER KONSTRUKTIONSPRINZIPIEN VOGLERS IN BADEN

Im Gebiet des ehemaligen Großherzogtums Baden scheinen VOGLERS Vorstellungen nicht auf allzu fruchtbaren Boden gefallen zu sein. Die Armut der Gemeinden und die den Neuerungen in der Regel vorsichtig gegenüberstehenden Experten scheinen dafür den Ausschlag gegeben zu haben. Dennoch sind einige Werke geplant bzw. gebaut wurden, die eine Auseinandersetzung mit VOGLERS „Simplifikationssystem." erahnen lassen.

### 1.) Hornberg (Schwarzwald)

KLEEMANN[7] weist nachdrücklich auf die Bekanntschaft VOGLERS mit den Tübinger Orgelbauern JOHANN CHRISTOPH HAGEMANN und GEORG CHRISTIAN KNECHT hin.
1802 legt KNECHT eine Disposition zum geplanten Orgelneubau vor[8]:
„Neue Disposition
nach dem VOGLERischen Simpliviations Sistem.
durch welche jede Orgel, an Starcke, Würde, mannigfaltigkeit, reinheit u. dauer gewint, wobey aber die anlage des gehäußes, Windladen, Blaßbälge, Wind canelen, überhaupt die gantze Structur behalten wird.

MANUAL
1. Principal. 8 Fuß von Englischen Zinn von E in gesicht, die übrigen 4. C, Cs, D, Ds wegen Mangel an Höhe von Holz.
2. Bordun. 16 Fuß von gutem dannenen Holtz mit harten labiis.
+ 3. Coppula. 8 Fuß durch das halbe Clavier gedeckt. Die obern octaven Flaute Traverso, welche die ähnlichkeit einer wahren Flaute Traverso täuschend nach ahmt.
4. Octav. 4 Fuß von Zinn
+ 5. Flaute douce. 4 Fuß von dannen Holtz die unterste octav mit harten labiis, die Folgende von Birnbaum holtz.
6. Octav. 2 Fuß von Zinn

---

[7] KLEEMANN, S. 164.
[8] GLA 229/46637 undatiert (1802).
SCHAFHÄUTL S. 70f.: „Er [= VOGLER] baute es [= Mikropan] (sein ehemaliger Frankfurtischer Hoforgelbauer RAINER war sein Kammerdiener geworden) mit Hilfe des geschickten Orgelbauers KNECHT, der die Zungenwerke zur VOGLERschen Orgel in der St. Peterskirche in München verfertigt hatte. Der Mann war übrigens zu einem Trunkenbolde geworden. Er mußte öfter aus dem Karzer geholt werden und war einmal ganz verschwunden."

7. Quint. $10^2/_3$tel Fuß. Die unterste 2 octaven gedekt von gutem dannen holtz mit harten labiis, die 3te octav offen von hartem holtz, die übrigen Pfeiffen von Zinn
8. Quint. $5^1/_3$tel Fuß, die unterste octav gedeckt von holtz, die 2te octav offen von Holtz, die übrigen von Zinn
9. Tertz. $6^2/_5$tel Fuß, die 3 unterste octaven von Holtz, die übrigen von Zinn
10. Tertz. $3^1/_5$tel Fuß, die 2 unterste octaven von Holtz, die übrigen von Zinn.
+ 11. Picula. 1. Fuß von Zinn.

NB die mit + bezeichneten Register werden die schleiffen getheilt, damit beim preludiren mehrere veränderungen gemacht werden kennen.

PEDAL

12. Subbaß        16. Fuß von Holtz.
13. octav Baß      8. Fuß – –
14. octav          4. Fuß – –

GEORG CHRISTIAN KNECHT<br>der Orgel Bau Kunst<br>geflissenen."

Der Stuttgarter Hoforganist CHRISTIAN BERTSCH vereitelt diesen Plan in einem undatierten Gutachten (1802):

„[...] Was den [...] von dem Orgelbauer KNECHT hier beigelegten Plan betrifft, welcher eine neue Disposition nach dem VOGLERischen Simplivikations-Sistem enthält: so kan solchem aus mancherlei gegründeten Ursachen, diß arts anschlagend keinen Beifall geben.

Der hauptsächlich und leicht begreiflichste Grund kan in kurzem dieser seyn: da diese Disposition aus Vermischung unterschiedlicher Register bestehet, welche der hundertste Landorganist, als Schulmeister oder Provisor, zu behandlen nicht verstehet, /: welches auch in Hornberg der Fall seyn mag :/ u. deßwegen aus unwißenheit, ein solches werk in kurzer Zeit ruiniren u. untauglich machen könnte.

Auch ist im ganzen Land und im ganzen deutschen Reich noch keine Orgel dieser Art, womit man eine Probe aufweißen könnte. Mag dahero auf meine Faust, in die Hornberger Kirche nicht das erste Beispiel durch eine Empfehlung dieser Disposition geben.

BERTSCH"

2.) **Herbolzheim** (Breisgau), St. Alexius

Für seinen Wohnort erbaute BLASIUS SCHAXEL um 2500 fl. in den Jahren 1818/22 das größte Instrument seiner Produktion. Es sollte etwas Besonderes werden und erhielt erst kurz vor Fertigstellung ein Echowerk als drittes Manual.[9]

„JOHANN BLASIUS SCHAXEL erhielt für 10 tägiges Blasbalgziehen bei Stimmung des neu eingesetzten Echop.[ositivs] die bewilligte Belohnung mit 4 fl."

In einem Gutachten[10] vom 24. Juli 1865 erwähnt der Freiburger Orgelinspektor JOHANNES SCHWEITZER:

„[...] Das IIIte Manual, welchem anderthalb Oktaven in der Tiefe fehlen, wird ganz kassirt, weil das zu demselben gehörige Pfeifenwerk, welches in einem Echokasten hinter dem Werk

---

[9] Stadtrechnung 1822/3; Ausgabe Nr. 137.
[10] Gemeindeakten VI, 1; Fasz. 29.

angebracht ist, von diesem Umfang keinen rechten Zweck hat, höchstens zu leeren Spielereien dienen kann – und durch seinen Mechanismus den Platz versperrt [...]."

Die einzige noch vollständige Dispositionsaufzeichnung stammt ebenfalls von SCHWEITZER:

HAUPTWERK: I. MANUAL [11](C–f³)          RÜCKPOSITIV: II. MANUAL (C–f³)

| | | | |
|---|---|---|---|
| Principal | 8′ | Principal | 4′ |
| Bordun | 16′ | Bordun | 8′ |
| Gamba | 8′ | Salicional | 8′ |
| Bordun | 8′ | Gemshorn[12] | 8′ |
| Waldflöte | 8′ | Flageolet | 2′ |
| Trompet-Fagot | 8′ | Fourniture 3fach | 2′ |
| Praestant | 4′ | | |
| Flöte | 4′ | | |
| Dublette | 2′ | | |
| Nazard | 3′ | Schiebekoppel HW/RP | |
| Cornet 5fach | | 4 Faltenbälge | |
| Fourniture 4fach | 2′ | | |
| Cimbel | 1′ | | |

ECHO: III. MANUAL (g⁰–f³)          PEDAL (C–f⁰)

| | | | |
|---|---|---|---|
| Bordun | 8′ | Subbaß | 16′ |
| Dulciana | 8′ | Octavbaß | 8′ |
| Vox humana | 8′ | Bombarde | 16′ |
| Cornet | 8′ | Trompette | 8′ |

Leider beschreibt SCHWEITZER den „Echokasten" nicht genauer. Die exponierte Stellung dieses Echowerkes[13] und seine 8′-Besetzung legen die Vermutung nahe, daß der Erbauer bei dieser bedeutenden Orgel einen Schwellkasten realisiert hat, den frühesten in Baden.

### 3.) Wyhl a. K., St. Blasius

1838 erbauten BLASIUS und JOSEF SCHAXEL eine bemerkenswerte Orgel, die aber schon nach kurzer Zeit technisch nicht befriedigte.

MANUAL (C–f³)          POSITIV (C–f³)
                        1 Octave höher als das Manual

| | | | | |
|---|---|---|---|---|
| Bourdon | 16′ | ⟶ | Bourdon | 8′ |
| Principal | 8′ | ⟶ | Principal | 4′ |
| Waldflöte | 8′ | ⟶ | Waldflöte | 4′ |
| Praestant | 4′ | ⟶ | Praestant | 2′ |
| Mixtur 3fach | | ⟶ | Mixtur 3fach | |
| Trompete | 8′ | ⟶ | Trompete | 4′ |

[11] Bei SCHAXELS Bauweise muß man von einem Irrtum SCHWEITZERS ausgehen. Die richtige Zuweisung: I. Man. = Rückpositiv, II. Man. = Hauptwerk, III. Man. = Echo.
[12] Schreibfehler, muß Crumhorn 8′ heißen; die Positivfourniture stand auf 1′.
[13] Die SCHAXEL-Orgel gleichen Gehäusetyps in *Limersheim* i. E. (aus *Neubreisach*, ca. 1815) besitzt ein Echowerk (c⁰–f³, chromatische Lade, Wippenmechanik, nach oben aufgehende Ventile) im Untergehäuse.

PEDAL (C–f⁰)                          KOPPELN
Subbaß            16′                 Manualkoppel
Octavbaß          8′                  Pedalkoppel
Flötbaß           4′
Posaunbaß         8′–16′

Über die Transmissionslade äußert sich Dompräbendar LUMPP (Freiburg)[14]:
„[...] Der Erbauer der Orgel, SCHAXEL von Herbolzheim, hat nemlich bei diesem Werke das sogenannte Duplettensystem in Anwendung gebracht. Hiernach bringen die 6 Manualregister zugleich die Wirkung eines um eine Oktav höher klingenden Positivs von gleicher Stimmenzahl hervor, wenn man auf dem zweiten Manual spielt, oder beide Manuale koppelt. So vortheilhaft einerseits diese Einrichtung erscheint, da die Orgel hiedurch eine im Verhältniß zur kleinen Registerzahl nicht unbedeutende Tonstärke u. eine Mannigfaltigkeit der Stimmen erhielt; so mißlich ist doch andererseits der Umstand, daß die durch ihre Einrichtung nöthig gewordene komplizierte Mechanik mehreren Unfällen ausgesetzt ist, als eine einfache [...] Deßen ungeachtet ist die Beibehaltung des Duplettensystems bei dieser Orgel wünschenswert, weil es mit der ganzen übrigen Einrichtung in genauer Verbindung steht, und bei etwaiger Entfernung deßelben das Werk doch einigermaßen an Werth verlieren würde. Ich stimme demnach dafür, daß die Orgel mit der Einrichtung, die sie ursprünglich erhielt, reparirt werden solle, und zwar durch SCHAXEL, der als Erbauer derselben mit ihrem eigenthümlichen Mechanismus doch lieber als jeder andere sich befaßen wird [...]."

4.) **Reilingen,** Ev. Kirche

Der aus Bad Mergentheim stammende Orgelbauer JOHANN NEPOMUK KLOEBINGER[15] hatte 1847/8 für *Reilingen* eine Orgel erbaut, die mit ihrer Transmissionslade (kippende Ventile) 1967 erweitert wurde und in *Lahr* (Friedenskirche) zur Wiederaufstellung kam[16].
Vor der Restaurierungserweiterung war folgender Bestand vorhanden:

| I. MANUAL (C–f³) | | | II. OCTAVIERMANUAL (C–f³) | |
|---|---|---|---|---|
| Principal | 8′ | ⟶ | Principal | 4′ |
| Octave | 4′ | ⟶ | Octave | 2′ |
| Gemshorn | 4′ | | | |
| Solicional | 8′ | ⟶ | Solicional | 4′ |
| Flöte | 4′ | ⟶ | Flöte | 2′ |
| Großgedeckt | 8′ | ⟶ | Großgedeckt | 4′ |
| Liebl. Gedeckt | 16′ | ⟶ | Liebl. Gedeckt | 8′ |
| tote Schleife | | | | |
| Quintatön | 16′ | ⟶ | Quintatön | 8′ |
| Quint | 3′ | | | |
| Octav | 2′ | | | |
| Mixtur 4fach | 2′ | | | |
| Waldflöte | 2′ | ⟶ | Waldflöte | 1′ |
| Viol di Gamba | 8′ | | | |
| Dolce | 8′ | | | |

[14] Pfarrakte IX; Gutachten vom 27. 8. 1846.
[15] SULZMANN, S. 425.
[16] 1967 Erweiterung um ein Unterpositiv. Unseres Wissens ist dies das einzige historische Instrument im badischen Raum, das noch über seine Transmissionseinrichtung verfügt.

PEDAL (C–a⁰)

| | | |
|---|---|---|
| Subbaß | 16′ | |
| Violonbaß | 16′ | |
| Principalbaß | 8′ | |
| Quintbaß | 6′ | |
| Posaunbaß | 16′ | |

KOPPELN
Manualkoppel
Koppel Man./Ped.

5.) **Karlsruhe,** Lehrerseminar

VOGLERS Idee des „Triorganon" – „eine Orgel mit drei mit einander verbundenen Spieltischen, wo drei Organisten zugleich zusammen spielten, während der Hauptorganist, wie er wollte, die Register der Gesamtorgel benutzen konnte, wenn er allein spielte"[16a] – läßt sich 20 Jahre nach VOGLERS Tod 1834 auf zwei Werkzeichnungen der Gebrüder STIEFFELL (Rastatt) studieren[16b].
Ein wohl erster und unbezeichneter Riß weist jedem Spieltisch 1 Manual zu; das Pedal C–f⁰ und die 5 Registerzüge gehören zum Hauptspieltisch.
Eine mit „Seminar Orgel Carlsruhe. 1834." signierte Reinzeichnung FRANZ STIEFFELLS ordnet dem Hauptspielschrank 2 Manuale (C–f³), eine Schiebekoppel, das Pedal (C–c¹) und 9 Registerzüge zu; die beiden Seitenspieltische sind einmanualig.
Die Bauakten dieser interessanten Orgel konnten noch nicht aufgefunden werden.

## IV. AUS VOGLERS TÄTIGKEIT IN MANNHEIM

Die Orgel der Großen Hofkirche (Jesuitenkirche) wurde 1753/6 von JOHANN GEORG ROHRER (Straßburg) erbaut[17].
1780/84 wurden auf VOGLERS Rat durch den Mannheimer Hoforgelbauer ANDREAS KRÄMER[18] Veränderungen vorgenommen. KRÄMER beantwortet am 18. 12. 1780 eine Anfrage VOGLERS[19]:
„Hoch-Löbliche Commißion
Da von Einer Hochlöblichen Commißion der Kurfürstl. Hof-Kapellen-Meister Herr VOGLER beauftragt worden mich zu Ends gehorsambst unter Zeigneten über nachvolgente fragen zu Hörren, und meine schriftliche Erklärung zu begehren, Ich wolte nicht Ermangeln dem gndst. befehl gehorsambst zu befolgen, und jede frag beandworten.

---

[16a] SCHAFHÄUTL, S. 59.
[16b] Die Zeichnungen befinden sich im Stadtarchiv Rastatt.
[17] Die Geschichte der Orgel samt ursprünglicher Disposition (II/32) findet sich in „Jesuitenkirche Mannheim". Das ROHRER-GRAFF-EGELL-Gehäuse ist erhalten.
[18] ANDREAS KRÄMER getauft 28. 5. 1730 in Handschuhsheim – St. Vitus, verh. 22. 2. 1757 in Mannheim (St. Sebastian) gest. 30. 3. 1799 in Heidelberg. Mit Privilegierungsakte (GLA 77/1394) vom 5. März 1757 wird „orgelmacher KRAMER nebst angedeyhung der real- und Personal-Freyheit" zum Kurpfälzischen Hoforgelmacher ernannt. Aus seiner Produktion erhalten ist die Orgel zu *Ladenburg*, St. Sebastian (II/18), 1787/90 (ehemals Galluskirche), ferner die Gehäuse in *Edingen*, ev. Kirche, 1792/3 und *Feudenheim* 1792/4 (jetzt *Mannheim*, Bürgerhospitalkirche).
[19] GLA 213/1267.

Erste frag
>was ein Neüer Poßaunen Baß Von Holtz 16 fus Thon Kosten **Thäte**

andworth die Korpes und stifel werden von Holtz, die Köllen Von Metall, und die zungen Von Meßing, welges in 18 Pfeifen bestehet das genaueste vor     80 fl.

Zweyte frag
> Eine Neüe 4 fage mehr schneidende Mixtur Von Mettall 3 fus in 196 Pfeifen

andworth Dieses Register kann wegen dem Mettal und Vieller arbeith nicht anderst als für     93 fl.
> Verfertiget werden.

Drite frag
> was Zwey gantz Neue Manual Clavier mit einer ganz Neüen Tractur Kosten

andwort Diese zwey Clavier müßen gantz Neü und mit Neüem Eben-Holtz und Elfen-bein die Tractur mit Neüem Meßing Trath Neüen abstrackten und winckel-hacken und Meßingen schrauben verfertiget werden welge arbeith nicht wohl all kann benenet werden, das genaueste gemacht werden vor     100 fl.

Virte frag
> wie fiel ich für unterhaltung dieses werck in der großen HofKirch Jährlich verlangte

andworth Dieses werck welges sehr groß und weithsigtig auch wegen denen Viellerley organisten (welge öfters fast ohnErlaubt) mit einem solgen werck um gehen, das wann es auch guth Reppariret, durch derselben ohn-rechten gebrauch zum öfteren verdorben wird das jederzeit muß nachgeholfen und Reppariret werden So kann Ein solges nicht anderst als     30 fl.
Jährlichen gehalts übernehmen.

welges Einer Hochlöblichen Commißion unterthänigst gehorsambst anheim stelle einer

Hoch-Löblichen Commißion

Mannheim d 18ten Xbris 1780        unterthänigst gehorsambster
                                                    ANNDREAS KRÄMER
                                                    Hoforgelmacher"

Noch am selben Tag leitet VOGLER den Kostenanschlag weiter[20].

„Euere Hochwohlgebohrn

erhalten hier eine einsweilige Antwort auf meine Fragen; was aber die Versetzung des ganzen Positivs koste und wie hoch der Orgelmacher den zinnernen Posaunenbaß annehme, wünschte er mündlich dem Hrn geheimen Rath und mir auf dem Chore bei einer Durchforschung des ganzen Orgelwerks zu bestimmen.
Könnte diese morgen nach dem Tisch ungefehr um halb 2 Uhr vorgenommen werden: so bin ich bereit dabei zu erscheinen, und alles zu tun, was die Pflicht der Beförderung der Ehre Gottes und gegen Sie die Dienstbeflißenheit mir gebietet. Hierüber erwarte ich eine gefällige Antwort.

Mannheim den 18ten Christmonats 1780"

---

[20] Autograph VOGLERS an Geheimrat von GEIGER (Mannhcim).

## Literatur

| | |
|---|---|
| BALZ, HANS MARTIN: | *Orgeln und Orgelbauer im Gebiet der ehemaligen hessischen Provinz Starkenburg*, Marburg 1969. |
| FISCHER, HERMANN und WOHNHAAS, THEODOR: | *Zur Geschichte der Orgel von St. Peter in München*; in: Kirchenmusikalisches Jahrbuch, 57. Jg., 1973, S. 79–98. |
| KLEEMANN, GOTTHILF: | *Die Orgelmacher und ihr Schaffen im ehemaligen Herzogtum Württemberg*, Stuttgart 1969. |
| METZLER, WOLFGANG: | *Romantischer Orgelbau in Deutschland*, Ludwigsburg 1965. |
| MOSER, HANS JOACHIM: | *Orgelromantik*, Ludwigsburg 1961. |
| RUPP, ÉMILE: | *Die Entwicklungsgeschichte der Orgelbaukunst*, Einsiedeln 1929. |
| SCHAFHÄUTL, KARL EMIL V.: | *Abt Georg Joseph Vogler. Sein Leben, Charakter und musikalisches System*, Augsburg 1888. |
| SULZMANN, BERND: | *Orgelmacher und Orgeln der Bruchsaler Region im 19. Jahrhundert*; in: Badische Heimat, Heft 3, Freiburg 1975, S. 411–430. |
| --- | *Jesuitenkirche Mannheim*, Mannheim 1965. |


BERND SULZMANN

An Organ Plan by the Abbé G. J. Vogler, from the Year 1806.

Between 1806 and 1809 FRANZ FROSCH built an organ in the church of St. Peter, *Munich*, which followed the plans of the Abbé GEORGE JOSEPH VOGLER (1749–1814).
The specification of this very large ,,simplified organ" is often cited in the literature, but here, for the first time, VOGLER's considerations relating to acoustical factors and construction are published, word for word. (They relate to simplification of action, the position and ordering of the soundboards, and swell boxes.) On these was based the construction of this controversial instrument.
There were also some instruments built in Baden, in whose contruction some of VOGLER' ideas were again employed.


BERND SULZMANN

Directives établies en 1806 par l'Abbé G. J. Vogler en vue de la construction d'un orgue.

C'est l'Abbé GEORG JOSEPH VOGLER (1749–1814) qui a élaboré les plans de l'orgue construit de 1806 à 1809 par FRANZ FROSCH pour l'église St. Peter à *Munich*.
La composition de cet instrument – le plus important des orgues dits ,,simplifiés" – a été citée à maintes reprises. A titre de première publication, nous présentons les considérations de VOGLER sur l'acoustique et sur la facture (simplification des mécanismes, implantation et équipement des sommiers, boîtes expressives), qui ont présidé à la construction de cet orgue, objet de nombreuses controverses.
Au pays de Bade quelques réalisations ont subi également l'influence des conceptions de VOGLER.

Gotthilf Kleemann

# Einheimische und auswärtige Orgelmacher im Herzogtum Württemberg

I.

Im ehemaligen Herzogtum Württemberg (1495–1803) mit wesentlich kleinerem Gebietsumfang als das heutige Land, öfters auch als „Altwürttemberg" bezeichnet, 1803 zufolge Säkularisation und 1806 durch Mediatisierung samt Zuteilung von reichsstädtischem Besitz vergrößert, betreiben hauptsächlich einheimische, gelernte Fachkräfte neben wenigen Autodidakten den Orgelbau. Zwar erschien am 2. 5. 1673 ein General-Rescript „Aufsicht über die Anfertigung von Kirchenorgeln betreffend", das den „Stimplern", d. h. den Ungelernten, „sie seien gleich in- oder außer Landes gesessen", Orgelbauarbeiten im Land verbot und verfügte, daß sie „mit ernstlicher Strafe anzusehen" wären[1]. Dieses Arbeitsverbot wurde aber schon 1699 zugunsten der im Herzogtum ansässigen Orgelmacher erweitert und nicht nur auf die Pfuscher angewandt, sondern auch „auf die fremden und ausländischen Orgelmacher" ausgedehnt, „welche den Gemeinden beim Neubau oder bei Reparatur von Orgeln große Kosten verursachen, ... solche Arbeit steht dem Hoforgelmacher und seinen Gesellen zu"[2].

Auf das Rescript von 1673 bezugnehmend, beschwerte sich 1703 Hoforgelmacher Johannes Würth, daß fremde Orgelmacher und Stümpler zum Schaden der Heiligenpflegekassen angenommen worden seien, die böse Arbeit gemacht hätten, wie denn ohne seine „Concedirung [...] weder ausländische [d. h. nichtwürttembergische] und redlich erlernte Orgelmacher, viel weniger ein und anderer Stümpler einige Arbeit verfertigen dürfe", wie z. B. in *Markgröningen, Böblingen, Bietigheim, Winnenden* und *Sulz* am Neckar geschehen sei[3].

---

Wo Fundangaben zu Orgelnachrichten fehlen, sind sie größtenteils in G. Kleemann, *Die Orgelmacher ...* (s. Anm. 1) zu finden. Bei Orgelangaben, die im Buch nicht genannt werden, sind Fundnachweise beigefügt.
Orgelnachrichten aus Orten, die erst 1803 württembergisch wurden, sind in Klammern gesetzt.

[1] G. Kleemann, *Die Orgelmacher und ihr Schaffen im ehemaligen Herzogtum Württemberg*, Stuttgart 1969, S. 220.
[2] Wie Anm. 1, S. 23.
[3] Wie Anm. 1, S. 33.

Von den einheimischen Orgelbauern vom Ende des 16. bis zum 18. Jh. waren an großen und weniger großen Meistern u. a. folgende in Altwürttemberg ansässig:

WALDENBERGER, GEORG. Orgelmacher und Bürger zu Tübingen. Geboren 1560 (Geburtsort unbekannt), 1621 in Tübingen verstorben, begraben den 11. 9. zu Tübingen. Er war dreimal verheiratet: Erste Ehe am 2. 5. 1592 in Stuttgart, zweite Ehe am 8. 12. 1601 in Tübingen, dritte Ehe 1611 in Tübingen[4].
Er stimmte 1592 die gestiftete Orgel der Schloßkapelle *Tübingen* und die „zwei Werklein im evangelischen theologischen Stift Tübingen"[5]; war 1616/17 als Kalkant an der St.-Georgs-Stiftskirche und hatte die Orgel instandzuhalten, d. h. für Stimmung und etwaige Reparaturen zu sorgen; lieferte 1604 eine Orgel für die Schloßkapelle um 200 fl zusammen mit seinem Gesellen HEINRICH HERBERT aus Oliva, der 4 fl Trinkgeld erhielt[6]. Auch hat er von den Noten des 1595 erschienenen zweiten württembergischen Gesangbuchs „ganz künstlich und fleißig in die 2000 Stücke geschnitten"[7].

SCHOTT, CONRAD. Blinder Orgelmacher in Stuttgart; geb. 1561 in Stuttgart, gest. 13. 8. 1638 in Stuttgart[8].

GUNZER, MARX. Geboren um 1579 als Sohn von LEONHARD GUNZER in Stuttgart; verehelichte sich in Stuttgart mit MARGARETE WECKER, Tochter von BALTES WECKER in Stuttgart[9]; schloß 1620 eine zweite Ehe in Augsburg; dort gestorben um 1627. GUNZER war wohl der bedeutendste Orgelmacher Augsburgs in der Zeit nach 1600.
Neubauten: 1600 für Stiftskirche *Backnang*; 1603 für Stadtkirche *Marbach* (Neckar). – Um 1600 detaillierter Reparaturvorschlag für die Stiftskirchenorgel in *Stuttgart*, den der Stuttgarter Schreiner und Orgelmacher SIXT MAIER ausführte[10].

GANSSER, Jakob. Orgelmacher, Organist und Schreiner. Geboren um 1590 in Loßburg bei Freudenstadt als Sohn von JAKOB LUDWIG GANSER. Er erscheint um 1612 in Stuttgarter Akten als Gehilfe von CONRAD SCHOTT, bei dem er auch schon Lehrling gewesen ist. 16. 11. 1613 erste Ehe mit der Witwe des JAKOB LÖKHER, JUSTINA LÖKHER aus Cannstatt, wo er um 1623 als Bürger aufgenommen wurde und sich als selbständiger Orgelmacher und Organist niederließ. 17. 11. 1618 zweite Ehe mit MARIA KLEIN. Er starb am 26. 8. 1635 zu Cannstatt an der Pest (am gleichen Tag starben in Cannstatt zwölf weitere Personen)[11].

---

[4] Nach Ahnentafel von Herrn W. SCHOBER, Apotheker in Döffingen.
[5] Württ. Vierteljahreshefte für Landesgeschichte, Jg. 1910, S. 366.
[6] Wie Anm. 1, S. 80, 82.
[7] CHR. KOLB, *Die Geschichte des Gottesdienstes in den evangelischen Kirchen Württembergs*, Stuttgart 1913; ebendort S. 46–79 „Kirchengesang und Kirchenmusik", auch Benützung der Orgel.
[8] Zu Leben und Werk von C. SCHOTT vgl. G. KLEEMANN, *Conrad Schott, der blinde Orgelmacher aus Stuttgart (1561-1638)*; in: AOl 10 (1976), S. 105–119.
[9] StadtA Stuttgart, Abschrift alter Stuttgarter Kirchenregister.
[10] Landeskirchliches Archiv Stuttgart (LkASt), A 29, Nr. 4416. – Vgl. auch G. KLEEMANN, *Die Orgel in der Stuttgarter Stiftskirche*; in: Blätter für württembergische Kirchengeschichte, 73/74 (1973/74), S. 123.
[11] Kirchenregister Stuttgart-Bad Cannstatt.

Neubauten „nach C. Schotts Angeben": 1612 für die Hospitalkirche in *Stuttgart*; um 1613 für die Klosterkirche *Maulbronn*; 1619 für die Stadtkirche *Vaihingen* a. d. Enz. In eigener Werkstatt: 1622/23 mit 7 Registern um 650 fl für Kloster *Bebenhausen* [Dispositionsanhang 1]; zwei „Pfeifenwerke" mit 5 bzw. 2 Registern für zwei Grotten in den herzoglichen Gärten. – Reparaturen (u. a.): *Backnang, Freudenstadt, Stuttgart*[12].

HELLER, AMBROSIUS. Orgelmacher in Stuttgart. Erste Ehe 1595; zweite Ehe 1631[13].
1621 neue Orgel mit 8 Registern für die Leonhardskirche in *Stuttgart*[14]. – Er reparierte 1634 Instrumente (einschließlich Orgeln) der Stuttgarter Hofmusikkapelle.

HELLER, HANS GEORG. Orgel- und Instrumentenmacher in Stuttgart. Vermutlich ein Sohn des Vorgenannten. Er war zeitweise Organist an der Hospitalkirche in Stuttgart.
1632 und 1634 arbeitete er an der Stiftskirchenorgel *Stuttgart*. (Weitere Arbeiten: an der Kilianskirchenorgel in *Heilbronn* und an der Stadtkirchenorgel in *Neckarsulm*)[15]. Er reparierte die Hospitalkirchenorgel in *Stuttgart*, ebenso die Orgeln der herzoglichen Musikkapelle.

FESENBECKH, JOHANN JAKOB. Um 1630 – 11. 11. 1696. Er stammte aus dem einst württembergischen Gochsheim bei Bretten, arbeitete zuerst in Ulm, dann in Tübingen, wurde Schwiegersohn und Nachfolger des Hoforgelmachers JOH. GEORG EHEMANN in Stuttgart (gest. 22. 1. 1675), ab 1672 Hoforgelmacher in Stuttgart. JOHANNES WÜRTH (seit 1697 Hoforgelmacher) schrieb über FESENBECKHS Dienstauftrag: „Es hat mein Vorfahr FESENBECKH neben den Aufwartungen bei Hof nicht allein die Reparatur und Obsicht derselben Werker, sondern auch derjenigen in der Stadt und Residenz Stuttgart wie auch auf dem Land gehabt, damit er sein Stück Brot, so er von dem geringen Wartgeld [bei Hof] und kleinen Flickarbeit nicht haben kann, desto besser verdienen und fortkommen möge, wie denn auch ohne Concedierung des in Pflicht genommenen Hoforgelmachers weder ausländische und redlich erlernte Orgelmacher, viel weniger ein oder anderer Stümpler einige Arbeit verfertigen dürfe"[16].

Neubauten: 1667 mit 6 Registern für die Stiftskirche *Herrenberg*[17]; 1672 um 150 fl für Kloster *Bebenhausen*[18]; um 1673 für die Stadtkirche *Balingen*; 1675/76 mit 8 Registern. (6 Manual- und 2 Pedalregister) um 450 fl für die Stadtkirche *Leonberg*; 1680 für *Teinach*[19] [Disp. 4]; 1684 um 630 fl für Stadtkirche *Tuttlingen*[20] und 1688 für *Hildrizhausen;* undatiert:

Abb. 9
S. 78

[12] Wie Anm. 10. – Vgl. auch G. KLEEMANN, *Conrad Schott* ..., S. 116.
[13] Wie Anm. 9.
[14] Wie Anm. 9. – Die Orgel wurde 1719 anstelle einer 1693 durch die Franzosen ruinierten Orgel von der Gemeinde *Dürrmenz* erworben (LkASt, A 29, Nr. 3780).
[15] Wie Anm. 10 und Hauptstaatsarchiv Stuttgart (HStASt), A 284, Stuttgart GV, Bü. 321.
[16] HStASt, A 228, Nr. 1132. –
[17] LkASt, A 29, Nr. 1983. – Die Orgel wurde 1739 durch eine SCHMAHL-Orgel (II/25) ersetzt. Vgl. G. KLEEMANN, *Die Orgelbauerfamilie Schmahl;* in: AOl 7 (1973), S. 75.
[18] HStASt, A 284, Bebenhausen GV, Bü. 172. – „Weil mit 150 fl zu gering angesetzt, und er [der Orgelmacher] mit Familie in Nachteil gekommen", bittet er um Frucht, Wein oder Holz. Die Orgel wurde 1688 von einem Tübinger Maler um 50 fl illuminiert, der die zwei Flügel mit vier biblischen Historien bemalte.
[19] HStASt, A 249, Nr. 440.
[20] Die FESENBECKH-Orgel löste die erste Orgel ab, die 1655 von J. DIETRICH V. KARPFEN ge-

*Liebenzell.* Er half 1668/69 beim Neubau der Stiftskirchenorgel in *Stuttgart*. – Größere Reparaturen: *Backnang, Markgröningen* (einschließlich Versetzung), *Metzingen, Freudenstadt,* Kloster *Hirsau, Waiblingen* und *Tübingen* (Einbau eines Vogelstimmenregisters). – Größere Orgelneubauten sind von ihm nicht bekannt geworden.

HARTMANN, JOH. CHRISTOPH. Orgelmacher und Amtsbürgermeister in Nürtingen. Geboren am 10. 4. 1652 als Sohn des Pfarrers ANDREAS HARTMANN in Warmbronn bei Leonberg. Erste Ehe am 2. 5. 1682 mit CHRISTIANE MARGARETHE WAGNER aus Nürtingen. Zweite Ehe mit der Ratsherrentochter URSULA CATHARINA REUTER aus Nürtingen. Alle drei Söhne aus zweiter Ehe wurden Pfarrer. Gestorben am 18. 7. 1726 in Nürtingen[21].
Neubauten: 1684 mit 7 Registern um 274 fl in *Owen*[22]; (1688 mit 8 Registern um 350 fl für St. Paul in *Esslingen*); 1701 mit 6 Registern für die nach der Verwüstung durch die Franzosen wieder hergerichtete Kirche in *Plochingen* (Neckar)[23]; 1711 um ca. 260 fl für *Beuren* b. Nürtingen; undatiert: *Neckartailfingen* um 180 fl (diese Orgel stand bis 1803). – Reparaturen (u. a.): *Waiblingen, Gerlingen*.

FISCHER (VISCHER), EBERHARD. Geboren in Herrenberg; ab 1701 „Bürger und Orgelmacher in Tübingen".
Neubauten (u. a.): 1700 mit 7 Registern, Pedal an Manual gehängt, für die Stadtkirche *Wildberg*[24] [Disp. 5]; 1701 für *Dornhan*[25]; 1702 mit 6 Registern für *Ofterdingen*; 1703 mit 8 Registern für Stadtkirche *Böblingen*; 1706 mit 8 Registern, ohne Pedal, für *Ehningen*; 1716 für Kloster *Alpirsbach*[26]; 1719 mit 10 Registern für *Frickenhausen*; 1730 mit 6 Registern für *Maichingen*[27]; 1733 für *Mössingen* (Gehäuse, Windladen, Teile des Pfeifenwerks und der Traktur erhalten)[28]. Reparaturen in *Calw* und *Teinach*[29]. – Der Sohn gleichen Namens war auch Orgelmacher; er baute 1773 eine neue Orgel für *Dagersheim*.

Abb. 21
S. 108

---

stiftet worden war. Vgl. *Beschreibung des Oberamts Tuttlingen*, hrsg. vom württ. statistischen Landesamt, 1879.
[21] Kirchenregister Nürtingen.
[22] HStASt, A 249, Nr. 1224. – „Weil hochvürstl. württ. Personen und andere die uralten Teckischen Monumente in solcher Stamm- und Mutterkirch hoch und wert gehalten und zu vielen malen visitiert […] bitten wir um einige hochfürstl. Beisteuer."
[23] Stadtarchiv Plochingen. – Die Orgel wurde 1835 nach dem Waldenserort *Pinache* verbracht.
[24] HStASt, A 573, Nr. 2966.
[25] HStASt, A 470, Nr. 76. – Die Orgel wurde 1718 beim Stadtbrand vernichtet; deshalb erhielt die Nachfolgeorgel vom Erbauer J. M. JETTER die Inschrift: „diß neue Orgelwerck, o Gott, bewahr es vor des Feuers Noth. 1733 zum erstenmal geschlagen".
[26] HStASt, A 470, Nr. 128. – Erste Orgel 1509 aufgestellt; vor 1728 neue Orgel; 1836 Reparatur durch Gebr. ENGELFRIED (Rottenburg a. Neckar); 1883 repariert und auf 15 Register erweitert durch CARL G. WEIGLE (Stuttgart); 1912 neue Orgel mit Fernwerk von F. WEIGLE (Echterdingen); 1963/64 neue Orgel mit Hauptwerk, Positiv und Fernwerk von Fa. E. F. WALCKER & Co. (Ludwigsburg), Prospektentwurf: W. SUPPER (Esslingen).
[27] LkASt, A 29, Nr. 2708; „anstelle der alten Orgel".
[28] R. RENSCH, *Die Vischer-Orgel der Ev. Peter- und Paulskirche zu Mössingen bei Tübingen*; in: Ars Organi (AO) 23 (1975), H. 48, S. 2233–2240.
[29] HStASt, A 333, Nr. 28. – Beim Franzoseneinfall „anno 1693 die Orgelpfeifen und die Blasbälge übel ruiniert"; 1708 von EBERH. VISCHER um 30 fl repariert.

KNAUSS, GEORG HEINRICH. Hof- und Stadtorgelmacher in Stuttgart, seit ca. 1735 in Hofdiensten.
Neubauten: 1745 um 300 fl für *Hirsau*; 1747 mit 10 Registern für *Wildbad*. - Reparaturen (u. a.): *Kleinaspach, Göppingen* und Schloßkirche *Ludwigsburg*.

JETTER, JOH. MARTIN. Orgelmacher aus Vöhringen bei Sulz am Neckar.

Abb. 11
S. 88

Neubauten: 1734 für *Bergfelden* bei Horb; 1740 um 110 fl für *Wittendorf*; 1742 mit 7 Registern für *Grüntal* b. Freudenstadt[30]; 1743 um 160 fl für *Hochdorf* bei Nagold[31]; 1749 für *Tieringen* bei Balingen[32] [Disp. 13]; 1759 mit 7 Registern für *Ottenhausen*[33]; 1760 mit 12 Registern um 230 fl für *Altbulach* bei Calw[34]. - Reparaturen in *Schwenningen* und *Öffingen*.

JETTER, ANDREAS. Schreiner und ungelernter Orgelmacher. Vermutlich Sohn des Vorgenannten, aus Vöhringen.
Neubauten: 1773 für *Zwerenberg* bei Calw[35]; 1777 Neubau-Akkord (6 Register) um 180 fl für *Lombach*, dessen Ausführung unterblieb, weil eine kleine Orgel mit 4 Registern um 66 fl gekauft wurde; 1798 (?) für *Aistaig* (ohne Pedal)[36]. - Reparaturen: *Hopfau, Schwenningen, Öffingen, Urnagold*. - JETTER mußte mit einem Orgelbau in *Altensteig*-Stadt gegenüber JOH. WEINMAR zurücktreten.

WEINMAR (WEIMAR), JOHANNES. Aus Bondorf bei Herrenberg; gestorben 1795.

Abb. 13
S. 88

Neubauten: 1752 mit 14 Registern für die Stadtkirche *Nagold*[37]; 1762 mit 12 Registern für *Haiterbach*[38]; 1763 Akkord (13 Reg.) für *Bondorf* [Disp. 16]; 1766 mit 16 Registern (zweimanualig) um 1000 fl, $^1/_2$ Eimer Wein und die alte Orgel für *Beihingen* am Neckar [Disp. 17]; 1772/73 mit 12 Registern um 820 fl für *Altensteig*-Stadt[39] [Disp. 20]; 1773 mit 13 Registern für die Stadtkirche *Wildberg*[40]; 1774 für *Untergruppenbach*[41]; 1775 mit 8 Registern um 400 fl für *Nufringen*; 1776 mit 10 Registern für *Tailfingen* b. Herrenberg; 1776 mit 12 Registern um 835 fl für *Neuenbürg*[42] [Disp. 24] ; 1776 um 993 fl für die Stadtkirche *Heidenheim*; 1779 mit 11 Registern um 600 fl für *Gräfenhausen*[43]; 1780 um 400 fl für *Hildrizhausen*;

---

[30] Lt. Mitt. von O. HEINZELMANN in Frutenhof. - Kirchenrat MAJER (Stuttgart) zollte der Orgel großes Lob.
[31] HStASt, A 288, Nr. 4151. - „Nach dem Exempel anderer noch kleinerer Orte in der Refier haben wir uns resolviert, auch eine Orgel in die Kirche zu machen".
[32] HANS KÜMMEL, *Zur Geschichte der Orgel in der Tieringer Kirche* (1976). Ms., vervielfältigt.
[33] HStASt, A 288, Nr. 4211.
[34] HStASt, A 288, Nr. 5639. - „Präzeptoris BRAUN aus Calw prüft die Orgel und findet sie gut."
[35] HStASt, A 284, Stadt Altensteig, GV., Bü. 89.
[36] LkASt, A 29, Nr. 76.
[37] HStASt, A 288, Nr. 4144.
[38] LkASt, A 29, Nr. 1789.–1903 folgte eine WALCKER-Orgel mit 18 Registern um 5881,- DM.
[39] LkASt, A 29, Nr. 159.
[40] HStASt, A 573, Nr. 2966 und 6823.
[41] HStASt, A 249, Nr. 150.
[42] HStASt, A 288, Nr. 4198.
[43] HStASt, A 288, Nr. 4205; die erste Orgel „ruiniert und unbrauchbar geworden".

1780 für *Holzhausen* b. Sulz am Neckar; 1781 mit 12 Registern für *Mundelsheim*. – Reparaturen (u. a.): *Stuttgart, Nagold, Ludwigsburg, Altensteig, Freudenstadt.* – „Hat schon verschiedene tüchtige Orgelwerke in- und außerhalb des Landes geliefert"[44].   Abb. 14 S. 88

WEINMAR, JOH. JAKOB sen. Sohn des Vorgenannten; Gerichtsverwandter und Orgelmacher in Bondorf. Geboren am 24. 5. 1751, gestorben am 23. 6. 1822[45].
Neubauten: 1786 mit 12 Registern (ohne Pedal) für *Gültstein*; 1791 für *Großbottwar*, und *Kleinaspach*; 1802 mit 11 Registern um 780 fl für Dorf *Sulz* bei Nagold[46] und mit 9 Registern (ohne Pedal) für *Dachtel*[47]; 1813 mit 13 Registern für *Gültlingen*[48]; 1819 mit 13 Registern für *Feldrennach*[49]; undatiert: *Grömbach*. – Reparaturen (u. a.): *Calw, Dornstetten, Böblingen, Mundelsheim, Wildberg, Stuttgart, Bolheim, Bösingen, Nebringen, Ochsenburg, Öschelbronn, Birkenfeld.*   Abb. 22 S. 108

WEINMAR, JOH. JAKOB jun. Sohn des Vorgenannten; Orgel- und Instrumentenmacher in Bondorf. Geboren am 21. 8. 1782, gestorben am 31. 8. 1858. Er war ab ca. 1841 erblindet.

SPÄTH, JOH. GEORG. Sohn des Schreiners DAVID SPÄTH. Orgelmacher in Hohenmemmingen b. Heidenheim. 1725 Heirat in Hohenmemmingen.
Neubauten: 1739 für *Hürben*; 1772 mit 10 Registern um 350 fl für *Höfingen*.

SPÄTH, JOH. DAVID. Sohn des Vorgenannten. Geboren am 29. 4. 1726 in Hohenmemmingen; heiratete am 14. 4. 1750 in Faurndau bei Göppingen ANNA KATHARINA (1727–1810), die Tochter des dortigen Schultheißen. Er blieb wohl seit dieser Zeit in Faurndau ansässig und nahm seinen Vater zu sich, der mit ihm zusammen arbeitete. Gestorben in Faurndau am 2. 11. 1800[50].
Neubauten: 1754 mit 8 Registern um 140 fl für *Sontheim* bei Münsingen[51]; 1758 um 100 fl für *Bezgenriet*; 1768 mit 12 Registern um 850 fl für *Großheppach* und mit 14 Registern um 840 fl für *Geradstetten;* 1777 mit 10 Registern um 450 fl für *Gerstetten*[52]; 1782 um ca. 400 fl für *Plüderhausen;* 1788 mit 14 Registern um 871 fl für *Enzweihingen;* 1796 um 1125 fl für *Börtlingen*; undatiert: *Kohlberg*[53]. – Reparaturen (u. a.): Stadtkirche *Schorndorf*, Stadtkirche *Göppingen*, Stiftskirche *Oberstenfeld, Adelberg, Affalterbach, Burgstall, Dettingen* b. Heidenheim, *Großheppach, Jebenhausen, Köngen, Söhnstetten.*

---

[44] HStASt, A 288, Nr. 4147.
[45] Kirchenregister Bondorf.
[46] LkASt, A 29, Nr. 4511.
[47] LkASt, A 29, Nr. 811. – Erste Orgel 1751 aufgestellt.
[48] LkASt, A 29, Nr. 4746. – 1748 wird „demütig gemeldet", daß ihre erste Orgel „seit geraumer Zeit nicht mehr zu spielen ist".
[49] LkASt, A 29, Nr. 1227. – Die Orgel stand noch bis 1922.
[50] Kirchliche Familienregister Göppingen-Faurndau.
[51] LkASt, A 29, Nr. 4235. – 1813 neue Orgel mit 10 Registern von VIKTOR GRUOL (Bissingen u. T.).
[52] HStASt, A 288, Nr. 2594. – 1804 Reparatur durch ANDREAS GOLL (Weilheim a. d. T.).
[53] Heimatbuch des Kreises Nürtingen, II. Bd., 1953, S. 547.

Späth, Joh. Michael. Sohn des Vorgenannten. Orgelmacher und Organist. Geboren am 15. 3. 1754 in Faurndau. Erste Ehe am 12. 6. 1781, zweite Ehe am 8. 9. 1816. Gestorben am 20. 1. 1829 in Faurndau. Er arbeitete zusammen mit seinem Vater.

Goll, Joh. Ludwig. Glaser und Orgelmacher (Autodidakt) aus Weilheim a. d. Teck. Geboren am 3. 1. 1715. Erste Ehe am 10. 4. 1736 (1 Tochter); zweite Ehe am 5. 5. 1750 mit Eva Katharina Scheuffel (3 Söhne). Gestorben am 3. 3. 1772.
Neubauten: 1743 mit 4 Registern für *Nabern*[54] [Disp. 12]; 1750 mit 12 Registern und Glockenspiel für *Neidlingen*; 1750 für *Bissingen* bei Kirchheim u. T.[55]; 1762 um 196 fl für (Kirchheim u. T.-)*Ötlingen*; 1765 um 187 fl für *Nellingen* b. Eßlingen; 1767 für einen unbekannten Ort (diese Orgel kam 1840 nach *Oberdigisheim*)[56]; 1766 um 260 fl für *Zell* b. Aichelberg; 1767 mit 6 Registern für *Gächingen* b. Urach; 1768 um 317 fl 42 kr für *Wolfschlugen*. – Reparatur: *Roßwälden*.

Goll, Joh. Andreas. Sohn des Vorgenannten. „Der hervorragendste Vertreter des württembergischen Nachbarock" (W. Supper). Geboren am 21. 10. 1751. Heiratete am 4. 11. 1779 Catharina Dorothea Löckl. Gestorben am 2. 5. 1823 in Weilheim a. d. T.

Abb. 27
S. 118

Abb. 19
S. 98

Neubauten: 1782 mit 8 Registern um 230 fl für *Hepsisau*; 1787 mit 9 Registern für *Haubersbronn*[57]; 1790 mit 10 Registern um 533 fl für *Neckarrems*[58]; 1791 mit 10 Registern um 528 fl für die Winterkirche (heizbarer ehemaliger Speisesaal) im Kloster *Maulbronn*[59]; 1792–1795 mit 23 Registern um 1667 fl für *Weilheim* a. d. Teck[59a] (erhalten); 1796 mit 11 Registern um 659 fl für *Strümpfelbach* im Remstal[60] [Disp. 26]; 1799 mit 9 Registern für *Aufhausen*[61]; 1805 für *Machtolsheim*[62]; 1807 ein Positiv für *Dettingen* u. T. 1791 großer Orgelumbau in *Esslingen*; Umbauten auch in *Göppingen* (Stadtkirche) und *Laichingen*. – Reparaturen (u. a.): *Affalterbach*, *Aldingen*, *Bittenfeld*, *Buoch*, *Gerstetten*, *Hohengehren*, *Jesingen*, *Neidlingen*, *Oberesslingen*, *Poppenweiler*, *Schanbach*, *Schwaikheim*, *Seißen*, *Suppingen*, *Waiblingen*.

Goll, Ludwig Friedrich. Sohn des Vorgenannten. Orgelmacher. Geboren am 13. 11. 1785, gestorben am 1. 5. 1853. Er war zweimal verheiratet.

[54] LkASt, A 29, Nr. 3003.
[55] M. Keller, *Bissingen*, S. 46f.
[56] LkASt, A 29, Nr. 4599. – Um 1906 durch Gebr. Link (Giengen a. d. Brenz) umgebaut (II/8).
[57] LkASt, A 29, Nr. 1824.
[58] LkASt, A 29, Nr. 3090. – Die allzukleine Orgel ist irreparabel; 1789 Akkord mit Andreas Goll.
[59] HStASt, A 284, Maulbronn, GV., Bü. 567. – Vgl. G. Kleemann, *Von Orgeln in Klosterkirchen des früheren Württemberg bis um 1800*; in: AO 18 (1970), H. 36, S. 1396f.
[59a] Abb. der Orgel in: AOl 1, Abb. 26, Taf. XVII.
[60] HStASt, A 288, Nr. 4657.
[61] LkASt, A 29, Nr. 237.
[62] HStASt, A 288, Nr. 773. – Reparatur der alten Orgel lohnt sich nicht.

---

8. *Wiesensteig*, Kollegiats-Stiftskirche. Zeichnung der 1680 von Franz Freunden erbauten Orgel.

Einfacher Prospect-Umriße
der
Orgel in der Stiffts-Kirche
zu
Wißenburg.

die gantz höhe begreifft 12 schuh
mit sampt dem Crantz,
ohne den aussZug.

OMNIS
SPIRITUS
LAUDET
DOMINUM

1. 4 schühig principal
   kupferin.
2. 2 schühig superoctav des
   zihn.
3. Andrehalb schühig quint des
   zihn.
4. 3 fach mixtur zihnin.
5. 2 schühig Coppel des holz.
6. 4 schühig Coppel des holz.

diser kasten in welchem die
2 bälg ligen, weitten
6 schuh, tieffen 3½ schuh.

## II.

Anscheinend reichten die in Württemberg ansässigen Orgelbauer nach Zahl und Können nicht aus, um im orgelfreundlichen 17. und 18. Jahrhundert jedem Wunsch nach Orgelneubau oder Reparatur nachzukommen. Man rief deshalb vereinzelt auch „auswärtige Orgelmacher" aus Reichsstädten herbei, um größere Arbeiten verrichten zu lassen:

LINK, ANDREAS. Orgelmacher aus Giengen a. d. Brenz.
(1515/16 Neubau für Kloster *Neresheim*.)

EBERT, JÖRG. Orgelmacher aus Ravensburg.
Setzt nach 1525 die mißlungene Orgel des Kaplans CASPAR REYTER aus Eßlingen im Kloster *Hirsau* in brauchbaren Stand[63].

KLOTZ, BENEDIKT. Orgelmacher und Organist aus Dinkelsbühl.
(Er empfiehlt sich 1544, er habe in *Ellwangen*, *Schwäb. Hall* und *Schwäb. Gmünd*, auch in andern Städten neue Orgeln gebaut und alte Werke renoviert; *Gmünd* habe seinethalben „gute Kundschaft gegeben".)

LIEBLEBEN, PAUL. Organist und Orgelmacher aus Heilbronn, gest. 1567.
(1554 Orgelerneuerung für Kilianskirche *Heilbronn*[64]; 1564 Neubau für St. Dionysius in *Esslingen*; vorher Reparaturen in St. Michael zu *Schwäb. Hall*), 1561 Reparatur der Stiftsorgel zu *Backnang* um 110 fl.

SCHÄFFER, JOHANNES. Orgelmacher aus Heilbronn.
1619 Neubau für die Stadtkirche *Göppingen*, (1611 Neubau für *Braunsbach*).

MAURER, MATTHÄUS. Orgelmacher in Giengen a. d. Brenz, Bürger und Zunftmeister. Sohn des Orgelmachers WILHELM MAURER[65] (geb. um 1555 als Sohn eines Bleichers; Heirat um 1580; gestorben vor 1625). Geboren zwischen 1580 und 1590 in Giengen; Heirat 1625; floh 1634 mit Frau und zweijährigem Töchterchen aus der zerstörten Reichsstadt nach Ulm, wo er eine Orgelbauwerkstatt einrichtete und nach 1637 starb.
1627 Neubau einer Orgel mit 9 Registern um 400 fl für *Heidenheim*, wo lt. Ratsprotokoll 1595 schon eine Orgel vorhanden war. (In der Klosterkirche *Neresheim* versetzte er das alte von VINSTERNAU verfertigte Werk, baute es 1628 mit Hilfe eines Schreiners „in ein neues

---

[63] HERMANN MEYER, *Orgeln und Orgelbauer in Oberschwaben*; in: Zs. des Hist. Vereins für Schwaben 54 (1941), S. 220 ff. – EBERT ist einer der bedeutendsten Orgelbauer Oberschwabens im 16. Jahrhundert. Über die erste Hirsauer Orgel s. G. KLEEMANN, *Von Orgeln in Klosterkirchen ...*, S. 1389.
[64] GERHARD PIETZSCH, *Orgelbauer, Organisten und Orgelspiel in Deutschland bis zum Ende des 16. Jahrhunderts*; in: Die Musikforschung XII (1959), S. 296f.
[65] Siehe auch H. FISCHER, *Der mainfränkische Orgelbau bis zur Säkularisation*; in: AOl 2 (1968), S. 116. Ders., *Die Beziehungen Mainfrankens zu anderen Orgellandschaften*; in: AOl 3 (1969), S. 28.

---

9. *(Bad) Teinach.* Gehäuseentwurf mit Disposition von JOH. JAKOB FESENBECKH, 1680. [HStA Stuttgart, A 259, Nr. 440.]

Corpus" ein, verfertigte einen neuen Subbaß, ein neues Pedal und vier Blasbälge. 1627 schloß er mit dem Kloster einen Vertrag über eine neue Orgel [Disp. 2], die später nach *Lauingen* kam und dort bis nach 1800 gebraucht wurde.) 1633/34 Orgelreparatur in *Heidenheim*. (1637 Neubau eines Positivs für die Benediktinerabtei *St. Ottilien* in Oberbayern.)[66]

EHEMANN, HANS GEORG. Orgelmacher in Ulm, dann in Stuttgart, wo er am 15. 3. 1650 Hoforgelmacher wurde.
1649 Neubau für die Stiftskirche *Sindelfingen*; 1657 um 227$^1/_2$ fl für die Stadtkirche *Ebingen*[67]; 1668/69 mit 15 Registern um ca. 970 fl für die Stiftskirche *Stuttgart* [Disp. 3]. – Reparierte u. a. in *Waiblingen*.

GRÜNER, JOHANNES. Aus Heilbronn, „wohlanständigen Musicanten, auch Orgelmacher daneben".
1671 Neubau mit 5 Registern um 90 fl für *Asperg*[68], „am 1. Advent zum erstenmal geschlagen".

SCHMAHL, JOHANN MICHAEL und seine drei Söhne JOHANN FRIEDRICH, GEORG FRIEDRICH und JOHANN ADAM. Orgelmacher in Heilbronn bzw. Ulm (GEORG FRIEDRICH)[69].

HASENMAIER, PHILIPP HEINRICH. Orgelmacher in Schwäb. Hall. Geboren am 6. 1. 1700 als Sohn des Heiligenpflegers und Hofschreiners LUDWIG HASENMAIER zu Gaildorf (Residenz der Schenken von Limpurg); erlernte „nach Schreinerlehre in der Fremde die Orgelbaukunst"; nach seiner Wanderschaft war er 17 Jahre lang als Hoforgelmacher im hohenlohischen Kirchberg a. d. Jagst tätig. 1722 Eheschließung mit der Tochter eines gräflichen Hofgärtners zu Schrozberg (die Frau war ihrem Mann „in seiner Profession eine gute Gehülfin"). Der Orgelmacher lebte von 1742 bis zu seinem Tode in Schwäb. Hall. Am 8. 6. 1742 wurde ihm das Bürgerrecht mit der Auflage erteilt, daß er sich „von dem Schreinerhandwerk abstrahiren und bey der Orgel-Music sich gebrauchen [lassen] solle"[70]. Ab 1769 Witwer; gestorben am 20. 7. 1783[71].

---

[66] HANS WULZ, *Orgelmacher aus Giengen (Brenz)*; in: Alt-Württemberg. Heimatgeschichtl. Bll. der Göppinger IWZ 10 (1964), Nr. 7. Siehe auch H. FISCHER, *Die Beziehungen Mainfrankens* ..., S. 28f.
[67] Frdl. Mitt. von Herrn JOSEPH HALM; Ebinger Pfarramtsakten.
[68] Ludwigsburger Kreiszeitung, Beil. „Hie gut Württemberg", 1961, S. 21. – 1864 neue Orgel mit 14 Registern auf 2 Manualen von Fa. E. F. WALCKER & Co., Ludwigsburg.
[69] G. KLEEMANN, *Die Orgelbauerfamilie Schmahl*; in: AOl 7 (1973), S. 71–105.
[70] StadtA Schwäb. Hall, 4/351 – Ratsprotokoll 1742, fol. 198.
[71] StadtA Schwäbisch-Hall, 2/36 – Sterberegister anno 1783, S. 164f.:
„PHILIPP HEINRICH HASENMAIER, Burger und kunsterfahrener Orgelmacher allhier, sahe das Tageslicht zum erstenmal den 6. Jan. 1700. Sein H. Vatter war LUDWIG HASENMAIER, Heiligen-Pfleger und Hofschreiner zu Gaildorf, die Mutter aber ANNA, geborene JUGERINN. Diese Eltern hielten ihn zur Kirch und Schul an und nachmals zu dem ehrsamen Schreiner-Handwerk. Nach vollendeter Lehrzeit begab er sich in die Fremde, in welcher er die Orgelmacherkunst erlernet. Nach vollführter Wanderschaft wurde er von Ihrer Hochgf. Gnaden

Neubauten: (1732 für *Kirchberg* a. d. Jagst; 1737 für *Ingelfingen*; 1740 für *Obersontheim*; 1746 für die Katharinenkirche *Schwäb. Hall;* 1747 mit 12 Registern für *Bretten*[71a];) 1756 für *Frauenzimmern*; 1757 mit 12 Registern für *Maichingen*; 1768 mit 14 Registern für *Horrheim* [Disp. 19]; 1768 mit 9 Registern um 275 fl für *Roßwag*[72]. – Reparaturen in *Markgröningen* und *Löchgau*. – Er wurde teils gelobt, teils vom amtlichen württembergischen Revidenten als „Ausländer" (Schwäb. Hall war freie Reichsstadt) heftig getadelt.

HERZER, JOH. CHRISTOPH, sen. Orgelmacher und Wirt „Zum Hasen" in Schwäb. Gmünd. Gestorben 1735.

Neubauten: (1699 mit 16 Registern für *Weil der Stadt*;) undatiert um ca. 300 fl für *Renningen*; 1716 für *Beutelsbach*; 1728 für *Beinstein*. – Reparaturen (u. a.) *Herrenberg, Böblingen, Sindelfingen, Altensteig, Neckarrems, Freudenstadt,* (Münsterorgel *Freiburg* und Stadtkirche *Wertheim am Main*). 1711 Orgelversetzungen in *Rosenfeld* und *Sulz* am Neckar[73].

Abb. 26
S. 118

Immerhin darf nicht übersehen werden, daß auch württembergische Orgelbauer vom „Ausland", d. h. von benachbarten Hoheitsgebieten weltlicher und geistlicher Herrschaften angefordert wurden. Sehr gefragt war ihre Kunst schon im 15. Jahrhundert im deutschen Südwesten, als die Versorgung mit Orgeln in Altwürttemberg erst im Anfangsstadium war und der Orgelbau nur an Bischofssitzen, in Reichsstädten und bedeutenden Klöstern, allenfalls noch in fürstlichen Residenzstädten ausgeübt wurde. Die schwäbischen Orgelmacher MATTHÄUS AFFOLTERER aus Cannstatt (geboren vor 1500), HANS DINCKEL (Schultheißensohn aus Bietigheim; geb. um 1480; studierte in Tübingen) sowie HANS SCHENTZER (aus achtbarer Stuttgarter Familie; ca. 1485–1544) gelangten in Süddeutschland zu größtem

---

von Kirchberg zu einem alldasigen Hoforgelmacher gnäd. angenommen, allwo er sich gegen 17 Jahr aufgehalten.
Anno 1722 begab er sich in den Ehestand mit EVA DOROTHEA, weiland Herrn JOHANN JOSEPH SCHMER, Hochgräfl. Gärtners zu Schrozberg, ehel. ledige Tochter, mit der er in 48 [Jahre] geführter vergnügter Ehe gelebt und erzeigt 12 Kinder, 8 Söhne und 4 Töchter, davon noch 1 Sohn und 2 Töchter im Leben, von welchen er 21 Enkel erlebet, die aber alle, bis auf 7 seel. mit Tod abgegangen. Nach seinem Aufenthalt von 17 Jahren begab er sich von Kirchberg hieher und wurde von allhiesiger hoher Obrigkeit zu einem Bürger und Orgelmacher hochgeneigt angenommen. Er legte vornehmlich in württembergischem Land schöne Proben von seiner Kunst ab, verfertigte das schönste Orgelwerk, absonderlich anno 1746 richtet er das schöne Orgelwerk bey St. Catharein auf. Anno 1769 wurde er in den Witwerstand gesetzt, lebte in 24jähr. [sic] einsamen Stand, welchen er mit vielem Kummer und Trübsal zugebracht. Seinem Christenthum verlebte er fleißig bis an sein seel. Ende ob, und verdienet das Lob eines redlichen Christens. Vor 5 Jahren überfiel ihn eine starcke Alters-Schwachheit, vor 6 Wochen rührte ihn ein Schlag und endlich nahm ihn Gott durch eine Auszehrung verwichenen Sontag, von dieser Entlichkeit seel. weg. Aet. 83, 6 Monat und 2 Wochen, Sep. den 23. Juli."

[71a] Vgl. AOl 10, S. 170, Anm. 15.
[72] HStASt, A 288, Nr. 3815.
[73] HStASt, A 288, Nr. 5017. – Der Sohn gleichen Namens (nicht der Vater!) baute 1743 in *Oberriexingen* eine Orgel mit 11 Registern und reparierte in *Hedelfingen* (A 288, Nr. 5468) und in (Ludwigsburg-)*Oßweil*.

Ansehen[74]. WENDEL REUSCHLIN, Orgelmacher zu Winnenden, baute vor 1595 „in der Kirche zum Prediger in *Worms*" eine Orgel, ebenso um 1580 eine Orgel für *Bönnigheim*. Von 1612 bis 1648 arbeitete der am 15. Sept. 1587 in Markgröningen als Sohn des Orgelmachers LEONHARD SCHREYER geborene ULRICH SCHREYER im österreichischen *Steyr*[75].

## III.

Mit Beginn des 18. Jahrhunderts kam die Aufsicht und Kontrolle des Orgelbaus, einschließlich Reparaturen, Erweiterungen, Umbau, Versetzungen und Kauf, ganz aus den Händen des Hoforgelmachers. Die Behörde des herzoglichen Kirchenrats bildete 1702 die „Heiligendeputation" als Teil der Kirchenratsregistratur. In einem eigens hiezu angelegten „Diarium der Heiligendeputation" sollten u. a. sämtliche Anträge der Gemeinden in Orgelsachen schriftlich festgehalten werden, was jedoch nicht lückenlos durchgeführt wurde. Immerhin erfährt man den weitaus größten Teil der Orgelbauvorhaben im Land. Bedauerlicherweise aber unterblieb fast durchweg die Nennung der beauftragten Orgelbauer. Ihre Namen sind nur noch aus Orgelakkorden zu erfahren, die sich in weiter Streuung in großen und kleinen weltlichen und geistlichen Archiven bis herab zu den Gemeinden finden lassen und oft noch unbekannt sind.

Auch der Kirchenrat achtete sehr darauf, daß vorab „Landeskinder" als Orgelmacher zu Verdienst und Brot kamen. Doch war ihre Zahl bei zunehmendem Orgelbau nicht voll ausreichend. Bei einigen fehlte zudem das erforderliche Maß an Kenntnissen und Kunstfertigkeit, so daß der Zuziehung von „auswärtigen Orgelmachern" keine ernsthaften Hindernisse entgegengesetzt wurden, zumal die Kunsthandwerker, zu denen sich berechtigterweise auch die Orgelbauer zählten, immer freizügiger in der Annahme eines Arbeitsplatzes und in ihrem Schaffen wurden. Der Herzogshof ging hier voran. Wie er auf dem Sektor des Bauwesens Künstler aus Italien, Österreich, Frankreich usw. heranzog, berief er zu Hoforgelmachern ebenfalls Nichtwürttemberger; es sei nur an HANS GEORG EHEMANN aus Ulm (ab 1650) und JOHANNES WÜRTH aus Kempten (ab 1697) erinnert.

Nach 1700 wurde es geradezu unabweislich, fremde Orgelbauer ins Land ziehen zu lassen. Einerseits trat mit Beginn des 18. Jahrhunderts der Wunsch der Dorfgemeinden nach Orgelbeschaffung von Jahr zu Jahr mehr in Erscheinung[76], andererseits waren Orgelneubauten und Instandsetzungen nach den ruinösen französischen Truppeninvasionen ab 1692, bei denen oft durch Brandschatzung und Plünderung Kirchen und Orgeln schwer beschädigt oder total vernichtet wurden, dringend vonnöten. Unter solchen Umständen sahen manche

---

[74] Wie Anm. 1, S. 106, 107 und 112, und wie Anm. 64, Jg. 1960, S. 35.
[75] Frdl. Mitt. von Fr. GERALD K. MITTERSCHIFFTHALER OCist., Wilhering. Taufbuch von Markgröningen 1587.
[76] HStASt, A 288, Nr. 1334. – Magistrat und Vogt zu Calw unterstützen 1740 die Stadt *Zavelstein* bei ihrem Orgelbaugesuch: „Obschon die Orgelwerker in den Kirchen nicht schlechterdings nötig sind, so sind sie doch darinnen eine besondere Zierde und können durch Aufmunterung des öffentlichen Kirchengesangs in den Gemeinden nicht wenig beitragen, dahero solcherley Werker zu dieser Zeit auch öfters in den geringsten Dorfgemeinden angetroffen werden." – Für viele Dorfgemeinden Württembergs sind im ersten Drittel des 18. Jhs. neue Orgeln nachzuweisen.

auswärtige Orgelmacher in dem schwer heimgesuchten Württemberg ein vielversprechendes Arbeitsfeld. Aus Sachsen wanderten JOH. SIGISMUND HAUSSDÖRFFER und sein Neffe CHRISTIAN GOTTHILF, beide einer Orgelmachersippe angehörend, nach Süden aus und machten sich in Tübingen seßhaft. Aus andern Ländern kamen N. F. LAMPRECHT, J. CHR. HAGEMANN, F. PH. WIEGLEB und J. C. HOFFMANN. Teils mit größerem, teils mit kleinerem Erfolg ließen sich die Zugewanderten in Altwürttemberg nieder.

ULROE, CHRISTOFFEL. Orgelmacher und Organist. Vor 1575 in Schwäb. Gmünd, vorher in Speyer, aus der Markgrafschaft Brandenburg stammend.
Er reparierte in (*Schwäb. Gmünd*, ebenso 1579/80 um 74 fl die Orgel der St. Martinskirche in *Rottenburg* a. N.[77]).

LAMPRECHT, NICOLAUS FRANZISCUS. Er wurde am 22. Sept. 1655 als Sohn des PHILIPPUS LAMPRECHT in Dettelbach am Main geboren[78], „erlernte bei einem guten Lehrmeister die Orgelmacherkunst völlig" und wird erstmals 1683 als Orgelmacher in Oettingen bei Nördlingen in Bayerisch Schwaben genannt[79]. In *Gunzenhausen* errichtete er 1686 die Orgel in der Stadtkirche um 320 fl (dazu noch die alte Orgel)[80]. Eine andere Arbeit aus der Oettinger Zeit ist im Deutschen Museum in *München* zu sehen, ein Positiv mit 3 Registern (Rohrflöte 4′, Principal 2′, Quint 1⅓′, mit 4 Oktaven bei kurzer Baßoktave). In dem Positiv ist ein Inschriftzettel zu finden: *„Anno 1693, den 12. May hab ich* NICLAUS FRANCISCUS LAMPRECHT/ *Orgelmacher in Ötting, dises Wercklein verferdichet meines Alders / 38 Jahr. / Gott gebe daß es zu seinem Lob unt Ehr möge gebraucht werden"*. 1691 verkaufte LAMPRECHT an die oettingen-oettingische Hofkapelle 38 neue Vesperstücke[81], welche HÖTZEL in Augsburg komponiert hatte; in der Schloßkapelle zu *Harburg* (zwischen Nördlingen und Donauwörth) reparierte er 1694 die Orgel.

Abb. 15
S. 97

1696 erfährt man, daß er, von Oettingen kommend, sich in Stuttgart mit JOHANNES WÜRTH, Stadtorgelmacher aus Kempten, um das Amt eines Hoforgelmachers bewarb. Der Stiftsorganist BÖDECKER leitete die Prüfungskommission, über die man Ausführlicheres zu hören bekommt[82]. WÜRTH „stand in die 3 Jahre bei dem nun verstorbenen württembergischen Hoforgelmacher JOH. JAKOB FESENBECKH in Arbeit und wolle sich mit einem Landeskind verheiraten, aber weil katholisch, die Religion mutiren". LAMPRECHT, „der um gleiche Bedienstung sich umtut", auch katholisch war und es blieb, habe „weitläufig berichtet, wie er seine Kunst erlernt und an verschiedenen Orten durch Verfertigung Großer und kleiner Orgeln mit vielen Registern, darunter auch einige organa automata oder selbstschlagende verfertigt, genugsam Prob abgelegt". WÜRTH hätte zwar wohl ein von FESENBECKH begonnenes Werk zu Ende gebracht, doch reiche dies nicht aus, seine Kunst zu erweisen; auch könne er nur zwei ungenügende Attesta vorzeigen. LAMPRECHT dagegen habe solche in bester

---

[77] EBERHARD STIEFEL, *Musikgeschichte der ehemaligen Reichsstadt Schwäbisch Gmünd*, Diss. Tübingen 1949, mschr.
[78] Lt. Geburts- und Taufurkunde des kath. Pfarramts Dettelbach.
[79] Fürstl. Archiv Wallerstein, Rentkammerrechnung von 1683/84, Nr. 1243.
[80] K. STARK, *Chronik der Stadt Gunzenhausen*, S. 61.
[81] Fürstl. Archiv Oettingen, Kammerrechnung von 1691, Nr. 948.
[82] Wie Anm. 1, S. 24, 25.

Form erhalten. Das Kollegium entschied sich, da LAMPRECHT auch in der Musiktheorie „weit überlegen" war, für denselben als den erfahrensten von beiden. Man erinnerte sich an die „irreparablen Schäden der Stuttgarter Stiftsorgel", zumal „durch feindliche Einäscherung so vieler Kirchen verschiedene Orgelwerke in Ruin gekommen", was notwendig mache, nur „den besten von beiden zu gewinnen"[83]. Doch lag die letzte Entscheidung beim Landesfürsten Herzog EBERHARD LUDWIG, der nach andern als fachlichen Gründen entschied; ihm war mehr an WÜRTHS Konfessionswechsel gelegen, und er verfügte am 18. 8. 1697, daß es bei der Bestätigung WÜRTH vom 4. 4. 1697 bleibe.

1699 trifft man LAMPRECHT in *Augsburg*[84], wo er sich „den Beisitz" auf zwei Jahre erwarb. An der Barfüßerkirche wurde er als Orgelmacher und Organist angestellt, machte dort auch ein Clavier für den Orgelspieltisch; 1703 wurde er als Organist verabschiedet.

Um 1705 ließ er sich in (Stuttgart-Bad)Cannstatt nieder und übergab von hier aus im genannten Jahr einen Orgelakkord für den Neubau einer Orgel in die Stadtkirche *Göppingen*[85], die er auch 1710 beenden konnte.

Im selben Jahr legte LAMPRECHT auf Anforderung der Stadt *Vaihingen* an der Enz ein Orgelprojekt vor, da 1693 beim Rückzug der französischen Invasionstruppen die Stadt in Brand gesteckt wurde und u. a. Kirche und Orgel verlor. Wohl wurde 1701 mit dem Kirchenaufbau begonnen, doch bei der jetzt plötzlich eingetretenen gänzlichen Verarmung der Bewohner dauerte es ein Jahrzehnt, bis man an ein Instrument denken konnte; 1713 wurde es

Abb. 16
S. 98

auf die Ostempore gestellt. Eine Inschrift im Orgelgehäuse besagte: „NIKOLAUS FRANZISCUS LAMPRECHT *von Augsburg hat diese Orgel gemacht im Jahr 1712 und 13. Non nobis, Domine, non nobis, sed nomini Tuo gloria.*" Ein Vaihinger Stadtgerichtsprotokoll vom 16. 6. 1710 gibt Aufschluß über den Orgelbau. LAMPRECHT schickte von Göppingen aus den „Riß" zu, die Orgel mit 11 Registern stellte er zusammen mit seinem Sohn GEORG MICHAEL auf [Disp. 7] und ließ von dem geforderten Preis (700 fl) 200 fl nach. Das Holz, eichen und forchen, lieferte laut Akkord die Stadt; anläßlich der Bitte um Baugenehmigung wurde um einen Beitrag zu den Visitationskosten gebeten[86]. Als die Orgel im Frühjahr 1713 stand, kam zu LAMPRECHT im April die Nachricht vom Tod des Hoforgelmachers J. WÜRTH, von dem kaum Orgelbauarbeiten bekannt sind[86a]. Er könne als sein Nachfolger in Betracht kommen. LAMPRECHT möchte die Hoforgelmacherstelle wohl antreten, erwartet jedoch 300 fl Jahresbesoldung. Allerdings sind „die Verdinste in voriger Zeit bei dem abgelebten Orgelmacher so hoch bei weitem nicht gekommen". LAMPRECHTS Begabung wird nochmals voll gewürdigt und eine höhere Besoldung befürwortet, weil „dieses [erhöhte] Traktament bei diesem Mann [...] nicht übel angelegt wäre". Am 19.5.1713 stimmte der Herzog der Ernennung LAMPRECHTS zum Hoforgelmacher zu und bestätigte die Besoldung (20 fl Geld und 2 Scheffel Roggen, 10 Scheffel Dinkel und $1^1/_2$ Eimer Wein); doch nach einigem Zögern lehnte LAMPRECHT ab, denn „er hat gar keinen Lust dazu". Er begehrt ein freies Haus (Wohnung und Werkstatt) oder einen entsprechenden Hauszins[87]. Keines von beiden wird ihm

---

[83] Wie Anm. 82.
[84] Wie Anm. 63, S. 277.
[85] Stadtgerichtsprotokoll vom 16. 6. 1710, Vaihingen a. d. Enz.
[86] Wie Anm. 85.
[86a] 1699 Neubau für *Waldenbuch* (vgl. AOl 1, S. 132); 1703 Reparatur-Voranschlag für die *Stuttgarter* Stiftskirche (wie Anm. 1, S. 229).
[87] HStASt, A 282, Nr. 1716.

gewährt, und man nimmt den wenig befähigten „Stuttgarter Bürgersohn JOSEPH FRIEDRICH BAUMEISTER" zum Hofamt. 1715 hat LAMPRECHT eine Orgel für die *Ludwigsburger Schloßkirche*[88] zu entwerfen, BAUMEISTER hat sie zu bauen, kommt jedoch erst ab 1722 dazu. Sie fällt äußerst mangelhaft aus. Orgelmacher J. F. SCHMAHL (Heilbronn) und Hoforganist SEIDLE (Stuttgart) besichtigen im Mai 1730 diese Orgel[89].

Von LAMPRECHTS Orgeln sind noch nachzuweisen: 1716 für *Illingen*[90]; 1718 für *Rommelshausen* bei Waiblingen[91] mit 6 Registern um 174 fl; 1719 für *Nußdorf* bei Vaihingen[92]. Ab 1719 ist von N. F. LAMPRECHT in Württemberg jede Spur verloren; auch außerhalb des Landes ist nichts mehr über seinen Lebenslauf und seine Tätigkeit zu erfahren.

MEZENIÈRS (MEZENIUS), OTTO REINHARD. Orgelmacher in Schwäb. Hall; aus Staden in der Wetterau (bei Friedberg in Hessen) gebürtig; Sohn von JOHANN HEINRICH MEZENIÈRS (ehemals Fähnrich in holländischen Diensten). MEZENIÈRS lebte von 1701 bis ca. 1711 in Schwäb. Hall. Er suchte beim Rat am 20. 4. 1701 um Schutz, am 15. 7. 1701 um das Bürgerrecht an. Am 29. 11. 1701 heiratete er MARIA ELISABETH SANDEL (geb. am 17. 1. 1680 als Tochter des Haller Waagmeisters WILHELM BALTHAS SANDEL). Aus der Ehe gingen vier Söhne hervor, von denen zwei bald nach der Geburt starben. Ein blinder Sohn, JOHANN CHRISTIAN, war 1727 noch am Leben. JOHANN FRIEDRICH (geb. am 4. 12. 1702) war Schneider. Dieser heiratete am 5. 2. 1732 die Bäckerstochter SABINA BARBARA STADTMANN (2. 5. 1697 – 15. 8. 1735). 1735 suchte er für seine zweite Braut EVA MARIA WEBER aus Künzelsau um das Bürgerrecht nach, was abschlägig beschieden wurde. Im folgenden Jahr waren seine beiden Töchter vom „außgewichenen treulosen Vatter" verlassen. Die ältere war damals erst drei Jahre alt und starb mit zehn Jahren an der Auszehrung. Die Treulosigkeit lag dem jüngeren MEZENIÈRS anscheinend im Blut; denn auch im Sterbeeintrag der Frau von OTTO REINHARD MEZENIÈRS (16. 1. 1727) ist zu lesen: „Es wurde aber die Seelige sehr betrübet, nachdem ihr Ehegatt an ihr untreu worden, und sie boßhaftiger weiß verlassen; daher sie mit ihren Kindern die Zuflucht zu ihrem H. Bruder als dermaligen Wagmeister genomen[93]." Neubauten: 1700 für *Winnenden* (1706 heißt es, das Werk sei „durch einen ausländischen Stümpler gemacht und das Geld ganz übel angewandt"; 1715 bezeichnet der Stuttgarter Kapellmeister und Stiftsorganist JOH. GEORG STÖRL die Orgel als „gleich von Anfang an verderbt und verpfuscht und schlecht gemacht"); (1702 für *Lendsiedel*, „auf gut stimblerisch" gemacht und die Register „auf das liederlichste verwahrt und ausgearbeitet"; 1703 für *Neuenstein*)[94].

---

[88] Wie Anm. 87.
[89] Wie Anm. 1, S. 233.
[90] HStASt, A 288, Nr. 3783. – Nach Kirchenrestaurierung 1857 neue Orgel mit 14 Registern von JOH. HEINR. SCHÄFER aus Heilbronn.
[91] Wie Anm. 1, S. 134. – 1844 neue Orgel mit 14 Registern von VIKTOR GRUOL JUN., aus Bissingen u. T.
[92] LkASt, A 29, Nr. 3248. – Nach Kirchenerneuerung 1883 neue Orgel mit 13 Reg. von JOH. HEINR. SCHÄFER aus Heilbronn.
[93] Frdl. Mitt. des Stadtarchivs Schwäbisch Hall vom 6. 5. 1976. – Eintragungen in Haller Kirchenbüchern. – Vgl. auch wie Anm. 1, S. 33, 70, 134.
[94] Nach ELISABETH GRÜNENWALD, *Alte Orgeln in Hohenlohe*; in: Hohenloher Chronik 1954, Nr. 2, S. 3 (Beilage zur „Hohenloher Zeitung" vom 29. 3. 1954) soll sich MEZENIÈRS später

HAUSSDÖRFFER, JOH. CARL SIGMUND. Orgel-, Instrumenten- und Claviermacher. Geb. am 10. 8. 1714 in Schwarzenberg im Erzgebirge als jüngster Sohn des Mälzers und Rohrmeisters GABRIEL HAUSSDÖRFFER; ab 1740 in Tübingen; verheiratet mit JUSTINA BARBARA SPRENGER; gestorben am 15. 3. 1767 in Tübingen [95]. Er hatte eine Tochter CHRISTIANE REGINA (geboren am 16. 7. 1751), die sich am 31. 5. 1768 mit dem Geschäftsnachfolger ihres Vaters HANS RUDIGIER verheiratete. JOH. CARL SIGMUND war einer der talentiertesten und meistbeschäftigten Orgelbauer seiner Zeit.

Abb. 20
S. 107

Abb. 18
S. 98

Neubauten: 1740 für die Spitalkirche *Herrenberg* [96]; 1740 mit 9 Registern für *Altdorf* bei Tübingen [97]; 1741 mit 15 Registern für *Oberlenningen* [98]; 1742 mit 18 Registern (2 Manuale) um 1200 fl für die Stadtkirche *Sulz* am Neckar [99] [Disp. 11]; um 1745 für *Mötzingen* und *Heimsheim*; 1751 mit 7 Registern für *Kayh*; 1754/55 auf 2 Manualen mit 22 Registern (2 Manuale) für die Stadtkirche *Blaubeuren* [100] [Disp. 15]; 1760 mit 6 Registern für *Sickenhausen*; um 1760 eine zweiteilige Orgel für *Neuhausen* a. d. Erms [101]; 1761/62 für (Stuttgart-)*Weilimdorf* (Gehäuse noch erhalten); 1762 mit 12 Registern um 750 fl für *Gärtringen*; 1763 mit 13 Registern um 500 fl für *Kuppingen*; 1766 für *Unterensingen*; 1765/68 mit 22 Registern für die Stadtkirche *Balingen* [Disp. 18] (HAUSSDÖRFFER starb vor ihrer Vollendung). Kurz vor seinem Tod schätzte er die Orgel der Stadtkirche *Urach*, die durch ein neues Instrument ersetzt werden sollte. – Reparaturen: *Brackenheim*, *Calw*, Stadtkirche *Ludwigsburg*, *Magstadt*, *Döffingen*. – (1752/54 vielbeachtete Orgelerneuerung mit II/24 für Dionysiuskirche in *Esslingen* [102].) Zweiteilung der Stiftskirchenorgel in *Tübingen*. – Hat „an unterschiedlichen Orten in und außer Landes" seine von ihm konstruierte Windlade gemacht, welche ihm „auch von braven Künstlern in Regensburg und Augsburg seint nachgemacht worden, welche aller Orten gut tun". Er war für seine Zeit Württembergs fortschrittlichster Orgelbauer [103].

HAUSSDÖRFFER, CHRISTIAN GOTTHILF. Neffe des Vorgenannten (Sohn von SIGMUNDS ältestem Bruder DAVID, Orgelbauer). Geboren am 17. 10. 1725 in Eybenstock (Erzgebirge). 1741 erste Ehe mit MARIA BARBARA KOMMERELL (Tochter des Rotgerbers und Handelsmanns DAVID K. in Tübingen); zweite Ehe mit HEDWIG JUSTINA LAUX (17. 12. 1739 bis

unter dem Namen MEZLER in Hall-Steinbach niedergelassen haben. Der Orgelmacher GEORG LUDWIG MEZLER, der im ausgehenden 18. und beginnenden 19. Jahrhundert arbeitete (vgl. G. KLEEMANN, *Die Orgelmacher*..., S. 211) könnte demnach ein Sohn oder gar Enkel des OTTO REINHARD gewesen sein.

[95] Frdl. Mitt. von Herrn OTTO HAUSDÖRFER, Koblenz. – Kirchenregister Tübingen.
[96] HStASt, A 288, Nr. 483.
[97] Wie Anm. 96.
[98] LkASt, A 29, Nr. 3322. – 1908 neue WALCKER-Orgel mit 16 Registern, dazu Organola.
[99] HStASt, A 288, Nr. 5017.
[100] Stadtarchiv Blaubeuren.
[101] LkASt, A 29, Nr. 3151. – 1902 neue Orgel (II/14) von Gebr. LINK, Giengen (Brenz).
[102] Wie Anm. 1, S. 65, 66.
[103] Wie Anm. 1, S. 59 und wie Anm. 63, S. 329.

10. *Schwäb. Gmünd*, Hl. Kreuz. PAUL PRESCHER, 1688. Zeichnung von W. Rupp in: Kunst- und Altertumsdenkmale im Königreich Württemberg. Jagstkreis. 1907, S. 365.

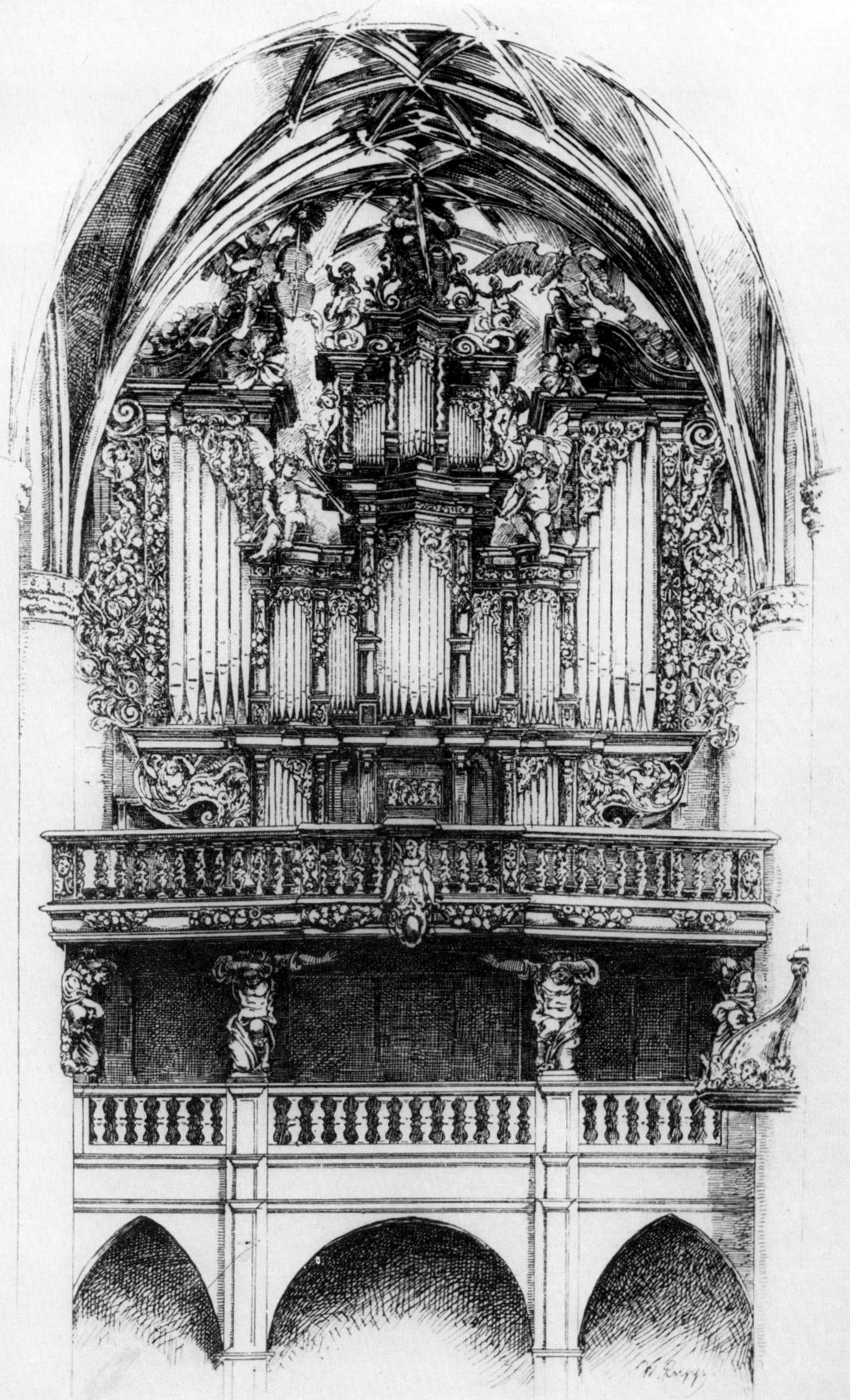

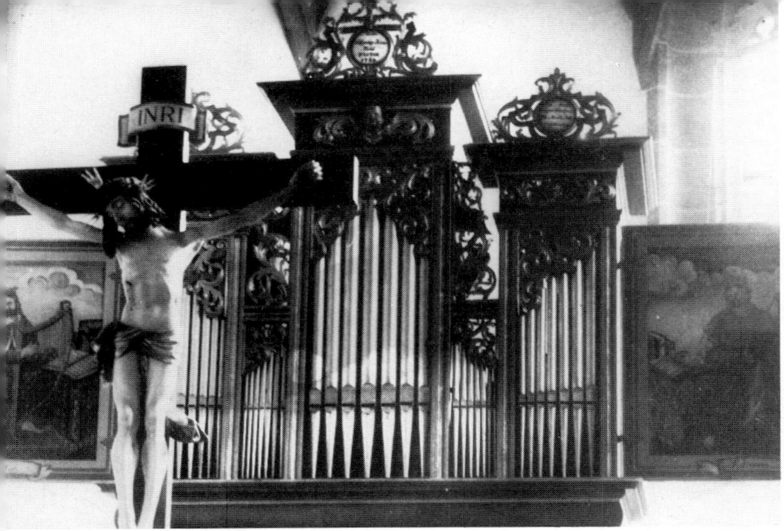
INRI

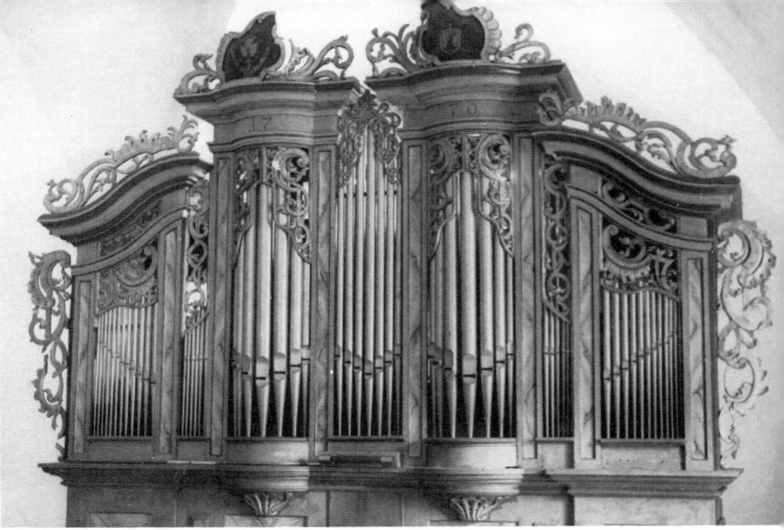

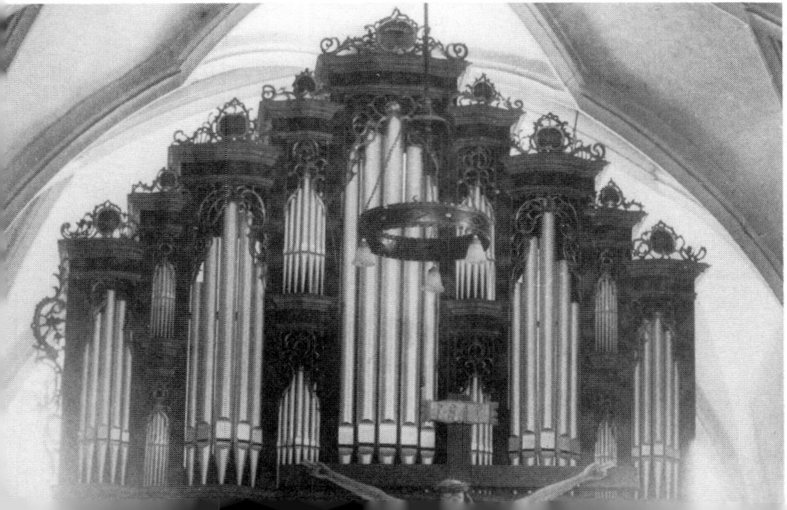

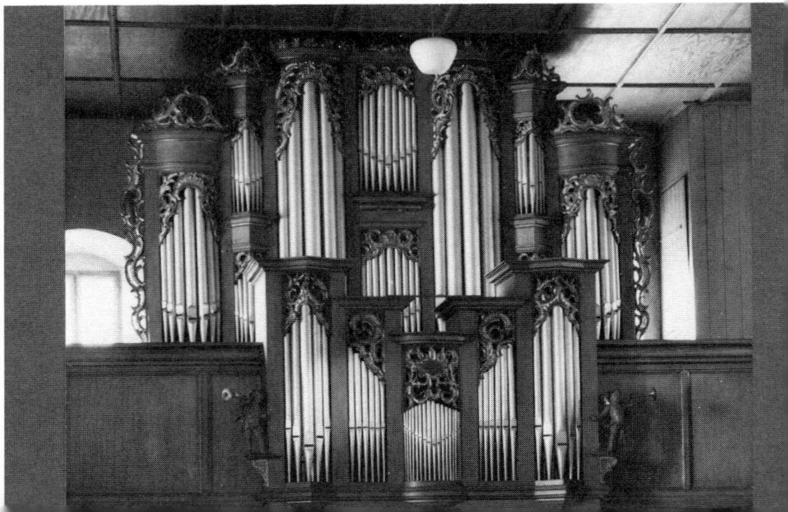

31. 1. 1802; Tochter des Chirurgen ULRICH LUDWIG LAUX und der JUSTINA BLUM). Gestorben 1761 in Tübingen. Die Witwe nach zweiter Ehe heiratete 1764 den Orgelmacher JOH. CHRISTOPH HAGEMANN[104].

Neubauten: 1752 mit 10 Registern um 250 fl für (Bad) *Liebenzell*[105] [Disp. 14]; 1753 mit 10 Registern für *Walddorf* bei Tübingen; 1754 mit 10 Registern um 275 fl für *Neckartenzlingen*; 1760 mit 14 Registern für die Stadtkirche *Waldenbuch*[106] (Gehäuse noch erhalten); 1758/59 mit 12 Registern für die Stadtkirche *Münsingen*[107]; 1761 mit 12 Registern um 450 fl für *Entringen* (HAUSSDÖRFFER starb vor der Vollendung). – Reparaturen: *Holzgerlingen* und Stadtkirche *Böblingen*. Abb. 24 Abb. 23 S. 108

HAGEMANN, JOH. CHRISTOPH. Orgel- und Instrumentenmacher. Geboren am 16. 12. 1735 als Sohn des gleichnamigen königl. preuß. Steuereinnehmers in Magdeburg; heiratete am 4. 9. 1764 die Witwe von CHRISTIAN GOTTHILF HAUSSDÖRFFER; gestorben am 7. 7. 1819 in Tübingen[108]. Gewissenhaft arbeitend.

Neubauten: 1761 *Entringen* (begonnen von CHR. G. HAUSSDÖRFFER) vollendet; 1768 mit 12 Registern für *Dußlingen*; 1770 für *Kilchberg*; 1773 mit 14 Registern um 715 fl und alte Orgel für *Pfullingen*[109]; 1774 für *Grötzingen* bei Nürtingen; 1777 für *Upfingen*[110]; 1778 mit 8 Registern für *Großbettlingen*; 1778 mit 6 Registern um 215 fl für *Pfäffingen*; 1778 für *Asch*; 1785 mit 10 Registern um 450 fl und alte Orgel für *Gomaringen*[111]; 1786 mit 10 Registern für *Friolzheim*[112] [Disp. 25]; 1786 mit 6 Reg. um 250 fl für *Apfelstetten*[113]; 1790 für *Stammheim* bei Calw[114]; 1791 mit 12 Registern für *Kirchentellinsfurt*; 1796 zweiteilige Orgel für *Ödenwald-* Abb. 12 S. 88

---

[104] Wie Anm. 95.
[105] HStASt, A 284, Liebenzell GV, Nr. 51.
[106] Das Instrument wurde früher fälschlicherweise J. S. HAUSSDÖRFFER zugeschrieben; neuerdings hat man jedoch an der Orgel die Initialen C. G. H. (= CHRISTIAN GOTTHILF HAUSSDÖRFFER) entdeckt. – Abb. der Orgel in: AOl 1, Abb. 23, Taf. XVI.
[107] Auch diese Orgel wurde früher J. S. HAUSSDÖRFFER zugeschrieben. – Vgl. Einweihungsschrift anläßlich des Orgelneubaus im alten Gehäuse durch PETER VIER, 1976. – Das Vorgängerinstrument der HAUSSDÖRFFER-Orgel wurde um 40 fl nach *Steinenbronn* verkauft.
[108] Kirchenregister Tübingen.
[109] LkASt, A 29, Nr. 3631. – 1889 neue Orgel mit 24 Registern um 98 766 Mark von E. F. WALCKER (Ludwigsburg), gestiftet von Kommerzienrat L. LAIBLIN.
[110] LkASt, A 29, Nr. 4858.
[111] HStASt, A 259, Nr. 159. – Die alte Orgel ganz unbrauchbar, höchstens 50 fl wert. Neue Orgel 1841 von Orgelmacher ENGELFRIED aus Rottenburg.
[112] HStASt, A 288, Nr. 3055.
[113] HStASt, A 288, Nr. 4075. Orgelakkord und Disposition vorhanden; der Orgelrevident STIERLIN will Principal nicht von „württembergischem Probzinn" (= $^1/_2$ Blei und $^1/_2$ englisches Zinn), sondern ganz von englischem Zinn, fein poliert, ebenso bei Quintathoena; er stellt noch weitere Forderungen.
[114] LkASt, A 29, Nr. 4267.

---

11. Oben links: *Bergfelden* b. Horb. JOH. MARTIN JETTER, 1734.
12. Oben rechts: *Kilchberg*. JOH. CHRISTOPH HAGEMANN, 1770.
13. Unten links: *Wildberg*, Stadtkirche. JOHANNES WEINMAR, 1773.
14. Unten rechts: *Mundelsheim*. JOHANNES WEINMAR, 1781.

*stetten*[115]. 1769 Orgelumbau für *Freudenstadt* und 1791 für *Genkingen*. Orgelversetzungen für *Pliezhausen* und *Neckartenzlingen*. – Reparaturen: *Heidenheim, Großsachsenheim, Magstadt, Heimsheim, Lauffen* am Neckar[116] und *Mötzingen*.

HAGEMANN führte nach 1800 das Geschäft mit seinem Schwiegersohn GEORG CHRISTIAN KNECHT, Sohn des Hofkapellmeisters, Musiktheoretikers und Komponisten JUSTIN HEINRICH KNECHT (1752–1817) in Biberach, weiter. Von „HAGEMANN und KNECHT", Orgelbauer und Instrumentenmacher, sind nur Reparaturen in *Balingen, Böblingen* und *Magstadt* bekannt sowie die Fertigung einer „Reiseorgel" für den Orgeltheoretiker und Virtuosen ABBÉ VOGLER. G. C. KNECHT starb 1820 in Mainz.

RUDIGIER (später eingedeutscht: RÜDIGER), HANS. Orgel-, Instrumenten- und Claviermacher. Geboren um 1725 in Reutlingen als Sohn des Biersieders BENEDICT RUDIGIER (die Eltern stammten aus Obermarchtal). RUDIGIER arbeitete zunächst bei JOH. CARL SIGMUND HAUSSDÖRFFER, heiratete am 31. 5. 1768 in Tübingen dessen Tochter CHRISTIANE REGINA (16. 7. 1751 – 16. 12. 1788) und führte später das Geschäft seines Schwiegervaters weiter. Gestorben am 30. 3. 1808 in Tübingen[117].

RUDIGIER vollendete 1776 die von J. S. HAUSSDÖRFFER begonnene Orgel mit 22 Registern für die Stadtkirche *Balingen*. Neubauten: 1769 mit 22 Registern (2 Manuale) für Stadtkirche *Urach*, auch mit 16 Registern für *Dettingen* u. T. (stand bis 1911); 1770 für *Oferdingen*; 1772 mit 9 Registern um 500 fl für *Sulz* bei Nagold[118] [Disp. 21]; 1773 mit 7 Registern um 250 fl für *Möttlingen*[119] [Disp. 22]; 1774 mit 8 Registern um 400 fl für *Fürnsal*[120] [Disp. 23]; um 575 fl für *Grötzingen* bei Nürtingen; 1780 mit 8 Registern für *Immenhausen*; 1781 für *Jettenburg* (ohne Pedal); 1790 mit 11 Registern für *Leidringen*[121]. 1787 Orgelerneuerung in *Ebingen*[122]. – Reparaturen: *Aidlingen, Ditzingen, Rutesheim, Herrenberg, Neckarhausen, Gärtringen,* (Stuttgart-)*Weilimdorf, Trossingen*.

WIEGLEB, FRIEDRICH PHILIPP. Geboren am 23. 2. 1693 als Sohn des Orgelmachers JOHANNES WIEGLEB in Heldritt bei Coburg; gestorben am 25. 3. 1758 in Bönnigheim (Württemberg); seine beiden Söhne wurden nicht Orgelbauer, sondern Schreiner[123].

---

[115] LkASt, A 29, Nr. 3398. – Zwecks Platzgewinnung 1848 beide Teile zusammengestellt. Auf Windlade geschrieben: *Anno 1795 verakkordiert, September 1796 durch J. C. HAGEMANN aus Tübingen aufgestellt. Gott allein die Ehre. 1. Petri 3,10. Die Erde und die Werke, die darinnen sind, werden verbrennen. Wenn wir einst vergehen und das, was wir machen, wann einmal der letzte Tag einbricht mit Krachen, So bleibt der, der glaubig auf Jesum geschaut. Und durch ihn zu Gottes Ehr Orgeln gebaut.*

[116] Lt. jahrhundertealter Stadtchronik *in der Regiswindiskirche 1480 die erste Orgel gebaut, 1491 mit großen Costen durch einen Münch justifiziert worden. 1564 durch feurigen* [*Blitz-*]*Strahl Kirche samt Glocken, Uhren, Orgeln, Gestühl, Dach und allem eingebäw verbrunnen.* – Neue Orgel 1701 errichtet.

[117] Wie Anm. 108.
[118] HStASt, A 288, Nr. 4144.
[119] HStASt, A 288, Nr. 1326.
[120] HStASt, A 288, Nr. 1706.
[121] HStASt, A 288, Nr. 4475.
[122] HStASt, A 288, Nr. 1840.
[123] Zur Familie WIEGLEB vgl. WILLY WINTER, *Die Genealogie der Orgelmacher Wiegleb und ihr Schaffen in Franken, Württemberg und Rheinhessen;* in: AOl 7 (1973), S. 67–70. Vgl. auch den Beitrag von WINTER im vorliegenden Band.

Neubauten: 1722 um 150 fl für *Sersheim*; 1730 für *Bönnigheim* (in der 2. Hälfte des 19. Jahrhunderts nach *Weiler* an der Zaber verkauft[124]); 1738 mit 8 Registern um 220 fl für (Ludwigsburg-)*Eglosheim*; 1749 mit 8 Registern für die Dorfkirche *Oberstenfeld*; 1753 um 320 fl für die Markuskirche in *Großglattbach*[125]. – Reparaturen (u. a.): Stadtkirche *Bietigheim*, *Markgröningen*, *Bissingen* (Enz).

Abb. 17
S. 98

HOFFMANN, JOH. CASPAR. Orgelmacher aus Sillbach in Thüringen. Geboren um 1720 als Sohn des Orgelmachers JOH. HOFFMANN; heiratete am 25. 4. 1754 eine Cannstatter Bürgerstochter; gestorben am 2. 8. 1772 in (Stuttgart-)Cannstatt. Ein zu Exzessen neigender Mann; der erste Lehrmeister von JOH. EBERHARD WALCKER (1756–1843), dem Stammvater der Orgelbauerfamilie WALCKER in Ludwigsburg.
Neubauten: 1748 mit 12 Registern für *Hollenbach*[126]; 1751 für *Baumerlenbach*[126]. 1756 Orgelumbau für Stadtkirche *Cannstatt*. – Reparaturen: Zwei Orgeln in Schloß *Ludwigsburg*, *Königsbronn*, (Stuttgart-)*Berg*, Stadtkirche *Waiblingen*, *Heubach*, (Stuttgart-)*Stammheim* und *Unterheinriet*.

Abb. 25
S. 117

Es gab auch „ausländische Orgelmacher" aus grenznahen Herrschaftsbereichen und „Kontaktzonen" mit gleichem Kulturniveau, die gelegentlich in Altwürttemberg arbeiteten.

Aus westlich grenznahen Gebieten kamen:

FOMANN, JOH. CARL. Orgelmacher aus Pforzheim.
Er durfte 1726 einen Orgelakkord für die neu erbaute Stadtkirche *Ludwigsburg* einreichen anstelle des wenig befähigten Hoforgelmachers JOSEPH FRIEDRICH BAUMEISTER, wobei er ein Instrument mit 18 Registern um 750 fl vorsah. Als „Ausländer" durfte jedoch nicht er sondern BAUMEISTER die Orgel fertigen; nach BAUMEISTERS Versagen wurde er nochmals zu Rate gezogen.

FOMANN, BERNHARD HEINRICH. Orgelmacher aus Pforzheim, einige Zeit wohnhaft in Schöckingen bei Leonberg.
Neubauten: 1737 mit 7 Registern um 175 fl für *Pfalzgrafenweiler*[127] [Disp. 10]; 1738/39 für (Leonberg-) *Eltingen*; um 1770 (?) mit 6 Registern um 180 fl für *Hausen* an d. Würm[128]. – Reparaturen: *Döffingen*, *Gechingen*.

FOMANN, JAKOB. Orgelmacher aus Pforzheim. Reparierte 1772 die Orgel in *Ötisheim* mit 8 Registern um 80 fl 18 kr, „weil in dieser Gegend kein Orgelmacher aufzutreiben war"[129].

---

[124] LkASt, A 29, Nr. 5082. – 1896 wird das Pedal von $1^{1}/_{2}$ auf 2 Oktaven erweitert; zwei neue Blasbälge und zwei neue Register (Gamba und Salicional). Die Orgel hat nun insgesamt 10 Register.

[125] HStASt, A 288, Nr. 3803. – Es wurde ein „Orgelschläger" gesucht. Das Manual hatte 49, das Pedal 25 Claves; im Kammerton gestimmt.

[126] E. GRÜNENWALD (vgl. Anm. 94).

[127] HStASt, A 288, Nr. 1786. – Orgelbau infolge Kriegszeiten verschoben; hier „noch nie ein dergleichen Werk gewesen".

[128] Blätter für württ. Kirchengeschichte, Jg. 1966/67, S. 292: Gemeinde bat 1744, ein 1712 gefertigtes Orgelwerk in *Gechingen* um 120 fl kaufen zu dürfen.

[129] HStASt, A 288, Nr. 3813.

MÜLLER, CHRISTOPH. Orgelmacher aus Pforzheim. Neubauten: 1739 mit 6 Registern um 225 fl für *Ostelsheim*[130]; 1741 um mehr als 200 fl für *Calmbach* bei Neuenbürg[131].

WIEGLEB, JOHANNES FRIEDRICH. Orgelmacher aus Heidelberg[132]. (Neubau: 1765 für Stadtkirche *Neckarsulm*[133]).

STEIN, GEORG MARCUS. Orgelmacher aus Durlach, ein Vetter des berühmten Orgel- und Instrumentenmachers JOH. ANDREAS STEIN in Augsburg.
Neubau: 1766 mit 8 Registern für *Freudenstein* bei Maulbronn[134]. – Reparatur in *Schützingen*.

SILTMANN [?]. Orgelmacher aus Straßburg.
Neubau: 1739 mit 9 Registern für *Lienzingen* b. Mühlacker[135].

BÜHLER, JOH. MARTIN. Orgel- und Instrumentenmacher aus Straßburg; nach 1790 in Vaihingen (Enz) ansässig.
Neubau: 1793 für *Haberschlacht*[136]. – Reparaturen: (*Villingen*), um 50 fl in *Tuttlingen* (aber „dem Kirchenrat wäre ein inländischer Orgelmacher lieber gewesen, denn derlei Verdienste so viel als möglich inländischen Meistern angewendet werden sollten"[137]), *Wildbad*, *Hirsau*, *Wildberg*, *Hessigheim*, *Roßwag*.

Aus östlichen grenznahen Gebieten kamen:

PRESCHER, PAUL. Orgelmacher. 1617 aus Zittau (Sachsen)[138] nach Nördlingen zugewandert, dort 1695 gestorben[139]. Lehrmeister von JOH. MICHAEL SCHMAHL. Er machte Nördlingen

---

[130] HStASt, A 288, Nr. 933.
[131] HStASt, A 288, Nr. 4198.
[132] Vgl. Anm. 123.
[133] Lt. frdl. Mitteilung von Dr. HANS BÖHRINGER, Stuttgart. – Im Stadtschloß des Deutschordens stand eine Orgel mit 4 Registern (Principal, Mixtur, Flauto und Copula); sie war 1811 fehlerhaft und nur noch 22 fl wert.
[134] LkASt, A 29, Nr. 1316.
[135] LkASt, A 29, Nr. 2578: Pfarrbeschreibung Lienzingen 1905. Hier heißt es: „Die ziemlich geringe Orgel mit 9 Registern wurde 1739 von SILTMANN in Straßburg um 234 Gulden geliefert." Ein Orgelbauer SILTMANN ist in Straßburg bislang nicht bekannt. Ob eine Verwechslung mit SILBERMANN vorliegt?
[136] Mitteilungen des Zabergäu-Vereins, 2. Jg., 1901, S. 118f. und 134f. – Am 2. Dezember 1793 aufgerichtet, doch wegen Landestrauer um den am 11. 10. 1793 verstorbenen Herzog CARL EUGEN durfte sie erst am 11. 1. 1794 erstmals gespielt werden. Disposition:

| Principal | 4′ | } von Zinn | Großgedeckt | 8′ | } von Holz |
|---|---|---|---|---|---|
| Octav | 2′ | | Kleingedeckt | 4′ | |
| Quint | 1½′ | | Violonbaß | 8′ | |

Die erste Orgel war 1720 errichtet worden.
[137] HStASt, A 228, Nr. 5307a.
[138] ERNST HÄUSSINGER, *Orgelbau im Gebiet der Fürstpropstei Ellwangen*, in: Ellwanger Jahrbuch XXIII, 1969/70, S. 328, Anm. 20.
[139] Vgl. Anm. 69, S. 71.

seit 1657 zu einem Mittelpunkt der Orgelbaukunst in bayr. Ostschwaben; er hat vor allem im Ries und in Ostschwaben beiderseits der Donau viel gearbeitet[140].
1687 wird er zur Beratung wegen Abstellung der Mängel an der Stiftskirchenorgel in *Stuttgart*[141] schriftlich eingeladen. (1688 Neubau mit 33 Registern für die Hl. Kreuzkirche in *Schwäb. Gmünd*[142].) Abb. 10 S. 87

Die Vertreter der Orgelbauerfamilie ALLGAYER (ALLGAIER, ALLGEYER) aus dem Territorium der Fürstpropstei Ellwangen sind schwer auseinander zu halten; sie hatten ihren Wohnsitz meist in Hofen bei Ellwangen oder in Wasseralfingen, das längere Zeit zur Propstei Ellwangen gehörte. Sie arbeiteten meist auch in Gemeinden des geistlichen Gebiets, nur selten im „Ausland", d. h. im benachbarten Württemberg. Ihre Kenntnisse und Fähigkeiten waren unterschiedlich. Als ihren gemeinsamen Stammvater vermutet man JOHANNES GEORG ALLGAYER, „Organarius"[143] aus Neunstadt bei Ellwangen, der 1698 heiratete. Sein Sohn JOHANNES, geb. 1712, später „organum artifice" in Hofen, zog für längere Zeit nach Wasseralfingen, starb aber 1782 in Hofen; ein anderer Sohn, JOSEPH, wohnte in Wasseralfingen.

ALLGAYER, JOH. GEORG. Orgelmacher aus Hofen, wohl der oben genannte Stammvater, auch der bedeutendste von allen; er arbeitete mehrmals mit Erfolg im nahen Württemberg. Neubauten: 1701/02 anstelle einer abgängigen achtregistrigen, an einer feuchten Wand stehenden Orgel eine neue mit 10 Registern für die Stadtkirche *Heubach*[144] [Disp. 6]; Kosten: 140 fl und die alte Orgel, ein Preis, um den sie der damalige Stuttgarter Hoforgelmacher JOH. WÜRTH nicht herstellen konnte. Die Stadtväter mußten scharfen Tadel hinnehmen, weil sie einen „ausländischen Orgelmacher" ohne vorher eingeholte Genehmigung verdingt hatten. (1704 für die Johanniskirche in *Crailsheim*, die der Orgelmacher anstelle von CHRISTOPH LEO aus Augsburg fertigen durfte; 1706 für St. Dionysius in der Reichsstadt *Esslingen*[145] um 800 fl mit 20 Registern, Vogelsang und Tremulant.) 1710 für die Pfarrkirche *Königsbronn*. (Um 1711 für die 1709 ausgebrannte Wallfahrtskirche *Schönenberg* bei Ellwangen mit 14 Registern [Disp. 8]. Um diese Zeit Orgel für *Ellrichshausen*.) 1717 um 137 fl mit 7 Registern (ohne Pedal) für *Seißen* bei Ulm[146] [Disp. 9]; 1721 für *Sontheim* (Brenz).

ALLGAYER, JOH. BAPTIST. Orgelmacher aus Wasseralfingen.
Neubauten: 1738 für *Hemmingen* bei Leonberg[147]. (1752 mit 6 Registern für *Altenmünster* bei Crailsheim, Gehäuse erhalten; 1758 mit 6 Registern um 90 fl für *Unterriffingen* bei Ellwangen.)

---

[140] Frdl. Mitt. von Dr. A. LAYER, Dillingen.
[141] LkASt, A 29, Nr. 4416.
[142] *Beschreibung des Oberamts Schwäb. Gmünd*, herausgeg. vom Statist. Landesamt Stuttgart, 1870, S. 186.
[143] Über Orgelmacher namens ALLGAYER (oder ähnlich) und ihre Orgelneubauten vgl. Anm. 138, S. 325–335.
[144] Wie Anm. 138, S. 333.
[145] Wie Anm. 1, S. 65.
[146] HStASt, A 288, Nr. 776.
[147] *Beschreibung des Oberamts Leonberg*, Stuttgart 1930, S. 817.

ALLGEYER, JOSEPH. Orgelmacher aus Hofen.
Er soll für *Unterkochen* eine „wenig brauchbare" Orgel mit 12 Registern um 422 fl geliefert haben, die der in *Oberkochen* arbeitende JOH. HOTTMANN[148] (irrtümlich HÖTMANN genannt) aus Grunbach im Remstal instandsetzte.

ALLGEYER, JOSEPH. Orgelmacher aus Wasseralfingen.
(1769 Neubau verdingt für *Röhlingen* bei Ellwangen mit 10 Registern um 230 fl und die alte Orgel.) – Seine zwei Söhne JOHANNES und FRANZ wurden ebenfalls Orgelmacher.

ALLGAYER, BALTHASAR und JOSEF. Orgelmacher aus Wasseralfingen.
(Sie reparieren und stimmen 1731 und 1741 die Orgel der kath. Collegiats-Stiftskirche in *Wiesensteig*[149].)

Außerdem hört man 1791 noch von JOSEPH NIKOLAUS und BENEDIKT ALLGEYER, beide Orgelmacher in Wasseralfingen.

WIEGLEB, JOH. CHRISTOPH. Orgelmacher aus Wilhermsdorf[150].
(1722 Neubau für die Stadtkirche *Gaildorf*[151], abgebrannt vom 19. auf 20. Januar 1868.)

Aus nördlichen grenznahen Gebieten kamen:

EBERTH, JOH. MATTHÄUS. Orgelmacher aus Erlangen.
Neubau: 1751 um 325 fl für *Sersheim*. – Reparaturen: *Siglingen*, (*Künzelsau*). Orgelversetzung in *Gerlingen* bei Leonberg.

EHRLICH, JOH. ANTON. Orgelmacher in Mergentheim. Sohn des Orgelmachers JOH. ADAM EHRLICH aus Wachbach bei Mergentheim.
(Nach 1775 erneuert und vergrößert er die große Orgel der Stiftskirche in *Ellwangen*[152] um 4 Register: Salicional, Biffara, Quintatön und Violonbaß, dazu neues Klavier, Gehäuse u. a. – Diese Kirche hatte 1737 eine Barockorgel von einem noch unbekannten Meister erhalten[153].)

---

[148] Wie Anm. 1, S. 211.

[149] HStASt, F 49, Nr. 218. – Die Collegiatstiftskirche erhielt 1680 eine Orgel mit 12 Registern von Orgelmacher FRANZ FREUNDEN zu Rottenburg um 586 $^1/_2$ fl; in der tiefsten Oktave fehlten Cis, Dis, Fis, Gis. Nach dem Brand von 1648 wurde die alte Orgel nur notdürftig hergestellt. 1825 reparierte FRIEDRICH GOLL aus Weilheim a. d. T. die Orgel von 1680; sie wurde 1850 durch eine neue mit 24 Registern um 4 327 fl von CARL G. WEIGLE aus Stuttgart ersetzt. Eine kleine Tragorgel (für Prozessionen) mit 5 Registern wurde meist zusammen mit der großen Orgel gestimmt.

[150] Vgl. Anm. 123.

[151] LkASt, A 29, Nr. 1390.

[152] Wie Anm. 138, S. 323–325.

[153] Die in Ellwanger Kirchen im 16. Jahrhundert arbeitenden Orgelbauer: 1530, 1536 GILG TAIGLIN aus Ravensburg; 1536 Organist BENEDIKT KLOTZ aus Dinkelsbühl; 1575 Organist BISCHOF (wie Anm. 138, S. 323).

GRAF, CARL. Orgelmacher in Mosbach.
Reparaturen (u. a.): 1798 in *Kochersteinsfeld*, später in *Beilstein, Gronau, Weinsberg, Groß-* und *Kleinsachsenheim, Hessigheim, Erligheim, Metterzimmern,* 1804 in *Markgröningen.* Der Kirchenrat äußerte anläßlich seiner Inanspruchnahme in Beilstein und Gronau: ,,Es gäbe auch gute Orgelmacher in der Nachbarschaft, [...] welchen ein solcher Verdienst doch vorzüglich zu gönnen wäre"[154].

## ANHANG

## DISPOSITIONEN UND KURZNACHRICHTEN ZUR GESCHICHTE EINZELNER WÜRTTEMBERGISCHER ORGELN

1. **Bebenhausen,** ehem. Klosterkirche (Kloster 1535 aufgehoben, 1560–1807 ev. Klosterschule, dann königliches Jagdschloß)

JAKOB GANSSER (Cannstatt), Akkord 1622

| | | | |
|---|---|---|---|
| 1. Principal | 8' | | |
| 2. Gedeckt | 4' | so diesem an der Stimme gleich lautend [8'] | alles von |
| 3. Posaunen | | in der gleichen Tiefe [8'] | Holzwerk |
| 4. Quint | | | |
| 5. Principal | 4' | ohne den Fuß, welches an dem Gesicht stehet | |
| 6. Superoctav | | | von Zinn |
| 7. Mixtur 4fach | | | |

Abt MAGIRUS: ,,Wir haben JAKOB GANSSER, Burger zu Cannstatt, welcher mit Verfertigung dergleichen Orgelwerk allbereit anderer Orten gute Proben getan, vor uns gefordert, um sein Bedenken zu vernehmen, in was Größe und mit wieviel Register angedeutetes Werk in genauesten Kosten gemacht werden könnte." GANSSER will die Orgel des Handwerkszeugs und der Materialien wegen in Cannstatt um 650 fl verfertigen, bei Transport auf Kosten des Klosters. Wenn es auch hohe Kosten verursache, es sei aber zur Ehre Gottes, und man erwarte herzogliche Resolution, ob damit fürgefahren (= angefangen) werde. ,,Dieses Werk auf JAKOB GANSSERS Costen von Zinn, eichen u. thännin Holz, Clavier, Leim, Leder, Pergament, Mössing und Eisendraht, eisen Winkelhaken u. Schraufen zu guter Währschaft und wie es bei der Kirche wohl ansteht, zu machen (dieweil die Materialia bei dem Kloster nicht zugegen)" sei in sechs Wochen Lieferzeit bei GANSSER in Cannstatt abzuholen; die Orgel soll in die Chorkirche kommen. Ob die Überschläge samt denen der Handwerker zu moderieren seien, sollen der herzogliche Baumeister HEINRICH SCHICKHARDT u. der blinde Orgelmacher CONRAD SCHOTT nachprüfen. – GANSSER werden auf sein Bitten 4 Scheffel Dinkel bewilligt, weil er ,,aus Mangel der Früchte" auf dem Markt oder bei Bauersleuten nichts bekommen könne, ihn aber ,,zur Beförderung des Werks" brauche.
Gutachten von SCHICKHARDT und SCHOTT vom 26. 4. 1623: Die Register 1–3 sind von Eichenholz, Register 4 ist aus dünnem Holz, die Register 5–7 sind von Zinn. Der Orgelmacher ,,darf sich keines Gewinns getrösten", weil alles sehr hoch im Preis stehe; auch wollten manche Materiallieferanten nicht mit Geld, sondern mit Frucht bezahlt werden. SCHICKHARDT wünscht

---

[154] Wie Anm. 1, S. 210.

Aufstellung der Orgel auf der Empore, was aber „in dieser schweren Zeit" eine Preiserhöhung um 100 fl nach sich ziehe. Kommissare der Tübinger Universität schlagen deshalb Aufstellung an einem anderen Ort vor.

[HStASt: A 284, Bebenhausen, G. V., Bü. 172]

2. **Neresheim,** Klosterkirche

MATTHÄUS MAURER (Giengen a. d. Brenz). Disposition lt. Vertrag vom 1. 3. 1627

„I. HAUBTWERCKH

| | | |
|---|---|---|
| 1. Ain Principal von guetem Rainem Zin, ins gesicht. | Von | 8. Fießen. |
| 2. Coppel oder Grobgedeckht | uf | 8. Fieß. |
| 3. Quintaden oder Hiltzin Principal enger Mansur | von | 8. Fießen. |
| 4. Spitz- oder Spillfleta | von | 4. Fieß. |
| 5. Octav: | uff | 4. Fieß. |
| 6. Quintfleta | uf | 3. Fieß. |
| 7. Rauschfleta | uf | 2. Fieß. |
| 8. Mixtur 6fach. | | |
| 9. Zimbal 2fach. | | |
| 10. Vagat oder Pusaunen | | 8. Fieß. |

II. PEDAL:

| | | |
|---|---|---|
| 11. Subbas offen von Holz | von | 16. Fieß. |
| 12. Pusaunen starckh | von | 8. Fieß. |

III. In das RUGKH POSITIV:

| | | |
|---|---|---|
| 13. Principal | von | 4. Fieß. |
| 14. Quintadena | von | 8. Fieß. |
| 15. Klaine Coppel Fleta | | 4. Fieß. |
| 16. Octav. | | |
| 17. Suberquint. | | |
| 18. Cromhörnner | uf | 8. Fieß. |
| 19. Tremulant. | | |
| 20. Vogelgesang. | | |
| 21. Heerbaugkhen. | | |

Für solches Werckh gerecht, wehrhafft, bestendig und uf der Kunst erfahrene zue probieren, zue besehen solle mehr Ermeltem Orgelmacher, an guetem gangbaren Reichs Sorten, für alles geraicht und bezalt werden Aintausent dreyhundert Gulden, das alte Orgelwerckh, 1/2 Viertel Brenholtz, Sechs Malter Keren, drey Nöreßhaimische Aimerlen mit Weins [...] Geschehen in gedachtem Gotßhaus Nöresheim den elfften Monats Tag Martij des aintausent sechs hundert siben und zwaintzigsten Jahrs."

[Fürstl. Thurn und Taxisches Zentralarchiv Regensburg, Orgelbauvertrag Neresheim. Vgl. auch P. PAULUS WEISSENBERGER, *Die Baugeschichte der Abtei Neresheim*, 1934, und HANS WULZ, *Orgelmacher aus Giengen a. d. Brenz*, in: Alt-Württemberg, Heimatgeschichtliche Blätter des Göppinger IWZ, 10 (1964), Nr. 7.]

---

15. *München*, Deutsches Museum. Positiv von NICOLAUS FRANZISCUS LAMPRECHT, 1693.

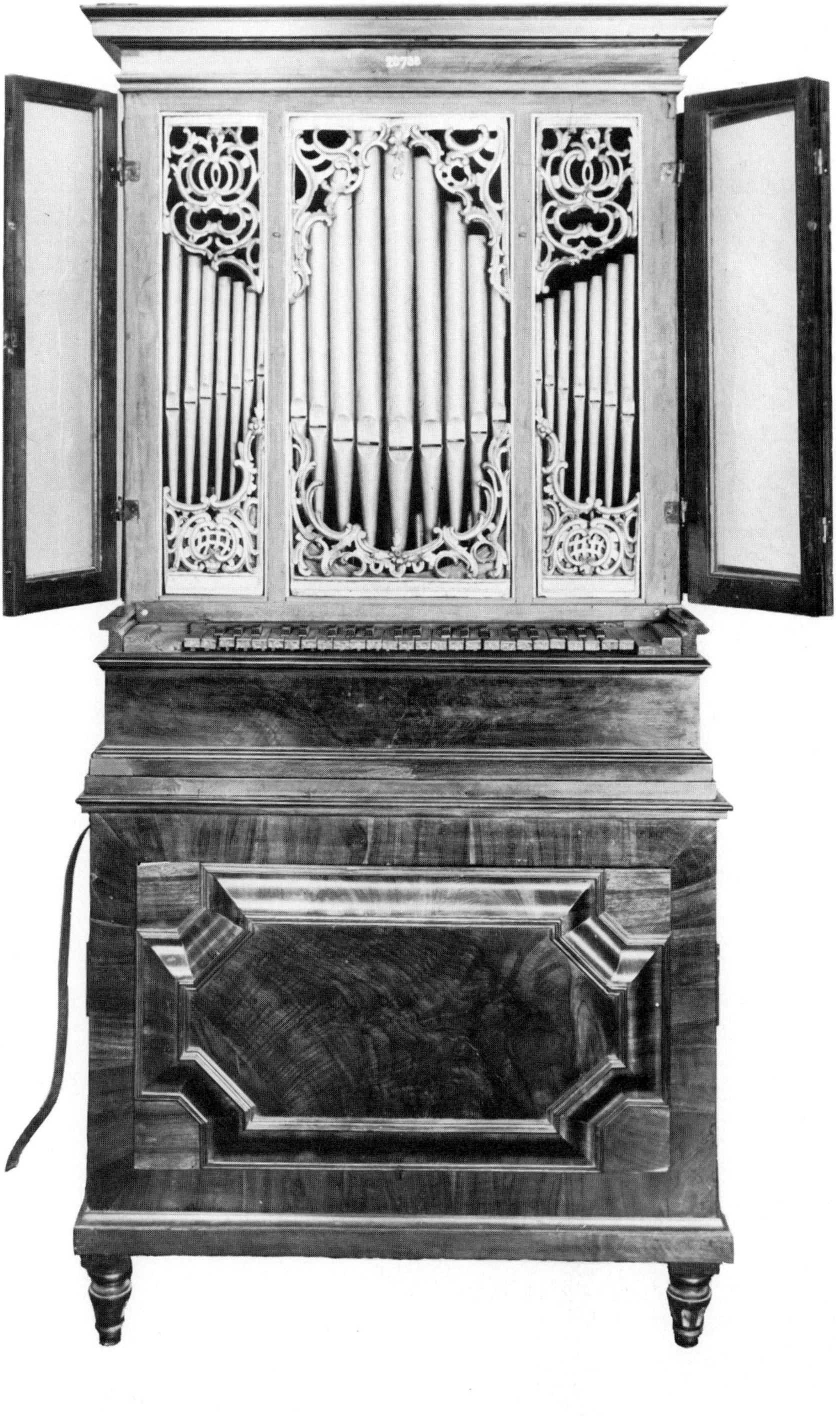

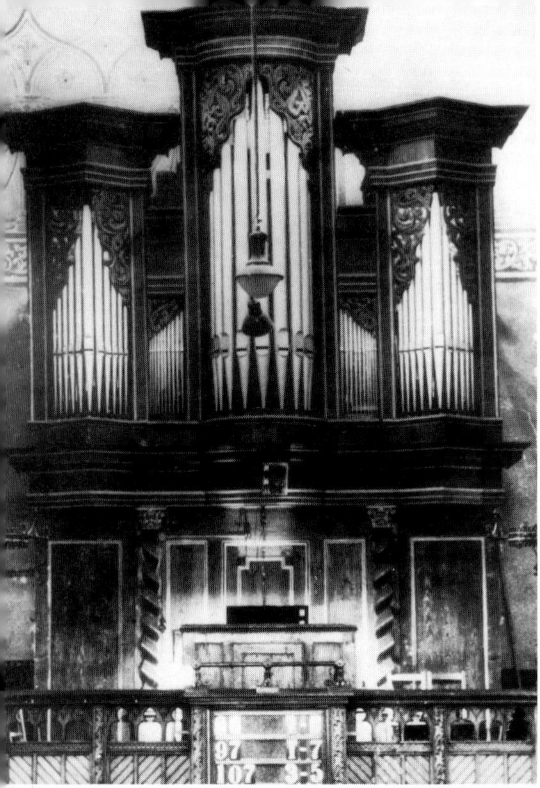
97 1-7
107 9-5

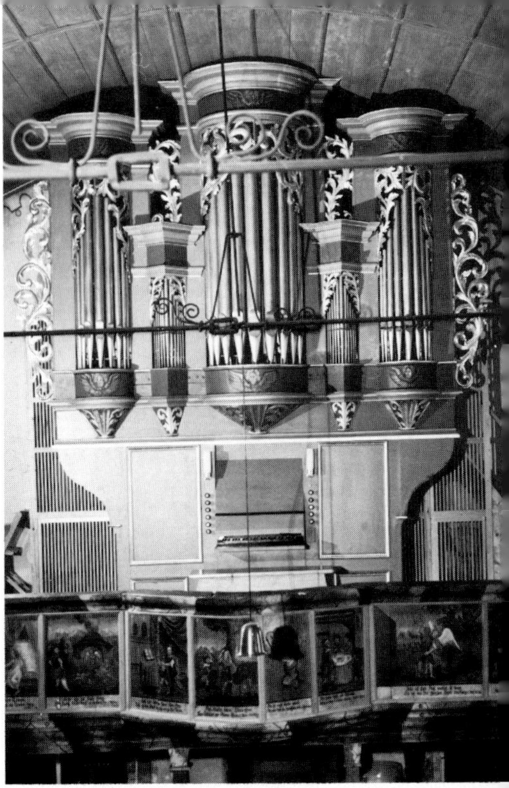

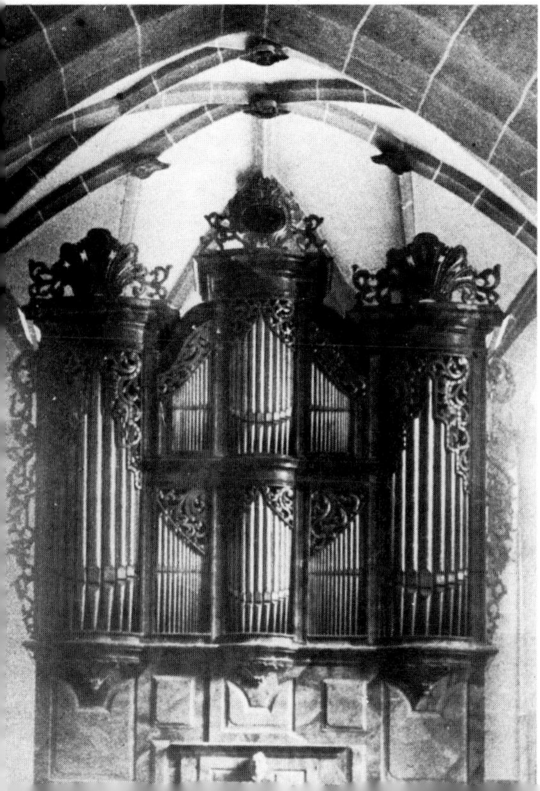

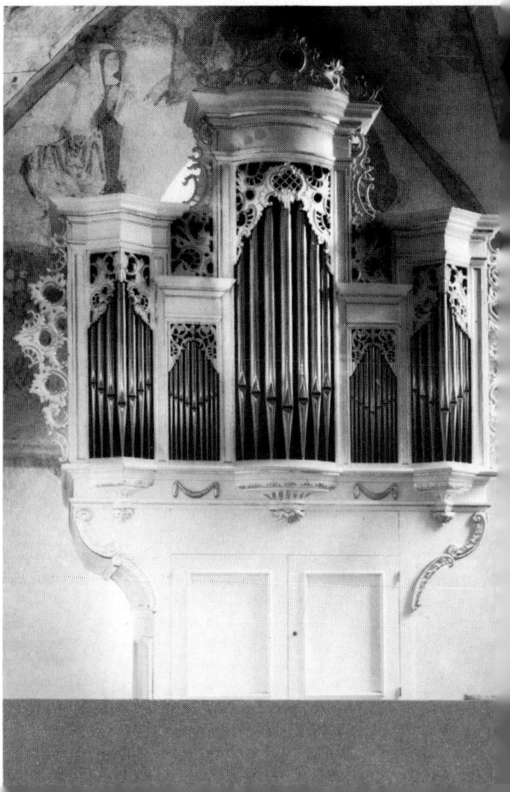

1515/16: Erste Orgel in der Klosterkirche von ANDREAS LINK (Giengen a. d. Brenz).
1780: Neue Orgel durch JOSEPH HÖSS um 2 000 fl.
1792: Orgelvertrag für neue Hauptorgel (52) um 9 000 fl. mit JOH. NEPOMUK HOLZHAY; erbaut 1796/97.
1837/38: Orgelumbau durch J. M. SCHULTES in Ellwangen.
1928/30: Erneuerung der Westorgel durch GEBR. SPÄTH, Ennetach-Mengen
1949: Neue Chororgel (26) von G. F. STEINMEYER (Oettingen).

## 3. Stuttgart, ev. Stiftskirche

JOH. GEORG EHEMANN (Stuttgart), unter Mithilfe von JOH. JAKOB FESENBECKH, 1668/69

| MANUAL | | PEDAL | |
|---|---|---|---|
| 1. Subbaß | 16′ | 12. Subbaß | 16′ |
| 2. Principal | 8′ | 13. Principal | 8′ |
| 3. Coppel | 8′ | 14. Fagott | 16′ |
| 4. Quintindenen | 8′ | 15. Posaunen | 8′ |
| 5. Posaunen | 8′ | | |
| 6. Octav, von Blei | 4′ | | |
| 7. Spitzflöten | 4′ | | |
| 8. Quint | 3′ | | |
| 9. Mixtur 6fach | | | |
| 10. Doppelte Zimbel | 2′ [?] | | |
| 11. Octav | 2′ | | |

1381: Erste Orgel dieser Kirche erstellt. Sie war die erste Orgel der Grafschaft Württemberg und 180 Jahre lang die einzige Kirchenorgel Stuttgarts.
1580: Generalrenovierung durch den Stiftsmesner und Orgelmacher MICHAEL SCHMIED. Der Akkord ist noch vorhanden.
16./17. Jh.: Disposition: Principal, Diskant, Gedäckt, Mixtur 5- und 6fach, Cimbel 2fach, Octav, Superoctav – Subbaß, Posaunen (diese beiden 1580 hinzugekommen).
1614: Der blinde Orgelmacher CONRAD SCHOTT und sein Gehilfe JAKOB GANSSER beginnen mit einem Neubau von 24 Registern. Nach Ausbruch des 30jährigen Krieges unterbleibt jedoch die Fertigstellung.
1632: Orgelmacher HANS GEORG HELLER (Stuttgart) repariert die alte Orgel, welche „die Papisten hernach verderbt und verwüstet haben". Er nimmt 1634 eine weitere Reparatur vor.
1668/69: Neue Orgel von EHEMANN (s. oben). Man erwartet nun eine Besserung von Figuralmusik und Choralgesang, die „sehr unordentlich und übelständig" waren.
1687: Orgelmacher PAUL PRESCHER aus Nördlingen wird wegen aufgetretener Mängel „consultiert".
1694: Das wohl im 17. Jahrhundert gefertigte Rückpositiv wird von JOH. MICHAEL

---

16. Oben links: *Vaihingen* a. d. Enz, Stadtkirche. NIKOLAUS FRANZISCUS LAMPRECHT, 1712/13. Gehäuse heute vergrößert.
17. Oben rechts: *Weiler* a. d. Zaber (ursprünglich in Bönnigheim). FRIEDRICH PHILIPP WIEGLEB, 1730.
18. Unten links: *Blaubeuren*, Stadtkirche. JOH. CARL SIGMUND HAUSDÖRFFER, 1754/55. Um 1902 abgebrochen.
19. Unten rechts: *Strümpfelbach*. JOH. ANDREAS GOLL, 1796.

SCHMAHL (statt durch den erkrankten JOH. CHRISTOPH HARTMANN aus Nürtingen) repariert.

1769 und 1791: Reparaturen durch JOH. JAKOB WEINMAR sen. (Bondorf).

1807–1811: Aufstellung der von JOSEPH MARTIN (Hayingen) gefertigten großen Orgel der Benediktiner-Reichsabtei *Zwiefalten* (IV/64, 4 Coppelzüge, 6372 Pfeifen).

19. Jh.: Vergrößerung der Orgel in mehreren Etappen (u. a. Zubau einer zweiten Pedalklaviatur).

1944: Zerstörung durch Bombardierung.

[LkASt: A 29, Nr. 4416 und E 202, Nr. 1884]

Abb. 9
S. 78

## 4. Bad Teinach

JOH. JAKOB FESENBECKH, 1680

| | | |
|---|---|---|
| 1. Principal | 3. Quint | 5. Copel v. Holz |
| 2. Oktav | 4. Mixtur 3fach | 6. Flöten |

„Anno 1693 die Orgel von den Franzosen übel ruiniert"; 1708 durch EBERHARD VISCHER in Tübingen Pfeifen u. Blasbälge um 50 fl hergestellt. 1848 neue Orgel mit 10 Registern durch JOH. HEINRICH SCHÄFER aus Heilbronn.

[HStASt: A 333, Nr. 28 – LKASt: A 29, Nr. 4584 und Nr. 4590]

## 5. **Wildberg** (Kr. Calw), ev. Stadtkirche

EBERHARD FISCHER aus Herrenberg, Orgelakkord 1700

| | | | |
|---|---|---|---|
| 1. Principal | 4′ von Zinn | | |
| 2. Rauschquint | 3′ | ,, | |
| 3. Oktav | 2′ | ,, | |
| 4. Sesquialtra | | ,, | 1 Tremulant |
| 5. Mixtur 3fach | | ,, | 1 Windventill mit Reg. |
| 6. Copel | 8′ von Holz | | 1 Manualclavier mit ganzer Oktave |
| 7. Flöte | 4′ | ,, | 1 Pedal, ohne Pfeifen, ans Manual angehängt. |

Kosten: 285 fl. Mit Einsetzung des Orgelwerks wurden 17 Tage zugebracht. Unterer Corpus 6 Schuh hoch, 7 breit, 3 tief; oberer Corpus mit Pfeifen 8 x 7 x 3 Schuh; 2 geschnitzte Blindflügel, 3 geschnitzte Auszüge, 4 Gesprenge vor den Pfeifen; Wappen von Württemberg und der Stadt Wildberg am oberen Corpus; 6 rindslederne Riemen für die Blasbälge.

1615 erste Orgel: gebrauchte Orgel von *Vaihingen* a. d. Enz (1521 erbaut) um 98 Pfund Heller erkauft.

1616 Kircheninneres erneuert; die Orgel erhält einen Anstrich und wird von einem Tübinger Orgelmacher gestimmt.

Ab 1636 schweigt die Orgel für einige Jahre, weil „kein Organist vorhanden"; die Reparaturen in späterer Zeit führen Handwerker der Stadt unter Aufsicht des Organisten aus.

1722 Orgelversetzung in den Chor unter Organist J. G. STRITZLE.

1772 neue Orgel mit 12 Registern, darunter 4fache Mixtur u. 3fache Zimbel, mit Pedal und 3 Blasbälgen von JOH. JAKOB WEINMAR erbaut, nach Kirchenneubau aufgestellt; genaue Disposition nicht bekannt.

1859 Orgelerneuerung durch CHR. LUDWIG GOLL (Kirchheim u. T.).

[HStASt: A 573, Nr. 2966 – LkASt: A 29, Nr. 5209]

## 6. Heubach (Württ.), ev. Stadtkirche

JOHANNES GEORG ALLGAIER, 1701/02

| | | | | |
|---|---|---|---|---|
| 1. Prinzipal | von | 8' | aus Zinn | |
| 2. Koppel | ,, | 8' | mit Holz gedeckt | |
| 3. Flöte | ,, | 4' | von Holz, gedackt | |
| 4. Oktav | | 4' | von Zinn | |
| 5. Superoktav | | 2' | ,, | ,, |
| 6. Quint | | $1^{1}/_{2}'$ | ,, | ,, |
| 7. Mixtur 3fach | | 2' | ,, | ,, |
| 8. Viol di Gamba | | 8' | als 3 Oktaven von Zinn | |
| 9. Subbaß | | 16' | gedackt, von Holz | |
| 10. Prinzipal | | 8' | von Holz, offen | |

Item 3 große Blasbälge; einen sauberen Kasten samt Zierat, dem Abriß gemäß, samt einem ganzen Klavier und einem besonderen Ventil, in das Pedal zu tractieren. Die Orgel soll auf Ostern 1702 fertig sein.

[Abgedruckt bei ERNST HÄUSSINGER, *Orgelbau im Gebiet der Fürstpropstei Ellwangen;* in: Ellwanger Jahrbuch XXIII, 1969/70, S. 333.]

## 7. Vaihingen a. d. Enz, ev. Stadtkirche

Abb. 16
S. 98

NIKOLAUS FRANZISCUS LAMPRECHT, 1712/13

| MANUAL (C, D–c³) | | PEDAL (C, D–g) | |
|---|---|---|---|
| 1. Principal | 8' | 10. Violon | 16' |
| 2. Principalflöte | 8' | 11. Oktavbaß | 8' |
| 3. Gedackt | 8' | Leerschleife | |
| 4. Octav | 4' | | |
| 5. Spitzflöte | 4' | Ventilkoppel, Tremulant, Vocator | |
| 6. Superoctav | 2' | | |
| 7. Sesquialter 2fach | | Kosten: Der Orgelmacher verlangt anstatt 700 fl nur 500 fl. Mit dem Orgelmacher arbeitet sein Sohn GEORG MICHAEL. | |
| 8. Cimbel 2fach | | | |
| 9. Mixtur 4fach | | | |

1521: Erste Orgel („neu und kostspielig") für die Stadtkirche.
1612: Reparatur durch JAKOB GANSSER.
1618: Beim zweiten Stadtbrand brannte die Kirche vollständig aus; die Orgelpfeifen konnten „aus dem Feuer gezogen werden".
1619: Zweite Orgel durch JAKOB GANSSER errichtet.
1693: Bei der französischen Invasion wurde die Stadt mitsamt der Kirche bis auf 20 Häuser vollständig in Schutt und Asche gelegt, auch die Orgel ging unter.
1712/13: Neue Orgel von N. F. LAMPRECHT (s. o.).
1818: Orgelmacher CARL BRÖTLER (Vaihingen) reinigt die Orgel.
1847: Im November Reinigung und Stimmung durch FRIEDRICH RUF (aus Waldsee gebürtig).
1848: E. F. WALCKER (Ludwigsburg) repariert die Orgel und verändert 2 Register, Kosten: 153 fl.
1877: CARL SCHÄFER (Heilbronn) baut die Orgel um, fügt 3 Register und ein zweites Manual mit 4 Registern bei.

[Akten der Kirchenpflege Vaihingen (Enz)]

8. Wallfahrtskirche **Schönenberg** b. Ellwangen

JOHANNES GEORG ALLGAIER, um 1714

| | | |
|---|---|---|
| 1. Mixtur | 6. Prinzipal | 11. Quintatön |
| 2. Quint | 7. Copula | 12. Pedal Oktav |
| 3. Oktav | 8. Sedec | 13. Holz Prinzipal |
| 4. Flöten | 9. Super Oktav | 14. Sub Baß |
| 5. Viola da Gamba | 10. Spitzflötlein | |

1747 wird die Orgel durch JOSEPH ALLGEYER aus Wasseralfingen umgebaut und vom höheren Kornetton zum tieferen Chorton umgestimmt; „denn sonst es mit der Musik [Vokalchor und Instrumente] beschwerlich sei, darauf fortzukommen".

Jedes Register soll zwei neue Pfeifen erhalten: das große C und das mittlere C. Die Mixtur 5fach ist mit 10 Pfeifen zu „komplementieren"; mithin 24 neue Pfeifen von Zinn und 12 von Holz. Akkordsumme: 248 fl 12½ kr. Nächste Ausbesserung 1779 fällig; JOSEPH ALLGEYER soll sie zusammen mit einem Tagelöhner in einem Zeitraum von vier Wochen vornehmen.

[ERNST HÄUSSINGER, *Orgelbau im Gebiet der Fürstpropstei Ellwangen;* in: Ellwanger Jahrbuch XXIII, 1969/70, S. 325.]

9. **Seißen,** ev. Kirche

JOH. GEORG ALLGÄUER (Hofen), Akkord 1716, Ausführung 1717

| | | | | |
|---|---|---|---|---|
| 1. Principal | 4′ | 5. Flöt gedeckt | 2′ | [4′] |
| 2. Octav | 2′ | 6. Copel gedeckt | 4′ | [8′] |
| 3. Mixtur 3fach | 2′ | 7. Principal | 8′ | |
| 4. Quint offen | 1½′ | | | |

Kosten: 137 fl; sie sollen durch Sammlung bei den Bürgern, auch bei Knechten und Mägden, zusammengebracht werden. Auch der Überschuß an Fruchtvorrat soll verwendet werden.

Aufstellung: im Chor

1816: Reparatur durch ANDREAS GOLL (Weilheim a. d. T.) und seinen Sohn LUDWIG FRIEDRICH.
„Der Orgelmacher hat in hiesiger Nachbarschaft bereits Ruhm erworben, er hat um leidlichen Preis gute Werker verfertigt, auch auf Jahr und Tag Währschaft gegeben, hat vor etlich Jahren zu *Laichingen* die Orgel gestellt und unterhandelt zu *Schelklingen.*"

[HStASt: A 288, Nr. 776]

10. **Pfalzgrafenweiler,** ev. Kirche

BERNHARD HEINRICH FOMANN (Durlach), Orgelakkord 1737

| | | |
|---|---|---|
| 1. Principal | 4′ | von gutem Zinn |
| 2. Quint | 3′ | ,, Metall |
| 3. Octav | 2′ | ,, ,, |
| 4. Mixtur 3fach | 1′ | |
| 5. Coppel | 8′ | von Holz |
| 6. Flöten | 4′ | ,, ,, |
| 7. Quintaten | 8′ | ,, ,, |

samt einem Tremulanten 6/8 Takt, mit 2 Blasbälgen und Gehäuse um 175 fl. Es war die erste Orgel in der 1727 erweiterten Kirche, für die beim Herzog um Beisteuer gebeten wurde. FOMANN hielt sich damals längere Zeit in Schöckingen bei Leonberg auf; ,,kraft seiner in hiesiger benachbarter Revier teils neu gemachten, teils reparierten Orgel wegen, kann er gute Attesta vorweisen".
[HStASt: A 288, Nr. 1786]

## 11. **Sulz** a. N., ev. Stadtkirche

JOH. SIGMUND HAUSSDÖRFFER (Tübingen), 1742

| In das HAUPTWERK: | | | | POSITIV oder oberes Clavier: | | | |
|---|---|---|---|---|---|---|---|
| 1. Principal | 8' | ⎫ | | 10. Principal | 4' | ⎫ | |
| 2. Violdigamba | 8' | ⎪ | | 11. Quintatin | 8' | ⎪ | |
| 3. Gemshorn | 8' | ⎬ | v. engl. | 12. Spitzflöth | 4' | ⎬ | v. engl. |
| 4. Quint | 3' | ⎪ | Zinn | 13. Oktav | 2' | ⎪ | Zinn |
| 5. Octav | 4' | ⎪ | | 14. Cornet 3fach | 1' | ⎭ | |
| 6. Mixtur 4fach | 2' | ⎭ | | 15. Principal | 8' | | v. Holz |
| 7. Porton | 16' | ⎫ | | | | | |
| 8. Coppel | 8' | ⎬ | v. Holz | | | | |
| 9. Flaute | 4' | ⎭ | | | | | |

PEDAL: 16. Principalbaß  16' v. Holz
17. Posaunenbaß  16' ,,   ,, , alle Zungen v. Mössing
18. Octavbaß   8' ,,   ,,

4 Blasbälge, ,,Claves von Ebenholz, Semitonia von Helffenbein", Materialbeschaffung auf Kosten des Orgelmachers. Bildhauerarbeiten nach dem Riß, Transport des Handwerkszeugs auf einem fünfspännigen Wagen auf Gemeindekosten. Der Orgelmacher hat ,,das Logiament sich selbsten anzuschaffen". Preis 1200 fl.
Die alte Orgel ist abzubrechen und bis zum Gebrauch der neuen Orgel auf die alte Empore am Glockenturm zu stellen.

1604: Orgel mit 8 Registern erbaut.
1711 wurde die alte Orgel durch JOH. CHRISTOPH HERTZER (Schwäb. Gmünd) transloziert.
1742: Kirchenerweiterung mit Versetzung der Kirchenstühle und Kanzel. Anstelle der alten Orgel, die immer viel Reparaturkosten verursachte und ,,wegen der Älte nimmer in dauerhaftem brauchbarem Stand", wird eine neue gewünscht.
1897: Neue Orgel um 6600 M, erbaut durch Gebr. LINK (Giengen a. d. Brenz).
[HStASt: A 288, Nr. 5017]

## 12. **Nabern**, ev. Kirche

JOH. LUDWIG GOLL, 1743

1743: 4 Register: Kopal, Flöte, Octav, Quint.
1745: Zusätzlich: Principal 4', Mixtur 3fach, Oktav, Quint, Superoctav und ein Pedalreg. 8'.
1786: Orgel in den Chor versetzt.
1804 waren die Reg.: Principal 4', Octave 2', Quint 3', Mixtur 4fach, Quintatön, Koppel, Flöte, Principal 8' und Subbaß.

„Aber die Buben überschrieen die Orgel sooft der Pfarrer auch zu sanfterem Gesang mahnte"; denn lt. Eintrag im Kirchenkonventsprotokoll „liebt die Gemeinde den schreienden Gesang".

1855 wird ein Dolce und ein Salicional gestiftet.
1893 neue Orgel mit II/10 um 3100 Mark von C. L. GOLL (Kirchheim unter Teck):

| I. MANUAL | | II. MANUAL | |
|---|---|---|---|
| Principal | 8′ | Salicional | 8′ |
| Gamba | 8′ | Konzertflöte | 8′ |
| Gedeckt | 8′ | Dolce | 4′ |
| Oktav | 4′ | | |
| Mixtur 3fach | 2⅔′ | PEDAL | |
| | | Subbaß | 16′ |
| | | Violon | 8′ |

[LkASt: A 29, Nr. 3003]

### 13. Tieringen, ev. Kirche

JOH. MARTIN JETTER (Vöhringen), 1749

Disposition nach Kostenüberschlag vom 5. 1. 1857 von BLASIUS BRAUN:

| 1. Principal | 4′ | 5. Oktav | 2′ |
|---|---|---|---|
| 2. Flöte | 4′ | 6. Mixtur 3fach | 1½′ |
| 3. Koppel | 8′ | 7. Quint | 1½′ |
| 4. Principal | 8′ | | |

1792: Stimmung durch JOHANNES STROBEL (Frommern).
1850: Reparatur mit Erneuerung der Blasbälge durch BLASIUS BRAUN (Spaichingen) um 48 fl.
1857: Kostenüberschlag von BLASIUS BRAUN (jetzt in Balingen) betr. Orgelreparatur (67 fl) und Hinzubau eines Pedals (167 fl). Nur die Reparatur wird ausgeführt (Preis auf 53 fl reduziert).
1883: Reparatur „mit einem Aufwand von 60 bis 70 Mark".
1906: Neue Orgel (5 + 3 + 2 Reg.) im alten Gehäuse durch Gebr. LINK (Giengen).
1976: Neue Orgel (6 + 6 + 4 Reg.) im alten Gehäuse von Gebr. STEHLE (Haigerloch-Bittelbronn).

[HANS KÜMMEL, *Zur Geschichte der Orgel in der Tieringer Kirche*, 1976. Ms., vervielfältigt.]

### 14. Bad Liebenzell, ev. Stadtkirche

CHRISTIAN GOTTHILF HAUSSDÖRFFER (Tübingen), 1752

| MANUAL | | | |
|---|---|---|---|
| 1. Principal | 4′ | 7. Flöte gedeckt | 4′ |
| 2. Mixtur 4fach | | 8. Kuppel | 8′ |
| 3. Zimbel 2fach | | | |
| 4. Octav | 1′ | PEDAL | |
| 5. Octav | 2′ | 9. Subbaß | 16′ |
| 6. Quint | 3′ | 10. Oktavbaß | 8′ |

Kosten: 250 fl und 150 Stück 16schühige Bretter frei Haus nach Tübingen. Der Orgelmacher stellte viele Mängel an der alten Orgel fest, deren Beseitigung 150 fl erfordern würden. „Um in allhiesiger Revier in Kundschaft zu kommen", will er anstatt der alten mit 9 Registern eine neue mit 10 Registern ohntadelhaft fertigen. Die alte Orgel stand „zuhinterst im Chor", die neue muß weiter vorgerückt werden. Der Orgelrevident verlangt Stimmung im Kammeranstatt Chorton, statt der Register Nr. 3 und 4 ein gutes Quintatin 8′, bei Reg. Nr. 6 ist nicht deutlich, ob er gleich mit der rechten Quint anfängt, das Manual muß 49, das Pedal 25 Claves haben.

Um 1724: Gesuch wegen Orgelbau. Nach anderer Lesart soll schon vor 1700 durch JOH. JAKOB FESENBECKH die erste Orgel errichtet worden sein.
1731: „Die Orgel ist so elend und schlecht, daß mit derselben wohl nicht mehr fortzukommen ist ... das Gesang kann mit ihr nicht tractieret werden, worüber nicht allein der liebe Gott im Himmel ein Mißfallen haben dörffte, sondern auch die Badegäste, so hohen als niederen Standes in dem Gottesdienst verdrießlich werden." Liebenzell und fünf Filialen verstehen sich zu einem freiwilligen Beitrag von 40 fl.
1740: Die alte Orgel, die BERNHARD HEINRICH FOMANN aufrichtete, kam um 90 fl nach *Friolzheim*.
1752: Neubau durch CHRISTIAN GOTTHILF HAUSSDÖRFFER (s. o.).
1772: Reparatur durch JOH. CHRISTOPH HAGEMANN.
1848: Neue Orgel von JOH. HEINRICH SCHÄFER in Heilbronn um rund 3000 Mark.

[HStASt: A 284, Liebenzell, G. V. Bü. 51]

## 15. **Blaubeuren**, ev. Stadtkirche

Abb. 18
S. 98

JOH. SIGMUND HAUSSDÖRFFER, Akkord 7. 7. 1753, Ausführung 1754/55.

I. MANUAL
1. Principal       8′ von Zinn
2. Bourdon        16′ von Holz
3. Viole di Gambe   8 ,, gutem Metall
4. Großgedeckt     8′
5. Quintathön      8′ ,, Metall
6. Octav          4′ ,,
7. Solational      8′
8. Rohrflöte       4′ von Metall
9. Quinte         3′ ,,
10. Superoctav    2′ ,,
11. Mixtur 6fach C G C E G C detto
12. Cymbel 3fach CGC

II. MANUAL:
13. Principal      4′ v. engl. Zinn
14. Waldflöte      2′ v. Metall
15. Liebl. gedeckt  8′ v. Holz
16. Gemßhorn      4′ v. Metall
17. Quintathön     4′ ,,
18. Flute travere   4′ v. Holz

PEDAL
19. Principalbaß offen 16′ v. Holz
20. Gedeckter Baß  16′ ,,
21. Octav-Baß      8′ ,,
22. Violon-Baß, offen 16′ ,,

Die beiden Claviere müssen, und zwar jedes, vier ganze Oktaven oder 49 Claves haben, das untere Cis in sich schließen; die Stimmung soll im Chorton sein, das Pedal muß durch gedoppelte Ventile mit dem Manual zusammenhängen und zwei ganze Oktaven begreifen. Zu dem Werk kommen vier Blasbälge, 10 x 5 Schuh. Die Fußzahlen bei den Registern sind nach dem Leipziger Maßstab bestimmt, das Werk ist bis Michaelis (29. 9.) in Stand zu stellen. Der Orgelmacher gibt für alle Hauptfehler auf sein Lebtag Gewährschaft. Kosten: 1 400 fl. Die Transportkosten des neuen Orgelwerks, welches Herr HAUSSDÖRFFER in Esslingen [wo er die Orgel der Dionysiuskirche umbaute und erweiterte] verfertigte, übernimmt man vom hiesigen Publici; die Erweiterung der Orgelempore ist Incumbenz des Zimmermanns.
Das uralte verstümmelte Werk, welches abgekürzte Oktave bis hinunter zum F hat, was man schwerlich mehr im Land antrifft, hat nicht mehr als 6 nicht sonderlich penetrante Register.

Es steht zuhinterst im Chor und kann unter dem Gesang nicht durchdringen. Das Werk ist keine 50 fl mehr wert, ist ganz verstimmt u. völlig ruiniert, deshalb nicht mehr zu reparieren. Die Pfeifen sind verkrümmt u. verbogen u. nur noch zum Umgießen tauglich. Der Pfarrer zu Wippingen [b. Ulm] ist ein großer Organist und hat große Einsicht in die Orgel; mit dem Rat von Sachverständigen entwarf er die Disposition. Diese wurde an G. F. SCHMAHL in Ulm, an J. D. SPÄTH zu Faurndau und an HAUSSDÖRFFER zu Tübingen geschickt und jedem gemeldet, daß wir auch anderen Orgelmachern deswegen geschrieben hätten und der billigste den Auftrag bekäme. Da nun die ersten zwei teils 300, teils 500 fl mehr verlangen, haben wir HAUSSDÖRFFER vorgezogen, da er nicht nur wegen seiner Geschicklichkeit und Aufrichtigkeit und der Dauer seiner Werke, welche sonst die geschicktesten Meister durch allzugroße Sparsamkeit der Arbeit und Materialien hintansetzen, in vorzüglich guter Reputation stehet, mit diesem wir also mit gnädiger Erlaubnis den Akkord geschlossen. – Zu 2 Clavieren wollen wir nicht nur, weil es jetzt die Façon ist, als deswegen, weil diese zur Music, worunter besonders auch die Alumni in hiesiger ev. Klosterschule profitieren bei Absingung der Litanei und zu dem unterweilen vorkommenden *Te Deum laudamus*, da man mit dem Chor im Singen abwechselt, sehr bequem und vorteilhaft ist. – Dem allhiesigen Hospital, das sich in einem gesegneten Zustand befindet, obliegt die Erhaltung der Kirche und Orgel.

[Stadtarchiv Blaubeuren]

Diese Orgel stand bis 1902.

16. **Bondorf** (Kr. Böblingen)

JOHANNES WEINMAR, Akkord 1763

| MANUAL | | PEDAL | |
|---|---|---|---|
| 1. Principal | 8′ | 11. Posaunenbaß | 16′ |
| 2. Salicional | 8′ | 12. Subbaß | 16′ |
| 3. Piffera [ab f⁰] | 8′ | 13. Octavenbaß | 8′ |
| 4. Gemshorn | 4′ | | |
| 5. Octav | 4′ | Cimbelstern | |
| 6. Superoctav | 2′ | Pedalcuplung | |
| 7. Mixtur 4fach | | Tremulant | |
| 8. Cimbel 3fach | | | |
| 9. Flöt | 8′ | 784 Pfeifen | |
| 10. Großgedackt | 8′ | Kosten: 650 fl. | |

Die Gemeinde „ging schon vor mehr als 30 Jahren [ca. 1730] ernstlich mit Orgel um". Nun will sie nach Erweiterung ihrer Kirche eine neue Orgel, „die der allhiewohnende Orgelmacher JOH. WEINMAR aus Liebe zu seinem Geburtsort zu einem raisonablen Preis" fertigen will. Das Orgelgehäuse lieferte Bildschnitzer JOH. MARTIN STAIGER aus Rottenburg a. N. um 180 fl.

1877: Die Orgel ist „alt und abgängig"; sie wird repariert.
1893: Neue Orgel, für die Stiftungen gemacht sind. Sie wird von FRIEDRICH WEIGLE in Echterdingen b. Stuttgart um 5 250 Mark mit 16 klingenden Registern und röhrenpneumatischem System geliefert.
1973: Neue Orgel (II/19) von FRIEDRICH WEIGLE.
[HStASt: A 284 Nagold G. V. Bü. 4147 – LkASt: A 29, Nr. 621]

20. *Oberlenningen*. JOH. CARL SIGMUND HAUSSDÖRFFER, 1741.

528

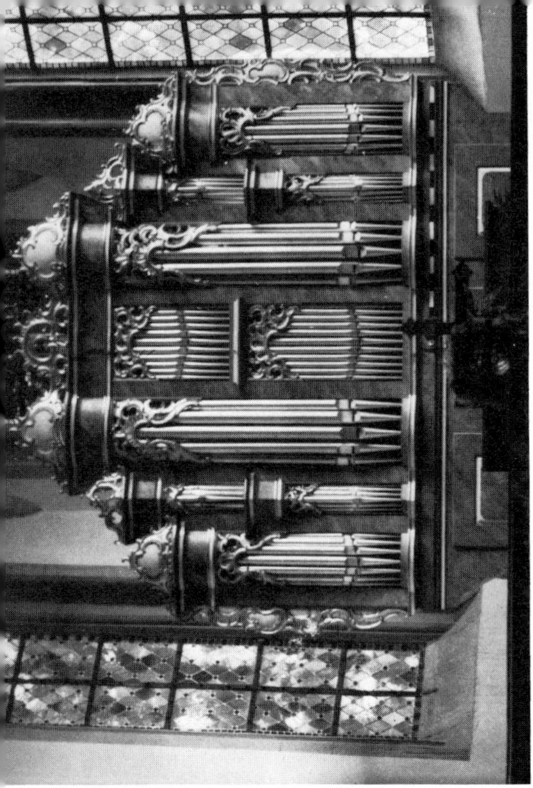
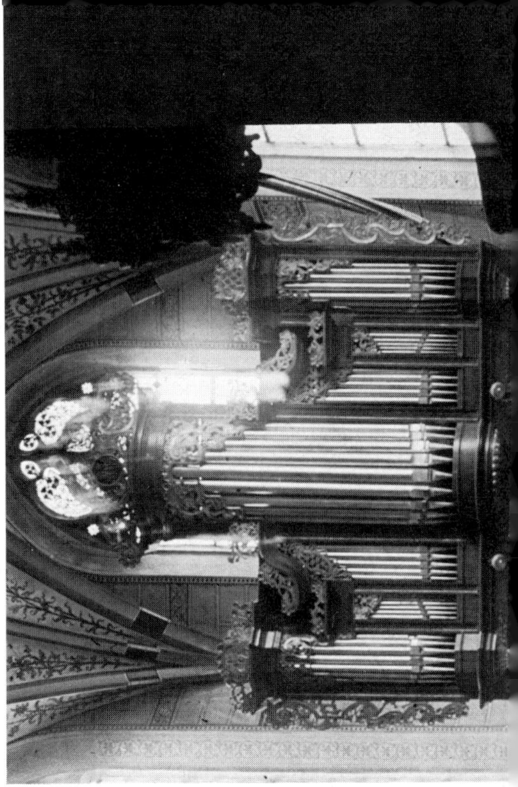
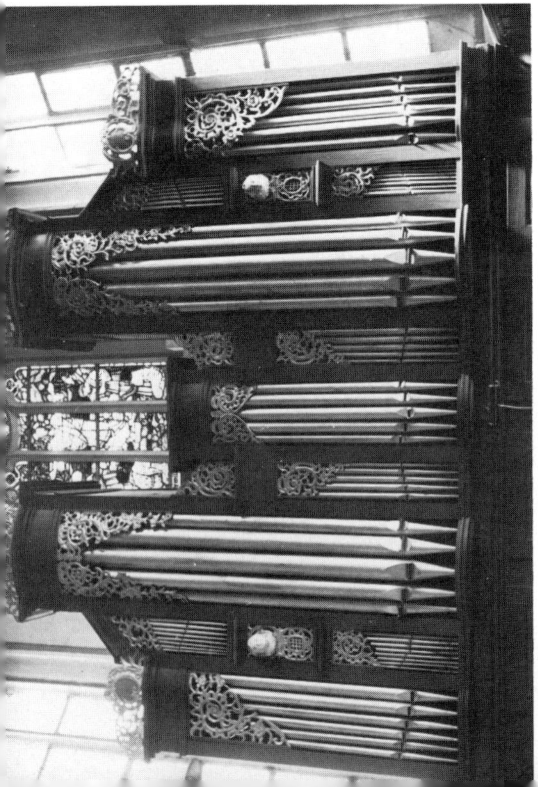
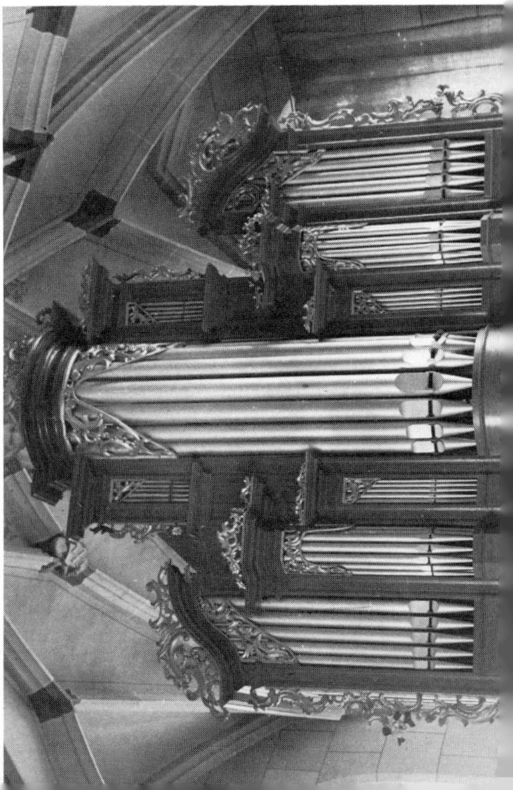

## 17. **Beihingen** a. N., ev. Kirche

JOHANNES WEINMAR (Bondorf), Akkord 22. 11. 1764
Disposition: Schulmeister KISTER (Beihingen), der dafür 15 fl erhielt.

MANUAL

| | | | | | | |
|---|---|---|---|---|---|---|
| 1. Principal | von englischem Zinn | | | 8′ | 120 fl | |
| 2. Viol di Gamba | ,, | ,, | ,, | 8′ | 90 fl | |
| 3. Quinta Ton | ,, | ,, | ,, | 8′ | 80 fl | |
| 4. Oktav | ,, | ,, | ,, | 4′ | 60 fl | |
| 5. Waldflöt Piffara | ,, | ,, | ,, | 2′ | 25 fl | von F anfangend |
| 6. Mixtur 5fach | ,, | ,, | ,, | 2′ | 40 fl | |
| 7. Groß Gedackht | ,, | Holz | | 8′ | 25 fl | |
| 8. Klein Gedackht | ,, | ,, | | 4′ | 18 fl | |

PEDAL

| | | | | |
|---|---|---|---|---|
| 9. Principal-Baß | von | Holz | 16′ | 30 fl |
| 10. Oktaven-Baß | ,, | ,, | 8′ | 18 fl |

Ins ober Clavier oder POSITIV

| | | | | | | |
|---|---|---|---|---|---|---|
| 11. Principal | von englischem Zinn | | | 4′ | 70 fl | |
| 12. Oktav | ,, | ,, | ,, | 2′ | 18 fl | |
| 13. Waldflöte | ,, | ,, | ,, | 2′ | 25 fl | |
| 14. Quintflöte | ,, | ,, | ,, | 1½′ | 12 fl | |
| 15. Flöt quint | ,, | Holz | | 2′ | 12 fl | |
| 16. gedackht Quint | ,, | ,, | | 4′ | 18 fl | |

Zwei Zimbelsterne, jeder mit vier Glöckchen  15 fl (Akkordklang:
Tremulans, das sanft schlägt und bebet, unberechnet   c e g c e)
Kupplung, sowohl zu den Clavieren als Pedal.

„Die Pedal-Bäße sollen weiter Mensur sein, damit selbige Bombeux und völlig klingen; sie sollen fein geschwinde sprechen, und die Labia sollen von festem Holz sein. Im Manual und Pedal durchaus das unterste Cis. Das Werk solle Kammer-Ton-mäßig gesetzt und gestimmt werden.
Zwei gekleidete Figuren, 3–3½ Fuß hoch, mit Blumenwerk, sollen zu einem beständigen, dauerhaften, pompeusen, zierlichen Orgelwerk auf des Orgelmachers Kosten gefertigt werden." Mit JOH. GEORG BENSSLER, Maler der Herzoglichen Porzellanmanufaktur in Ludwigsburg, wurde am 24. 7. 1766 ein Akkord über Bemalung und Vergoldung des Gehäuses geschlossen; Preis: 270 fl und 3 Imi Wein. Ausführung: Die Orgel „schön glänzend weiß", die Vergoldung „aus gutem Dukatengold".
Die Orgel wurde erstmalig am örtlichen Kirchweihtag, 28. 10. 1766 gespielt.
JOH. GEORG SPÄTH und JOH. DAVID SPÄTH aus Faurndau waren Mitbewerber.
Die WEINMAR-Orgel löste ein „altes, ruinöses und baufälliges Örgelein" ab, das 1699 mit 6 Registern von der Stadt *Besigheim* um 30 fl erworben worden war:

---

21. Oben links: *Mössingen*. EBERHARD FISCHER, 1733.
22. Oben rechts: *Gültstein*. JOH. JAKOB WEINMAR sen., 1786.
23. Unten links: *Entringen*. Begonnen von CHRISTIAN GOTTHILF HAUSSDÖRFFER, 1761, fertiggestellt von JOH. CHRISTOPH HAGEMANN.
24. Unten rechts: *Münsingen*, Stadtkirche. CHRISTIAN GOTTHILF HAUSSDÖRFFER, 1758/59.

| | | |
|---|---|---|
| 1. Principal | 4′ | von Zinn |
| 2. Oktav | 2′ | von Metall (½ Zinn, ½ Blei) |
| 3. Quinta | 2′ | ,,    ,, |
| 4. Gedact | 4′ | ,,    ,, |
| 5. Flöte | 2′ | ,,  Holz |
| 6. Mixtur 3fach | | |

Das alte Instrument wurde WEINMAR 1766 als Teilzahlung für die neue Orgel überlassen.
[Rathaus Beihingen, Kirchbauakten]

## 18. Balingen, ev. Stadtkirche

JOH. SIGMUND HAUSSDÖRFFER, Akkord: 18. 9. 1765, Ausführung 1768

### HAUPTWERK

| | | |
|---|---|---|
| 1. Principal | 8′ | von feinem engl. Zinn |
| 2. Viola di Gamba | 8′ | ,, Metall |
| 3. Salicional | 8′ | ,,    ,, |
| 4. Octav | 4′ | ,,    ,, |
| 5. Superoctav | 2′ | ,,    ,, |
| 6. Quint | 3′ | ,,    ,, |
| 7. Cimbel c, c² | 2′ | zweimal repetiert, von Metall |
| 8. Mixtur c g c g c | | ,,    ,,    ,,    ,, |
| 9. Offene Flöte | 4′ | von Holz |
| 10. Grob gedeckt | 8′ | ,,    ,, |
| 11. Portun | 16′ | ,,    ,, |

### BRUST-POSITIV

| | | |
|---|---|---|
| 12. Principal | 4′ | von feinem engl. Zinn |
| 13. Octav | 2′ | ,, Metall |
| 14. Cornet 3fach | 1′ | ,,    ,, |
| 15. Spitzflöte | 4′ | ,,    ,, |
| 16. Quintadena | 8′ | ,,    ,, |
| 17. Flaute travers | 8′ | ,, Holz |
| 18. Stillgedeckt | 8′ | ,,    ,, |

### PEDAL

| | | |
|---|---|---|
| 19. Principalbaß | 16′ | |
| 20. Violonbaß (mit metallen Labiis) | 16′ | von Holz |
| 21. Subbaß gedeckt | 16′ | |
| 22. Octavbaß offen | 8′ | |

J. S. HAUSSDÖRFFER starb während des Orgelbaus. Die Orgel wurde von seinem Schwiegersohn HANS RÜDIGER vollendet, der das Geschäft weiterführte. Schon während der Bauzeit scheinen einige Register geändert worden zu sein.

Um 1670: Neue Orgel von JOH. JAKOB FESENBECKH; sie wurde 1766 um 75 fl nach *Winterlingen* verkauft.
1768: Neubau durch HAUSSDÖRFFER (s. o.).

1778: Fassung des Orgelgehäuses durch drei Tiroler um 250 fl (alabasterweiß, das Laubwerk „glanzverguldet", Emporengeländer blau und rot marmoriert).
1781: Reparatur durch MATTHIAS GAUSS(ER) um 190 fl.
1786: Reparatur durch HANS RÜDIGER (Tübingen) um 160 fl.
1803: Reparatur durch „HAGEMANN und KNECHT" (Tübingen) um 170 fl.
1833: ANTON BRAUN ersetzt den Spielschrank durch einen freistehenden Spieltisch.
1864: Reparatur und Umbau durch BLASIUS BRAUN (Balingen).
1913/14: Neubau anläßlich der Kirchenrenovierung durch Gebr. LINK:

| I. MANUAL | | II. MANUAL | | PEDAL | |
|---|---|---|---|---|---|
| Principal | 16′ | Liebl. Gedackt | 16′ | Principalbaß | 16′ |
| Gedackt | 16′ | Bourdon | 16′ | Contrabaß | 16′ |
| Principal | 8′ | Principal | 8′ | Subbaß | 16′ |
| Gemshorn | 8′ | Konzertflöte | 8′ | Liebl. Gedacktbaß | 16′ |
| Doppelflöte | 8′ | Gamba | 8′ | Cello | 8′ |
| Salicional | 8′ | Äoline | 8′ | Posaunenbaß | 16′ |
| Fugara | 8′ | Vox coelestis | 8′ | | |
| Oktav | 4′ | Traversflöte | 4′ | | |
| Rohrflöte | 4′ | Fugara | 4′ | | |
| Dolce | 4′ | Flautino | 2′ | | |
| Oktav | 2′ | Kornett | 8′ | | |
| Mixtur | 2⅔′ | Oboe | 8′ | | |
| Trompete | 8′ | | | | |

1934, 1942 und 1948 weitere Umbauten.
1973: Umbau durch FRIEDRICH WEIGLE (Echterdingen).

[Stadtarchiv Balingen]

## 19. **Horrheim**, ev. Kirche

PHILIPP HEINRICH HASENMAIER (Schwäbisch Hall), 1768

| MANUAL (C–c³) | | PEDAL (C–g⁰) | |
|---|---|---|---|
| 1. Principal | 8′ | 12. Subbaß | 16′ |
| 2. Quintatön | 8′ | 13. Octavbaß | 8′ |
| 3. Viola di Gamba | 8′ | 14. Fagott | 8′ |
| 4. Salicional | 8′ | | |
| 5. Groß Gedeckt | 8′ | Koppeln | |
| 6. Octav | 4′ | Tremulant | |
| 7. Flöte | 4′ | 2 Cimbel-Sterne | |
| 8. Quint | 3′ | | |
| 9. Oktav | 2′ | | |
| 10. Mixtur | | | |
| 11. Cimbel | | | |

Diese Orgel wurde „anstelle einer sehr geringen, unbrauchbaren Orgel" aufgestellt.

Als HASENMAIER 1763 die Orgel in *Unterheinriet* reparierte, sagte der Revident, der Stuttgarter Stiftsorganist PHILIPP DAVID STIERLIN, die Arbeit sei schlecht ausgefallen und der Orgelmacher nicht imstande zu stimmen; in *Horrheim* habe er sich nicht getraut, sich bei STIERLIN sehen zu lassen. Künftige Reparaturen dürften nicht mehr „diesem HASENMAIER als einem Ausländer,

der ohne hin schlechte Arbeit macht, gegeben werden". 1757 hieß es anläßlich des Orgelbaus in *Maichingen:* „im Land an vielen Orten als ein guter Meister renomiert".
[HStASt: A 288, Nr. 577. Mitteilung der Disposition: Kantor Egon Häfner (Vaihingen)]

20. **Altensteig-Stadt**, ev. Kirche

Johannes Weinmar (Bondorf), 1772/73

MANUAL

| | | | | | |
|---|---|---|---|---|---|
| 1. Principal | 8′ | | 8. Flöte | 4′ von Holz | |
| 2. Viola di Gamba | 8′ | | 9. Coppel | 8′ ,, | ,, |
| 3. Octav | 4′ | | 10. Quintatöna | 16′ ,, | ,, |
| 4. Quint | 3′ | | | | |
| 5. Superoctav | 2′ | | PEDAL | | |
| 6. Mixtur 4fach | | | 11. Octavbaß | 16′ | |
| 7. Cimbel 3fach | | | 12. Violonbaß | 16′ | |

Kosten: 820 fl

Um 1738: „Ein altes Werk mit 7 Registern wurde um 170 fl. hergebracht."
1772: Neubau durch Weinmar (s. oben).
1805: Der Sohn des Erbauers, Joh. Jakob Weinmar, „Orgel- und Instrumentenmacher zu Bondorf" erneuert das Pedal und repariert Mixtur- und Cimbelregister.
1845: Umbau und Stimmung im Orchesterton um 672 fl durch J. Stieglitz aus Reutlingen, „daß blasinstrumente zur Orgel gebraucht werden können."
1902: Angebot für Neubau durch C. L. Goll und Sohn.
1903: Statt Friedr. Weigle aus Echterdingen darf der billiger arbeitende C. L. Goll aus Kirchheim u. T. um 754 Mark eine neue Orgel bauen, die bald auf II/17 erweitert wird.
1911: Durch Golls Nachfolger Friedrich Schäfer Erneuerung um 2080 Mark, dazu elektrisches Gebläse und Schwellkasten.
[HStASt: A 284, Bü. 89 – LkASt: A 29, Nr. 159 – StA Ludwigsburg: F 36, Bü. 130]

21. **Sulz** b. Nagold

Johannes Rüdiger (Tübingen), Akkord 1772

| | | | |
|---|---|---|---|
| 1. Principal | 4′ von Prob-Zinn | 6. Grob Gedeckt | 8′ von Holz |
| 2. Octav | 2′ | 7. Bourdon | 16′ ,, ,, |
| 3. Quint | 3′ | 8. Flöth | 4′ |
| 4. Mixtur 4fach | repetiert 2mal | 9. Lieblich Gedeckt | 4′ |
| 5. Cimbel 3fach | ,, ,, | Tremulant | |

Den Transport der Orgel besorgte die Gemeinde. Der Orgelmacher erhielt 500 fl bei freier Kost und Logis für sich und seinen Gesellen während der Aufstellung.

Die Vorgängerorgel war im 17. Jahrhundert für *Schiltach* erbaut worden. Sie wurde 1701 um 145 fl angekauft und von Cäsarius Schott aus Horb a. N. und seinem Sohn in zwölf Tagen aufgestellt. Ihre Disposition lautete:

| | |
|---|---|
| 1. Coppel | 4 Schuh |
| 2. Coppel | 8 Schuh |
| 3. Octave | 4 Schuh von Zinn, die 4 größten Pfeifen von Holz |
| 4. Superoctav | 2 Schuh von Zinn |

5. Quint  1¹/₂ Schuh von Zinn
6. doppelte Mixtur  1 Schuh
Tremulant – Vogelsang – Heerbauken
Das Clavier haltend 45 Claves.
Mit zwei Blasbälken versehen, jeder 5¹/₂ Schuh lang.

Der Schreiner JAKOB NONNENMANN von Wildberg machte ein Corpus, 6 Schuh hoch und breit, 3 Schuh tief; Das obere Corpus, worinnen die Pfeifen stehen, 7 Schuh hoch. Dazu zwei geschnittene Blindflügel, 6 Schuh hoch und 1¹/₂ Schuh breit; sechs geschnitzte Gespreng vor die Pfeifen.
Diese Orgel, die schon 1755 unbrauchbar war, erhielt JOH. JAKOB WEINMAR um 50 fl.
1802: Neubau durch JOH. JAKOB WEINMAR (11 Register).
1821: Reparatur durch J. J. WEINMAR.
1902: Reparatur durch CHR. LUDWIG GOLL (Kirchheim u. T.).
[HStASt: A 288, Nr. 4144 – HStASt: A 288, Nr. 5647 – LkASt: A 29, Nr. 4511]

## 22. Möttlingen (östl. von Bad Liebenzell)

JOHANNES RUDIGIER (Tübingen), Akkord 1772

| | | | | | |
|---|---|---|---|---|---|
| 1. Principal | 4' von Zinn | | 5. Lieblich Principal | 8' von Holz | |
| 2. Quint | 3' | ,, ,, | 6. Grobgedeckt | 8' ,, | ,, |
| 3. Octave | 2' | ,, ,, | 7. Flöt Duce | 4' ,, | ,, |
| 4. Mixtur 4fach | 2' | ,, ,, | | | |

Das Gehäuse mit Bildhauer-Architektur, Claves von Buxbaum, Semitonia schwarz Hebenholz, Pedal-Clavier am Manual hängend; Kosten: 250 fl. Aufsetzen währet 3 Wochen.

1883: Die nachfolgende Orgel, mit 9 Registern von FRIEDRICH SCHÄFER (Göppingen) erbaut, war Stiftung der Familie BLUMHARDT in Bad Boll zum Andenken an Vater J. CHR. BLUMHARDT, der in Boll ein religiöses Erweckungszentrum einrichtete; sie wurde am 18. Oktober 1883 eingeweiht.
[HStASt: A 288, Nr. 1326 – LkASt: A 29, Nr. 2908]

## 23. Fürnsal (westl. von Sulz a. N.)

JOHANNES RUDIGIER (Tübingen), 1774

| | | | | | |
|---|---|---|---|---|---|
| 1. Principal | 4' von Zinn | | 5. Portun | 16' von Holz | |
| 2. Octav | 2' von Metall | | 6. Grobgedeckt | 8' ,, | ,, |
| 3. Mixtur 4fach | ,, | ,, | 7. Flöte douce, offen | 4' ,, | ,, |
| 4. Cimbel 2fach | 1' | ,, ,, | 8. Liebl. Gedeckt | 4' ,, | ,, |

Das Clavier von Buchsbaumholz, 2 Blasbälge 7 x 4 Schuh, schönes Gehäuse mit Bildschnitzerarbeit. Kosten: 400 fl.

Die Orgel wurde 1838 durch eine neue ersetzt, mit 12 Registern erbaut von ANTON BRAUN aus Spaichingen, die in der neuen Kirche aufgestellt wurde; sie war noch 1922 „trotz altem System im Gebrauch".
[HStASt: A 288, Nr. 1706 – LkASt: A 29, Nr. 1363]

## 24. **Neuenbürg**, ev. Stadtkirche

JOHANNES WEINMAR (Bondorf), 1776

MANUAL:
1. Principal        8′
2. Viol de gambe    8′
3. Quinten-Ton      8′
4. Oktav            4′
5. Superoktav       2′
6. Fugara           4′
7. Mixtur 4fach
8. Zimbel 2fach
9. Copul            8′
10. Flöte           4′

PEDAL:
11. Subbaß         16′
12. Oktavbaß        8′

Tremulant
Pedalcoplung
3 Blasbälge

„Dem Organisten die Orgel auf dem Rücken steht". Der Orgelmacher übernimmt den Transport und die Aufstellung des Werks auf eigene Kosten u. muß nach einem Jahr umsonst stimmen. Er hat „genugsame obrigkeitliche Caution zu stellen". Kosten: 835 fl.

Die Orgel wurde 1896 durch eine neue von WALCKER mit 16 Registern ersetzt.

[HStASt: A 288, Nr. 4198]

## 25. **Friolzheim**, ev. Kirche

JOH. CHRISTOPH HAGEMANN (Tübingen), 1786

In seinem Akkord vom 20. 7. 1786 will der Orgelmacher eine Orgel mit 9 Registern und Pedal von $1^1/_2$ Oktaven machen, der Revident (der Stuttgarter Stiftsorganist PHILIPP STIERLIN) verlangt um den geforderten Preis 10 Register, wovon er einige ändert.

MANUAL:
1. Principal        4′ von Zinn blank poliert, in 5 Feldern
2. Mixtur 4fach
3. Octav            2′ von Zinn
4. Waldflöth        2′  ,,    ,,
5. Gemshorn oder
   Quint            3′ von Metall
6. Flöth            4′  ,, Holz
7. Großgedeckt      8′  ,,   ,,
8. Principal        8′  ,,   ,,

PEDAL:
9. Subbaß          16′ von Holz
10. Oktavbaß        8′  ,,    ,,

Das Pedal zu 2 Oktaven oder 25 Stangen; das Werk spitzig Cammerton zu richten.

1740: Die abgängige alte Orgel von Bad *Liebenzell* wurde über BERNHARD HEINR. FOMANN (Durlach) als erste Orgel erworben, „um 60 fl umgeschafft und um 90 fl aufgerichtet". Sie hielt noch bis 1786 durch.

[HStASt: A 288, Nr. 3055]

## 26. **Strümpfelbach** im Remstal, ev. Kirche

JOH. ANDREAS GOLL (Weilheim a. d. T.), Akkord 1794

MANUAL:
1. Principal        4′                    64 fl
2. Mixtur 4fach     2′                    28 fl

| | | | |
|---|---|---|---|
| 3. Waldflöt | 2′ | | 20 fl |
| 4. Quint | 1½′ | | 18 fl |
| 5. Gemshorn | 4′ | | 32 fl |
| 6. Viol di Gamb | 8′ | die 12 größten Pfeifen von Holz mit zinnernen Labis, die übrigen 37 aber v. gutem Metallzinn | 55 fl |
| 7. Principal | 8′ | von Holz | [Preisangabe fehlt] |
| 8. Gedackt | 8′ | ,,   ,, | 24 fl |
| 9. Flöte douce | 4′ | nebst einem Tremulanten | 18 fl |

PEDAL:

| | | |
|---|---|---|
| 10. Oktavbaß | 8′ von Holz | 25 fl |
| 11. Subbaß | 16′ gedeckt | 38 fl |

Stimmung nach gutem Chorton; Orgelgehäuse mit Laubwerk, Urnen und Girlanden nach Riß; Clavier 4 ganze Oktaven mit dem großen Cis; Kosten 659 fl.

Die alte schlechte Orgel mit 7 Registern wollte GOLL um den äußersten Preis von 50 fl nehmen; doch ohne sein Wissen wurde sie um 55 fl nach *Zell* bei Esslingen verkauft, weshalb der Orgelmacher 40 fl nachforderte.

Kapellorganist BERTSCH revidiert: GOLLS Anschlag ist sehr gering und billig angesetzt; der Orgelmacher ist ein Mann von Treu und Glauben, er arbeitete fünf Wochen in Strümpfelbach, die Materialien sind wegen der Kriegszeiten teuer. Der Orgeltransport ging von der Werkstatt aus auf zwei vierspännigen Wagen mehr als sieben Stunden weit über steile Berge und schlimme Waldwege; bei derzeitiger Fourage kostet jeder Wagen 25 fl.

1906: Neue Orgel von E. F. WALCKER mit 13 klingenden Registern um 5331 Mark.
1971: Neue Orgel (II/16) von PETER PLUM (Marbach).

[HStASt: A 288, Nr. 4657]

GOTTHILF KLEEMANN

Local and immigrant Organ Builders in the Duchy of Wurttemberg.

In the former Duchy of Wurttemberg (1459–1803), which was smaller than the present Land, and only in 1803 and 1806, through secularisation and the taking over of formerly independent towns and districts, was increased to its present size, there worked mainly local, trained organ builders. These are here listed – a total of 21 names – and information about their work is given, mostly in chronological order. In the same way, the author treats the 11 organ builders who belonged to the then "free towns", which did not belong to the Duchy itself. In a third section 9 organ builders from other parts of Germany are mentioned, and who worked, particularly in the 18th century, in Wurttemberg. An appendix, with 26 Specifications, gives a general survey of the work of these organ builders.


GOTTHILF KLEEMANN

Facteurs d'orgues autochtones et étrangers dans le duché du Wurtemberg.

Le Wurtemberg a acquis son étendue actuelle par la sécularisation en 1803 et la médiatisation en 1806; l'ancien duché du Wurtemberg (1495–1803) dont il est question [ici, était plus petit. Dans une première partie, l'auteur recense dans un ordre à peu prés chronologique 21 facteurs d'orgues autochtones, en donnant succinctement leurs dates et leurs travaux. Dans la 2$^e$ partie, il cite 11 facteurs d'orgues originaires des villes libres d'Empire qui, à l'époque, n'étaient pas encore incorporées au duché, La 3$^e$ partie enfin est consacrée à 9 facteurs d'orgues originaires d'autres provinces allemandes et établis au Wurtemberg au XVIII$^e$ siècle. En appendice, l'auteur fournit 26 compositions d'orgues qui donnent un aperçu des travaux de ces facteurs d'orgues.

25. *Hollenbach*. Joh. Caspar Hoffmann, 1748.

26. Links: *Weil der Stadt*.
    Joh. Christoph Herzer, 1699.

27. Rechts: *Haubersbronn*.
    Joh. Andreas Goll, 1787.

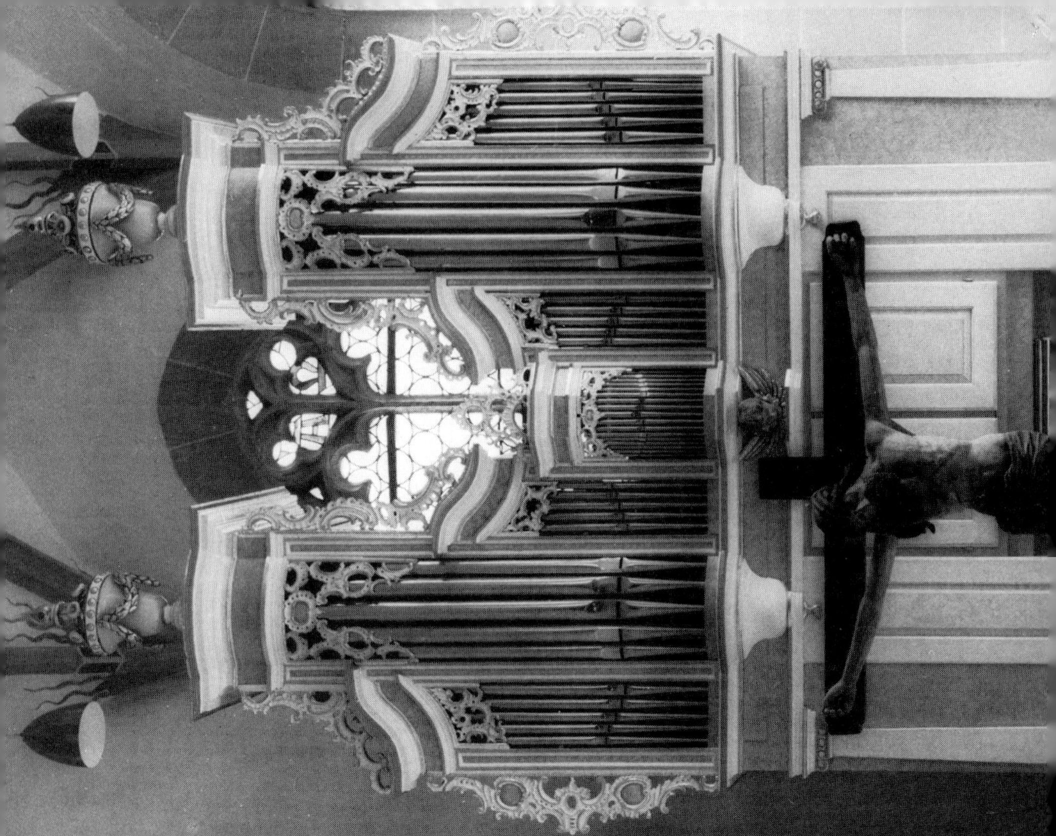

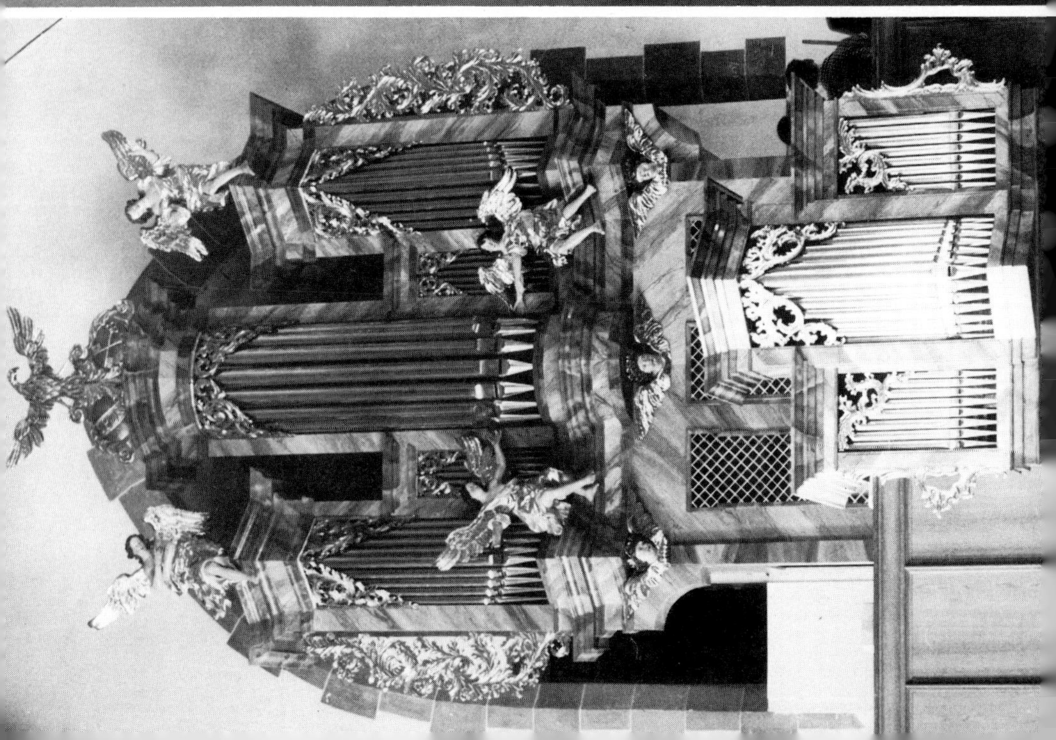

GÜNTER HART

# Daniel Meyer — Orgelmacher zu Göttingen[1]

Der Orgelbauer DANIEL MEYER, dessen Name erst zu Beginn unseres Jahrhunderts wieder durch ERNST ZULAUF[2] der Musikgeschichte ins Gedächtnis zurückgerufen wurde, zählt zu den interessanten frühen Göttinger Instrumentenmachern. ZULAUF erwähnt seine Tätigkeit im Rahmen der Kasseler Hofkapelle anhand einiger Urkunden im Staatsarchiv Marburg, ohne indessen seinen Lebenslauf und sein Wirken in größerem Zusammenhang zu untersuchen.

Versuchen wir zunächst, Spuren seines äußeren Lebensweges in Göttingen selbst zu entdecken. Leider steht hierfür die bewährte Hilfe der Kirchenbücher nicht zur Verfügung[3]; nur die knappen Eintragungen in den städtischen Schoß- und Kämmereiregistern geben einige spärliche Auskünfte. DANIEL MEYER bezeugt sich selbst in mehreren Unterschriften als „burger zu Göttingen". Doch unter den Neubürgeraufnahmen erscheint sein Name nicht[4]. Das läßt, da die Bürgersöhne im 16. Jahrhundert grundsätzlich nicht in den Aufnahmeprotokollen genannt werden, in DANIEL MEYER ebenfalls einen Bürgersohn vermuten. Tatsächlich ist das Haus in der „*platea Judaeorum longa*", das als seine erste Wohnung in Göttingen nachweisbar ist[5], im Straßenverzeichnis der Kämmereiregister als Eigentum eines sonst nicht näher bezeichneten HERMANN MEYER eingetragen, der am Tage *Nativitatis Mariae*

---

[1] Dieser Aufsatz ist ein Kapitel aus dem unveröffentlichten Manuskript des Verf. *Musikinstrumentenmacher in Göttingen bis zur Mitte des 19. Jahrhunderts.* Als Vorabdruck erschien er bereits 1964 in: Musik und Kirche, 34. Jg., Seite 285–292. Seit der Erstveröffentlichung haben sich derart viele neue Erkenntnisse angefunden, daß nunmehr mit frdl. Zustimmung der Schriftleitung von MuK an dieser Stelle eine völlig veränderte und erweiterte Neufassung erscheinen kann.
[2] ERNST ZULAUF, *Beiträge zur Geschichte der Landgräflich-Hessischen Hofkapelle bis auf die Zeit Moritz des Gelehrten* (Phil. Diss. Leipzig). – In: Zeitschrift des Vereins für hessische Geschichte und Landeskunde, Neue Folge Bd. 26, Kassel 1903, Seite 36/37 und 95/96. Auch als Sonderdruck erschienen.
[3] Die Kirchenbücher sämtlicher Göttinger Gemeinden beginnen frühestens im 17. Jahrhundert.
[4] HEINZ KELTERBORN, *Die Göttinger Bürgeraufnahmen*. Bd. 1, Göttingen 1963.
[5] Heute Jüdenstraße, Eckhaus an der Barfüßerstraße. – Die „Billetnummern" wurden erst im 18. Jahrhundert eingeführt.

(8. September) des Jahres 1545 gegen eine Zahlung von 12 Mark das Göttinger Bürgerrecht erlangte[6]. Dieser HERMANN MEYER, der mutmaßliche Vater des Orgelbauers, erscheint bis zum Jahrgang 1554/55 in besagtem Hause, vom nächsten Jahr ab dann die „*Relicta* HERMANN MEYER", meist mit Zusätzen wie *inops, paupercula, pauperrima*. D. h. also, HERMANN MEYER starb bereits zehn Jahre nach der Einbürgerung und ließ die Familie in dürftigen Verhältnissen zurück. Im Schoßregister von 1569/70 ist dann die „*relicta filia* HERMANN MEYER" in diesem Hause verzeichnet. Demnach scheint auch MEYERS Mutter den frühverstorbenen Vater nur um 15 Jahre überlebt zu haben. Im nächsten Jahre wird plötzlich ein HANNS WOESTEFELD (womöglich der Ehemann dieser *relicta filia?*) als Steuerpflichtiger genannt; doch erscheint dieser fremde Name nur dies einzige Mal.

Im Register von 1571/72 tritt dann erstmalig der Name DANIEL MEYER (MEIGER) im gleichen Hause auf. Demnach hat MEYER in jenem Jahre den väterlichen Besitz als verantwortlicher Eigentümer übernommen. Diese Tatsache spricht auch für den Beginn seiner Tätigkeit als selbständiger Orgelbauer. Eine Quelle zum Nachweis seines Lehrmeisters tat sich bisher nicht auf. Natürlich liegt es nahe, diesen in der Person des seit 1552 in Göttingen nachweisbaren Orgelbauers und Organisten JOST PAPE[7] zu suchen, zumal die armseligen Geldumstände seiner verwitweten Mutter eher an eine ortsgebundene als an eine auswärtige Lehrzeit denken lassen. Doch wäre es historisch unverantwortlich, diese Möglichkeit als feststehende Tatsache hinzustellen. Ob dieser Neuanfang DANIEL MEYERS mit dem für die gleiche Zeitspanne bezeugten Fortzug JOST PAPES aus Göttingen in Zusammenhang steht oder nur auf zeitlicher Zufälligkeit beruht, muß, wie so vieles andere, dahingestellt bleiben. Da auch in Göttingen, wie andernorts überall, kein Hausbesitz ohne Bürgerrecht möglich war, darf man mit an Sicherheit grenzender Wahrscheinlichkeit voraussetzen, daß DANIEL MEYER vor dem Michaelistermin 1571 dieses Recht erlangte, selbst wenn der erste positive Nachweis hierfür sich erst vier Jahre später durch seine eigenhändige Unterschrift unter einer weiter unten noch zu erwähnenden Quittung für eine Orgel zeigt. Nachdem auch damals schon die Bürgeraufnahme ein Mindestalter von 21 Jahren voraussetzte, läßt sich das Geburtsjahr DANIEL MEYERS ungefähr eingrenzen: Unter der berechtigten Annahme, daß er in Anbetracht seines Berufsweges das Mindestalter bei seiner Einbürgerung bereits um etliches überschritten hatte, dürfte er zwischen 1545 und 1550, also nicht lange nach der Einbürgerung seines Vaters, das Licht der Welt erblickt haben. Demnach wäre er beim Tode des Vaters noch nicht 10 Jahre, beim Tode der Mutter gegen 24 Jahre alt gewesen.

Im Schoßregister des Jahres 1580/81 taucht sein Name in der gleichen Straße, jedoch drei Wohnplätze nördlich von seinem bisherigen Hause auf. Ein Vergleich mit dem „Wilkorebuch[8]" gibt Aufschluß, daß er am 22. November 1580 das neue Anwesen von einem HERMANN KONINK erwarb, jedoch „hefft DANIEL MEYER *civis* mit consensu GESEN *uxoris* verkofft LAZARO LUNDEN *et* JOB HELMOLDE vnd oren nakomen 6 1/2 Mark pension von 99 Mark Capital, de gulde to geven op ostern vnnd Michaelis von opgeskreven sinem huse". Die beiden Genannten waren die derzeitigen Gildemeister der Kaufgilde, welche MEYER also für

---

[6] KELTERBORN, a.a.O.

[7] GÜNTER HART, *Der Orgelbauer Jost Pape*. – In: Musik und Kirche, 36. Jg. 1966, Heft 2, Seite 78–82.

[8] Hochdeutsch „Willkür"; eine Art freiwilliger bürgerlicher Gerichtsbarkeit. – In vielen Städten vorhanden.

diesen Handel eine Hypothek von 99 Mark hergeliehen hatte. In diesem Hause wohnte DANIEL MEYER nun weiterhin ununterbrochen bis 1595/96; das Schoßregister von 1596/97 fehlt, aber das Register von 1597/98 führt die „*Relicta* DANIEL MEYER" auf. Ab 1598 ist ein ANDREAS HEISSEN jun. als Eigentümer dieses Hauses eingetragen. Somit ist MEYER nach dem Michaelistermin 1596 verstorben, wahrscheinlich im Frühjahr oder Sommer 1597. Dies wird in etwa durch die Bestallungsurkunde seines Nachfolgers im Amte des landgräflich-hessischen Hoforgelbauers, GEORG (JÖRG) WEISLAND, bestätigt, die vom 1. September 1597 datiert ist. Unter Zugrundelegung der mutmaßlichen Spanne seines Geburtstermins hätte er das 60. Lebensjahr nicht ganz erreicht. Die Bezeichnung „Orgelbauer" o. ä. erscheint in den städtischen Registern niemals, obwohl bei anderen Handwerkern gelegentlich auch der Beruf vermerkt ist.

Zwei Jahre nach dem ersten aktenkundigen Nachweis in seiner Heimatstadt (1572) ist DANIEL MEYERS Verbindung zum musikkundigen Landgrafen WILHELM IV. (dem Weisen) von Hessen-Kassel und damit zugleich auch erstmalig seine Wirksamkeit als Orgelbauer bezeugt, wie denn überhaupt seine Tätigkeit fast ausschließlich aus den Belegen dieser Hofhaltung nachzuweisen ist. Das Fehlen von Spuren anderweitiger Auftraggeber beweist freilich nicht, daß er nicht auch für solche gearbeitet hätte. Es ist schwer denkbar, daß er seinen Lebensunterhalt ausschließlich durch die Bestellungen eines einzigen Gönners bestritten haben sollte.

Über diesen erstmalig nachzuweisenden Orgelbau DANIEL MEYERS gibt nur eine indirekte Nachricht Kunde, nämlich ein Brief des Landgrafen WILHELM an den Herzog von Hessen-Darmstadt [9] vom Jahre 1574:

„[...] ein Doppelinstrument in der octava, darinnen auch ein Harff und lawte, zum anndernn hatts ein Duppel Regall gleichfalls in der octava und darzu ein flotwergk, solchs kann man alles zusammen, oder auch ein jedes besonder wie man will durch ein Clavir schlagen, welchs einen herrlichen und lieblichen Resonantz giebt. Dieß Instrument hatt [...] ein hundert und zwanzig Thaler gekostet und lassen wir itzo durch den selben Meister noch einß, welchs artiger sein soll, umb ein hundert und sechzig Thaler verfertigen."

Dieses Positiv DANIEL MEYERS ist also ein Kombinationsinstrument, das alle zu damaliger Zeit bekannten Möglichkeiten von Tasteninstrumenten in sich vereinigte. DANIEL MEYER war freilich nicht der einzige Instrumentenmacher, der solche Doppelinstrumente herstellte. Bereits 1480 sind *dos clabiorganos* aus dem Besitz eines Don SANCHO DE PAREDAS, Kammerherrn der Königin ISABELLA von Spanien, nachgewiesen[10]. PRAETORIUS widmet dem Claviorganum im 2. Band seines *Syntagma* einen Abschnitt, und noch bis ins 19. Jahrhundert hinein wurden sog. Flötenklaviere gebaut, wie nicht wenige Belegexemplare in den Instrumentensammlungen bezeugen.

Als aerophone Bauelemente enthält dies von DANIEL MEYER erbaute Instrument ein Labialregister mit einer achtfüßigen Pfeifenreihe und zwei Zungenregister im 8'- und im 4'-Ton.

---

[9] Zitiert nach ZULAUF, a.a.O. – Die übrigen Zitate, soweit nicht anders vermerkt, nach vorliegenden Ablichtungen der Originale (StA Marburg).
[10] EDMOND VON DER STRAETEN, *La musique aux Pays-Bas avant le XIX$^e$ siècle*, Band VII, Brüssel 1885, Seite 248. – Zitiert nach GEORG KINSKY, *Katalog des Musikhistorischen Museums von Wilhelm Heyer in Köln*, Band I, Cöln 1910, S. 220.

Die Betätigung der Bälge darf man sich in dieser frühen Zeit eher mittels Handgriffen durch eine Hilfsperson als mittels Tretschemeln durch den Spieler selbst vorstellen. Kombiniert mit diesem Positiv war das Saitenwerk; die Bezeichnung „Doppelinstrument in der octava" läßt auf einen acht- und vierfüßigen Saitenbezug schließen. Die besondere Erwähnung des für den Cembalobau charakteristischen Harfen- und Lautenzuges bezeugt, daß die Saiten mit Kielen angerissen und nicht (was immerhin denkbar wäre) clavichordartig mit Tangenten angeschlagen wurden.

Die Quittung für dieses Instrument, das nach der Datierung im Verlaufe des Jahres 1574 angefertigt sein muß, ist im Staatsarchiv Marburg erhalten:

„Sechzigk thaler: Jedenn zu 31 alb. gezahlt, Hatt vonn wegenn Meins gnedigen fursten unndt Hern zu Hessen etc. Pfennigkmeister, der Ehrennngeacht JOHANN KAUFFUNGER, Mier DANNIELL MEYERNN Burgernn vonn Goettingen, In Bezahlunge der – 100 thaler: so Ich hochgedachttem Meinnem gf. und Hern etc. Ann einnem Newen Instrument abverdiennt, heut dato danckparlichen ver[g]nugt unnd bezahlt, Habe auch zu dehm hiebevohr vonn Ruperto – 40 thaler entphangen, Bin also hiermit dero obberuhrtten Ein hundert thaler gennzlichen abbezahlet, unnd thun sie derselben – 100 thaler: also hiermit queyttiren unnd woilbezahlt Loiß sagen, Uhrkhundt habe Ich DANNIELL MEYER mich mit eigen handen unnderschrieben. Actum Cassell den 10ten February Anno '75."

Da er nur über 100 Thaler quittierte, der Gesamtpreis nach dem Bericht des Kurfürsten aber 120 Thaler betrug, hatte MEYER die Differenz von 20 Thalern gewiß als Anzahlung bereits bei der Auftragserteilung erhalten.

Im Juni des gleichen Jahres 1575 treffen wir DANIEL MEYER wiederum in Kassel an, wo er den Kontrakt für das im Briefe WILHELMS IV. erwähnte Instrument, „welchs artiger sein soll", abschloß; dieser hat folgenden Wortlaut:

„Dreisigk hartte thaler: Habenn vonn wegenn des Durchleuchtigenn und hochgeborn fursten undt hernn hernn WIELHELMS Landtgraffen zu Hessen etc. Diennere, die Ehrenngeachtten JOHAN KAUFFUNGER unndt CONNRADT KUMMELL, mir DANNIELL MEYERN Burger zu Goettingen heut dato verhandreicht, darkegenn Ich s. f. g. verheissenn unndt zugesagt, Ein Innstrument wie das vorige, zuverfertigen es soll aber an diessem Innstrument zu dehm Floet ein Octva, vnd dj beiden Re[g]all mit schrauben, darzu ein tremulant gemacht, und s. f. g. uf nechstkunfftige Ostern Anno 76 gefertigt und zugestelt werden, Welches Ich also hiermit uf Rechnunge entphangenn bekennende, und thu sie deren obberuhrten Summa hiermit quittiren Ohn gefehrde, Uhrkhunde habe Ich DANNIEL MEYER mich mit eigner handen underschrieben Actum Cassell den 12ten Juny Anno '75.

DANIEL MAIER mppr."

Da Landgraf WILHELM in dem Brief an den Herzog von Hessen-Darmstadt den Preis des neuen Instruments mit 160 Thalern angibt, waren diese hier von DANIEL MEYER quittierten 30 Thaler gewiß das Handgeld bei der Auftragserteilung. Dieses neue Instrument sollte also außer den Bestandteilen des ersten Exemplars noch ein vierfüßiges Flötenregister und einen Tremulanten bekommen. Die Schrauben an den Regal-Registern waren vermutlich Stimmschrauben, die eine präzisere Verschiebung der Stimmkrücken bewirken sollen – eine gelegentlich auch bei anderen Zungenregistern anzutreffende Vorrichtung[11]. Die Schlußabrechnung über dieses Instrument existiert nicht, und so liegt keine Bestätigung für die tatsächliche Lieferung vor, welche aber wohl kaum in Zweifel zu ziehen ist.

Der nächste greifbare Beleg über das Schaffen DANIEL MEYERS datiert erst ein volles Jahrzehnt später. Es ist der Kontrakt für eine Orgel in der Kapelle des Schlosses *Wilhelmsburg* oberhalb Schmalkalden (bis 1945 hessische Enklave in Thüringen), der am 22. Dezember 1586 abgeschlossen wurde. Diese Orgel ist in ihren Hauptbestandteilen erhalten und für die gesamte Orgelbaukunde von eminentem Wert. Doch bevor wir uns mit diesem Instrument eingehender beschäftigen, ist – um die zeitliche Reihenfolge einzuhalten – der Bemerkung aus diesem Vertrage: „[...] soll so tief gehnn wie unser wergk zu Rottenburgk" Beachtung zu schenken. Sie besagt, daß bereits vor 1586 die Schloßkapelle zu *Rotenburg* a. d. Fulda eine Orgel hatte. GROSSMANN schreibt zwar[12]: „Die drei nach eigenen [scil. des Landgrafen] Plänen erbauten Schlösser in Kassel, Rotenburg und Schmalkalden ließ WILHELM der Weise durch DANIEL MEYER mit Hausorgeln und Schloßkapellenorgeln ausstatten". Da jedoch über die Orgel zu Rotenburg kein Archivmaterial vorhanden ist[13], wird die an sich gar nicht so abwegige Annahme, MEYER könnte auch der Erbauer der Rotenburger Orgel sein, urkundlich in keiner Weise erhärtet, und die Feststellung des Staatsarchivs Marburg: „Auf DANIEL MEYER aufgrund des Vertrages von 1586 zu schließen, ist nicht stichhaltig" mahnt zur gebotenen quellenkritischen Vorsicht. So bleibt die Kenntnis vom Vorhandensein einer Orgel in der Schloßkapelle zu Rotenburg auf diese einzige Bemerkung im Orgelbauvertrag für Schmalkalden beschränkt, wenn nicht gelegentlich doch noch einmal das sprichwörtliche Forscherglück Quellenmaterial in die Hand spielen sollte.

Der Kontrakt für die Orgel in der Kapelle des Schlosses *Wilhelmsburg* lautet[14]:

„Zu wissen das heutt dato denn 22. Dezemb. Ao x 86 unnser g. f. unndt herr Landgraff WILHELM zu Hessen etc. sich mit dem erbaren DANIELN MAYERN Orgelmachernn zu Göttingen, nach volgendermaßen, verglichenn hat:

Erstlich soll gedachter M. DANIEL seiner f. g. oder dero erbenn ein Orgelwergk in ihrer f. g. neu schloscappel zur Wilhelmsburgk uber Schmalkalden uffs bestendigst unndt vleissigst, als ihm möglich ist, zurichtenn, das soll haben nachvolgende stimmen:

Erstlich ein offen prinzipall wergk, mitt helffenbeinen vierecktenn flötenn, soll so tief gehnn wie unser wergk zu Rottenburgk.

---

[11] Verf. sah an einem von JOHANN HEINRICH RÖVER in Beverstedt (später Stade) im Jahre 1857 erbauten Riem-Register, dessen Zungen aus Bambusrohr sind, solche Stimmschrauben. Anm. d. Hrsg.: Auch bei den Tiroler Orgelbauern des 19. Jahrhunderts waren Stimmschrauben aus Eisen oder Messing (in verschiedenen Ausführungen) beliebt. Durch Oxydationserscheinungen und Verschleiß der Innengewinde in den hölzernen Nüssen ist heute allerdings in der Regel von der anfänglichen Präzision nicht mehr viel übriggeblieben.
[12] DIETER GROSSMANN, *Kurhessen als Orgelbaulandschaft*. In: Acta Organologica, Band 1, Berlin 1967, Seite 71.
[13] Frdl. Nachricht an Verf. vom 29. 9. 1975 (Oberarchivrat Dr. PHILIPPI).
[14] Abgedruckt bei FRIEDRICH LASKE, *Schloß Wilhelmsburg bei Schmalkalden*, Berlin 1895 (Schuster & Bufleb), Seite 24.

Zum andernn soll er machenn ein gedeckt flötenwergk, das soll ein Octaff tiefer gehenn als das prinzipall.
Zum dritten ein spitz octave, die soll ein octave höher sein, als das prinzipall.
Zum viertenn, ein rein wohlbestimptte cymbeln.
Zum fünfften, ein regall, soll mit dem prinzipall unisonig seinn.
Zum sechsten, noch ein klein regall, gehett ein octave uber das andere, undt ist unisoni mit dem vorigen.
Zum siebenden ein gutt jnstrument von Duppelseitenn, das soll mit dem prinzipall undt großen regall unisonum haben, dartzu soll er hinein machenn, einen guten tremulanten, unndt auch ein gutt vogelgesanng, zwey oder drey, unndt zwey paar gueter starker belge, unndt solches alles soll er mitt äußerstem vleys fertigenn, mit holtz, bley, eisenn flugen vergullt, unndt allem, was dartzue gehoeret, uffs fleissigste, das er voon dato ann uber einn jahr kann liffernn unndt setzen, solches auch ein jahr gewehren.

Vonn solchem wergk, wenn das verferttigt unndt versetzt, soll unndt will unnser g. f. unnd herr landtgraff WILHELM zu Hessen geben drey hundertt thaler, jeden zu 31 alb. gerechnett. Das zu uhrkundt sinndt dieser zettel drey gemacht, deren einen unnser g. f. unndt herr, den anderen der bawschreiber zu Schmalkalden, den dritten er der orgelmacher bey sich hatt."

Das Vorhandensein dieser Orgel bis zum heutigen Tage ist ebenso bedeutsam wie weithin unbekannt. Sie vermittelt einen authentischen Einblick in die Arbeitsweise DANIEL MAYERS und ist darüber hinaus auch die älteste Orgel Thüringens[15]. Zunächst fällt einmal der ungewöhnliche Standort des Instruments auf[16]: es steht auf einer Empore noch oberhalb der Kanzel, die ihrseits wiederum über dem Altare angeordnet ist (Kanzelaltar). LASKE[17] erklärt hierzu: „Zum ersten Male hat Landgraf WILHELM IV. von Hessen nun in seiner Wilhelmsburgkapelle den Grundgedanken des protestantischen Gotteshauses mit vollem Bewußtsein zum Ausdruck gebracht. [...] Entschlossen und zielbewußt liess er Altar und Kanzel und dann auch die Orgel – letztere auf einem von Konsolen ausgekragten Sängerchor – über einander im Angesicht der Gemeinde aufbauen. Der Kirchenbesucher der Schmalkalder Schloßkapelle sollte empfinden, daß der durch die Orgel geleitete Gemeindegesang ein integrirender Bestandtheil des Gottesdienstes sei. Daher wünschte der Landgraf die kleine Orgel auch prächtig und künstlerisch ausgestattet zu sehen und bestellte sie bei dem berühmten Orgelbauer DANIEL MAYER in Göttingen für den Ausnahmepreis von 300 Thalern. Ihre vornehmste Zierde sind zwar die elfenbeinernen Pfeifen, allein sie ist auch ein Schmuckstück in architektonischer Beziehung. Das reich verschlungene, barock gezeichnete Holzschnitzwerk verdeckt die ungleiche Länge der Pfeifen oben am Gesimsabschluß. Zur Schonung des Werkes ist bei ruhendem Spiel durch ladenartige Deckel, nach Art derjenigen der Schreinaltäre, der Prospekt zu verschliessen. Diese Deckel zeigen eine Komposition von musizirenden Frauengestalten und Engelfiguren." Soweit der Bericht des Kunsthistorikers vom Ende vergangenen Jahrhunderts. Die geflissentliche Nichtbeachtung der klanglich-musikalischen Eigenschaften der Orgel ist auffällig, dem Kenner der Materie

---

[15] Bericht über die Vierten Thüringer Orgeltage, in: Musik und Kirche 44. Jg. 1975, S. 245 (HERMANN VON STRAUCH).
[16] Ausgezeichnete Farbabbildung in: ERNST SCHÄFER, *Laudatio Organi*. Leipzig o. J. (1972, VEB Deutscher Verlag für Musik), unter Nr. 78.
[17] A.a.O., S. 10.

aber nicht erstaunlich; existiert doch auch heute noch in zahllosen Kunstdarstellungen von Kirchen (es gibt rühmliche Ausnahmen!) die Orgel überhaupt nicht.
Der Prospekt der Orgel weist bereits die klassische fünfteilige Gliederung auf: runder Mittelturm und seitliche Spitztürme, dazwischen zwei niedrige Flachfelder. Sämtliche Prospektpfeifen, auf hohen Füßen stehend, haben noch den im Kontrakt festgelegten Elfenbeinbelag und verleihen der gesamten Orgel ein einmaliges, repräsentatives Aussehen.
Erfreulicherweise ist das weitere Schicksal dieser Orgel DANIEL MEYERS bis heute zu verfolgen. FERDINAND CARSPECKEN [17a] hat in einer gründlichen Arbeit die erreichbaren urkundlichen Belege veröffentlicht, welche der Vollständigkeit halber hier wiedergegeben werden. Eine umfangreiche Reparatur wurde durch MEYERS Nachfolger JÖRG WEISSLAND auf Anordnung des Landgrafen MORITZ durchgeführt. Die aufschlußreiche Kostenrechnung über diese Arbeit aus dem Jahre 1606 hat folgenden Wortlaut:

„Verzeichnis was auf befelch meines gn. fr. und Herrn Landtgraff MORITZEN zu Hessen Ich GÖRGE WEISSLANDT Orgelmacher zu renovation und ergäntzung der Orgell in der frst. Capellen zu *Schmalkalden* ahn Materialien angewndet vons sonst einen gesellen verdienet Erstlichen, vier ganze newe blaßbelge gemacht
Item newe Windtröhren mit ihrer Zubehörung
Item die Blaßbelge mehr zusammen gelegt, damit bey dem clavir $2^1/_2$ schuch raum plieben, daß man itzt von fornen oben in das Werck zu den Pfeiffen kommen kann, welches zuvor beschwerlicher gewesen.
Item ein grobgedachtes stimwerck Pfeiffen von Eichenholz oben in das werck eingesetzt, welches zuvor nicht gewesen.
Item die Cimbeln im werck recht eingesetzt, mangelten 26 Pfeiffen von bley klein und groß, damit es in eine rechte ordnung bracht
Item an den Regaln durchaus andere Mundstück vnndt zungen gemacht
Item das ganze werck in den rechten Zimberthon eingestimmt, so sich zuvor nicht völlig einstimmen laßen, wegen vnbeständigen windes. Nuhn habe ich an dieser Renovation sambt einem gesellen angefangen den 13. Juny Anno 1606. Vnndt hat gewehret bis auff den 24. Octobrij selbigen Jahres, seindt 19 Wochen. Vnd hat mein gn. frst. vndt Herr mir vor diesem, wo Ich gearbeitet, jede woche 2 dicke Thaler vor Cost und wochenlohn geben laßen, vnndt auf einen gesellen 1 thlr. 14. alb. welche ich bey dieser arbeit 8 wochen lang gehalten habe [...]
Vor der grobgedackte Stimwerck Pfeiffen, welchs von meiner materi vnd Vnkosten ist in Cassel gemacht worden                                                         24 thlr.
Vor 26 Cimbelpfeiffen groß vndt klein, so ich auch von Hauß auß dahin gebracht    4 thlr.
Vor dicken und dünnen Messing zu den Regaln verbraucht, so ich auch darzu gethan                                                                                          8 thlr. 18 alb."

Zu dieser Renovierungsarbeit durch JÖRG WEISSLAND bemerkt CARSPECKEN durchaus einleuchtend: „Um welches Register es sich bei dem grobgedachten stimwerck gehandelt hat, ist nicht ersichtlich, es sei denn, daß MEYER das vertragsmäßig ausbedungene Gedackt nicht geliefert hatte. Das ist aber bei der sonst bewiesenen Qualität seiner Arbeit und bei dem orgelsachverständigen Landgrafen kaum möglich. Die Cimbel mag ergänzt worden sein. Vielleicht hat er das fehlende Pedal mit Subbaß 16′ angefügt?".
Aus der Mitte des 18. Jahrhunderts veröffentlicht CARSPECKEN unter Berufung auf die

---

[17a] FERDINAND CARSPECKEN, *Fünfhundert Jahre Kasseler Orgeln*, Kassel 1968 (Bärenreiter), S. 42–44. – Alle Zitate dieses Abschnitts nach diesem Buch.

*Historica Schmalcaldica* des JOHANN KONRAD GEISTHIRT [17b] für diese MEYERsche Orgel folgende Disposition:

1 Holfleutte mit Helfenbein belegt
1 grob Gedackt
1 klein Gedackt
1 Cymbel
1 Quinta
Comet Bass
Sub-Bass und
Gedackter Baß oder Octav.
Es ist übrigens sehr niedrig und hat nur 2 Bälge.
[Zusätzliche Bemerkung:] „Dahero ist die gemeine Sage, es sey diese Orgel aus lauter Helffenbeinen-Pfeiffen, falsch, denn die Holfleute ist von Holtz mit Helffenbein nur von außen belegt und stehet im Gesicht, die labia aber sind verguldet".

Ein Vergleich dieser Disposition mit der originalen zur Zeit der Erbauung läßt unschwer eine Anzahl von Veränderungen erkennen. Man vermißt die originalen Zungenstimmen, die offensichtlich entfernt wurden; dafür taucht ein bisher nicht vorhandenes Pedal mit 4 Registern auf, unter welchen der „Comet Bass" durch die verballhornte Schreibweise (Cornet 4') besonders interessant ist.

Eine weitere Disposition dieser Orgel aus der Mitte des 19. Jahrhunderts fand CARSPECKEN unter dem „BICKELL-Orgelnachlaß" im Marburger Staatsarchiv:

| MANUAL | | | PEDAL | |
|---|---|---|---|---|
| Gedackt | 8' | | Quintadena | 16' |
| Prinzipal | 4' | Prospekt, von Eichenholz mit Elfenbein furniert | Prinzipal | 8' |
| | | | Gambe | 4' |
| | | | Gedackt | 2' |
| Gedackt | 4' | | | |
| Blockflöte | 4' | | | |
| Prinzipal | 2' | | | |
| Sesquialter 2fach | | | | |
| Mixtur 4fach | | | | |

Laut diesem Dispositionsverzeichnis hatte also die Orgel damals die größte Registerzahl; Hinweise auf die Orgelbauer, welche diese Veränderungen durchführten, gibt es anscheinend nicht.

Einen weiteren Eingriff erfuhr das Instrument um die Wende vom 19. zum 20. Jahrhundert, wobei die alte Windlade stillgelegt wurde. Sie hat nach CARSPECKEN im Jahre 1968 folgende Register:

| MANUAL | | PEDAL | |
|---|---|---|---|
| Gedackt | 8' | Subbaß | 16' |
| Gamba | 8' | Violon | 8' |
| Oktave | 4' (alte Prospektpfeifen) | | |

---

[17b] Veröffentlicht in der „Zeitschrift des Vereins für Hennebergische Geschichte und Landeskunde", 1881.

Es ist nicht hoch genug anzuerkennen, daß diese Orgel Daniel Meyers im Rahmen der denkmalpflegerischen Restaurierung der Schloßkapelle (1968) völlig wiederhergestellt und spielbar gemacht wurde (1971). Über die höchst interessanten Einzelheiten dieser Restaurierungsarbeiten kommt im folgenden weitgehend Orgelbaumeister Wilhelm Rühle in Moritzburg (Sachsen) zu Wort, der diese Arbeit ausgeführt hat; er beantwortete den spezialisierten Fragenkatalog des Verf. ebenso ausführlich wie liebevoll[18]. Er berichtet zunächst: „Wir selbst fanden das Werk lediglich als vollkommene Ruine vor, nichts Spielbares. – Die Orgel hat 2 Umarbeitungen erfahren, eine vermutlich um die Wende des 17. zum 18. Jahrhundert, eine in der zweiten Hälfte des vorigen Jahrhunderts. Bei der zweiten hat man ein Pedal mit (ausweislich der Pedallade) 4 Schleifen hinzugefügt. Das vorgefundene, nicht sehr alte Pedal wurde wieder entfernt. – Vom Original aus 1586 sind noch vollständig erhalten: Prospekt-Principal 4′ und Gedackt 8′. Die Pfeifen des Principal 4′-Registers sind aus Waldeiche, die Frontauflage aus Elfenbein ist relativ stark (zwischen 2 und 5 Millimetern). Das (hinterständige) Gedackt 8′-Register ist aus Fichte, Böden, Decken und Vorschläge sind aus Eiche. – Aller Wahrscheinlichkeit nach ist jedoch das vom Auftraggeber gewünschte Saitenwerk nie zur Ausführung gekommen, da sich davon keinerlei Spuren anfinden, bei der Konstruktion des Werkes auch ausgeschlossen werden muß."
Auch das Manual der Orgel ist noch im Original vorhanden; auch hierüber berichtet Herr Rühle eingehend: „Der Klaviaturumfang beträgt C–a². Die große Octave ist die kurze Octave. Die Obertasten sind von dunkel gebeiztem Birnbaumholz, die nur 37 mm Vordertastenlänge aufweisenden Untertasten haben sehr starken Elfenbeinbelag, der seitlich stark abgerundet ist. Am Ende des Vordertastenbelages, bereits auf dem nichtgerundeten Belag befinden sich 3 feine eingekerbte Linien. Die Stirnseiten der Untertasten sind durchweg mit geprägtem Pergament beleimt, wobei die bei allen gleiche Prägung entweder eine stilisierte Sonne oder ein Engelköpfchen bedeuten soll (schwer auszumachen)".
Soweit also die Beschreibung des Vorhandenen bei Beginn der Restaurierung. Die Wiederspielbarmachung einer solchen Ruine, die auch im Verfall noch von der einstigen Schönheit zeugt, ist für einen Orgelbauer eine ebenso faszinierende wie komplizierte Aufgabe. Es ist höchst reizvoll, verlorene Register im Sinne der ehemaligen Gesamtkonzeption des Erbauers neu zu konstruieren. Doch aus dieser relativ frühen Zeit gibt es kaum vollständig erhaltene Vergleichsexemplare. Der Gedanke, diese Daniel-Meyer-Orgel in Schmalkalden nach dem Vorbild der Esaias-(I)-Compenius-Orgel auf Schloß *Frederiksborg* in Dänemark zu rekonstruieren, ist als ausgesprochen glücklich zu bezeichnen. Dieser nur um etwa ein Jahrzehnt jüngere Zeitgenosse hatte das Werk 1605 bis 1610 für Schloß *Hessen* erbaut und es auch nach dessen Schenkung 1617 persönlich nach Dänemark überführt, wo er unmittelbar nach der Aufstellung verstarb[19].
Nach diesem Vorbild wurden die verlorenen Register in Schmalkalden neu konstruiert. Die Spitzoctave 2′ ist aus Kirschbaumholz, die beiden Zungenregister Rankett-Regal 8′ und Regal 4′ tragen rechteckige, geschlossene Becher von Steineiche mit seitlichen Bohrungen[20]; Kehlen, Zungen und Krücken sind von Messing. Die repetierende Cymbel steht auf $^1/_6'$;

---

[18] Brief vom 17. 11. 1975 an Verf.
[19] Art. „Compenius" in MGG 2, Spalte 1500ff. (Hans Klotz).
[20] Ähnliche Pfeifen sind zahlreich abgebildet bei: Reinhardt Menger, *Das Regal*, Tutzing 1973.

die Pfeifen aus Pflaumenholz haben keine Füße, sondern sind mit der Unterseite auf den Stock geleimt.

Die Stimmung der originalen Holzpfeifenregister mit $a^1 = 476,5$ Hz wurde beibehalten und das Instrument nach der Restaurierung auf eine gemildert mitteltönige Stimmung gebracht. Der Winddruck beträgt 57 mm WS. Der Tremulant wurde als Kanaltremulant mit gleichbleibender Rotationsgeschwindigkeit ausgeführt; wechselbare Geschwindigkeiten gab es zu jener frühen Zeit des Orgelbaues noch nicht.

So repräsentiert das wiederhergestellte Werk DANIEL MEYERS in der Schloßkapelle zu *Wilhelmsburg* ob Schmalkalden ein bemerkenswertes Zeugnis von hohem historischem Rang in mehrfacher Hinsicht: Sie ist eines der wenigen Musterbeispiele für Orgelbau und Orgelklang im ausgehenden 16. Jahrhundert; sie bekundet die hohe Kunstfertigkeit ihres Erbauers; sie kennzeichnet durch ihren Aufstellungsort in der Kirche die Wertschätzung der *musica sacra* im reformatorisch-lutherischen Gottesdienst; nicht zuletzt beweist sie das Mäzenatentum der oft bespöttelten Kleinfürsten, die Künstlern aller Art und ihren zahlreichen Zulieferern Lohn und Brot garantierten.

DANIEL MEYER hat aber nicht nur ein einziges Meisterwerk dieser Art geschaffen. Das Staatsarchiv Marburg bewahrt in den Akten der landgräflichen Hofhaltung eine weitere, wenn leider auch wieder indirekte Nachricht. Am 3. April 1589 berichtet der Drost der Herrschaft Plesse[20a], HENRICH VON CALENBERG, seinem Landgrafen über die Erledigung eines fürstlichen Auftrages im nahen Göttingen:

„Durchleuchtiger Hochgeborner Furst, Genediger Herr, E. F. g. sey mein unnderthenige, schuldige unnd gehorsame dinst jederzeit zuvor, gnediger Furst unnd Herr, Uff E. f. g: gnedigenn befehlichm hab Ich mich nach Gottingen zu Maister DANIEL dem Orgelenmacher verfuget unnderthenig zuvernehmen, wie es umb die Orgel so E. f. gn. bey ihme bestellet, beschaffen, So befindet Ich, das die Hellffenbeinen Pfeiffen, wie auch die Anderen zum gantzen werck mehrentheils, Neben den Belgen unndt Seittenwerg ferttig, die Helffennbeinen Pfeiffen auch fornen her gannz, unndt von einem Bein zusammen gesetzt, doch noch nicht aller gestimmet geweßen. Habe aber das kleine Fleuttwerck alleine, unnd darnach mit den Seytten zusammen gehörett, Lauttet starck genug, undt Lieblich, doch leichtferttig zu schlagen. Unndt berichtet der Meister, das das gannze Werck, Außerhalb dem Malen, Acht Tage vor Pfingsten, wo nicht eher, gewiß ferttig sein solle, Dann er ein pedual unndt mehres dan der Reces mitt sich bringt, daran gemachet, wie solches THOMAS der Orgelist gesehen, undt E. f. g. darvon underthenig berichten konnt. Bedancket sich auch ganz underthenig, das E. F. g. ihme zu genaden das Malwerg nachlaßen, unnd selbesten verferttigen laßen wollen, siehet vor gutt an das dasselbige ehe nicht, bis die Orgel zur stidde Inns Werg gerichtet, und verferttiget werde, wurde sunsten doch wider zustossen werden, [...] Datum Pleß denn 3. Aprilis Ao 89.
E. F. D.
unnderthaniger
HENRICH VON CALENNBERGK,
Drost der Herschafft Pleß."

Diese von HENRICH VON CALENBERG beschriebene Orgel weist weitgehende Parallelen mit derjenigen von Schmalkalden auf (Elfenbeinbelag der Prospektpfeifen, Saitenwerk). We-

---

[20a] Die Herrschaft Plesse – bestehend aus der gleichnamigen Burg und einigen umliegenden Dörfern, etwa 10 km nördlich von Göttingen – war hessische Enklave auf hannoverschcalenbergischem Territorium und wurde erst 1816 (Wiener Kongreß) dem damaligen Königreich Hannover einverleibt.

sentlich neu ist das erwähnte Pedal. Hieraus darf man wohl schließen, daß auch dieses Instrument eher für einen größeren Raum (Kirche, Kapelle) bestimmt war als für die Kammermusik. Leider gibt kein Archivbeleg weitere Kunde von dieser Orgel und ihrem Verwendungszweck.

Als Landgraf WILHELM IV. am Schloß zu *Kassel*, seiner eigentlichen Residenz, umfassende Erneuerungsarbeiten vornehmen ließ, erhielt DANIEL MEYER auch den Auftrag für die Orgel der wiederhergestellten Schloßkapelle. Der Kontrakt hierzu lautet:

„Zuwissen, daß wir Landgraff WILHELM zu Hessen etc. Heutt dato den 17ten Augusti Anno 92. Mitt Meister DANIEL MEYERNN Orgelmachern zu Gottingen, dahin gehandlett, das ehr uns ein Orgelwergk in unser Schloß-Capell zu Cassell zurichten undt verfertigen soll, von Nachvolgenden Stimmen,

 Erstlich
1. Ein Principal von hubschen Zinnern Pfeiffenn
2. Ein Groß gedact
3. Ein mittel gedact
4. Ein Klein gedact
5. Ein super octava
6. Ein mixtur
7. Ein Groß Regal
8. Ein mittel Regal
9. Ein Klein Regal
10. Ein Tremulant
11. Ein geduppeldt Saittenwergk
12. Ein Vogelgesangk

 Pedal

Ein Groß gedact
Ein Possaunen Baß
Ein Trummetten Baß
Ein Duppel Saittenwerck

Undt soll ehr diß alles fein zierlich undt vleisigk machen, undt alles was darzu gehöret darzu thun, auch daran sein, das ehr Uns dasselbig, wo nicht eher, doch Uff kunfftige Pfingsten Anno 93, gewiß undt fest, mit aller seiner Zugehorung, undt ohn allen mangel liffern, wie ehr uns solches alles verheyßen unndt zugesagt. Deßen wollen wir Ime darvor geben undt entrichten laßen Vierhundert thaler. Actum den 17ten Augusti Anno 92. – DANIEL MEIGER orgel macher zu gottingen mppr."

Ein Vergleich der drei Orgelbauten *Schmalkalden* (Schloß *Wilhelmsburg*), 1589 (Bestimmungsort unbekannt) und *Kassel* macht deutlich, daß der Landgraf zuletzt auf die aufwendige Elfenbeinverkleidung verzichtete, aber doch den Prospekt durch „hubsche Zinnern Pfeiffen" verziert wissen wollte, deren Ausführung man sich in jener getriebenen, ziselierten und vergoldeten Manier vorstellen darf, die aus vielen anderen Beispielen bekannt ist. Bedeutsamer ist die Tatsache, daß sich die Register im Laufe der Jahre vermehrten und daß die Orgeln mit einem Pedal versehen wurden. Allerdings bringt die Registervermehrung keine neue Farbigkeit in das Klangbild; diese wird vielmehr allein durch Oktavierung nach unten und oben, besonders in den Zungenstimmen, bewirkt. Im Prinzip bleibt es bei dem Gegenüber von prinzipalischem bzw. Flötenklang und Schnarrwerken.

Natürlich ist der in diesen Dispositionen übermittelte Orgelklang nicht als allgemeingültig für das ausgehende 16. Jahrhundert zu werten. Er spiegelt sichtlich den persönlichen Geschmack des Auftraggebers wider. Der Kenner von Orgeldispositionen dieser Zeit weiß, daß es auch damals schon Orgeln mit wesentlich subtileren Klangverhältnissen gab.
Auffällig an der Disposition der Kasseler Orgel ist jedenfalls die nahezu gleichwertige Klangverteilung der Labial- und Zungenregister; im Pedal haben die Schnarrwerke sogar ein ausgesprochenes Übergewicht. Das ist bereits aus der zahlenmäßigen Verteilung der Register optisch ersichtlich und wird durch die Klangvorstellung eines 16füßigen Gedacktregisters gegenüber zwei Trompetenstimmen noch bestätigt. Im Manual ist das klangliche Gleichgewicht bei vollem Werk durch das Prinzipal, die zweifüßige Superoktave und die Mixtur (schade, daß deren Klangaufbau nicht überliefert ist) gegenüber den Schnarrwerken einigermaßen gewährleistet. Leider vermißt man hier, wie in den anderen Angaben über MEYERS Orgelbauten, Mitteilungen über den Tonumfang oder über eine – immerhin denkbare – Teilung der Klaviatur in Diskant- und Baßhälfte. Für das „geduppelte Saittenwergk" hatte Landgraf WILHELM anscheinand eine derartige Vorliebe, daß er es selbst in der Orgel seiner Schloßkapelle nicht missen wollte und sogar das Pedal damit ausrüsten ließ. Auch auf liebenswerte Akzidentien wie Tremulant und Vogelgesang verzichtete er nicht. WILHELM IV. erlebte die Aufstellung dieses Werkes allerdings nicht mehr; er starb bereits am 25. August 1592, eine Woche nach der Unterzeichnung des Kontraktes durch DANIEL MEYER.
Über das weitere Schicksal dieser Orgel aus MEYERS Werkstatt ist ebenfalls nichts aktenkundig. Im Jahre 1811 brannte das gesamte Landgrafenschloß, und mit ihm auch die Schloßkapelle, in Anwesenheit des Königs JÉRÔME vollständig aus, wahrscheinlich infolge schadhafter Heizungsanlagen. Die Ruine mußte abgerissen werden. Über einen eventuellen Neubau dortselbst nach MEYERS Werk gibt es keinen Bericht, nur einen kurzen Hinweis auf Reparaturen um 1770[21]. So hat spätestens mit dem Tage des Brandes DANIEL MEYERS Orgel in der Schloßkapelle zu Kassel ihr Ende gefunden.
Für das gleiche Jahr 1592, in dem der Kontrakt für die Kasseler Orgel unterzeichnet wurde, findet sich auch der einzige Nachweis über DANIEL MEYERS Tätigkeit in seiner Vaterstadt Göttingen[22]. Die Kirchenrechnungen der St. Jacobi-Gemeinde führen folgenden Posten auf: „Vor buwerk an der Orgeln: 40 Mark geven DANIEL MEIGER so ehme wegen seiner dingethal thom deil nastendig, thom deill uth gunst und orsaken tho gelecht worden." Nach der Rechnungskladde hat Meyer diesen Betrag in fünf Raten erhalten, die letzte auf *Simonis et Judae* (28. Oktober) 1592. Das recht hohe Entgelt von 40 Mark läßt auf ein umfangreiches Vorhaben (Generalreparatur oder Umbau) schließen, die MEYER durchzuführen hatte. Die Arbeit hatte er möglicherweise bereits im Jahre zuvor begonnen, doch läßt sich das wegen fehlender Kirchenrechnungen für 1591 nicht mit Sicherheit belegen. Ein Rechnungsposten über die Zahlung von je einer halben Mark an die Organisten von St. Johannis und St. Jacobi, als sie „datt renovirte werk geslagen" (Orgelabnahme), ergänzt und bestätigt diese Nachrichten. Diese von DANIEL MEYER reparierte Orgel zu St. Jacobi war gegen 1530 von CASPAR DYEMER aus Straßburg neu erbaut worden. Einzelheiten ihres Aufbaus sind nicht mehr erhalten. Über eine weitere Wirksamkeit DANIEL MEYERS in Göttingen selbst findet sich keine Spur. In den Kirchenrechnungen von St. Johannis erscheint sein Name nicht, und

---

[21] Mitteilung StA Marburg vom 4. 2. 1965.
[22] Die Nachricht hierüber verdankt Verf. Herrn Kirchenkreisarchivar BIELEFELD in Göttingen.

von den übrigen alten Kirchen der Stadt (St. Albani, Beatae Virginis, St. Nicolai, Pauliner- und Barfüßer-Kirche) sind Rechnungen aus dieser Zeit nicht mehr erhalten.

Landgraf MORITZ von Hessen, der nach seines Vaters Tode dessen musikalische Tradition unverändert fortsetzte, hielt nicht nur die Verbindung mit DANIEL MEYER aufrecht, sondern band ihn durch die Ernennung zum Hoforgelmacher an sein Haus. Die Ernennungsurkunde, die in dreifacher Ausfertigung im Marburger Staatsarchiv aufbewahrt ist, bedient sich zwar in den allgemeinen Dienstanweisungen derjenigen Floskeln, die in unzähligen anderen Urkunden dieser Art mit ermüdender Gleichförmigkeit wiederkehren; doch wegen der aufschlußreichen Besonderheit speziell für den Hoforgelmacher sei sie dennoch ungekürzt wiedergegeben:

„Wir MORITZ vonn Gottes gnadenn Landtgrave zue Heßen, Grave zu Cazenelnpogenn, Diez, Ziegenhain unndt Nidda etc. Thun Kundt hieran offendlich bekennendt, das wir unsernn Liebenn getreuenn, DANIELN MEYERN zu unnserm Diener und Orgellmacher gnediglichen besteldt, uf: und angenommen habenn, und thun solches hiermit und in Crafft dieses brieffes, also unnd derogestaldt, das es unnser Diener unndt Orgelmacher sein, alhier zu Caßell seine Wonung anstellen und habenn, uf alle unnd jede unnsere Orgeln, Instrumenta und was denselbenn anhengt, So wir Izo Inn unser Schloskirchen alhier und sonnsten anderswo Inn unsern Schloßkirchen und Heusernn haben, oder kunfftig einkeufen oder machen laßenn möchten, Inn seiner aufsicht haben und zusehenn, das sie Inn Irem gangbaren weßenn erhalten werden unnd nitt verderbenn, wie er dann auch alle solche Orgelnn Instrumenta und Irenn anhang so Je bißweilen bawfellig werdenn, gegen nachvolgende und keine andere besoldung jederzeit zum fleißigstenn wider anrichtenn und verbeßern solle, Was wir aber von newen stucken bey Ime bestellenn und machen laßen wurden, dieselben wollenn wir Ime Jederzeit Im geburlichem billichem Werth wie wir uns deswegen mit Ime vergleichen bezahlen laßenn, Unnd soll sonnsten uns Trew, holdt, gehorsamb und gewerttig sein, unnsern schaden alzeit Treulich warnen, frommen und bestes fordern unnd werbenn, und sonnsten Inn gemein alles das Jenige thun und außrichten soll, was ein getreuer Orgelmacher und Diener seinem Herrn zuthun schuldig undt pflichtig ist, Inmaßen er uns solches gelobt einen Leiblichen Eidt zu Gott und seinem heiligen wordt geschworen und deßenn seinen Reversbrieff ubergeben hatt. Darendtgegen und vonn solches seines dienstes wegen sollenn und wollenn wir Ime Jerlich und eines Jeden Jars besondernn, Aldieweill diese unsere bestallung wehret, Funffzigk gulden Ieden zue 26 alb. durch unserm Cammerschreiber, Kornn vier viertell, Gersten drey viertell, durch unnsern Fruchtschreiber, Hemell viere durch unsernn Kuchenmeister, und die gewonnliche Hoff Cleidung des Jars einmahl durch unsern Hoffschneider, desgleichen die Cost zu hoffe oder ein Deputat darvor wie wir daßelbige andern unsern Werckmeisternn gebenn, endtrichten laßen.

Deß zu Urkundt habenn wir uns mit eigen handen unnderschriebenn, unndt unnser Furstlich secret hieruf truckenn laßenn, Gebenn und geschehenn zu Caßell Am Ersten Januarij Anno Dominj 1595:

MORITZ

Da DANIEL MEYER bereits 1597 starb, erfreute er sich nur zwei Jahre dieser Stellung. Näheres über von ihm während dieser Zeit ausgeführte Arbeiten ist bisher nicht bekannt. Ob DANIEL MEYER tatsächlich, wie es die Bestallungsurkunde vorschreibt, seinen dauernden Wohnsitz nach Kassel verlegte, ist unklar. Wie eingangs erwähnt, führen ihn die Kämmereiregister von Göttingen bis zu seinem mutmaßlichen Tode 1597 unverändert als Hausbesitzer in der Jüdenstraße. Niemals findet sich neben seinem Namen der Vermerk über einen auswärtigen Aufenthalt, wie das sonst dort in anderen Fällen mit großer Genauigkeit registriert ist. Selbst seine Witwe bewohnt noch im Jahre nach seinem Tode dieses Haus. Die von ZULAUF als feststehende Tatsache aufgestellte Behauptung, MEYER sei in Kassel verstorben, erscheint durch die Gegenprobe mit dem Göttinger Kämmereiregister zumindest fraglich.

Für die fachliche Einschätzung DANIEL MEYERS als Orgelbauer stehen nur ein einziges Instrument, ein paar Orgelbauverträge und etliche weitere vage Angaben zur Verfügung. Doch ist es wohl nicht zu hoch gegriffen, ihn als einen kunstfertigen Meister seines Faches zu bezeichnen. Den Gesamtumfang seines Schaffens auch nur annähernd zu erfassen, ist wegen der Dürftigkeit der Quellen unmöglich. Es ist unwahrscheinlich, daß er in den mehr als zwei Jahrzehnten seiner Wirksamkeit lediglich die urkundlich nachgewiesenen Orgeln erstellt haben sollte; das gilt besonders für die Jahre zwischen 1575 und 1586, aus denen wir bisher ohne Nachricht sind.

Die überlieferten Dispositionen seiner Orgeln, die zudem weitgehend die Wünsche seines Auftraggebers widerspiegeln, enthalten zu wenig charakteristische Merkmale, um ihn einer bestimmten Orgelbautradition zuzuordnen – wenn überhaupt man einen Orgelbauer so früher Zeit in solche Kategorie pressen darf. Sein Lehrmeister ist ebensowenig bekannt wie etwaige Schüler, durch die er eine besondere „Schule" begründet hätte. Ungewöhnliche Details und knifflige Kleinarbeiten scheinen seiner Fähigkeit und seinen Neigungen weitgehend zu entsprechen. Vielleicht wird man DANIEL MEYER am ehesten gerecht, wenn man ihn im Kreise seiner zeitgenössischen Berufskollegen als einen individuell geprägten Einzelgänger bezeichnet.

Ohne Zweifel hat MEYER auch Cembali und Clavichorde, vielleicht auch Regale gebaut. Einschlägig orientierte Leser darauf hinzuweisen, daß es früher keinen Orgelbauer gab, der nicht auch „Instrumente" gebaut hätte, hieße Eulen nach Athen tragen. Ob er wohl gelegentlich auch Violen und Lauten reparierte (was in der Geschichte des Instrumentenbaues vielfach bezeugt ist), entbehrt zwar des urkundlichen Nachweises, wäre ihm aber wegen seiner Geschicklichkeit für subtile Holzarbeiten durchaus zuzutrauen. Irgendwelche Organistendienste, wie sie zahlreiche Orgelbauer nebenher versahen[23], scheint DANIEL MEYER nicht ausgeübt zu haben; jedenfalls erwähnt die Kirchenrechnung von 1592 bei der Abnahme der renovierten St.-Jacobi-Orgel einen besonderen Organisten.

Eine merkwürdige Namensduplizität könnte Mißverständnisse verursachen: LÜTGENDORFF[24] verzeichnet einen „Zitherbauer DANIEL MEYER" in Lübeck, der laut einem Eintrag vom 22. August 1600 im dortigen Niederstadtbuch um 1597 nach Riga reiste und dort verstarb, nachdem er zuvor eine EMERENTIA OLENDORP[25], verwitwete LAMPE, geheiratet hatte. Die auffällige Gleichheit nach Vor- und Nachnamen wie nach Beruf beider Männer gab Anlaß zu näherer Prüfung. Ob man „Cythermacher" als Hersteller von Cistern oder als Cembalobauer (Cyther = Clavicytherium) deutet, ist in diesem Zusammenhang unwesentlich. Trotz der annähernd gleichen Zeitspanne des Ablebens beider Instrumentenmacher schließen

---

[23] Z. B. PAUL GERMER aus Schleusingen, der 1543 die Schwalbennestorgel in St. Johannis zu *Göttingen* erbaute (PRAETORIUS, *Syntagma* II, S. 116; 1646 durch CHRISTOPH WEISS aus Schwarza der großen Orgel einverleibt), war über 10 Jahre lang auch Organist an dieser Kirche, genau wie sein Nachfolger, der Orgelbauer JOST PAPE (HART, a.a.O.).

[24] WILLIBALD LEO FREIHERR VON LÜTGENDORFF, *Die Geigen- und Lautenmacher vom Mittelalter bis zur Gegenwart*. Frankfurt a. M. 1904, 5. u. 6. Aufl., Band I und II, 1922.

[25] So deutlich lesbar der Name in vorliegender Ablichtung des Eintrages (StA Lübeck, 21. 12. 1972); nicht, wie bei LÜTGENDORFF unkorrekt, „ERNESTINE CLENDORP"!

die so weit auseinanderliegenden Sterbeorte eine Identität mit Sicherheit aus. Daß im Jahre 1532 ein BENEDICTUS MEYER, ausgerechnet aus Lübeck stammend, das Göttinger Bürgerrecht erwarb[26], setzt zwar müßigen Spekulationen, über diesen eine Verwandtschaft zu DANIEL MEYERS Vater HERMANN und somit eine Verbindung nach Lübeck zu mutmaßen, keine Grenze, – aber von stichhaltigen Beweisen kann keine Rede sein.

## ANHANG: JÖRG WEISSLAND

Die Tätigkeit von JÖRG WEIS(S)LAND(T) als Orgelbauer wurde anscheinend bisher noch nicht zusammenhängend erforscht. Die nachfolgenden verstreuten Quellen- und Literaturhinweise geben einige vage Auskünfte über seine Person:

1. Staatsarchiv Marburg:
Anstellungsvertrag mit JÖRG WEISSLAND als fürstlicher Hoforgelbauer vom 1. September 1597. [Vom Verfasser eingesehen.]

2. FERDINAND CARSPECKEN, *Fünfhundert Jahre Kasseler Orgeln*, Kassel 1968, S. 26/27 (im Auszuge):
„1596 und 1597 versuchte Landgraf MORITZ vergebens, die Einwilligung OCTAVIAN FUGGERS in Augsburg zum Wechsel HANS LEO HASSLERS, der bei ihm als Organist und Komponist tätig war, an den landgräflichen Hof zu erhalten. [...]
Vielleicht zum Ausgleich seiner Ablehnung vermittelte er ihm den Orgelbauer GEORG WEISSLAND als Nachfolger des inzwischen verstorbenen Hoforgelbauers DANIEL MEYER. WEISSLAND hatte vorher im Land Braunschweig Orgeln gebaut, außerdem dem Bischof von Würzburg ein Orgelwerk geliefert". – CARSPECKEN erwähnt gleichfalls die auf den 1. September 1597 datierte Ernennungsurkunde. „WEISSLAND erwarb ein Haus in der Brinkgasse (dem späteren (‚Graben‘). Bis zu seinem Tode 1634 war er Hoforgelbauer. In den Kasseler Kirchen ist GEORG WEISSLAND nicht als Orgelbauer tätig geworden. – 1606 besserte er die Schloßkirchenorgel in *Schmalkalden* aus. Diese war 1586/87 von DANIEL MEYER (Göttingen) erbaut worden."

3. CHRISTIANE BERNSDORFF-ENGELBRECHT, *Kasseler Orgelbaugeschichte;* in: AOl 1, 1967, 2. 117:
„Nachfolger des Göttinger Orgelbauers DANIEL MEYER wurde GEORG WEISLAND („Meister GEORGE"). Er kam aus Augsburg von den Fuggern, mit denen MORITZ in regem Briefwechsel stand. GEORG WEISLAND (gestorben um 1630) baute zwischendurch auch Instrumente für die Herzogin ELISABETH zu Braunschweig-Wolfenbüttel und für den Würzburger Bischof. Wieweit er bei dem Bau der SCHERERorgeln mitgewirkt hat, läßt sich schwer feststellen."
[Bem. d. Verf.: Die Autorin gibt leider keinen Quellennachweis für die mitgeteilten wichtigen Fakten.]

4. GOTTFRIED REHM, *Orgelbauer und ihre Arbeiten in den Kreisen Fulda und Schlüchtern;* in: AOl 8, 1974, S. 114:
„WEISSLANDT, JÖRG (Rotenburg/Fulda) 1610 Nb Stadtpfarrkirche *Fulda*."

5. ERNST FRITZ SCHMID/FRANZ BÖSKEN: *Die Orgeln von Amorbach*, Mainz ²1963, S. 15:
„Im Jahre 1611 hatte bereits der Domdechant JOHANN KOTTWITZ VON AULENBACH 1000 fl für eine Orgel [scil. im Dom zu *Würzburg*] gestiftet, aber man war einem fahrenden Genie aus Kassel bei Mainz (Mainz-Kastel), JÖRG WEISSLAND, zum Opfer gefallen und verlor sogar die vorgeschossenen 750 fl."

---

[26] KELTERBORN, a.a.O., S. 132.

[Bem. d. Verf. Die Hypothese, WEISSLAND sei ein fahrendes Genie aus Mainz-Kastel, ist irrig. Tatsächlich ist er unzweifelhaft Hessen-Kasseler Hoforgelbauer.]

6. HERMANN FISCHER, *Die Beziehungen Mainfrankens zu anderen Orgelbaulandschaften;* in: AOl 3, 1969, S. 15 [Die NIEHOFF-ORGEL im Dom zu *Würzburg*]:

„1611 verhandelte man mit drei anderen Meistern; [...] schließlich mit JÖRG WEISSLANDT aus Kassel, der es verstand, den Auftrag und damit auch die Anzahlung zu erhalten. WEISSLANDT hatte zuvor in *Fulda* eine Orgel erbaut, von wo er auch sein Handwerkzeug abholen ließ. Seine Arbeit enttäuschte, die gegebenen Vorschüsse waren verloren; daran änderte auch die zeitweilige Inhaftierung des Orgelmachers nichts mehr."

7. ERNST ZULAUF, *Beiträge zur Geschichte der Landgräflich-Hessischen Hofkapelle bis auf die Zeit Moritz des Gelehrten;* in: Zs. d. Ver. f. hessische Geschichte u. Landeskunde, Neue Folge, Bd. 16, Kassel 1903:

„Inventarium der Hofkapelle 1613. [...]
1 klein Instrument, so Meister GEORGE gemacht
1 Instrument, so Meister GEORGE gemacht undt uff der f. Hochschuell gebraucht wird."
[Bem. d. Verf.:,,Instrument"hier natürlich noch im Sinne von,,Clavichord". Ein Beweis mehr unter vielfachen Zeugnissen, daß die Orgelbauer damaliger Zeit selbstverständlich auch besaitete Tasteninstrumente fertigten.]

GÜNTER HART

Daniel Meyer – Organ Builder in Göttingen

A survey of the influence of the Göttingen organ builder, DANIEL MEYER, (ca. 1545–1597) enlarges our knowledge of organ building towards the end of the 16th century beyond the boundaries of southern Hanover and the north Hessian region. In view of the not very abundant source material from this period, research has produced relatively full information about MEYER's work. His significance lies not in epoch making novelty of tonal specification or technical design, but rather in the artistic integrity of design in his small organs. His organ in the chapel of Schloss Wilhelmsburg, by *Schmalkalden* which has been preserved and restored, is not only the oldest historic organ in Thuringia, but is of general importance as one of the few surviving productions anywhere of organ building of this period.

GÜNTER HART

Daniel Meyer, facteur d'orgues à Göttingen

L'étude des travaux de l'organier DANIEL MEYER (1545?–1597) de Göttingen ouvre des horizons nouveaux en matière de facture d'orgues vers la fin du XVIe siécle dans l'aire du nord de la Hesse et du sud du Hanovre, et même au-delà. Les sources d'époque sont rares, mais leur étude systématique a fourni des résultats relativement féconds sur l'activité de D. MEYER. Celui-ci n'est certes pas l'auteur d'innovations décisives dans le domaine des sonorités, de la composition ou de l'agencement technique; mais possédant une saine vue de l'ensemble, il a su donner à ses petits instruments un authentique cachet artistique. Son orgue (restauré) de la chapelle du château de Wilhelmsburg près de *Smalkalde* (1585) est le plus ancien orgue historique de Thuringe; il est même l'un des rares survivants de son temps. Ce titre lui confère une importance exemplaire.

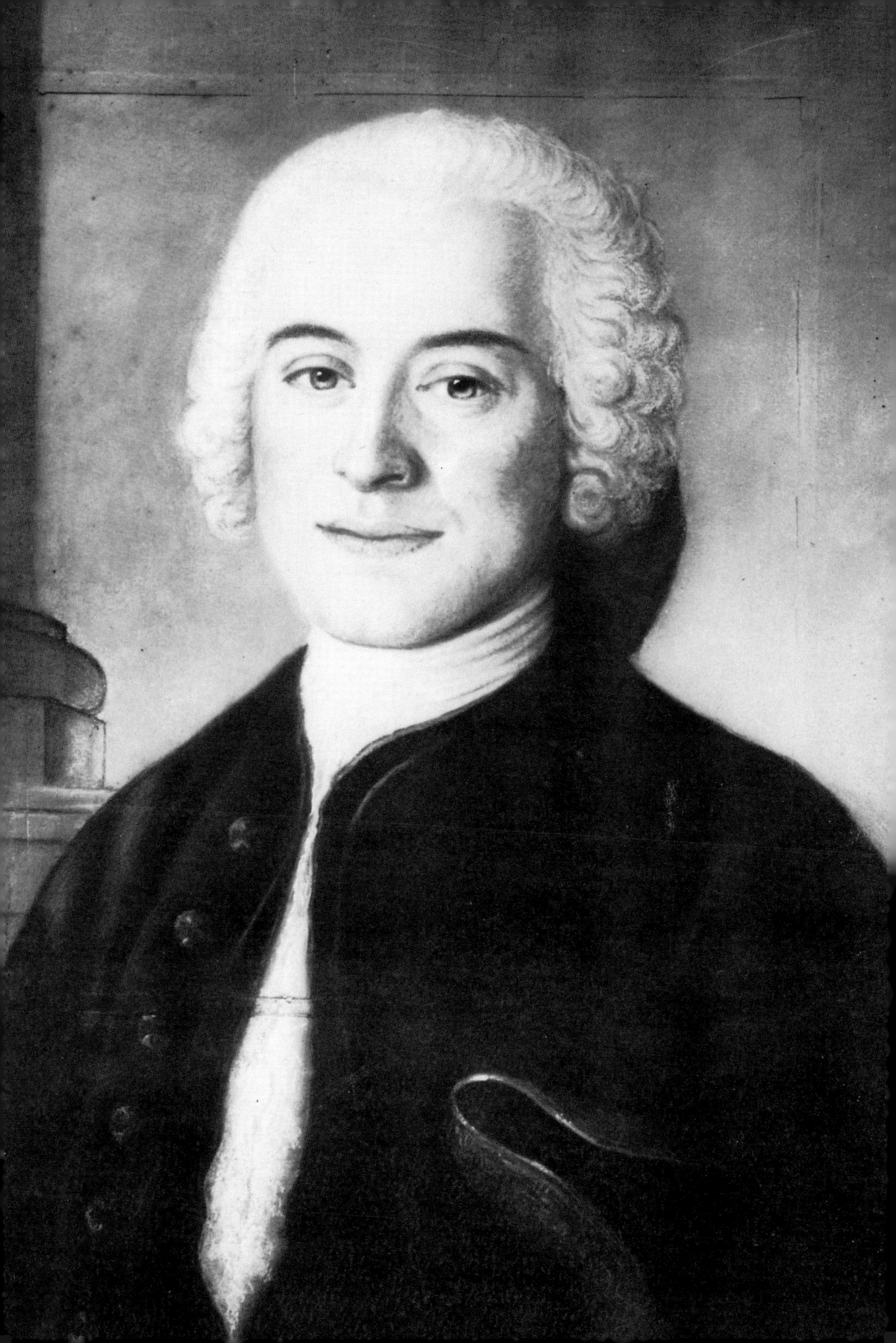

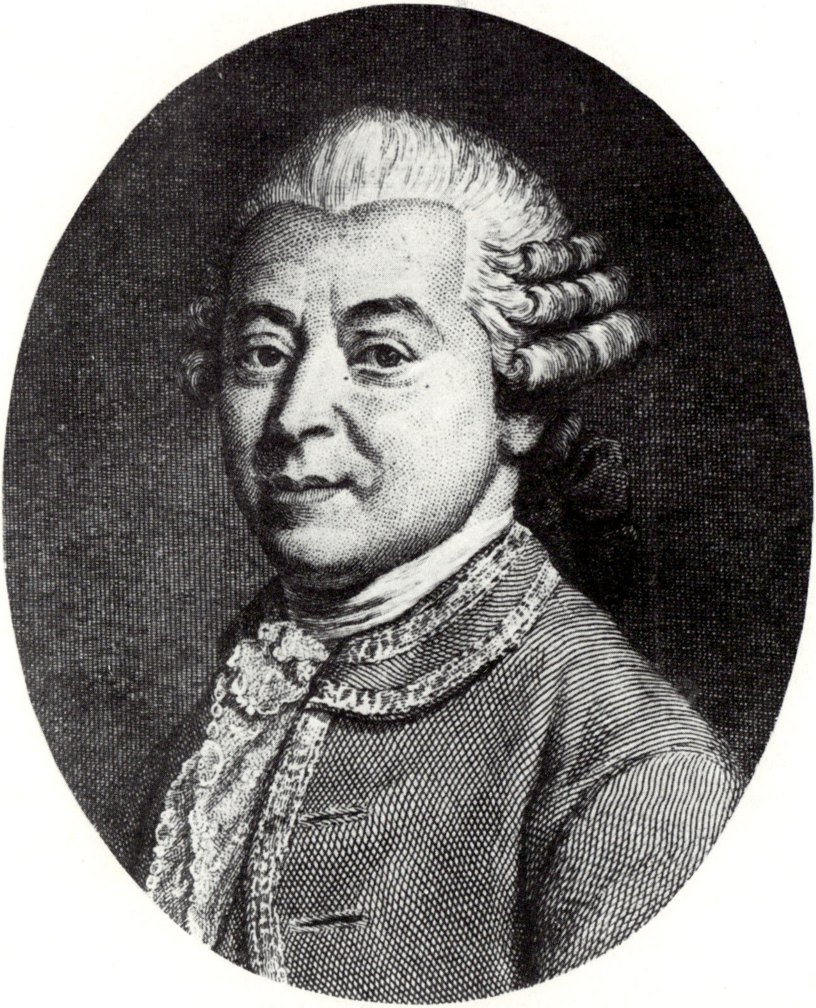

P. Meyer-Siat

# Die Silbermann-Genealogie nach den Straßburger Akten

In Acta Organologica 3, Seite 101, steht vermerkt, daß die als Beilage in Mathias-Wörsching-Smets, *Die Orgelbauer-Familie Silbermann in Straßburg* veröffentlichte Silbermann-Familientafel Fehler enthält und daß früher oder später Berichtigungen erscheinen müßten. Folgende Genealogie ist nur anhand der Straßburger Akten (Kirchenbücher bis 1792; Standesamt ab 1793) verfertigt worden, ist also grosso modo nur gültig von 1708 bis etwa 1873. Nach diesem Datum waren sowieso fast alle Nachkommen Silbermanns nach Innerfrankreich ausgewandert, wo wir nicht nachgeforscht haben, schon aus dem Grund, weil das Standesamt eigentlich erst nach 100 Jahren der Allgemeinheit zugänglich wird. Diese Straßburger Genealogie ist also nach oben und unten durch folgende Literatur zu vervollständigen:

Martin Vogeleis, *Quellen und Bausteine zu einer Geschichte der Musik im Elsaß*, Straßburg 1911, S. 587 ff.
E. Flade, *Der Orgelbauer Gottfried Silbermann*, Leipzig 1926
Mathias-Wörsching-Smets, *Die Orgelbauer-Familie Silbermann in Straßburg*, Mainz 1941 ff.
Werner Müller, *Auf den Spuren von Gottfried Silbermann*, Kassel 1968

Selbstverständlich kann auch diese Arbeit ergänzt werden. Vorläufig wollten wir nur – nach Rudolf Walters scherzhaftem Ausdruck – „einige falsche Schwiegersöhne Silbermanns umbringen".

---

28 (S. 135). Joh. Andreas Silbermann (1712–1783). Pastellbild von François Bernard Frey (1716 bis 1806), 1742. [Straßburg, Musée Rohan.]
29 (S. 136). Joh. Andreas Silbermann. Porträt von Joh. Georg Tanisch (Daniche, 1705 bis 1755), gestochen von Christophe Guérin.

Tabelle A

ANDREAS SILBERMANN (16. 5. 1678 – 16. 3. 1734); Orgelbauer

oo 13. 6. 1708 ANNA MARIA SCHMID (SCHMIDT, SCHMITT), * 4. 9. 1684, † 24. 11. 1745 (Inventar bei Notar ÖLINGER 7. 12. 1745 und 27. 1. 1746 mit einem Lehrvertrag, wonach JOH. ANDREAS und JOH. DANIEL sich verpflichten, ihrem jüngsten Bruder JOH. HEINRICH innerhalb 6 Jahren die Orgelbaukunst beizubringen); Tochter des Wagners CASPAR SCHMID.

13 Kinder:

| | | |
|---|---|---|
| 1. | ANNA MARIA | * 18. 3. 1709, † 19. 9. 1760 → Tab. B |
| 2. | JOHANN CASPAR | * 24. 11. 1710, † 28. 7. 1711 |
| 3. | JOHANN ANDREAS | getauft 26. 6. 1712 (Pfetter: JOHANN HEINRICH VIGERA, Handelsmann), † 11. 2. 1783; Orgelbauer → Tab. C |
| 4. | GOTTFRIED | * 5. 4. 1714, † 5. 2. 1715 |
| 5. | JOHANN FRIEDRICH | * 5. 12. 1715, † 28. 10. 1717 |
| 6. | JOHANN DANIEL | * 31. 5. 1717, † 9. 5. 1766 in Leipzig (W. MÜLLER, S. 221); Orgelbauer. |
| | | oo 6. 3. 1748 MARIA ELISABETH BÄER, † 13. 9. 1750 in Sulz (Oberelsaß). |
| | | 1 Sohn: LUDWIG * 18. 8. 1749, † 12. 11. 1750 |
| 7. | ANNA MARGARETA | * 16. 10. 1718, † 17. 2. 1720 |
| 8. | JOHANN CASPAR | * 18. 8. 1720, † 20. 2. 1721 |
| 9. | JOHANN JACOB | * 15. 1. 1722, † 23. 3. 1722 |
| 10. | GOTTFRIED | * 15. 1. 1722, † 2. 5. 1762; Orgelbauer (am 7. 12. 1745 erwähnt als Miniaturmaler in Paris) |
| 11. | MARIA CLEOPHE | * 14. 4. 1723 (Pfetter: GOTTFRIED SILBERMANN, Orgelbauer zu Freiberg i. Sa., an dessen Stelle CONRAD HÜTTNER unterschreibt; Göttel: MARIA MAGDALENA, des MATTHÄI EDEL, des Glockengießers, Gattin), † 19. 5. 1723 |
| 12. | JOHANN MICHAEL | * 8. 3. 1726, † 17. 4. 1729 |
| 13. | JOHANN HEINRICH | * 24. 9. 1727 (Pfetter: JOHANN CHRISTOPH FRAUENHOLTZ, Capellmeister), † 15. 1. 1799; Orgelbauer → Tab. E |

Tabelle B

ANNA MARIA SILBERMANN (1709–1760)

1. oo mit PHILIPP JACOB NACKEN, † vor dem 10. 5. 1748
mindestens 2 Kinder:
1. ANNA Maria NACKEN
2. JOHANN DANIEL NACKEN * April 1737, † 12. 7. 1767
      oo 12. 10. 1763 EVA BARBARA SCHÄTZEL; Tochter des ABRAHAM SCHÄTZEL
      mindestens 2 Kinder:
      1. MARIA MAGDALENA NACKEN, * Dezember 1766, † 10. 1. 1767
      2. JOHANN DANIEL NACKEN, * Dezember 1767, † 28. 2. 1768

2. oo 16. 1. 1752 JOHANN ADAM SAUM, * März 1699, † 1. 5. 1761; Sohn des Seilers CHRISTOPH SAUM und der AURELIA RENCHER

---

Datierung der Unterschriften-Faksimiles

(1) ANDREAS SILBERMANN: 26. 6. 1712 (Taufeintrag JOHANN ANDREAS SILBERMANN)
(2) JOHANN DANIEL SILBERMANN: 27. 1. 1746 (Inventar bei Notar ÖLINGER)
(3) GOTTFRIED SILBERMANN: 1. 4. 1752 (notarieller Akt)
(4) JOHANN ANDREAS SILBERMANN: 27. 1. 1746 (Inventar bei Notar ÖLINGER)
(5) JOHANN DANIEL SILBERMANN: 3. 5. 1769 (Sterbeeintrag ANNA SALOME MANNBERGER)
(6) JOHANN JOSIAS SILBERMANN: 22. 3. 1786 (Taufeintrag JOHANN ANDREAS SILBERMANN)
(7) JOHANN ANDREAS SILBERMANN: 3. 5. 1769 (Sterbeeintrag ANNA SALOME MANNBERGER)
(8) JOHANN HEINRICH SILBERMANN: 14. 5. 1783 (Heiratseintrag JOHANN ANDREAS SILBERMANN)
(9) JOHANN FRIEDRICH (FREDERIC) SILBERMANN: 30. 10. 1800 (Heiratseintrag JOHANN HEINRICH SILBERMANN)
(10) JOHANN HEINRICH (JEAN HENRY) SILBERMANN: 30. 10. 1800 (Heiratseintrag JOHANN HEINRICH SILBERMANN)
(11) GUSTAVE RODOLPHE HENRI SILBERMANN: 9. 7. 1829 (Heiratseintrag)

Tabelle C

Abb. 28, 29, S. 135f.

JOHANN ANDREAS SILBERMANN (1712–1783); Orgelbauer

1. oo 22. 8. 1742 (Neue Kirche) ANNA SALOME MANNBERGER (MAMBERGER), * 15. 11. 1725, † 3. 5. 1769; Tochter des Langmesserschmieds JOHANN NIKOLAUS MANNBERGER und der ANNA SALOME FÜSSINGER

9 Kinder:

| | |
|---|---|
| 1. JOHANN ANDREAS | * 16. 6. 1743, † 14. 6. 1744 |
| 2. JOHANN DANIEL | * 2. 10. 1745 (Pfetter: JOHANN DANIEL SILBERMANN und JOHANN FRIEDRICH MANNBERGER, Handelsmann), † 2. 8. 1770 in Basel |
| 3. MARGARETA SALOME | * 17. 7. 1749, † 6. 5. 1750 |
| 4. MARGARETA SALOME | * 21. 12. 1750, † 23. 1. 1760 |
| 5. JOHANN ANDREAS | * 14. 12. 1752, † 28. 3. 1794 (in der Ill ertrunken aufgefunden) → Tab. D |
| 6. CATHARINA DOROTHEA | * 1. 11. 1754, † 22. 12. 1763 |
| 7. JOHANN GOTTFRIED | * 21. 1. 1758, † 2. 4. 1758 |
| 8. GOTTFRIED | * 4. 1. 1760, † 6. 7. 1762 |
| 9. JOHANN JOSIAS | * 17. 2. 1765 (Pfetter: Prof. Dr. JOHANN PFEFFINGER), † 3. 6. 1786; Orgelbauer |

2. oo 4. 2. 1772 ANNA ELISABETH SCHATZ, * 1724 in Traubach (Oberelsaß), † 10. 3. 1808; Tochter des JOHANN JACOB SCHATZ („Gymnasiarcha et Bibliothecarius") und der ANNE MARGUERITE ARNOLD

Laut Schuldschein vom 26. 2. 1791 in Buchsweiler hatte Frau SILBERMANN, geborene SCHATZ, dem Prinzen von Hessen-Darmstadt 6000 livres geliehen. Am 27. nivôse 3 (16. 1. 1795) verlangte sie vom Direktorium Straßburg die vom 26. 2. 1793 bis 26. 2. 1794 fälligen Zinsen (1 L 545, Nr. 44 567). Sie erhielt die 400 Livres zugesagt.

Tabelle D

JOHANN ANDREAS SILBERMANN (1752–1794)

oo 14. 5. 1783 ANNE ELISABETH KARTH, * um 1765, † nach 1825; Tochter des JOHANN NICLAUS KARTH (dessen Schwester CATHARINA SALOME die Gattin des Dr. PFEFFINGER war) und der MARIE ELISABETH MYLIUS

4 Kinder:
1. JOHANN HEINRICH    * 17. 11. 1784
2. JOHANN ANDREAS    * 22. 3. 1786, † vor 1825 (nicht in Dorlisheim); „marchand de rubans" in Paris
   oo 10. 7. 1813 SOPHIE FRÉDÉRIQUE GRAFFENAUER, * 13. 4. 1792, † 12. 9. 1865 in Straßburg; Tochter des Händlers JOHANN DANIEL GRAFFENAUER († 21. 10. 1805) und der MARGARETA ELISABETH REDSLOB († nach 1813)
   4 Kinder:
   1. Totgeboren 23. 2. 1815
   2. JEAN ANDRÉ EMILE, * 31. 5. 1816, † nach 1825
   3. SOPHIE EMILIE, * 6. 3. 1818, † 8. 12. 1819
   4. Totgeboren 30. 11. 1819
3. CARL DANIEL    * 4. 6. 1788
4. FRIEDRICH THEODOR    * 14. 7. 1790, † 5. 6. 1816 in Paris (an Schwindsucht)

Tabelle E

Johann Heinrich Silbermann (1727–1799); Orgelbauer

oo 17. 8. 1757 (in der Neuen Kirche) Catharina Margareta Mossetter (Mosseder), * 25. 4. 1736 (Alt St.-Peter), † 26. 3. 1796; Tochter des Weinhändlers und Küfers Johann Jacob Mossetter (oo 20. 4. 1735 in Alt St.-Peter; Sohn des Georg Samuel Mossetter) und der Catharina Margareta (oder Maria Catharina) Schüch

5 Kinder:
1. Catherine Henriette * 9. 1. 1759, † 16. 4. 1833
   oo 25. 8. 1783 Jean Müller, * 1754 in Gertweiler, † 30. 1. 1847; Pfarrer in Gundershofen, dann hauptamtlich am Direktorium in Straßburg; Sohn des Schulmeisters Jean George Müller und der Marie Madeleine Wilhelm (in Gertweiler)
   1 Sohn:
   Jean Henri Müller, * 1784, † nach 1847; Händler
2. Johann Heinrich * 3. 6. 1760 (Pfetter: Dr. med. Joh. Pfeffinger, Prof. anat.), † 15. 4. 1762
3. Johann Friedrich * 21. 6. 1762, † 9. 3. 1805 (geisteskrank); Organist (St-Thomas), Cembalo- und Fortepianomacher
4. Friederica Magdalena * 19. 12. 1768, † nicht in Straßburg
   oo 17. 9. 1794 Philippe Jacques Strohl, * 13. 4. 1767, † nicht in Straßburg; Pelzhändler; Sohn des Pelzhändlers Johann Daniel Strohl und der Marie Esther Finckenbein
   2 Kinder in Straßburg:
   1. Philippe Théodore Strohl, * 12. 7. 1796
   2. Frédérique Emilie, Strohl, * 3. 12. 1797
5. Johann Heinrich * 16. 7. 1771, † 16. 3. 1823 (Schwindsucht); Buchdrucker und (schon 1805) Sekretär des Direktoriums → Tab. F

Tabelle F

JOHANN HEINRICH SILBERMANN (1771–1823)

oo 30. 10. 1800 MARIE FRÉDÉRIQUE SALTZMANN, * 17. 9. 1783, † 7. 11. 1839; Tochter der MARGUERITE SALOME MÜLLER und des FRÉDÉRIC RODOLPHE SALTZMANN (* 1749 zu Markirch [Sainte-Marie-aux-Mines], † 7. 10. 1821 in Straßburg; Schriftsteller; Sohn des Pfarrers JOHANN RUDOLPH SALTZMANN und der MARIE ELISABETH SAUR)

2 Söhne:
1. GUSTAVE RODOLPHE HENRI * 26. 8. 1801, † 13. 6. 1876 in Paris (nach SITZMANN, S. 780); Jurist, Buchdrucker, Chevalier de la Légion d'Honneur
oo 9. 7. 1825 MARIE CATHERINE CHATELARD, * 23. 12. 1804 in Bologna, † 2. 3. 1872 in Straßburg; Tochter der HENRIETTE JACOBÉE DOROTHÉE ETTLINGER und des BARTHÉLEMI LOUIS CHATELARD (* 1771; 1825 war er Oberst)
3 Töchter:
1. FRÉDÉRIQUE HENRIETTE PAULINE, * 23. 12. 1826, † 10. 8. 1839
2. MARIE MATHILDE, * 13. 2. 1834, † 1921 in Paris (?) → Tab. G
3. JENNY CONSTANCE, * 1. 3. 1838, † 25. 2. 1840
2. FRÉDÉRIC PAUL EDOUARD * 19. 3. 1806, † 1878 in Paris (?); Jurist; 1833 ist er Sous-préfet in Saint-Omer.
oo CAMILLE FERAY
1 Tochter in Straßburg geboren:
CAMILLE HENRIETTE VALENTINE, * 23. 10. 1833

Tabelle G

MARIE MATHILDE SILBERMANN (1834–1921)

oo 2. 7. 1857 EDMOND HENRI DAVID HARTUNG, * 19. 8. 1819 → Tab. H
2 Töchter in Straßburg:
1. MARGUERITE MARIE MATHILDE HARTUNG   * 9. 4. 1858
2. MARGUERITE HARTUNG                   * 18. 5. 1860, † 12. 1. 1946 in Cosne (Nièvre)

Für das Weitere sind wir nicht mehr zuständig: Wir entnehmen es der Stammtafel in WÖRSCHING-SMETS, und zwar dem SILBERMANN-Archiv zuliebe, das eben in dieser JOHANN-HEINRICH-Linie vererbt wurde, und nicht in der Linie des JOHANN ANDREAS, der diese fünf Hefte verfaßt hat. Aus der Ehe HARTUNG - MARIE MATHILDE SILBERMANN soll 1872 in Marseille ein Sohn ÉMILE entsprossen sein (der 1916 in Verdun fiel). Dieser wiederum soll von MARIE MAYDIEU (* 1878 in Bordeaux, † 1948 in Paris) einen Sohn BERTRAND HARTUNG (* 1900 in Versailles, gefallen 1940) gehabt haben, der sich mit CHARLOTTE MALLET vermählte, in deren Besitz sich das SILBERMANN-Archiv um 1942, bei Veröffentlichung des MATHIAS-WÖRSCHING-SMETS, befand. CHARLOTTE MALLET war die Tochter des EMILE GEORGES MALLET (1854 – 6. 9. 1930; vgl. den warmen Nachruf, den ihm MATHIAS in „Échos des Sanctuaires de Sainte-Odile", novembre 1930, S. 139, gewidmet hat).
Heute befindet sich das SILBERMANN-Archiv bei Madame PIERRE ROSETTI in Paris, die offenbar eine Tochter der Ehe BERTRAND HARTUNG – CHARLOTTE MALLET ist. Wir danken der Dame von Herzen für ihre freundliche Mitteilung vom 25. 1. 1974.

---

*Übersicht:*

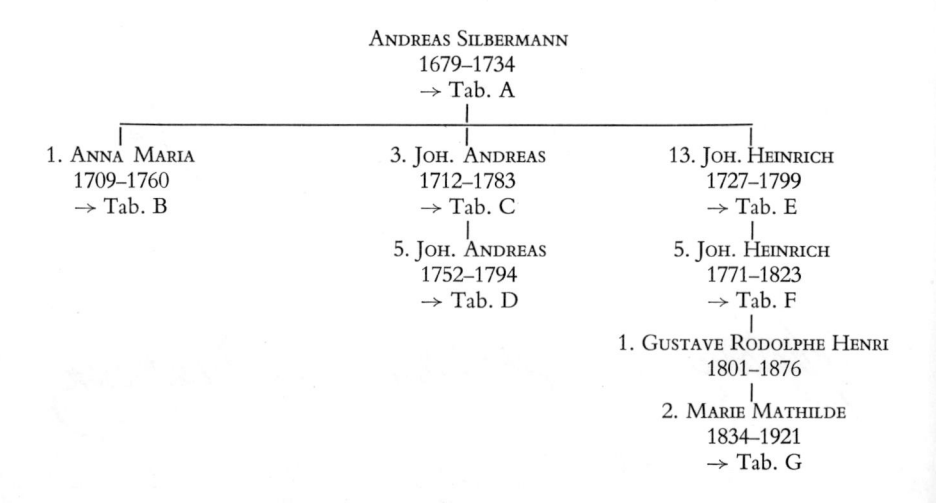

```
                        ANDREAS SILBERMANN
                            1679–1734
                            → Tab. A
        ┌───────────────────────┼───────────────────────┐
1. ANNA MARIA           3. JOH. ANDREAS           13. JOH. HEINRICH
   1709–1760               1712–1783                  1727–1799
   → Tab. B                → Tab. C                   → Tab. E
                              │                          │
                        5. JOH. ANDREAS           5. JOH. HEINRICH
                           1752–1794                  1771–1823
                           → Tab. D                   → Tab. F
                                                        │
                                              1. GUSTAVE RODOLPHE HENRI
                                                     1801–1876
                                                        │
                                                 2. MARIE MATHILDE
                                                      1834–1921
                                                      → Tab. G
```

Tabelle H

[Diese Tabelle, immer anhand der Straßburger Akten, ist nicht „deszendent", wie die anderen, sondern „aszendent".]

Bei seiner Verheiratung am 2. 7. 1857 war EDMOND HENRI DAVID HARTUNG, „chef d'escadron à l'état-major" (Stabsmajor), „officier de la Légion d'Honneur, décoré de l'Ordre de Medjidié et de la médaille de la reine d'Angleterre" (1860 war er schon Oberstleutnant). Er und sein Bruder CHARLES FRÉDÉRIC AUGUSTE HARTUNG (* 10. 11. 1820) waren die zwei Söhne des Dr. med. CHRÉTIEN ALOÏSE HENRI ADAM FRANÇOIS HARTUNG, „chevalier de la Légion d'Honneur, médaille de Sainte-Hélène" (* 24. 12. 1785, † 3. 12. 1860), der sich am 20. 12. 1817 mit MARGUERITE SALOME KUSIAN (* 24. 8. 1796, † 6. 3. 1858) vermählt hatte. Letzterer ist in Mayen (Eifel) geboren, als Sohn des am 11. 1. 1812 in Mayen verstorbenen Geheimrats am kurfürstlichen Hof zu Trier JOHANN PHILIPP HARTUNG und der am 26. 4. 1792 in Mayen verstorbenen ANNE MARIE OSTERMANN.

Von MARGUERITE SALOME KUSIAN (1796–1858) haben wir drei Geschwister gefunden:
1. MARIE DOROTHÉE KUSIAN  * 2. 9. 1791, heiratete am 20. 5. 1809 den am 8. 9. 1785 in Sarre-Union (Buckenom) geborenen HENRI HERRENSCHMID, den Sohn des Weißgerbers NICOLAS HERRENSCHMID und der MARGUERITE BÖLL; vermutlich stammt von ihm die heute in Straßburg wohlbekannte Familie der HERRENSCHMIDT ab
2. JEAN THÉOPHILE KUSIAN  * 23. 1. 1794, † 1. 8. 1799
3. SALOME CAROLINE KUSIAN  * 23. 4. 1802

Sie waren Kinder des im Juni 1756 zu Ossenfeld (westl. von Göttingen) vom Verwalter JACOB KUSIAN und dessen Gattin ANNE DOROTHEE MEYER geborenen JOHANN GOTTLIEB KUSIAN († 11. 8. 1817 in Straßburg) und der MARGUERITE SALOME GRIESBACH (* 17. 11. 1765, † 5. 1. 1836). Letztere war die Tochter des Nadelmachers GEORG FRIEDRICH GRIESBACH (* 1736, † nach 1796) und der MARIE SALOME KESSLER.


P. MEYER-SIAT

The Silbermann Family Tree, from the Strasburg Records.

All previously published family trees of the SILBERMANNS contain errors. For nearly twelve years the organ world has awaited corrections. Since they have not appeared, the author has decided on this publication.


P. MEYER-SIAT

La famille Silbermann selon l'état-civil de Strasbourg

Toutes les généalogies SILBERMANN publiées jusqu'ici contiennent des fautes. Depuis près de douze ans, le monde de l'orgue attend des rectifications. Comme cet état de choses ne peut durer indéfiniment, l'auteur s'est décidé à publier le résultat de ses recherches

WILLY WINTER

## Die Orgelbauerfamilie Wiegleb

Anhang: Dokumente zur Orgelgeschichte der Kreuzkapelle zu Kronach

Seit dem Erscheinen des Beitrages *Die Genealogie der Orgelmacher Wiegleb und ihr Schaffen in Franken, Württemberg und Rheinhessen* in AOl 7, S. 67 ff., konnten weitere Daten über diese Familie zusammengetragen werden.

Für die freundliche Unterstützung, die nicht unwesentlich zu den neuen Forschungsergebnissen beitrug, sei hier Pfarrer GEORG KUHR in Neuendettelsau und der Zentralstelle für Genealogie in Leipzig gedankt.

Den genealogischen Forschungsarbeiten stellen sich gerade bei dieser Orgelmacherfamilie außerordentliche Schwierigkeiten entgegen, da nicht nach der klassischen Methode geforscht werden kann. Das heißt, es muß von den Vorvätern auf die Nachkommen und nicht wie üblich, von den Nachkommen auf die Vorfahren geschlossen werden. Fehlende oder unvollständige Kirchenbucheintragungen sind weitere Erschwernisse.

Nach dem heutigen Stand der Nachforschungen stellt sich die Ahnentafel der WIEGLEB wie folgt dar:

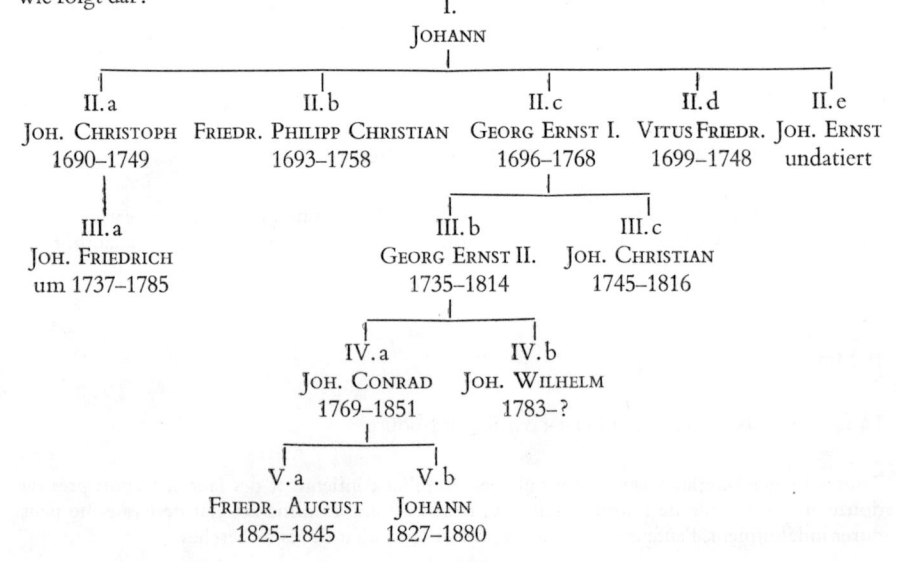

```
                                    I.
                                  JOHANN
        ┌─────────────┬─────────────────┬──────────────┬─────────────┐
       II. a          II. b            II. c          II. d         II. e
  JOH. CHRISTOPH  FRIEDR. PHILIPP CHRISTIAN  GEORG ERNST I.  VITUS FRIEDR.  JOH. ERNST
    1690–1749       1693–1758           1696–1768      1699–1748     undatiert
        │                                    ┌──────────────┤
       III. a                              III. b          III. c
  JOH. FRIEDRICH                      GEORG ERNST II.   JOH. CHRISTIAN
   um 1737–1785                         1735–1814        1745–1816
                                             │
                                     ┌───────┴───────┐
                                    IV. a           IV. b
                                JOH. CONRAD     JOH. WILHELM
                                 1769–1851        1783–?
                                     │
                             ┌───────┴───────┐
                            V. a             V. b
                       FRIEDR. AUGUST      JOHANN
                        1825–1845         1827–1880
```

Zu den neuen Daten über die Tätigkeit des einen oder anderen Angehörigen dieser Familie kommen nun in der 2. Generation noch zwei weitere Orgelmacher WIEGLEB. Der in Amsterdam tätige VITUS FRIEDRICH (II.d) konnte in der obigen Ahnentafel auf den richtigen Platz gestellt werden, ebenso sein Bruder JOHANN ERNST (II.e).
In der fünften Generation waren zwei Söhne des JOHANN CONRAD (IV.a) zu ermitteln. Beide erlernten das Orgelmacherhandwerk und lebten bis zu ihrem Tod in Schney. Es sind die Söhne FRIEDRICH AUGUST (V.a) und JOHANN (V.b). Während FRIEDRICH AUGUST schon im Alter von 20 Jahren verstarb, führte sein um zwei Jahre jüngerer Bruder wohl die väterliche Werkstatt fort.

## I. JOHANN WIEGLEB

Dieser Orgelmacher, der vorläufig als Stammvater dieser weitverzweigten Kunsthandwerkerfamilie angesehen werden muß, ist mit größter Wahrscheinlichkeit ein Sohn des Schulmeisters MARTIN WIEGLEB, der von 1658 bis 1695 in Pferdingsleben bei Gotha lebte. Eine Forschungsreise nach Pferdingsleben[1] trug zwar zu neuen Erkenntnissen bei; jedoch steht der absolute Beweis noch aus. JOHANN WIEGLEB ist bis 1708 zu verfolgen[1a]. Bei der Eheschließung seines Sohnes GEORG ERNST, am 9. 11. 1723 in Schney, wird er in dem dortigen Eheeintrag als „gewesener Orgelmacher zu Heldritt" genannt. Sein Todestag wird voraussichtlich nicht mehr zu ermitteln sein, weil das Sterberegister Heldritt für den in Frage kommenden Zeitraum Lücken aufweist.
Über die Ehe des JOHANN WIEGLEB konnten in der Zwischenzeit ebenfalls neue Erkenntnisse gewonnen werden. So weiß man heute, daß die Ehefrau EVA POLISINA (POLIXENIA) eine geborene VON UND ZU HELDRITT war, also Angehörige eines alten fränkischen Adelsgeschlechts[2].
Durch die Forschungsarbeiten von H. FISCHER und TH. WOHNHAAS[3] wurden die nachstehenden Arbeiten des JOHANN bekannt:
1689 Nb *Gestungshausen;* 1704 Nb *Seidmannsdorf;* 1707 Erw. *Großgarnstadt.*

## II.c. GEORG ERNST (I) WIEGLEB

Den bereits in AOl 7, S. 69 genannten Arbeiten können hier einige weitere angefügt werden:
1732 Nb *Sonneberg;* 1733 Rep. *Gestungshausen;* 1736 Nb *Großwalbur;* 1755 Nb *Großgarnstadt;* 1758 Rep. *Scheuerfeld;* 1760 Nb *Wiesenfeld*[4].

---

[1] Für die freundliche Aufnahme und Unterstützung sei Pfarrer CHRISTIAN und WALTRAUT TRAPPE (heute Erfurt) herzlich gedankt.
[1a] H. FISCHER u. TH. WOHNHAAS, *Alte Orgeln im Coburger Land;* in: Jahrbuch d. Coburger Landesstiftung, Bd. 16 (1971), S. 105: „1707/08 erweiterte WIEGLEB das Werk [von *Großgarnstadt*] auf 10 Register und stellte ein neues Gehäuse."
[2] Frdl. Mitt. Pfarrer GEORG KUHR, Neuendettelsau.
[3] H. FISCHER u. TH. WOHNHAAS, *Alte Orgeln im Coburger Land;* in: Jahrbuch d. Coburger Landesstiftung, Bd. 16
[4] H. FISCHER u. TH. WOHNHAAS, *Alte Orgeln im Coburger Land;* in: Jahrbuch d. Coburger Landesstiftung, Bd. 15.

## II.d. Vitus Friedrich Wiegleb

Im vergangenen Jahrhundert wurde dieser als Vitus „Wichleben" zu Amsterdam genannt. In der vorliegenden Arbeit kann dieser Vitus Friedrich Wiegleb eingeordnet werden: Er war der vierte Sohn des Stammvaters Johann Wiegleb.
Vitus Friedrich Wiegleb wurde am 16. Dezember 1699 in Heldritt geboren[5]. Ob er das Handwerk in der Heldritter Werkstatt erlernte, ist nicht bekannt. Urkundlich wird Vitus erst wieder bei seiner Eheschließung in Amsterdam belegt[6]. Dort heiratete der Orgelbauer und Uhrenmacher (Orgelbower en Horlogenmaker) „Fitus Frederik Wigleven" am 9. Mai 1725 die 24jährige Elsebe van den Berg, die am 19. Dezember 1700 als die Tochter des Joachim van den Berg und der Sophie Elisabetha Doe in Amsterdam getauft worden war.

Aus dieser Verbindung gingen fünf Kinder hervor:
1. Frederika, get. 13. 3. 1725
2. Joachim, get. 24. 2. 1726
3. Johannes Christoffel, get. 1. 6. 1727
4. Sophia Elisabeth, get. 3. 12. 1728
5. Anna, get. 14. 2. 1731

Alle Kinder wurden in Amsterdam getauft.

Nach dem Tod seiner ersten Frau, die am 13. Mai 1732 in Amsterdam begraben wurde, und sechs Jahren Witwerstand heiratete Wiegleb am 6. Juni 1738, ebenfalls in Amsterdam, Elisabeth Raad. Aus dieser Ehe gingen wieder fünf Kinder hervor:
1. Totgeborenes Kind, am 24. 1. 1739 in Amsterdam begraben
2. Catharina, get. 25. 2. 1740
3. Benjamin, get. 19. 12. 1742
4. Wilhelmina, get. 9. 1. 1746
5. Anna Christina, get. 18. 2. 1748

Auch diese Kinder wurden in Amsterdam getauft.

Vitus Friedrich Wiegleb starb im Alter von 48 Jahren; er wurde am 3. Januar 1748 in Amsterdam begraben. Mit ihm starb die Orgelmachertradition in diesem Zweig aus. Seine Nachkommen leben noch heute als Namensträger in Holland, während bei allen anderen Zweigen der Name erloschen ist. Seine zweite Frau starb zwei Jahre nach ihm; sie wurde am 5. September 1750 in Amsterdam begraben.

Von den Arbeiten des Vitus Friedrich ist wenig bekannt; er arbeitete in *Gouda* und *Utrecht*.

## II.e. Johann Ernst Wiegleb

Johann Ernst war der fünfte Sohn[7] des Heldritter Orgelmachers Johann Wiegleb. Seine Lebensdaten konnten noch nicht belegt werden; er soll im Raume Lichtenfels tätig gewesen sein.

---

[5] Frdl. Mitt. Pfarrer Georg Kuhr, Neuendettelsau.
[6] R. E. O. Ekkart, *Het Geslacht Wigleven in Nederland;* in: Gens nostra, 1965, Nr. 12, S. 353 ff.
[7] Frdl. Mitt. Pfarrer Georg Kuhr, Neuendettelsau.

### III.a. JOHANN FRIEDRICH WIEGLEB

Dieser kurpfälzische Hoforgelmacher in Heidelberg war nicht nur in Rheinhessen (vgl. AOl 7, S. 68), sondern auch im Kraichgau und im Neckartal tätig. Durch die Forschungsarbeiten von B. SULZMANN können weitere Arbeiten des JOHANN FRIEDRICH WIEGLEB nachgewiesen werden[8]: 1761 Nb *Reihen;* 1765/70 Nb *Neckarbischofsheim* (16 Register); Abb. 31 um 1770 Nb *Eberbach* (15 Register; nach B. SULZMANN kann auch JOHANN CHRISTIAN S. 154 WIEGLEB [III.c] der Erbauer sein); 1768 Stimmvertrag mit der reformierten Gemeinde *Siegelsbach* (wahrscheinlich war JOHANN FRIEDRICH auch der Erbauer); undat. Nb *Neckarsulm*[9].

### III.b. GEORG ERNST (II) WIEGLEB

Die Forschungsergebnisse von H. FISCHER und TH. WOHNHAAS[10] weisen drei weitere Arbeiten dieses Orgelmachers nach: 1777 *Niederfüllbach;* 1805 Aufstellung, Ub *Ebersdorf.*

### III.c. JOHANN CHRISTIAN WIEGLEB

Dieser in Epfenbach bei Heidelberg lebende Orgelmacher erstellte 1772 in *Daisbach* einen Neubau und erhielt 1791 einen Stimmvertrag für diese Orgel[11].

### IV.a. JOHANN CONRAD WIEGLEB

Wie schon berichtet, übernahm dieser die Werkstatt seines Großvaters GEORG ERNST (I) in Schney. Bei erneuten genealogischen Nachforschungen in Schney[12] konnten zwei Söhne dieses Orgelmachers nachgewiesen werden. Beide setzten die Tradition fort. So muß auch die Angabe in AOl 7, S. 69, korrigiert werden, wo berichtet wird, daß der Sohn des JOHANN CONRAD, der am 17. Mai 1825 geboren und auf den Namen FRIEDRICH AUGUST getauft wurde, bald nach der Geburt verstorben sei. Die Daten der beiden Söhne seien deshalb nachstehend noch einmal aufgeführt:

1. FRIEDRICH AUGUST, geboren am 17. Mai 1825 in Schney (vgl. auch V.a)
2. JOHANN, geboren am 20. Oktober 1827 in Schney (vgl. V.b)

JOHANN CONRAD WIEGLEB reparierte 1821 die Orgel der Kreuzbergkapelle zu *Kronach.* Die Akten und WIEGLEBS Schriftverkehr mit dem Stadtmagistrat sind im Anhang wiedergegeben. Diese Urkunden berichten nicht nur über das Schicksal dieser Orgel, sondern auch über die Lebensverhältnisse des JOHANN CONRAD.

### IV.b. JOHANN WILHELM WIEGLEB

Durch die Forschungsarbeit von A. REICHLING kann für diesen Orgelmacher eine weitere Arbeit nachgewiesen werden: JOHANN WILHELM reparierte 1820 als „Königlich Baierischer

---

[8] Frdl. Mitt. B. SULZMANN, Ettenheim. Herrn SULZMANN sei an dieser Stelle für die Überlassung der Daten und für seine freundliche Unterstützung herzlich gedankt.
[9] Frdl. Mitt. Dr. H. BÖHRINGER, Stuttgart und G. KLEEMANN, Stuttgart.
[10] H. FISCHER u. TH. WOHNHAAS, *Alte Orgeln im Coburger Land;* in: Jahrbuch d. Coburger Landesstiftung, Bd. 16.
[11] Frdl. Mitt. B. SULZMANN, Ettenheim.
[12] Für die Nachforschungen und freundliche Unterstützung sei Herrn KONRAD RADUNZ, Schney, herzlich gedankt.

Privilegierter Orgelbau-Meister" die Orgel der Marienkapelle in *Bieberehren* a. d. Tauber um 36 fl 12 kr[13].

Das genealogische Material ist für den Orgelmacher JOHANN WILHELM sehr dürftig. Nachforschungen in Erlangen ergaben: Die erste Ehefrau des JOHANN WILHELM starb, 23 Jahre alt, am 1. Oktober 1813 in Erlangen[14] an einem Schleimfieber, zwei Jahre nach der Eheschließung. In das folgende Jahr fällt die „Allerunterthänigste Bitte des Orgelbaumeisters JOH. WILH. WIEGLEB zu Erlangen, um gnädige Erlaubniß sich zum zweiten mahl verehligen zu dürfen"[15]:

„Königl. Baier. Hochpreißliches Polizey Comissariat

Im September vorigen Jahres verstarb meine seelige Frau in Erlangen, meine bisherigen Geschäfte auf dem Lande, ließen mir zwar den Witbenstand nicht so fühlbar merken, als jetzt da ich meine Geschäfte in Erlangen betreiben muß, und zwar, zu meiner Arbeit, die Hülfe von andren Menschen und Gesellen bedarf, und nicht wie alleine, in Kosthäußern mit meinen Leuten zehren kan, auch durch längeres Weilen mein schon völlig eingerichtetes Haußhalten. ganz zu Grunde geht – ich ersuche demnach ganz unterthänigst Ein Königl. Baier. Polizey-Comissariat mir dero hohe Bewilligung zur Heurath mit der Demoiselle WILHELMINE PAUSCH Mittlere Tochter des Königl. Baier. H. Oberförsters zu Mkt. Dachsbach, huldreichst zu geben, und ersterbe mit aller Unterthänigkeit

| | |
|---|---|
| Erlangen, den 12ten September 1814 | Eines Königl. Baier. Hochpreißl. Polizey Comissariat<br>unterthanigst gehorsamster<br>JOH. WILH. WIEGLEB<br>Orgel & Instrumenten<br>Baumeister in Erlangen" |

Die Behörde verlangte zunächst (Konzept vom 12. 9. 1814 auf dem linken Rand der Eingabe WIEGLEBS):

„Suppl. hat […] ein Obrigkeitl. Attest der Polizei Behörde seiner Verlobten beizubringen, daß ihrer Verehelichung mit demselben unter Zustimmung ihrer Eltern kein Hindernis entgegen stehe […]"

Lt. einem Vermerk mit Datum vom 22. 9. 1814 war WIEGLEB „auf mehrere Wochen verreiset."

WIEGLEB legte einige Wochen später das geforderte Attest vor, das folgenden Wortlaut hat:

„Attest

Daß die zweite Tochter des Königlichen Forstverwalters Herrn PAUSCH zu Mt. Dachsbach mit Bewilligung der Aeltern sich mit dem Orgelbauer WICHLEB aus Erlangen verlobet und deren Trauung in polizeylicher Hinsicht kein Hindernis im Wege stehet attestirt

| | |
|---|---|
| | Neustadt a/A den 18ten October 1814<br>Königl. Baier. Land Gericht |
| (L.S.) | [Unterschrift]" |

---

[13] Frdl. Mitt. A. REICHLING, Würzburg. Vgl. auch AOl, Bd. 10, S. 53 ff.
[14] Frdl. Mitt. Evang.-Luth. Stadtpfarramt Erlangen-Neustadt.
[15] Für die freundliche Überlassung des Aktenmaterials in Erlangen sei Stadtarchivar BISCHOF herzlich gedankt. Standort der Akten: Stadtarchiv Erlangen, 5. I. A. 16, frl. 105–107.

Das Polizeikommissariat in Erlangen nimmt dieses Attest zur Kenntnis und fixiert:
„Erlangen, am 22ten Oct. 1814
Der gestern hieher zurück gekommene Orgelbaumeister JOHANN WILHELM WIEGLEB erscheint und übergiebt das Attest des Königlichen Landgerichts Neustadt a/A. vom 18. d. Ms. nach welchem seiner Verlobten der zweyten Tochter des Königlich. Forstverwalters PAUSCH zu Mt. Dachsbach, kein Hinderniß entgegen steht sich mit ihm kopulieren laßen zu dürfen Der WIEGLEB bemerkt noch, daß er mit seiner verstorbenen Frau keine Kinder erzeugt habe, und erbittet sich das oben allegierte Attest wieder zurück.

Kraft Unterschrift<br>
JOH. WILH. WIEGLEB<br>
K. B. Orgelbaumeister<br>
g.w.o. DACHLER"

Man verlangte aber noch weitere Nachweise:

„Der WIEGLEB hat durch Attest des Landgerichts, in dessen Bezirk er vorher domizilirte nachzuweisen, daß er dort keine Kinder mit seiner verst. Frau erzeugte.
Der Bezirksvorsteher ist zu vernehmen, ob der WIEGLEB dermalen keine Kinder hat."

Am 28. Otober 1814 wird bestätigt:

„Der Districts Vorsteher FORSTER deponirt auf Vorhalt: Der Orgelbaumeister WIEGLEB dahier ist kinderlos."

Nachdem von behördlicher Seite keine Einwände mehr gemacht wurden, konnte WIEGLEB schließlich am 23. November 1814 heiraten[16]. Der Traueintrag im Trauregister des Ev.-Luth. Pfarramtes Erlangen-A, (Bfd. 1794–1851, S. 209, Nr. 42) lautet[17]:

Anno 1814 Proclamation November/December
Herr JOHANN WILHELM WIEGLEB, Orgelbauer dahier, ein Witwer,
und
Jungfer WILHELMINA PAUSCH, Herrn GEORG PAUSCH, Königl. Forstverwalter zu Markt Dachsbach eheliche Zweyte Tochter, wurden nach dreymaligem Aufgebot (23. und 24. nach Trinit. und 1. Advent) in Dachsbach getraut.
Bräutigam alt 30 Jahre, die Braut 22 Jahre.

Beim Studium des WIEGLEBschen Heiratsgesuches gewinnt man den Eindruck, daß dieser in Erlangen bleiben wollte. Er war auch 1820, als er die Orgel der Marienkapelle zu *Bieberehren* reparierte, noch in Erlangen ansässig. Später jedoch muß er Erlangen verlassen haben. Alle Nachforschungen über seinen weiteren Verbleib verliefen negativ. So konnte bis heute weder die Geburt eines Kindes aus zweiter Ehe noch sein Tod, noch der seiner Frau festgestellt werden.

### V.a. FRIEDRICH AUGUST WIEGLEB

Er wurde am 17. Mai 1825 in Schney geboren und arbeitete in der Werkstatt seines Vaters JOHANN CONRAD (IV.a). Selbständige Arbeiten von ihm sind nicht bekannt. Nach den Be-

---

[16] Frdl. Mitt. Evang.-Luth. Pfarramt Dachsbach.
[17] Frdl. Mitt. R. GROSSNER, Erlangen

legen[18] der Stiftungsverwaltung der Kreuzbergkapelle in *Kronach* arbeitete FRIEDRICH AUGUST bei seinem Vater, als die dortige Orgel einer großen Reparatur unterzogen wurde. Er starb bereits im Alter von 20 Jahren als lediger Orgelmachergeselle am 31. Mai 1845 in Schney an der Auszehrung[19].

V.b. JOHANN WIEGLEB

Auch dieser, ein Sohn des JOHANN CONRAD (IV.a), wurde in Schney geboren. Seine Geburt wird mit dem 20. Oktober 1827 angegeben. Er starb am 28. Januar 1880, als lediger Orgelbauer und Instrumentenmacher an Lungentuberkulose[20].
Arbeiten von JOHANN WIEGLEB waren bis jetzt nicht bekannt. Möglicherweise ist er mit „J. WIEGLEB", der 1857 an der Orgel der Marienkapelle in *Bieberehren* arbeitete[21], identisch. Es ist anzunehmen, daß er die Werkstatt in Schney weiterführte.

Bis auf den niederländischen Zweig der WIEGLEB dürften alle Namensträger ausgestorben sein. Die Beziehungen der Familienmitglieder untereinander müssen sehr eng gewesen sein. Wir finden mehrfach die gleichen Vornamen. GEORG ERNST II. (III.b.) reiste von Kulmbach nach Epfenbach, um am 26. Juni 1773 bei dem erstgeborenen Sohn seines Bruders JOHANN CHRISTIAN (III.c) die Patenschaft zu übernehmen. JOHANN FRIEDRICH WIEGLEB (III.a) begab sich von Heidelberg nach 's-Gravenhage in Holland, um dort am 4. November 1767, bei einem Enkel des VITUS FRIEDRICH WIEGLEB Taufzeuge zu sein. Beide Reisen waren zur damaligen Zeit sicher recht beschwerlich.


ANHANG:

DOKUMENTE ZUR ORGELGESCHICHTE DER KREUZKAPELLE
ZU KRONACH

Unter den „Belegen der Cronacher Kreuz Kapelln Rechnung vom Etats Jahr 1820/21"[22] finden sich lückenlose Quellen, die über die Arbeitsweise und Lebensumstände des Orgelmachers JOHANN CONRAD WIEGLEB Auskunft geben.

Eine Rechnungsposition
„Ausgabe auf Real Exigenz
f    kr
200  –    Dem Orgelbauer JOHANN KONRAD WICHLEB in der Schnei, für eine neue Orgel
          lt. Anlagen N⁰ 16.17.18.19.20.21.22."

attestiert die ausgeführten Arbeiten. Es sollte das alte Positiv der Annakapelle für die Benützung in der Kreuzkapelle hergerichtet werden:

---

[18] Standort: Stadtarchiv Kronach. Für die Überlassung des Aktenmaterials und für die freundliche Unterstützung sei HANS KREMER, Stadtarchivar in Kronach, herzlich gedankt.
[19] Frdl. Mitt. KONRAD RADUNZ, Schney.
[20] Frdl. Mitt. KONRAD RADUNZ, Schney.
[21] Frdl. Mitt. A. REICHLING, Würzburg. Vgl. auch AOl, Bd. 10, S. 57.
[22] Frdl. Mitt. H. KREMER, Kronach, der diese Akten zur Verfügung stellte.

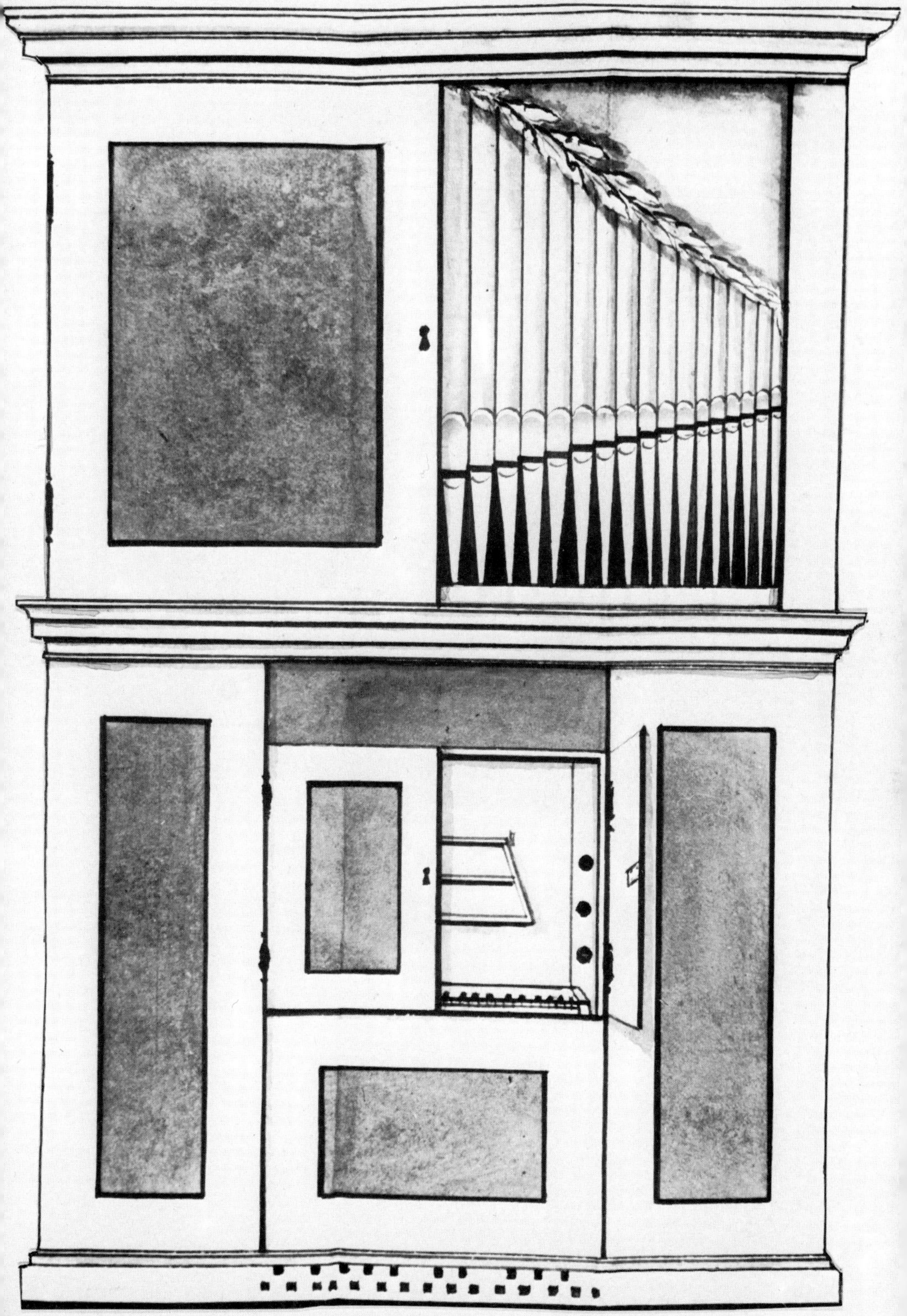

31. *Reihen.* JOH. FRIEDRICH WIEGLEB, 1761.

◄ 30. *Kronach*, Kreuzkapelle. Gehäuseentwurf von JOH. CONRAD WIEGLEB, 1820. Stadtarchiv Kronach.

[Nr. 17]

„Da daß Alte Possitiv welches in der S. Ana Cappeln noch vorhanden ist, und zu dieser Reperatur verwendet werden soll, so zeige ich himit die noch befindl. vorhandene Stücke an.
Die Alte Windlathen ist von der beschaffenheit das solche ganz umgearbeit werden muß, und die Fehlenten theille welche fehlen ersetz werden müßen,
Die Principal Pfeiffen sind zusammengedrückt, und an Stat das es 45 Pfeiffen sein sollen sind nur 22 da, mithin müssen noch 23 Stück Neue dazu gefertigt werden, und die Tiefe Octa[v] von Holtz
Das Gedackt 8 Fuß vom Holtz ist ganz unbrauchbar indem solches vom Wurm durchfreßen, und kaum der 3$^{te}$ theil mehr da ist, solches wird ganz Neu
Octav 2 Fuß fehlen ebenfals Pfeiffen, welche Neu ersetzt werden müßen,
Mixtur 2fach ist von der nehmlichen beschaffenheit,
dan befinden sich 2 Falden Bälge, welche, wegen den gleichen Wind, nur mit einer Falde versehen werden darf, und solches mit einen Leim und Pollusguß versehen, dan gut geheft und doppelt beledert
Das Gehäuß muß auch umgearbeit werden, indem der ganze Obere theil davon Fehlt, und wird so eingericht damit man alles verschließen kan.
Ein Neues Pedall nebst der dazu erfoderlichen Mechanick von einer Octav welches in Manual angehängt wird

Disspasition

| | | |
|---|---|---|
| Principal | 4 Fuß | die Tiefe Octav von Holtzs inwendig die andern im Gesicht |
| Gedack | 8 Fuß | von Holtzs ganz Neu |
| Floeden | 4 Fuß | ganz Neu von Holtz |
| Octav | 2 Fuß | die fehlenten werden ergäntzt |
| Mixtur 2fach | | wird auch wieder volständig gemacht |

zu diesem Werck werden 74 Stück Neue Zin Pfeiffen, gefertig und 90 Stück Neue Hölzern, die 5 Registern bestehen aus 270 Stück Pfeiffen, die alten Mettallern werden beibehalten

| Erfodert an Matteriallien und Arbeit | fl |
|---|---|
| für die 74 Stück Neue Zinerne Pfeiffen | 44 – |
| für das Grobgedack 8 Fuß – Holtz – | 30 – |
| für die Floeden – 4 Fuß Holtz – | 22 – |
| für die Windlathen zu Repariern – | 16 – |
| für das Gehäuß zu Repariern – | 22 – |
| das Alte Clavier – – – – | 2 – |
| das Neue Pedal nebst Mechanick – – | 10 – |
| die Register und Wellethurn zu Rep. – | 4 – |
| die 2 Bälge gut herzustellen – – – | 15 – |
| für Schloßer Schmitt Arbeit und Nägel – | 7 – |
| für den Transport und verköstigung werenden Aufsetzen 14 Tag | 33 – |
| und ein selbst beliebliches Drinkgeld vor den Gesellen  Suma | 205 fl |

Auch hat die Milte Stiftung wehrenter Arbeit einen Calcanten oder Fröhner zu Stellen, und nach Abschluß des accorts zur Anschaffung des Zins 45 Gulden als Vorschuß die andere Zahlung aber wan das Possitiv probmäsig hergestellt ist

JOHANN CONNRAD WIEGLEB
Orgel und Instrument
bauer in Schnei"

Abb. 30  Der zugehörige Riß (Anlage Nr. 18; 18,6 x 26,6 cm) ist mit „JOHANN CONNRAD WIEGLEB
S. 153  20." signiert.

Nachdem der Magistrat die Unterlagen eingesehen hatte, erteilte er am 25. Mai 1820 die Genehmigung zur Herstellung der Orgel:

[Nr. 16]

„N⁰. 130

Gemäß magistratischen Beschluß wird die Verwaltung der Kreuz Kapellen Stiftung zu Kronach authorisirt, die Orgel auf der Kreuz Kapelle mit möglichster Kosten Schonung herstellen zu lassen, und seiner Zeit die Kosten Specification vorzulegen.

Der übergebene Vorschlag samt Riß folgen zurück.

Kronach am 25$^{ten}$ May 1820

Der Magistrat<br>RIMBERGER"

Hierauf erhielt WIEGLEB einen Vorschuß, den er auf dem Angebot wie folgt quittierte:

„auf nebenstehenden Vertrag von fl 180 : – auf gutte Tadelloße Arbeit per abschlag oder vorschußweiße    fl 50 : –

baar aus der Kreuz Kapell Stiftungs Verwaltung erhalten, Bescheinige hiemit Cronach den 16$^{ten}$ 9ber 1820

JOHANN CONNRAD WIEGLEB<br>Orgelbauer in der<br>Schnei

Eine Fußnote auf derselben Seite dieses Dokuments besagt:

„9$^{ter}$ 8ber 1820  fl 180: ist bis Sebastiani zu verfertigen"

Nach vollendeter Arbeit wurde WIEGLEB am 15. August 1821 ausbezahlt:

[Nr. 21]

„Ein Hundert und Achtzig Gulden Reinisch sind mir für die ganz Neu verfertigte Orgel in die Kreuz Cappel, nach vorher genauer Prüfung. und zur vollkomener zufriedenheit Ihro Hochwürden des Herrn Dechent, und Hochlöblichen Magisterrath von Sr. Wohlgeborn des Herrn Stadtrath MATHAE PAPSTMANN, par ausbezahlt worden, über dessen richtigen Empfang quittiert

Cronach den 15. August 1821

JOHANN CONNRAD WIEGLEB<br>Orgel & Instrumentenbauer

vdt. SCHAUER Decan"

Da diese Arbeit umfangreicher ausfiel, als WIEGLEB ursprünglich kalkuliert hatte, und dadurch mit Verlust gearbeitet worden war, ja die Arbeiten eher einem Neubau als einer Reparatur glichen, richtete er am 16. August 1821 einen Bittbrief an den Magistrat:

[Nr. 20]

„Hochloeblicher,
Wohlweißer Stadtmagistrat!

Ich habe im verflossenen Jahre die Reparirung der Orgel auf der hiesigen Kreutzkapelle mit einem Ackord von 180 fl in der Meinung übernommen, als wäre nur das innere Werk mangelbar;

allein bey der Auseinandersetzung fand sichs, daß auch das Äussere Holzwerk durchaus nicht zu gebrauchen wäre, alle in denselben befindlichen Pfeifen musten umgeschmolzen um kurz zu sagen, das ganze Orgelwerk muste durchgehends neu und meisterhaft hergestellt werden, also daß ich nach ersten Ackord einen Schaden von wenigstens 50 fl zu leiden hätte. Ich kann mit Wahrheit behaupten, daß ich Zuhaus fünf volle Monate und gegenwärtig hier schon wieder drey Wochen mit diesem Orgelbau zubrachte, woraus hervorgehet, daß ich mir alle Mühe gebe, um meisterhafte Arbeit zu liefern. Ich bin der Mann nicht, der übertriebne Ansätze macht, ich begnüge mich mit wenigem Profit, um Kundschaften zu gewinnen und jene ich zeither bediente, beyzubehalten, aber ich bin auch schon zum voraus überzeugt, daß Ein hochloeblicher Wohlweiser Magistrat meinen Schaden nicht begehrt ich bin ein Vater von einer zahlreichen Familie besitze weiter kein Vermögen, als was ich mir durch meine Kunst erwerbe, welch gegenwärtig nicht mehr so stark im Schwunge ist, ich darf also jeden Kreutzer wohlbedenklich zusammenhalten, um mir und meiner Familie die nöthige Nahrung und übrigen Bedürfnisse zu verschaffen und aus diesem Grunde wage ich es auch, vor Einem hochloeblichen Wohlweisen Stadtmagistrat die gehorsamste Bitte zu stellen, Hochderselbe wolle mir annoch eine Beylage, die ich dem Hohen Ermessen und Beurteilung ohne mindeste Maasgabe anheim stelle, gütigst anweisen, und durch die Verwaltung der hiesigen Kreuzkapelle ausbezahlen lassen in welcher tröstlichsten Zuversicht ich mit aller Ehrfurcht erharre

Cronach den 16ten August 1821

Eines Hochloeblichen und Wohlweisen Stadtmagistrats
ganz gehorsamster
JOHANN CONNRAD WIEGLEB
Orgelbauer"

Der Magistrat hatte für die von Wiegleb eingereichte Bittschrift Verständnis und erließ folgenden Beschluß:

[Nr. 19]

„Anliegende Vorstellung des Orgelbauers JOHANN KONRAD WIEGLEB vom 16. d. M. wird der Verwaltung der hiesigen Kreuzkappellen-Stiftung mit der Eröffnung zugeschlossen, daß die Kosten der Reparatur der Orgel in der Kreuz-Kapelle gemäs magistratischen Beschlusses vom gestrigen Tage mit Zwey hundert Gulden genehmigt worden sind.

Cronach am 18ten August 1821

Der Magistrat
RIMBERGER"

WIEGLEB bestätigt, wie nachstehend, den Empfang dieser Ausgleichszahlung:

[Nr. 22]

„Zwanzig Gulden rh. habe ich als Entschädigung der Kreuzberger Orgel, von der Milden Stiftung, von Ihro Wohlgebohrn des Herrn Stadtrath PAPSTMAN Erhalten, und danke dafür recht herzlich

Cronach den 24. August 1821

JOHANN CONNRAD WIEGLEB
Orgelbauer"

Wie aus den Auszügen der Kronacher Kreuzbergkapellstiftungs-Rechnungen[23] hervorgeht, waren in den folgenden Jahren keine Reparaturen oder Ausbesserungen an dieser

---

[23] Frdl. Mitt. H. KREMER, Kronach.

Orgel notwendig. Erst in dem Rechnungsjahr 1832/33 wird die Orgel wieder genannt. So werden (nach Beleg Nr. 20) dem Seiler JOSEPH DETSCH für ein „Balgseil" 14 kr. bezahlt. Der gleiche Seiler erhält 1835/36 (Beleg Nr. 22) 30 kr. für zwei neue Balgseile. Im Jahre 1836 war eine Reparatur der Orgel unumgänglich geworden. Der Orgelbauer ADOLPH VON BERGER aus Bamberg legte am 12. September 1836 seinen Kostenvoranschlag[24] vor:

[Nr. 25]

„Kosten Überschlag.

Die Kirchen-Orgel zum Kreuzberg bedarf einer Hauptreparatur wan Sie in einen guten brauchbaren stand wieder hergestellt werden soll.

a) ist das Orgelwerk durch unzweckmäßige Nachhülfe so sehr rouinirt worden, daß das semmtlige Werk zerlegt werden muß, auch an der Windlade ist sehr viel verpfuscht worden, daß auch die ganz ausgehoben werden muß.

b) Die Bälge sind sehr schadhaft und euserst schwürig zum aufziehen, und müßen daher von allen Mängeln befreiet, und zum treten eingerichtet werden.

|   | fl | kr |
|---|---|---|
| 1tens Das Orgelwerk besteht aus 5 Register, selbige auszuheben, von allen Mängeln zu befreien, zu intonieren und Stimmen beträgt a Register 2 fl macht in Summa | 10 | – |
| 2tens Die Windlade auszuheben zu zerlegen und die Ventiele, Windkasten und Spünde neu zu verledern beträgt im ganzen | 11 | 30 |
| 3tens Die Bälge sind zwar für das Werk zu klein, jedoch werde ich durch eigene forteile, ihnen so viel wie möglich, gennug Wind zu verschaffen suchen, auch kann mann in der Folge ohne vermehrung der Kosten der Bälge größere hinnein legen, die Bälge gut, und zum Treten herzu richten beträgt | 6 | – |
| in Summa | 27 fl | 30 kr |

Bedingung

Wird mir während der Arbeitszeit der Calcannt unendgeldlich beigegeben.

Kronach am 12ten Septbr 1836

ADOLPH VON BERGER Orgelbauer aus Bamberg"

Dem Orgelbauer BERGER wurde die Reparatur zugeschlagen:

[Nr. 24]

„Nebenstehende Arbeit wurde dem Orgelbauer ADOLPH VON BERGER in Accord gegeben und die Accord Summa auf f 24 festgesetzt.

Cronach am 13. Sept. 1836

Der Magistrat
RIMBERGER"

BERGER leistete aber offensichtlich wenig dauerhafte Arbeit; denn schon 1839 berief man wieder JOHANN CONRAD WIEGLEB zu einer größeren Instandsetzung. Der „Kosten Anschlag" WIEGLEBS gibt den Zustand der Orgel, aber auch der Kirche wieder:

---

[24] H. KREMER stellte diese u. die nachfolgenden Akten aus dem Stadtarchiv Kronach zur Verfügung.

[Nr. 29]

„Kosten Anschlag über die Orgel Reparatur in der Kreutz Cappele

Dieses werck ist durch den Schne ganz ruinirt worden, da das Tach und Kirchboden Mangelhaft ist, und das Waßer, in die Pfeiffen und von da aus in die Windlathen lief, und solche ganz unbrauchbar machte, desgleichen auch die Hölzerne Pfeiffen, auch die beiden Bälge haben ebenfalls gelitten; Wan also das Werck wieder gut und dauerhaft hergestellt werden soll, muß die Windlath heraus genomen das Beudelbret herunter die Ventielle gut abgericht dan 2fach beledert, und durchgehent Neue Beudel, nebst Messinge Federn und Stiften die Spünde beledert, so auch die Registerzüge Das Hölzerne Pfeiffen werck, ist durch die Näße ganz aus dem Leim gegangen, und müßen wieder frisch geleimt werden, die beiden Bälge werden gleichfals beledert, als dan die Welleturn in ordnung gebracht und wieder mit Messing Trath angehängt, dan das ganze Werck wieder gut into[n]irt und rein Gestimt, für diese vielle und Mühsame Arbeit, wozu ein Zeitraum von 14 Tagen dazu gehört, und bedeutente Auslagen an Matteriallien habe als Leder Leim Traht Loth, und Kohlen, ist meine allerbilligste Forderung Vier Carolline, und 6 Tag hat zum Stimmen die Stiftung ein Fröhner zu stellen.

                    Joh. Konrad Wiegleb
                        Orgelbauer"

Wiegleb führte diese Reparatur aus und bestätigte den Empfang seiner Vergütung:

[Nr. 31]
‚‚Quittung
über
Vierzig Gulden, welche mir für die Reparatur der Orgel in der Kreuz Cabellen Kirche, aus der Stiftungsverwaldungs Casse bezahlt worden, über deßen Empfang ich quittiere

Cronach den 8 Juni             J. Konrad Wiegleb
  1839                   Orgelbauer"

Die weitere Geschichte dieser kleinen Orgel, die 1850 auf 100 fl geschätzt wurde, läßt sich anhand der Kapellenrechnungen schnell erzählen:

1845/46 Beleg Nr. 17a–d: dem Organisten und Lehrer A. Morgenroth für Reparaturen an der Orgel 18 fl. 44 kr. für 9tägige Arbeit und 4 Schaf-Felle.
1848/49 Beleg Nr. 17: dem Organisten Morgenroth für Reparatur an der Orgel 7 fl. 12 kr.
1853/54 dem Georg Scheler und Christian Friedrich von Preßeck für die Reparatur der Orgel 90 fl.
1860/61 Beleg Nr. 22: dem Chr. Friedrich für Renovation und Stimmung der Orgel 15 fl.
1864/65 Beleg Nr. 21: dem Johann Hofmann für Reparatur der Orgel 4 fl. 45 kr.
1870  26. August, Seite 3: dem Hofmann für Orgel ausbessern 4 fl. 48 kr.
1886  17. Oktober fol. 6: dem Chr. Hasenmüller, Orgelbauer aus München, für Stimmung und Reparatur der Kreuzberg-Orgel 36 Mark.
1897  vom 30. April, Seite 3, Nr. 8: Der städt. Sparkasse als Anlage und als Grundstock zur Erbauung einer neuen Orgel in der Kreuzbergkirche 704.84 Mark.
1899  vom 28. September, Seite 7, Nr. 18: Der Kirchenmusikschule Regensburg für ein Harmonium 392,– Mark und lt. Nr. 27: noch 56,35 Mk. dem Zimmermeister Josef Stöcklein für die Erstellung eines Kastens zum Harmonium
1909  vom 27. September S. 5, Nr. 16: Den G. F. Steinmeyer & Co., Öttingen, für Reparatur des Harmoniums in der Kreuzbergkirche 14.50 Mark.

Die Orgelgeschichte der Kreuzkapelle mündet also zuletzt, wie so oft in jenen Jahren, in eine „Harmoniumgeschichte" ein.

WILLY WINTER

The Wiegleb Family of Organ Builders

This essay is a supplement to the article *The Genealogy of the Organ Builders Wiegleb, and their Work in Franconia, Wurttemberg and Rheinhessen* in AOl 7, pp. 67 ff.
The family tree can be increased by two members, in the second generation. VITUS FRIEDRICH WIEGLEB (II.d), who moved to Holland and lived in Amsterdam, and JOHANN ERNST WIEGLEB (II.e), who worked in the region of Lichtenfels. In the 5th generation two further members of the family can be shown: FRIEDRICH AUGUST (V.a) and Johann (V.b), both of who were sons of JOHANN CONRAD WIEGLEB, who lived in Schney.
Further, documents relating to the building of the organ in the Kreuzkapelle, in *Kronach*, are cited. These give evidence of the state of this organ, and of the repairs carried out by JOHANN CONRAD WIEGLEB. This organ, as so many others, fell victim to the want of understanding of former generations.

WILLY WINTER

La dynastie des facteurs d'orgues Wiegleb

Cet article constitue la suite et le complément de celui qui a paru dans AOl 7, p. 67 sqq. sous le titre: *La généalogie des facteurs d'orgues Wiegleb et leurs travaux en Franconie, au Wurtemberg et en Hesse Rhénane.*
La table généalogique a été augmentée de deux noms dans la 2ᵉ génération:
1. VITUS FRIEDRICH WIEGLEB (II.d) qui émigra aux Pays-Bas et vécut à Amsterdam.
2. JOHANN ERNST WIEGLEB (II.e) qui exerça son activité dans la région de Lichtenfels.
Dans la 5ᵉ génération apparaissent également deux noms supplémentaires: FRIEDRICH AUGUST (V.a) et JOHANN (V.b), deux fils de JOHANN CONRAD WIEGLEB domicilié à Schney.
En outre, on trouvera dans cet article des documents concernant l'état de l'orgue de la chapelle de la Sainte-Croix à *Kronach* et les réparations qui y furent effectuées par JOHANN CONRAD WIEGLEB. Comme tant d'autres, cet orgue fut naguère victime de certaines incompréhensions.

WALTER HÜTTEL

# David Gotthilf Thümmler (1801—1847) — Leben und Werk

Eine merkwürdige Folgeerscheinung der kulturgeschichtlichen Entfaltung führt der Tatbestand vor Augen, daß der mehr oder weniger stabile äußerliche Erfolg durchaus nicht immer dem effektiven Werte der künstlerischen Leistung entspricht. So war es zum Beispiel nicht allen Orgelbauern beschieden, gleich GOTTFRIED SILBERMANN schon zu Lebzeiten ihr Schaffen allgemein anerkannt zu sehen und den Ruhm oder doch wenigstens die Erinnerung an ihre Wirksamkeit über Jahrhunderte hinweg zu retten. Die Gründe für die so manchen Meister betreffende Vernachlässigung sind im einzelnen ganz verschiedener Art; sie vermögen jedoch kaum etwas zur Entschuldigung der vorliegenden Kalamität beizutragen. Wissenschaftliche Forschung und praktische Denkmalpflege haben hier noch vieles zu tun im Sinne des schönen Wortes von JACOB BURCKHARDT, eine der wenigen sicheren Bedingungen des höheren Glückes bestehe im Offenhalten des Geistes für jede Größe.

Gedenktage fungieren bekanntlich als Gedächtnisstützen für den zugrundeliegenden historischen Sachverhalt; zugleich fördern sie kräftiglich das Nachdenken über das jeweils zuständige Sujet. Das *tertium comparationis* der beiden aufgezeigten Probleme aber verkörpert der sächsische Orgelbaumeister DAVID GOTTHILF THÜMMLER, dem die folgende Betrachtung gewidmet ist.

THÜMMLER stammte aus Zwickau; er wurde am 14. September 1801 in der Heimatstadt DAVID KÖLERS, ROBERT SCHUMANNS und GEORG GÖHLERS geboren. Seine Vorfahren sind dort schon seit dem 15. Jahrhundert nachzuweisen; der Vater, JOHANN CHRISTIAN THÜMMLER, war als Obermeister der Seilerinnung tätig. Der junge, strebsame DAVID GOTTHILF THÜMMLER begab sich auf eine ausgedehnte berufliche Wanderfahrt, um von renommierten Vertretern der Orgelbaukunst fachlich zu profitieren. So stand er längere Zeit bei EBERHARD FRIEDRICH WALCKER (Ludwigsburg) und bei JOHANN PETER ALOYS MOOSER (Freiburg i. d. Schweiz) in der Lehre, wie der Zwickauer Kantor und Musikdirektor SCHULZE, der ihn gewiß gut gekannt hat, zu berichten weiß[1]. WALCKER, für den die liturgische Funktion der Orgel von entscheidender Bedeutung war[2], hatte seine Firma nach „alt-

[1] Schreiben an den Waldenburger Superintendenten Dr. LEO, 8. Oktober 1841.
[2] In dieser fundamentalen Haltung trifft er sich mit dem alten Kantor CHRISTOPH KIBURG in Treuenbrietzen, der einmal sagte: „Wer eine Orgel spielen oder eine Orgel bauen will, muß wissen, daß er vor dem Antlitz Gottes steht, und von seiner Aufgabe so erfüllt sein, daß ein Hauch der Unendlichkeit und Allmacht jedem Hörer und jedem Beschauer spürbar wird."

väterlicher" Handwerkerart eingerichtet und realisierte in der von ihm verfaßten und praktizierten „Werkstätte-Ordnung" bereits wichtige Gedanken der späteren Sozialgesetzgebung[3]. Diese Situation wird den jungen Gesellen aus Zwickau beeindruckt haben. Möglicherweise war THÜMMLER, der fernerhin bei BERNHARD DREYMANN in Mainz arbeitete[4], an der Entstehung der MOOSER-Orgel für die Kathedrale von *Freiburg*[5] aktiv beteiligt. Dann kehrte D. G. THÜMMLER in die Heimat zurück und etablierte sich in Zwickau. Dort erwarb er am 28. Februar 1833 das Bürgerrecht; demnach war er Eigentümer eines Hauses. In den ersten Wochen des Jahres 1842 heiratete er FRIEDERICKE HEROLD aus Glauchau[6]. Doch starb er schon am 25. August 1847[7].

In Zwickau fand DAVID GOTTHILF THÜMMLER eine reiche künstlerische Tradition vor. Hier hatten einst die „Leyermacher" ihr Gewerbe getrieben[8], und durch eine Urenkelin des Dichters waren etwa 35 handschriftliche Bände von HANS SACHS in die Stadt gelangt. Auch Glockenguß und Orgelbau lebten auf. Erstklassigen Fachleuten wie HERMANN ROTTENSTEIN[9], STEPHAN und GEORG KOCH, SEVERIN HOLBECK, JOHANN PETER PENIGK und JOHANNES JACOBUS DONATI d. Ä.[10] ist eine Blütezeit der Orgelbaukunst zu danken. Im benachbarten Mülsengrunde lebte JOHANN JACOB SCHRAMM[11], den THÜMMLER als Kind noch gesehen haben könnte.

Die künstlerisch-schöpferische Wirksamkeit unseres Orgelbaumeisters erstreckte sich auf ganz Südwestsachsen[12]. Sie kam speziell der Ephorie Glauchau zugute, wo drei von den vier erhaltenen THÜMMLER-Orgeln stehen[13]. Er hat auftragsgemäß Dispositionsvorschläge geliefert, Begutachtungen ausgefertigt und mehrere alte Werke wiederhergestellt, unter anderem die LEUBE-Orgel der Katharinenkirche (mit Erweiterung)[14] und das Instrument in der Marienkirche zu *Zwickau* – laut Registratur des Gerichtsdirektors THAMERUS geschah dies „auf eine sehr tüchtige Weise und zu völliger Zufriedenheit" – sowie die SILBER-

---

[3] HANS KLOTZ, Art. *Walcker* in MGG 14, 1968.
[4] ERNST FLADE, *Lexikon der Orgelbauer des deutschen Kulturkreises* (Ms., Deutsche Staatsbibliothek, Berlin).
[5] Bild in MGG 4, 1955.
[6] Proklamationsbuch Zwickau, St. Marien, 1836 ff.
[7] An einer Erkrankung des Unterleibs (Sterberegister Zwickau, St. Katharinen, 1836 ff.). Der Sohn CHRISTIAN GOTTHILF PAUL THÜMMLER wurde Geistlicher und hat in mehreren Gemeinden Sachsens Dienst getan. Zuletzt betreute er das Diakonat Werdau und das Pfarramt Lauenhain bei Crimmitschau (*Neue Sächsische Kirchengalerie, Die Ephorie Werdau*).
[8] EMIL HERZOG, *Chronik der Kreisstadt Zwickau*, II, Zwickau 1845, S. 347, Anmerkung.
[9] Vgl. ERNST FLADE, *Hermann Raphael Rottenstein-Pock. Ein niederländischer Orgelbauer des 16. Jahrhunderts in Zwickau i. S.;* in: ZfMw 15, 1. H., 1932, S. 1 ff.
[10] Sein prächtiges Werk in *Schlunzig* (Ephorie Glauchau, 1724) blieb erhalten.
[11] Von ihm existieren noch zwei ausgezeichnete Instrumente in *Stangengrün* im Vogtland und *Wechselburg* (St.-Otto-Kirche).
[12] Ausführliches Werkverzeichnis bei WALTER HÜTTEL, *Musikgeschichte von Glauchau* (große Monographie, Ms.).
[13] Vgl. WALTER HÜTTEL, *Die klingenden Denkmale in der Glauchauer Pflege* (Ms.).
[14] REINHARD VOLLHARDT, *Geschichte der Cantoren und Organisten von den Städten im Königreich Sachsen*, Berlin 1899, S. 364.

---

32. *Wechingen*, Obere Kirche St. Veit (ursprünglich *Balgheim*). JOH. PAUL PRESCHER, 1737.

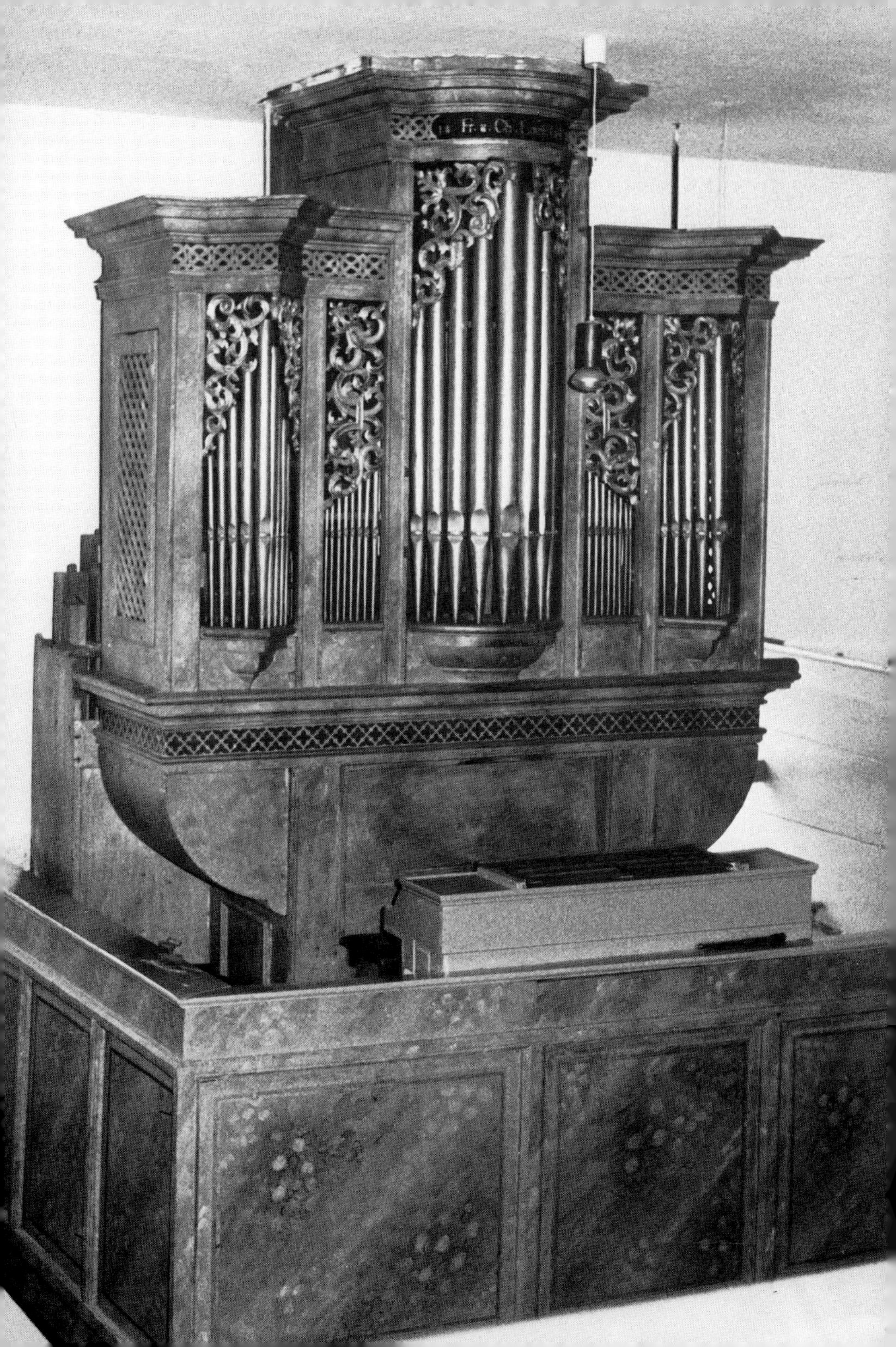

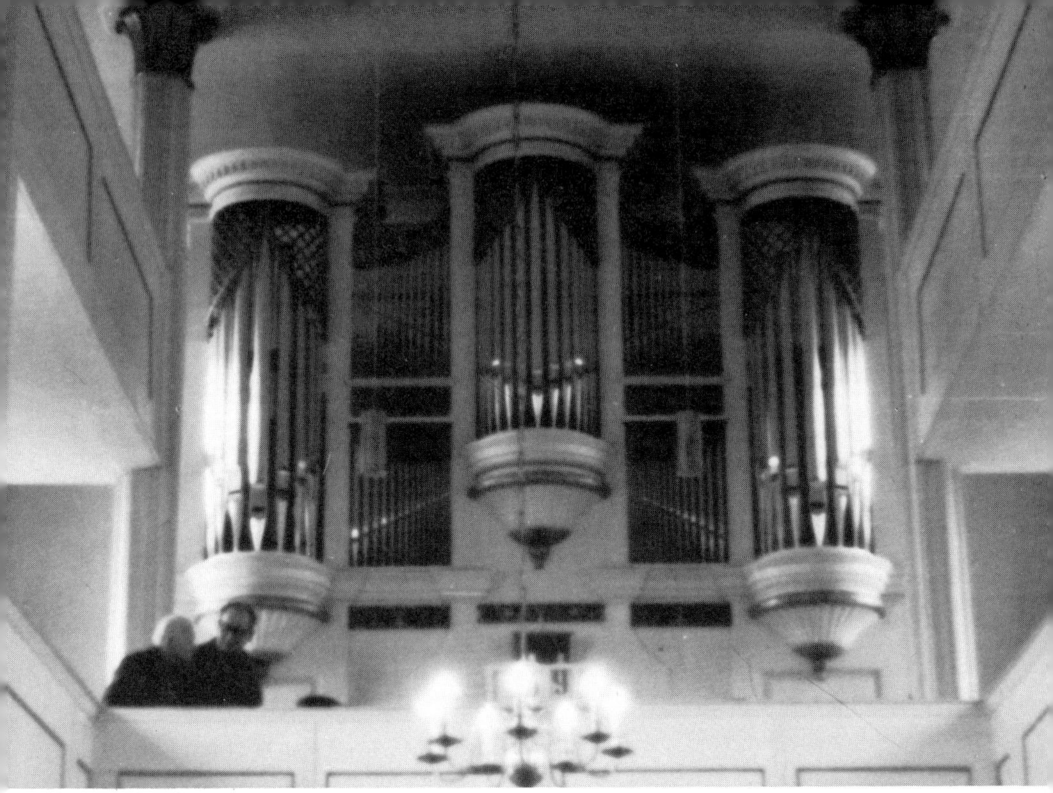

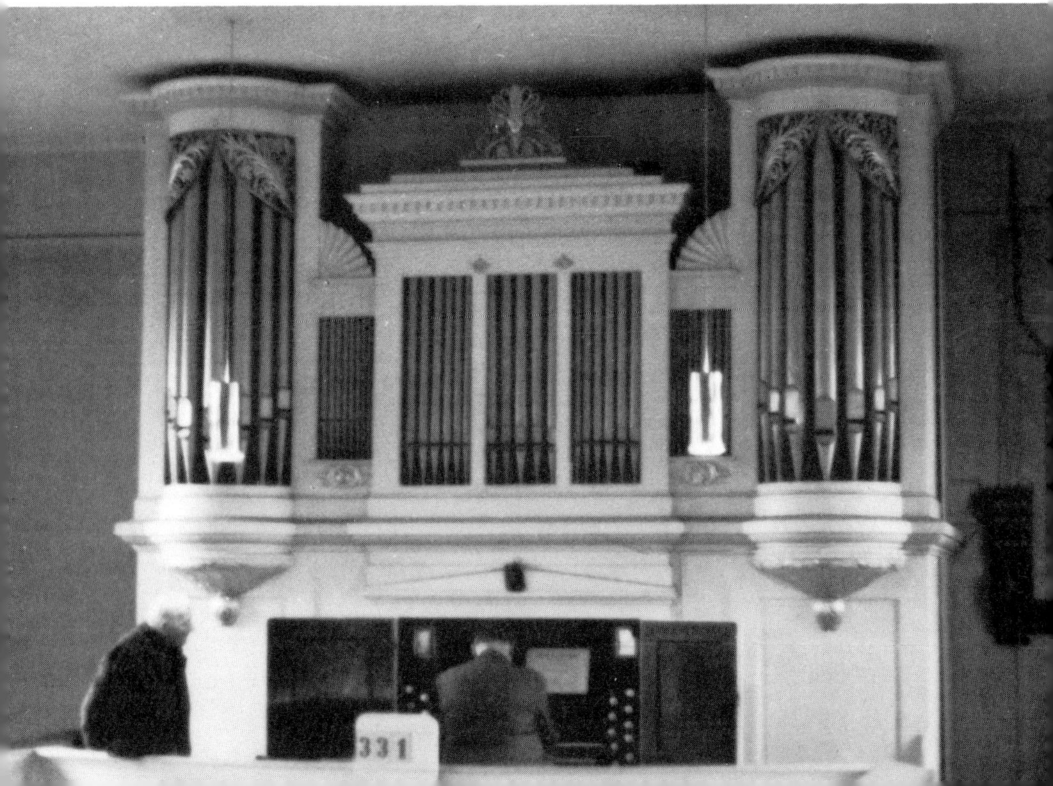
331

MANN-Orgel von St. Peter und Paul in *Reichenbach* i. Vogtland und die KOCH-HOLBECK-Orgel in *Waldenburg* (St. Bartholomäus). In dem Gutachten über die TRAMPELI-Orgel in *Plauen* i. Vogtland (St. Johannis) aus seinem letzten Lebensjahr geht er strikt auf die Erfordernisse der Praxis ein, indem er die Umstimmung nach den Blasinstrumenten des Orchesters vorschlägt; weiterhin empfiehlt er interessanterweise die Einrichtung der Temperatur „nach SCHEIBLERS Stimmethode, gleichlautend aber nicht gleichschwebend"[15].
Im Jahre 1838 errichtete DAVID GOTTHILF THÜMMLER die Orgel in der Kirche zu *Schönberg* bei Meerane. Dieses als gewichtige Determinante des THÜMMLERschen Schaffensprozesses prononcierte Erstlingsopus vermittelt zugleich ein wesentliches Normativ, indem sein struktureller Habitus in mancherlei Hinsicht spezifische Attribute enthält, die für die Eigenart der Auffassung und Akribie des Künstlers symptomatisch sind. Das Instrument ist solide gebaut und zweckmäßigerweise im Inneren geräumig angelegt[16].
Schicksalhaft sah sich THÜMMLER mitten in eine Zeit des kunstgeschichtlichen Übergangs hineingestellt. Über A. MOOSER und dessen Vater findet er in direkter Linie Verbindung zu ANDREAS SILBERMANN in Straßburg, und in der Art des Aufbaus seiner Dispositionen schließt er sich großenteils an den einheimischen Experten J. J. SCHRAMM an, der als Schüler GOTTFRIED SILBERMANNS gilt. Diese bedeutsamen Einflüsse machen sich denn auch allenthalben im Schaffen des Jüngeren positiv bemerkbar. Andererseits steuert die Evolution während der ersten Hälfte des 19. Jahrhunderts allmählich auf ein klassizistisches Klangideal zu, das von einer in der Force etwas gemilderten Tonvorstellung bestimmt wird und auf stärkeres Hervortreten der emotionalen Momente abzielt. Der Zwickauer Marienorganist Baccalaureus JOHANN GOTTFRIED KUNTSCH, einer der Lehrer R. SCHUMANNS, spricht in diesem Zusammenhang einmal werbend davon, daß ein Instrument „in seinem Ertönen eben so Gravität und Stärke, wie Lieblichkeit und Milde vereinen wird"[17]. Trotz des nunmehr wärmeren und lieblicheren Timbres bleibt der Klang silbrig-klar und männlich-kraftvoll[18]. THÜMMLER hat sich Einflüssen von außen nicht verschlossen; aber er wahrte seine Selbständigkeit und stieß zu einem gültigen Personalstil vor.
Der Meister hat sein Werk in *Schönberg* mit einer ansprechenden sinnvollen Disposition ausgestattet, die vom musischen Ingenium und musikalisch-ästhetischen Spezifikum der Orgel ausgeht und in klassischer Weise das Gleichgewicht zwischen den beiden obertonreich besetzten Manualklavieren beibehält, während sich das Pedal „in des Basses Grundgewalt" ergeht[19].

---

[15] Nach dem im Plauener Ratsarchiv aufbewahrten Original mitgeteilt von FLADE (vgl. Anm. 4).
[16] THÜMMLER hat seinen Produkten gern Kastenbälge gegeben.
[17] Aus dem Gutachten über den Registervorschlag für die THÜMMLER-Orgel in *Remse* vom 22. April 1844.
[18] Als Exempel sind (bei aller individuellen Unterschiedlichkeit) u. a. die erhaltenen großartigen Orgeln von BÖHME in *Frohnsdorf* (Parochie Flemmingen, 1839), von KARL AUGUST HÜTTENRAUCH in *Waldenburg* (Lutherkirche, Altstadt-Waldenburg, 1822—24), von KARL ERNST POPPE in *Neukirchen* bei Waldenburg (1843) und von FRIEDRICH WILHELM TRAMPELI in *Niederwiera* (1826/27) zu nennen.
[19] Der Dresdner Organist KEMPE hatte den eingereichten Dispositionsvorschlag gutgeheißen.

---

33. *Schönberg* b. Meerane. DAVID GOTTHILF THÜMMLER, 1838.
34. *Tettau* b. Meerane. DAVID GOTTHILF THÜMMLER, 1841.

| HAUPTWERK | | OBERWERK | |
|---|---|---|---|
| Bordun | 16′ | Flauto traverso | 8′ |
| Principal | 8′ | Quintatön | 8′ |
| Gedeckt | 8′ | Principal | 4′ |
| Viola di Gamba | 8′ | Rohrflöte | 4′ |
| Principal | 4′ | Octave | 2′ |
| Spitzflöte | 4′ | Cornett 5fach | |
| Quinte | $2^2/_3$′ | von $a^0$ an = 165 Pfeifen | |
| Octave | 2′ | | |
| Mixtur 4fach | | | |

PEDAL

| Violonbass | 16′ | | |
|---|---|---|---|
| Posaunenbass | 16′ | Manualkoppel | |
| Principalbass | 8′ | Pedalkoppel[20] | |

Als tüchtiger Orgelbauer und gründlicher Geschäftsmann arbeitete D. G. THÜMMLER seine Dispositionen stets sehr sorgfältig aus. Die Anlage der zitierten Stimmenreihung ist für seine künstlerische Anschauung durchaus typisch[21]. Vor allem stellt das meist im Oberwerk stehende Cornett ein charakteristisches Merkmal dar. Im übrigen zeigt sich der Stimmenplan der Orgel in der Kirche zu *Wernsdorf* bei Berga an der Elster, deren Erbauer laut Auskunft der zuständigen Behörde nicht bekannt ist, den THÜMMLERschen Prinzipien wesensverwandt. Die Frage nach der Faktur des Gehäuses und der optischen Ausstrahlungskraft des Prospekts bei THÜMMLERS Werken führt ebenfalls zu dem wichtigsten entwicklungsgeschichtlichen Problem der Herkunft und Emanzipation vom SILBERMANN-Stil. Noch die Vorderansicht der bedauerlicherweise nicht mehr existenten schönen Orgel von JOHANN ANDREAS HESSE für die Kirche in *Lobsdorf* (Ephorie Glauchau, 1836) hatte sich dem klassischen Modus der SILBERMANNschen Vorbilder eng angepaßt[22]. Jedoch zeigen sich die Prospekte nunmehr auch rokokohaft aufgelockert, wobei eben die Fassade des THÜMMLERschen Erstlingswerks in *Schönberg* mit ihrer filigranhaften Überspielung der Konturen zu rokokohaft-zierlicher, gardinenmusterähnlicher Maschenformation außerordentlich eindrucksvoll ist und das lebhafte Interesse des Betrachters auf sich zieht. Schöpferische Eigenwilligkeit und meisterliches Können garantieren die effektive Eigenart und starke Wirkung des Gesamtbilds.

Abb. 33
S. 164

Die Schönberger Orgel war im Oktober 1838 vollendet worden und fand die begeisterte Zustimmung der Fachwelt und der Kirchgemeinde. Der mit der Examination beauftragte Waldenburger Organist und Mädchenlehrer JOHANN ADOLPH TRUBE[23] lobt das Instru-

---

[20] Nach FRITZ OEHME, *Handbuch über ältere und neuere berühmte Orgelwerke im Königreich Sachsen*, III, 1897 (Selbstverlag), S. 185f.
[21] Die Manualtastaturen werden in der Regel bis hinauf zum $f^3$ geführt. Das Pedal reicht bis $c^1$ oder auch $d^1$.
[22] Abbildung s. *Neue Sächsische Kirchengalerie. Die Ephorie Glauchau*, Leipzig 1910.
[23] Komponist der distinguierten Motette für Solostimmen und gemischten Chor „Jauchze dem Herrn alle Welt" und Herausgeber eines weitverbreiteten Choralbuches. Er ist der Vater des Kantors und Musikdirektors ADOLPH TRUBE in Glauchau, der sich als bedeutender Komponist, Dirigent, Pianist und Orgelspieler einen Namen gemacht hat. Vgl. WALTER HÜTTEL, *Zur 150. Wiederkehr des Geburtstages von Adolph Trube;* in: Mf 18, 1965, S. 36–40.

ment allgemein, dessen Ton, „angenehm und ächt kirchlich", jedem gefallen werde, und fährt dann fort: „Profit hat der Orgelbauer gewiß nicht, eher Einbuße"[24]. Hier klingt eine Saite auf, die wenig später auch der Musikdirektor SCHULZE (a.a.O.) berührte, als er davon sprach, daß THÜMMLER keineswegs auf seinen Vorteil bedacht sei: „Er baut mit Fleiß und Eigensinn nicht weniger geschmackvoll, ist dabei reell und sucht nicht, wie so mancher seiner Collegen, durch den Schein zu trügen; dieß beweisen die kleineren Orgelwerke in *Schönberg, Tettau, Schönfels* usw. wo er leider so billig gebaut hat, daß er kaum dabei bestehen kann."[25]

Die erwähnte Orgel in *Schönfels* bei Zwickau (1839) fiel nach 75 Jahren einem von der Firma SCHMEISSER vorgenommenen Neubau zum Opfer. Hingegen ist die sehr wertvolle Orgel in *Tettau* bei Meerane noch existent. Mit der Darbietung einer Hymne von BERNER waren am 4. März 1841 Kirche, Orgel und Kirchengeräte eingeweiht worden. Dieses Werk, dessen Gehäuse wiederum eine geradezu vorbildlich geräumige und übersichtliche Innenanlage besitzt, ist fast unverändert geblieben. Ein wesentliches Kriterium bildet das silbrig glänzende Klangvolumen mit der sehr klaren Linienführung. Das achtfüßige Principal und die vierfache Mixtur (Hauptwerk), ohne die anderen Stimmen gemeinschaftlich eingesetzt, füllen den Raum in souveräner Weise, das gleiche ist von der autonomen Mischung des Flauto traverso 8' mit dem Cornett 4f. (Oberwerk) zu sagen; auch ermöglicht die Anwendung dieser Gruppen delikate Echonuancierungen. Anschauliche musikalische Sinnbilder von plastischem Ausdrucksgestus zieren den von zwei großen Türmen flankierten Prospekt, der im ganzen festere Konturen aufweist als der in *Schönberg*. Unter dem linken Zwischenfeld sieht man Horn, Trompete, Gambe und Pauken; rechts stehen Posaune (Fragment durch Zerstörung), Kontrabaßgambe und Schalmei; außerdem gibt es Laubwerkranken[26]. Es kann wahrlich nicht verwundern, wenn das Instrument „von allen Kennern als das beste dieser Art in der Umgegend erkannt ward"[27].

Abb. 34
S. 164

Die nächstfolgenden Arbeiten unseres Meisters sind nicht mehr vorhanden. Dazu gehörte ein kleines Werk für das fürstlich schönburgische Lehrerseminar *Waldenburg* (1842); es wurde 1846 von der Kirchengemeinde *Weidensdorf* angekauft und 1850/51 daselbst aufgestellt. Die ebenfalls 1842 errichtete Orgel in *Kaufungen* bei Wolkenburg besaß „eine wohlgelungene Intonation" und war „eine wahre Zierde unseres Gotteshauses"[28], so daß ihr Verlust schwer wiegt. Fernerhin hatte THÜMMLER in den Jahren 1843/44 für die Kirche zu *Wernsdorf* bei Glauchau eine Orgel von gemäßigt scharfem Klang und kennzeichnender

---

[24] Nach den Akten des Pfarrarchivs.
[25] Im Laufe des 20. Jahrhunderts wurde das Instrument gröblich vernachlässigt, so daß es schließlich nicht mehr spielbar war. Eine von der Firma H. EULE durchgeführte Renovierung (1970—1973) stellte zwar die Gebrauchsfähigkeit wieder her, war jedoch im ganzen keine mustergültige Leistung, weil sich dabei unnötige Neuerungen mit unverantwortlichen Stilwidrigkeiten paarten. So fehlen jetzt die schöne alte Posaune und das für THÜMMLER generell charakteristische Cornett. Wenn die Orgel trotzdem ihre Klangpracht bewahrt hat, so ist das der Qualitätsarbeit ihres Schöpfers zu danken.
[26] Vgl. WALTER HÜTTEL, *Musikalische Embleme in alten sächsischen Dorfkirchen* (Ms.).
[27] *Sachsens Kirchen-Galerie*, XII, Dresden 1845, S. 98. Seit langem hat sich der Verf. bei dem zuständigen Pfarramt (Schönberg) um die äußerst notwendige stilgerechte Überholung des Instrumentes bemüht, bisher jedoch vergeblich.
[28] A. F. PÖTZSCHKE und C. G. NIKOL in *Sachsens Kirchen-Galerie*, X, Dresden 1844, S. 142.

Disposition geschaffen. Die einfach gehaltene Vorderansicht des Gehäuses erinnerte noch an die klassische Gestaltungsweise[29]. Unverantwortlicherweise wurde das kostbare Werk im Frühjahr 1959 abgebrochen.

Im Hinblick auf die Orgel in der Pfarrkirche St. Georg zu *Remse* bei Glauchau sind wir in der glücklichen Lage, THÜMMLERS fundamentale Überlegungen und originale Planungen genau zu kennen, und zwar durch eine im Ephoralarchiv zu Glauchau aufbewahrte Abschrift. Dieser Dispositions- und Fakturvorschlag D. G. THÜMMLERS für das Werk („enthaltend 933 zinnerne und 162 hölzerne Pfeifen, in 18 verschiedenen Registern, durchaus gewissenhaft gebaut") ist recht aufschlußreich:

„I. Fürs HAUPTWERK:

1., Principal          8 Fuß, von ganz reinem, englischen Zinn, gut polirt, im Prospecte,
2., Bordun           16 Fuß, zwei Octaven von Holz,
3., Gedackt          8 Fuß, drei Octaven von Zinn,
4., Gambe           8 Fuß, durchaus offen, reines englisches Zinn,
5., Hohlflöte        4 Fuß, von Zinn,
6., Octave          4 Fuß, reines Zinn,
7., Gemshorn      4 Fuß, reines Zinn,
8., Superoctave     2 Fuß, reines Zinn,
9., Mixtur 7fach,    von Zinn,

II. Fürs OBERE MANUAL:

10., Principal         4 Fuß, reines Zinn,
11., Flauto trav.      8 Fuß, mit harten Labien,
12., Lieblichgedackt   8 Fuß, zwei Octaven von Zinn,
13., Gedackt          4 Fuß, zwei Octaven von Zinn,
14., Octave          2 Fuß, reines Zinn,
15., Cornett 3fach     reines Zinn, hellschneidend intonirt, die zwei tiefen Octaven Mixtur, in den übrigen Octaven enthält jeder Ton die Prime, die Quinte und Decime.

III. Fürs PEDAL:

16., Violon           16 Fuß, von gutem Holze,
17., Posaunenbaß     16 Fuß, die Stimmkrücken von Messingdrath,
18., Principalbaß      8 Fuß, gutes Holz,
19., Pedalkoppel,      bei vollem Spiele zu ziehen und abzustoßen,
20., Calcanten-Klingel.

IV. Die übrige Beschaffenheit.

a, Das Gehäuse wird nach dem überreichten Riße gebaut, die Verzierungen werden vergoldet,
b, eine zweitheilige, neue Windlade, von ausgelaugtem, reinen, eichnen Holze; die Federn und Stifte von Messing, Fundamentalbreter, Pfeifenstöcke, Parallelen von eichnen Holze,
c, zwei Claviere, jedes von C. bis d′′′. die Untertasten weiß, die Obertasten schwarz, mit Ebenholz belegt,
d, 20 Stck. Registerknöpfe, von Birnbaumholz sauber gearbeitet, bekommen porcellane Scheiben zur Aufschrift,
e, zwei Thüren zum Verschließen der Manuale,

---

[29] Bild s. *Neue Sächsische Kirchengalerie. Die Ephorie Glauchau.*

f, eine Pedalclaviatur von C. bis c. von Eichenholz, sowie auch alle Wippen und Winkelhaken von eichnen Holze,
g, die Register-Winkelhaken werden alle von Eisen,
h, die Wellen und Aermchen müssen wegen Mangels an Höhe von Eisen werden. Die Abstracten-Beschläge sind von Messing.
i, zwei Bälge, jeder $5^1/_2$ Elle lang und $2^3/_4$ Elle breit, von 2 zolligen kiefernen Pfosten, mit Leim und Bolusfarbe gut ausgestrichen, mit Roßflechsen verbunden und dreifach mit Leder beleimt,
k, die Canäle, von trocknem, kiefernen Holze, werden mit Leim und Bolusfarbe hinlänglich ausgestrichen,
l, dieses Werk wird in Dresdner Kammerton gestimmt."

Dieser Schriftsatz beurkundet eindringlich und authentisch des Meisters grundlegende Schaffensprinzipien: sorgfältige Arbeitsweise, Verwendung besten Materials, klassische Tongebung und Ausgewogenheit im Verhältnis der klingenden Stimmen zueinander, Berücksichtigung der lokalen Gegebenheiten. Instruktive Vergleiche ergeben wesentliche Hinweise zur Erkenntnis der Eigenart des THÜMMLERschen Dispositionsverfahrens. Soweit bekannt, finden außer dem genannten Cornett noch einige andere Register besondere Aufmerksamkeit: Bordun (meist 16′, in *Schönfels* 8′) und Viola di Gamba 8′ im Hauptwerk, Flauto traverso 8′ auf dem oberen Manual. Alle diese Stimmen fehlen nie. Dem Pedal hat der Künstler gern den Violonbaß 16′ (*Schönberg, Tettau, Bad Brambach;* in *Schönfels* stattdessen Violoncello 8′) bzw. einen attraktiven sechzehnfüßigen Posaunenbaß (*Schönberg, Bad Brambach*) gegeben. Beide waren auch für *Remse* vorgesehen, entfielen hier jedoch wegen des aus individuellen Erwägungen resultierenden, aber mit maßgeblichem Gewicht befrachteten Einspruchs des beigezogenen Sachverständigen.

Auftragsgemäß hatte der Begutachter, Bacc. KUNTSCH, den Stimmenplan für die neue Orgel in *Remse* geprüft[30]. Im allgemeinen pflichtete er dem „mit Ueberlegung und Umsicht" entworfenen Vorschlag lobend zu, wobei er Thümmlers Fleiß und Kunstfertigkeit sowie Geschicklichkeit in puncto zufriedenstellender Bewältigung der beengten räumlichen Verhältnisse bei vorliegendem Fall im besonderen hervorhob; doch äußerte er auch einige Abänderungswünsche, zu deren peinlicher Beachtung die königliche Kreisdirektion Zwickau den Orgelbauer anhielt. Mit diesem schlossen am 4. Juni 1844 die Vertreter der Kirchgemeinde und der Behörden in Remse den Akkord ab; am 28. Oktober des darauffolgenden Jahres wurde dann die Orgel examiniert und übernommen[32]. Das imposante Werk ist relativ unberührt geblieben. Mit seinem herrlichen silbrig-scharfen Vollklang erfreut es noch heute die Hörer in hohem Grade.

Des Meisters letztes und größtes Opus (1846) steht in der St.-Michaelis-Kirche von *Bad Brambach*. Es ist in seiner ursprünglichen Gestalt erhalten geblieben, wenn auch unter Herabsetzung des Winddrucks. Daß die Schleifladen nach mehr als hundert Jahren noch für gut befunden wurden[33], spricht für die Zuverlässigkeit der Bauweise. Das Innere des Gehäuses zeigt wie immer eine großzügig-geräumige Anlage. Den in acht Pfeifenfelder aufgeglie-

---

[30] Vgl. Anm. 17.
[32] Registraturen der Kircheninspektion.
[33] Nach dem Gutachten des Kirchenmusikdirektors FISCHER (Oelsnitz/Vogtland) vom 29. März 1957.

derten Prospekt schmücken drei große und mehrere kleine Rosetten. Einfach und doch wuchtig, weist er auf die formgebundenen Besonderheiten der kommenden Zeit hin, bleibt dabei aber geschmackvoll und überzeugend.

Die Disposition lautet wie folgt:

HAUPTWERK
- Viola di Gamba 8. Fuß
- Gedackt 8. Fuß
- Spitzfloetel 4. Fuß
- Octava 2. Fuß
- Cornett 4fach
- Principal 8. Fuß
- Bordun 16. Fuß
- Octava 4. Fuß
- Quintal. $2^2/_3$. Fuß
- Mixtur 4fach

OBERWERK
- Flauto traverso 8. Fuß
- Rohrfloete 4. Fuß
- Cymbel 2fach
- Principal 4. Fuß
- Salicional 8. Fuß
- Octava 2. Fuß

PEDAL
- Subbaß 16. Fuß
- Posaunenbaß 16. Fuß
- Violon. Baß 16. Fuß
- Principalbaß 8. Fuß

- Manual:Koppel
- Pedal.Koppel
- Sperrventil Hauptwerk
- Sperrventil Oberwerk
- Calcanten.Klingel

Wenn man diese Registeraufstellung mit jener aus *Schönberg* vergleicht, dann wird offenbar, daß die Maximen des Dispositionsverfahrens die gleichen geblieben sind. In *Brambach* steht das Cornett wie die Mixtur im Hauptwerk; dafür gibt es als Äquivalent eine Cymbel im Oberwerk. Statt des *Schönberger* Quintatöns findet sich ein ebenfalls achtfüßiges Salicional vor. Die Pedaldisposition weist die gleiche Zusammensetzung auf wie in *Schönberg*; doch tritt jetzt ein sechzehnfüßiger Subbaß hinzu. Der majestätische Posaunenbaß (16′) in *Bad Brambach* ist von gewaltiger Kraft.

DAVID GOTTHILF THÜMMLER war ein Stiefkind des Glückes. Von Natur aus schüchtern und im Umgang mit den Menschen ein wenig unbeholfen, durch dauernde (unverschuldete) Geldknappheit bedrückt, spät erst zur Gründung eines eigenen Hauswesens gelangt und, noch verhältnismäßig jung an Jahren, nach nur fünfjährigem Ehestande schwer erkrankt und verstorben, Frau und zwei Kinder unversorgt zurücklassend: dies ist das erschütternde Schicksal eines ehrlichen, bescheidenen und gutmütigen Menschen, der es dennoch vermochte, dem schweren Lebenskampf ein künstlerisches Positivum abzuringen. FRIEDRICH BLUMES These, keine Leistung sei vollkommen, kann man auf THÜMMLERS Schaffen anwenden, aber nur in dem Sinne, daß es dem hochbegabten, geschickten und gewissenhaften Orgelbauer infolge einer nur kurzen Arbeitszeitspanne versagt blieb, zu einer vollkommenen Ausreifung seines Könnens und Wirkens zu gelangen. In diesem Tatbestand liegt Tragik, die den sympathischen Künstler noch liebenswerter macht. Einflußreiche Gönner fehlten ihm; er hat nie zu den berühmten Vertretern des Metiers gehört, und das wiederum wirkte sich schließlich negativ auf die Behandlung seiner Instrumente in späteren Zeiten aus. Die Resultate seiner schöpferischen Leistung sprechen jedoch noch heutigentags unüberhörbar für ihren Meister und wurden zum Anlaß für die vorliegende wissenschaftliche

Würdigung[34]. Die tiefsinnigen Worte der Grabinschrift auf dem Friedhof der schweizerischen Stadt Freiburg, die zum Ausdruck bringen, daß der Orgelbauer JOHANN PETER ALOYS MOOSER zwar wie jeder andere Sterbliche von dieser Welt scheiden mußte, aber in seinem genialen Werk unsterblich bleibt[35], gelten voll und ganz auch für MOOSERS einstigen Schüler und Mitarbeiter DAVID GOTTHILF THÜMMLER.

WALTER HÜTTEL

David Gotthilf Thummler (1801–1847), his Life and Work.

DAVID GOTTHILF THUMMLER, a master organ builder from Saxony, and son of a master ropemaker from Zwickau, first saw the light of the world on September 14th, 1801. He worked a long apprenticeship with EBERHARD FRIEDRICH WALCKER in Ludwigsburg, and JOHANN PETER ALOYS MOOSER in Freiburg (Switzerland). He also worked in Mainz with BERNHARD DREYMANN. THUMMLER received citizenship in his native town (28 February 1833) and married FRIEDERICKE HEROLD from Glauchau (at the beginning of 1842). Unfortunately he died as early as 25 August, 1847.

THUMMLER carried on in Zwickau the flourishing organ building tradition that existed there, and in the surrounding country (DONATI, HOLBECK, KOCH, PENIGK, ROTTENSTEIN, SCHRAMM). His influence, including the restoration of older organs, stretched over the whole of south west Saxony.

THUMMLER's position in musical history is determinee by two factors. From A. MOOSER and his father, he had direct links with A. SILBERMANN in Strassburg. For his specifications he mostly followed J. J. SCHRAMM, who is classed as a pupil of GOTTFRIED SILBERMANN. On the other hand, the musical evolution of the first half of the 19th century led gradually towards a classical tonal pattern which was characterised by somewhat restrained loudness, and aimed at a stronger emotional impact. THUMMLER never had a mind closed to new suggestions, but he maintained his independence, and developed a valid personal style. His organs are soundly constructed, und allow plenty of space internally. His manner of case design shows the influence of the historical development of a tendency to emancipation from the SILBERMANN style. The sensible disposition of the stops maintains the balance between the manuals, both of which possess a richness of upper work, and offer a pedal which has a weighty bass foundation. A notable characteristic of his work is the very silvery tonal quality, which shows very clear difinition. Every stop has its own specific function and potentiality. Characteristically, the following stops are always present: Cornett (usually in Oberwerk), Bordun (usually 16′) and Viola di Gamba 8′ in the Great, Flauto Traverso 8′ in the Oberwerk. The Pedal has usually a Violone or a Trombone.

The important THUMMLER organs in *Schonberg*, by Meerane (1838), *Tettau* (1840/41), *Remse* (1844/45), and *Bad Brambach* (1846), provide evidence still today of the principles of their maker. They show careful workmanship, the use of the best materials, classical richness of power, and balance between the stops, and a regard for local circumstances and needs.

In spite of so short a working life, and the necessarily hard struggle for existence, DAVID GOTTHILF THUMMLER, highly gifted, clever, and conscientious. reached to notable attainment of undoubtedly artistic competence. He belongs to the significant organ builders or the 19th century.

---

[34] Zu deren Ergänzung dient die Komposition ,,Canzona in memoriam David Gotthilf Thümmler für Orgel'' von WALTER HÜTTEL.
[35] Zitiert nach FLADE, *Orgelbauer-Lexikon*, III, S. 733.

Walter Hüttel

David Gotthilf Thümmler (1801–1847). Sa vie et son œuvre.

Le Maître-facteur d'orgues saxon DAVID GOTTHILF THÜMMLER, fils d'un Maître-cordier, est né le 14 Septembre 1801 à Zwickau. Assez longtemps en apprentissage chez EBERHARD, FRIEDRICH WALCKER, à Ludwigsburg, et chez JOHANN PETER ALOYS MOOSER à Fribourg en Suisse, il a travaillé également dans les ateliers de Mayence de BERNHARD DREYMANN. THÜMMLER acquit la citoyenneté dans la ville de ses parents le 28 Février 1833. Dans les premiers mois de 1842 il épousa FRIEDERICKE HEROLD, originaire de Glauchau. Il est décédé le 25 Août 1847.
A Zwickau et dans les environs de cette ville il est resté fidèle aux traditions de la facture locale, illustrée par les DONATI, HOLBECK, KOCH, PENNIGK, ROTTENSTEIN et SCHRAMM. Son activité, à laquelle il convient d'adjoindre le relevage d'instruments anciens, s'étendait sur un secteur englobant la Saxe du sud-ouest.
Considérés du point de vue de l'histoire instrumentale, ses travaux ont subi deux influences. Par l'intermédiaire de A. MOOSER et du père de ce facteur, il a trouvé une liaison directe avec A. SILBERMANN de Strasbourg. Pour l'élaboration de ses compositions il s'appuie sur celles de J.-J. SCHRAMM, qui passe pour être l'élève de GOTTFRIED SILBERMANN. D'autre part il se trouve pris dans cette évolution de la première moitié du XIX$^e$ siècle vers un idéal sonore qui tend à atténuer la puissance et à exalter les ressources d'ordre émotionnel. THÜMMLER est resté très ouvert à toutes les suggestions, tout en conservant son indépendance et il a atteint un style d'une appréciable personnalité. Ses instruments ont bénéficié d'une réalisation solide sur un espace accordé avec générosité. La conception de ses façades de buffet témoigne d'une émancipation du style, dit de SILBERMANN. Le choix des jeux révèle le souci d'assurer l'équilibre entre les deux claviers, riches en jeux de mutation. L'équipement de la pédale offre une base solide à l'organiste. La masse tonale est caractérisée par une enveloppe cristalline et par l'évidence des stratifications. Tous les jeux sont conçus en vue d'une très nette affirmation de leur justification fonctionnelle et de leur intégration dans l'ensemble. Un fonds commun est constitué par les jeux ci-après: Cornett (de préférence dans l'Oberwerk); Bordun (surtout en 16′) et Viola di Gamba de 8′ au Grand-Orgue; Flauto traverso de 8′ dans l'Oberwerk. A la pédale on trouve souvent un Violon ou une Posaune de 16′.
Les orgues remarquables construits par THÜMMLER à *Schönberg*, près de Meerane (1838), à *Tettau* (1840/41), à *Remse* (1844/45) et à *Bad Brambach* (1846) témoignent de la fidélité de leur réalisateur à l'égard de certains principes: Travail très soigné, matériaux de première qualité, masse tonale imposante, dans la tradition classique, équilibre des jeux. De plus, le facteur a tenu compte des circonstances locales.
Malgré la brièveté de sa période d'activité et malgré les impératifs d'une âpre lutte pour assurer sa position, DAVID GOTTFRIED THÜMMLER nous a légué – grâce à son talent, à ses capacités et à sa conscience professionnelle – une très appréciable production, marquée par une incontestable sensibilité artistique. Il se classe parmi les grands Maîtres-facteurs du XIX$^e$ siècle.

BERNHARD BILLETER

## Albert Schweitzer und sein Orgelbauer

Briefe an Fritz Haerpfer, 1879–1956, Bolchen (Boulay), Lothringen

Anhang: Briefe an Alfred Kern, geb. 1910, Straßburg

ALBERT SCHWEITZER ist einer der Begründer und führenden Köpfe der Orgelreform in der ersten Dekade unseres Jahrhunderts. Bekannt sind seine Äußerungen über Orgelbau im Bach-Buch (französisch 1905, deutsch erweitert 1908), seine Kampfschrift *Deutsche und französische Orgelbaukunst und Orgelkunst*[1], wo er in der Orgel CAVAILLÉ-COLLS nicht nur das Ideal einer Orgel, sondern die „idealste Bach-Orgel" erblickt, und das *Internationale Regulativ für Orgelbau*[2], das sogenannte *Wiener Regulativ*, das am III. Kongreß der Internationalen Musikgesellschaft in Wien (1909) verabschiedet wurde und weitgehend ein Werk SCHWEITZERS ist. Über die der Vorbereitung dieses Regulativs dienende Umfrage SCHWEITZERS bei Orgelbauern und Organisten hat HERMANN J. BUSCH vor kurzem berichtet[3]. Im Jahre 1913 fuhr ALBERT SCHWEITZER nach Lambarene. Für den Außenstehenden sah es so aus, als habe der Vielbeschäftigte ob der praktischen Arbeit im Urwald und seiner wissenschaftlichen Projekte, die auf den Gebieten der Theologie und Philosophie (insbesondere Ethik) lagen, seine frühere Orgelbau-„Liebhaberei" aufgegeben. Dieser Eindruck mochte entstehen, weil das *Wiener Regulativ* in den Jahren um den Ersten Weltkrieg seine Wirksamkeit nicht im gewünschten Maß entfalten konnte und weil die Führung der Orgelbe-

---

[1] Zuerst in der Berliner Zeitschrift „Die Musik", separat bei Breitkopf & Härtel 1906, 2. Auflage 1927 mit einem ausführlichen *Nachwort über den gegenwärtigen Stand der Frage des Orgelbaus*. Faksimile-Nachdruck 1962 ohne Nachwort. Mit Nachwort in: ALBERT SCHWEITZER, Gesammelte Werke in fünf Bänden, hrsg. von RUDOLF GRABS, Berlin o. J., Bd. V, S. 385 bis 465. Engl. Übers. in: CHARLES R. JOY, *Music in the Life of Albert Schweitzer*, New York und Boston 1951, mehrere Auflagen. Frz. Übers. in: L'Orgue, No. spécial 122–123, Avril–Sept. 1967.
[2] Der vollständige Kongreßbericht erschien unter dem Titel: *III. Kongress der Int. Musikgesellschaft. Wien 25.–29. Mai 1909. Bericht vorgelegt vom Wiener Kongressausschuss*, Wien Leipzig 1909. Das Regulativ erschien auch gesondert in deutscher, französischer und italienischer Sprache.
[3] *Zur Situation des europäischen Orgelbaus am Beginn des 20. Jahrhunderts*, in: Ars Organi 23, 1975, H. 46, S. 2080–2086.
Vgl. auch ALBERT SCHWEITZER, *Zur Diskussion über Orgelbau* (1914), hrsg von ERWIN R. JACOBI (= Documenta Organologica Bd. 1), Berlin 1977, mit Anmerkungen und einer umfassenden Bibliographie zur „elsässischen Orgelreform" im Nachwort des Herausgebers.

wegung später an andere Persönlichkeiten übergegangen ist, insbesondere an WILIBALD GURLITT.

Aber ALBERT SCHWEITZER hielt sich nicht nur zeitlebens als Orgelspieler auf der Höhe, sondern er betätigte sich auch als Orgelsachverständiger. In seiner Selbstbiographie *Aus meinem Leben und Denken* (1931) nimmt das Kapitel „Von Orgeln und Orgelbau" 12 von 230 Seiten ein. Dort schreibt er: „Dem Kampf um die wahre Orgel habe ich viel Zeit und viel Arbeit geopfert. Gar manche Nächte verbrachte ich über Orgelplänen, die ich zu begutachten oder zu überarbeiten hatte. Gar manche Fahrt unternahm ich, um die Fragen zu restaurierender oder neu zu erbauender Orgeln an Ort und Stelle zu studieren. In die Hunderte und Hunderte gehen die Briefe, die ich an Bischöfe, Dompröbste, Konsistorialpräsidenten, Bürgermeister, Pfarrer, Kirchenvorstände, Kirchenälteste, Orgelbauer und Organisten schrieb, sei es, um sie zu überzeugen, daß sie ihre schöne alte Orgel restaurieren sollten, statt sie durch eine neue zu ersetzen, sei es, um sie anzuflehen, nicht auf die Zahl, sondern auf die Qualität der Stimmen zu sehen und das Geld, das sie für die Ausstattung des Spieltisches mit soundso viel überflüssigen Vorrichtungen zum Wechsel der Register bestimmt hatten, für bestes Material der Pfeifen zu verwenden."

Unter diesen Briefen, die zum größeren Teil noch verschollen (sie werden vom „Zentralarchiv Albert Schweitzer" in Günsbach/Oberelsaß gesammelt) und außer einigen Ausnahmen[4] unveröffentlicht sind, kommt dem Briefwechsel mit FRITZ (FRÉDÉRIC) HAERPFER besondere Bedeutung zu. Es handelt sich um ein Konvolut von 139 größtenteils eigenhändig geschriebenen Schriftstücken, das von den Nachkommen HAERPFERS freundlicherweise dem Zentralarchiv übergeben worden ist. Sie umspannen, einschließlich der 33 undatierten Schriftstücke, den Zeitraum vom 20. November 1905 bis zum 26. November 1938. Einige Briefe sind von SCHWEITZERS Sekretärin und „rechter Hand" in Europa, Frau EMMY MARTIN verfaßt, tragen aber Anmerkungen oder Nachschriften von SCHWEITZER. Zwei Briefe stammen von Prof. ERNST MÜNCH, dem Organisten zu St. Wilhelm in Straßburg, dem Dirigenten der von ihm gegründeten Bach-Konzerte, Lehrer für Orgel und Kirchenmusik am Konservatorium Straßburg und Freund SCHWEITZERS.

Auch eine Reihe von Briefen HAERPFERS an SCHWEITZER ist erhalten geblieben: Acht Briefe aus der Zeit zwischen dem 28. Juli 1908 und dem 11. Dezember 1909 liegen in einem Dossier, betreffend die Orgel im Sängerhaus (*Palais des Fêtes*) von *Straßburg*, in demjenigen Teil des Nachlasses von SCHWEITZER, welcher als Depositum in der Zentralbibliothek Zürich aufbewahrt wird. Die übrigen 34 Briefe aus den Jahren 1923 bis 1956 befinden sich in Güns-

---

[4] MARCEL THOMANN, *Albert Schweitzer et les orgues Silbermann de Marmoutier*, in: Pays d'Alsace, cahier 89, I – 1975, S. 15–16 und Planche III. GEORGES KLEIN, *Albert Schweitzer et Pfaffenhoffen*, ibid. S. 17–19 und Planche IV. Vgl. dazu P. MEYER-SIAT, *Les orgues de Pfaffenhoffen*, in: Cahier 89 de la Société d'Histoire de Saverne, 1975, S. 21 f. MEYER-SIAT macht darauf aufmerksam, daß SCHWEITZER 1889, also mit 14 Jahren, während der Ferien beim Großvater die neue Orgel von DALSTEIN-HAERPFER gespielt hat. MARTIN HAEBERLE, *Les orgues de Muhlbach*, Einweihungsschrift der 1972 von ALFRED KERN umgebauten Orgel (s. Fußn. 7). – Der Verfasser bereitet im Rahmen der Gesamtausgabe der Schriften von ALBERT SCHWEITZER den Band mit Schriften zum Orgelbau vor. Er wäre deshalb allen denjenigen zu verbindlichstem Dank verpflichtet, die ihn auf Veröffentlichungen in irgendeinem Zusammenhang mit ALBERT SCHWEITZER und Orgelbau oder auf Briefe ALBERT SCHWEITZERS aufmerksam machen könnten.

bach. Schon aus den Jahreszahlen ergibt sich, daß manches Schriftstück verloren oder verschollen ist. Aber auch einzelne Briefe aus der erhaltenen Korrespondenz fehlen, auf die in der Antwort Bezug genommen wird[5].

JEAN ADOLPHE FRÉDÉRIC HAERPFER, der Sohn des Firmengründers CHARLES HAERPFER (7. 6. 1835 – 21. 10. 1909), wurde am 13. 7. 1879 in Bolchen (Boulay) geboren und starb am 11. 12. 1956 in Metz. Am Anfang der Bekanntschaft, die sich bald zu einer herzlichen, lebenslangen Freundschaft vertiefen sollte, steht der Bau einer kleinen Chororgel zu St. Thomas in *Straßburg* im Jahre 1904 (Beschreibung im Zentralarchiv Günsbach, s. u.), jener Kirche also, in welcher SCHWEITZER den durchsichtigen und doch weichen Klang der SILBERMANN-Orgel kennen- und lieben gelernt hatte. Zur Rettung dieser Orgel vor dem geplanten Neubau scheute er keine Mühe. Bei der ersten Restaurierung durch HAERPFER 1908 blieben denn auch die Eingriffe im Vergleich zu späteren viel kleiner.

Es ist nicht unwichtig zu wissen, welche Eigenschaften dieser Orgel SCHWEITZER besonders beeindruckten. Er sagte das besonders schön in seinem Vortrag *Von Bachs Persönlichkeit und Kunst*, den er am 21. Oktober 1908 im „Haus der katalanischen Musik" zu Barcelona hielt und der nur in katalanischer Sprache erhalten geblieben ist: „Auch BACHS Orgel war anders. Sie klang dünner, heller, weniger dröhnend als unsere. Zu BACHS Zeit lebte der berühmte Orgelbauer SILBERMANN aus Straßburg: Er wirkte im Elsaß und vor allem in Sachsen, und der Meister bewunderte ihn sehr. Mehrere seiner Instrumente sind noch erhalten, z. B. die schöne Orgel zu St. Thomas in *Straßburg*. Die Fugen, die darauf ausgeführt werden, klingen viel heller und durchsichtiger, die Töne vermischen sich nicht so leicht, wie so oft auf den heutigen Orgeln, nichts ist schrill, alles ist weich. Es wird uns gelingen, so glaube ich, Orgeln mit ähnlicher Klangfarbe zu bauen. Eine elsässische Orgelbaufirma, deren Arbeit ich leite, hat schon solche Orgeln gebaut, die von Fachleuten sehr bewundert werden. Die große Orgel des Konzertsaales in *Straßburg*, die jetzt im Bau ist, wird in bezug auf die Klangfarbe die alten Orgeln nachahmen."[6]

SCHWEITZER war in diesen Jahren Pfarrvikar an St. Nicolai, Privatdozent an der Protestanti-

---

[5] Ganz herzlich möchte ich Frau RHENA MILLER-SCHWEITZER für die Erlaubnis zur Veröffentlichung der Briefe SCHWEITZERS danken. ERWIN R. JACOBI, der den musikalischen Teil des Nachlasses von ALBERT SCHWEITZER betreut, hat mir in überaus hilfreicher Weise die Briefe zugänglich gemacht und viele Auskünfte erteilt.
Bei einem Großteil der hier veröffentlichten Briefe SCHWEITZERS handelt es sich um eilig hingeworfene Mitteilungen. Von einer Verbesserung der zahlreichen Flüchtigkeitsfehler bei der Wiedergabe im Druck wurde abgesehen. Auslassungen sind durch Punkte in eckigen Klammern kenntlich gemacht, im Gegensatz zu Punkten ohne Klammern, die dem Original entsprechen (z. B. letzter Brief). Bei HAERPFERS Briefen, die vom 23. 11. 1923 an mit Schreibmaschine geschrieben sind, wurden die offensichtlich beim Abschreiben entstandenen Fehler berichtet.

[6] Mitgeteilt, mit einer Vorbemerkung und erklärenden Fußnoten, von ERWIN R. JACOBI; Übersetzung aus dem Katalanischen von GUIU SOBIELA-CAANITZ; in: Rundbriefe des Albert-Schweitzer-Komitees in der DDR, Nr. 31/32, Herbst 1977/Frühjahr 1978. Gekürzte engl. Übers. als *Concerning the Art and Personnality of J. S. Bach*, in: Universitas, Quarterly English Language Edition, Vol. 17, Stuttgart 1975, S. 203–218. SCHWEITZER unterschied nicht zwischen der Straßburger SILBERMANN-Linie und GOTTFRIED SILBERMANN, der in Freiberg (Sachsen) wirkte.

schen Theologischen Fakultät und Organist zu St. Wilhelm sowie bei der Bach-Gesellschaft in Paris. Dazu trat 1905 das Medizinstudium. Regelmäßige Urlaube im Frühjahr und Herbst benützte er zu mehrwöchigen Aufenthalten in Paris, wo er bei WIDOR das 1893–1898 betriebene Orgelstudium fortsetzte. In St. Nicolai setzte SCHWEITZER einen Orgelneubau der Firma DALSTEIN-HAERPFER durch, von welchem das erste, noch ganz unpersönliche Schriftstück Kunde gibt. Bald danach folgen in *Straßburg* die Orgeln von Kronenburg (33 Register) der *Église libre* (11 R.), des Sängerhauses (56 R.), des *Hôpital Civil* (16 und 5 R.), von Ruprechtsau (26 R.) und der Aurelien-Kirche (33 R.), welch letztere durch Schallplattenaufnahmen (30 Platten zu 78 Touren) von SCHWEITZER aus dem Jahre 1936 verewigt ist. Einen ersten Höhepunkt der Zusammenarbeit mit HAERPFER brachte das Jahr 1909: Zur Einweihung der ganz von SCHWEITZER geplanten Konzertsaalorgel im Sängerhaus (*Palais des Fêtes*) ließ er eine anonyme Einweihungsschrift erscheinen (s. Briefe vom 6. 8. 1908 bis 25. 10. 1909), und am musikwissenschaftlichen Kongreß in Wien amtete HAERPFER als Protokollführer.

Was SCHWEITZER an den Orgeln HAERPFERS so besonders schätzte, geht aus seiner *Geschichte des Hauses Dalstein und Härpfer* (dem Brief vom 25. September 1908 beigelegt, s. u.) hervor: zum einen die Verbindung von französischer und deutscher Tradition, zum andern die hohe Qualität des Materials, die handwerkliche und nicht fabrikmäßige Verarbeitung und die weiche, sonore Intonation. Wo er nur konnte, empfahl er HAERPFER (als Beispiel unter vielen: Postkarte vom 11. November 1906). So nannte er sich im Spaß „*commis-voyageur* der Firma DALSTEIN-HÄRPFER" (Oktober 1907) oder „Ihr treuer Apportierhund" (1. Mai 1929). Aber er scheute sich nicht, ihm bei den Orgeln, für die er mitverantwortlich war, bis ins Detail vorzuschreiben, wie er sie haben wollte. Und wenn ihm etwas nicht gefiel, nahm er kein Blatt vor den Mund. Der „Apportierhund" konnte gewaltig knurren, wenn Termine nicht eingehalten wurden (Briefe vom Mai bis zum Oktober 1929 betreffend Orgel in *Mühlbach*), wenn Briefe unbeantwortet blieben (22. April 1933), Störungen an Orgeln auftraten oder wenn ihm ein Register nicht gefiel. Diese Briefe sind zum Teil gerade deshalb so reizvoll, weil SCHWEITZER sich in ihnen ohne Rücksichten auf die Öffentlichkeit äußerte. Es spricht aus ihnen auch ein Sinn für praktische Details und Realitäten, eine gewisse Bauernschläue im Umgang mit verschiedensten Menschen. Er besaß eine urgesunde, kräftige Natur. Da er sich selber nie schonte, verlangte er auch von seinem Partner letzten Einsatz im Dienst an der gemeinsamen Sache. Es wäre nicht richtig, die voller Ingrimm an der Orgel auf ein Blatt geworfenen Notizen (8. April 1932) oder Ausdrücke wie „Sau-Oboe" u. ä. auszumerzen.

Die frühen Briefe sind nicht immer persönlich an seinen Freund FRITZ HAERPFER, sondern zum Teil an die Firma DALSTEIN & HAERPFER gerichtet. Sicher sind Briefe aus den Jahren 1907 und 1908, die besonders wichtige Orgel von *Straßburg-Kronenburg* betreffend, verlorengegangen. Einen gewissen Ersatz bieten zwei Briefe an GUSTAV VON LÜPKE, Musikdirektor in Kattowitz, welcher im Münchner „Kunstwart" das französische Bach-Buch eingehend und gut besprochen und dadurch zum Plan einer deutschen Fassung beigetragen hat. Am 1. November 1907 teilte ihm SCHWEITZER mit, daß diese Orgel nach seinen Angaben gebaut werde, und etwa im Juli 1908 äußerte er sich folgendermaßen: „Eine große Freude [...] eine von mir entworfene Bachorgel von 32 Stimmen, mit Intonation à la SILBERMANN (weiche Mixturen, weiche Zungenstimmen, alle Register mit Minimaldruck gespeist) ist fertig gestellt worden. Das Resultat war überwältigend. Ein herrliches biegsames fortissimo! In den Fugen setzen sich die Mittelstimmen merkwürdig klar durch." Zwar besaß die Orgel von

*Kronenburg* 33 Stimmen, diejenige von St. Nicolai 32, aber hier muß es sich aus zeitlichen Gründen dennoch um *Kronenburg* handeln.
Auch um kleine Orgeln geht es im Briefwechsel. Den Dispositionen der Chororgel von *Straßburg*, St. Thomas (1904), und *Weitersweiler* (1906?) ist folgender Entwurf gegenüberzustellen, der sich in einem Brief SCHWEITZERS an einen seiner akademischen Lehrer, den Theologieprofessor JOHANNES FICKER, Straßburg (später Wittenberg), findet:

Strassburg Thomasstaden 1A<br>17 Feb 08.

Sehr geehrter Herr Professor

Für eine Orgel der Zahl der Sitzplätze entsprechend, die für die *Sesenheimer* Kirche vorgesehen sind, muß man, wenn man sich gediegen und dauerhaft bauen will, etwa 7500 – 8000 M vorsehen, da das gute Rohmaterial in den letzten Jahren sehr gestiegen ist. Um den Gemeindegesang zu begleiten, bedarf es einer Orgel von mindestens 12 Registern.
Anbei ein Entwurf.

| | | |
|---|---|---|
| ERSTES CLAVIER: | 1) Principal | 8′ |
| | 2) Bordun | 8′ |
| | 3) Salicional | 8′ |
| | 4) Prestant | 4′ |
| ZWEITES CLAVIER (im Schwellkasten): | | |
| | 5) Gamba | 8 |
| | 6) Vox coelesta | |
| | 7) Flöte | 4 |
| | 8) Flageolett | 2′ |
| | 9) Mixtur-Cornet 3, 4, 5fach . | |
| | 10) Trompete | 8′ |
| PEDAL: | 11) Subbass | 16′ |
| | 12) Cello | 8′ |

Dazu Koppeln, freie Combinationen, Octavcoppeln etc. Diese Orgel könnte wohl für 7500 bis 8000 Mark geliefert werden, exclusive Gehäuse, für das etwa 500 M, wenn man sich mit einem ganz einfachen begnügen will, anzusetzen sind.
Für die Ausführung dieses Entwurfs würde ich wohl in erster Linie DALSTEIN und HÄRPFER, Orgelbauer zu Bolchen i/Lothr. empfehlen, da diese die Stimmen am schönsten intonieren und allein combinierte Octavcoppeln bauen, die den Effect der Orgel auf das Doppelte bringen. Sie sind die Erbauer der Orgel zu *Kronenburg* und haben die Concertorgel für das *Strassburger* Sängerhaus in Arbeit.

Mit freundlichen Grüssen<br>Ihr A SCHWEITZER.

Nicht einmal die Entfernung von Äquatorial-Afrika aus und die großen neuen Aufgaben im Urwald unterbrachen den Briefwechsel: SCHWEITZER wollte seinem Freund tropische Hölzer verschaffen und beschrieb ihm die Vorteile verschiedener Sorten bis ins einzelne. Auch vom Krankenlager aus, in der schweren Zeit von 1918, teilte er dessen große Geschäftssorgen. Kaum das zweite Mal aus Lambarene zurückgekehrt (2. Oktober 1927), versuchte er, dem von einem Brand geschädigten Betrieb neue Aufträge „zuzuschustern". Bei der „Dame aus Zürich" handelt es sich um Frau LILI ABEGG. Deren Hausorgel im Gut *Buonas* am Zugersee wurde aber dann doch nicht von HAERPFER gebaut. Die 1923 gebaute zweiregistrige Hausorgel war ebensowenig für SCHWEITZER selbst bestimmt wie das Harmonium 1930, das wahrscheinlich für die Freiluftgottesdienste im neuen Spital SCHWEITZERS diente[6a].

Der im Schriftstück vom 17. Juli 1930 erwähnte Prospekt der nunmehr *Manufacture Lorraine de Grandes Orgues* FRÉDÉRIC HAERPFER *Boulay-Moselle* genannten Firma, eine großformatige, gediegene Broschüre, ist in wenigen Exemplaren erhalten geblieben. Er enthält eine Geschichte des Hauses, die Dispositionen und Ansichten von 13 Orgeln, ein Verzeichnis der seit 1863 gebauten Orgeln mit Registerzahl, Referenzen (darunter eine von ALBERT SCHWEITZER) und Detailaufnahmen aus dem Betrieb. Die Geschichte des Hauses ist, dem Stil nach zu schließen, diesmal nicht von SCHWEITZER verfaßt. Wir entnehmen ihr, daß 1905 die erste Orgel mit elektrischer Spieltraktur gebaut wurde, deren Elektrizität ein Heißluftmotor erzeugte. Die Orgeln von *Pfaffenhofen* und der katholischen Kirche in *Bolchen* wurden 1889 bzw. 1893 mit mechanischen Kegelladen gebaut (vgl. Briefe vom 3. 4. und 16. 4. 1928). 1931 beschäftigte der Betrieb 30 Spezialisten. Die Wirtschaftskrise wurde vor allem durch Aufträge aus den Kolonien überwunden, wobei SCHWEITZER Verbindungen anknüpfte. SCHWEITZERS Briefe brechen mit dem Kondolenzschreiben von 1938 ab. Die letzten fünf Briefe von HAERPFER, 1949–56, sind aus Metz geschrieben. HAERPFER hatte den Betrieb seinem Sohn FRÉDÉRIC CHARLES WALTER HAERPFER (9. 2. 1909 – 11. 5. 1975) übergeben und übernahm Expertisen über kriegsbeschädigte Orgeln. Der letzte Brief enthält einen Hilferuf an den Freund, sich für die Erhaltung der Sängerhausorgel einzusetzen. Laut der freundlichen Mitteilung von Herrn F. SCHNEPP, der damals Generalsekretär der *Municipalité de Strasbourg* war, bat SCHWEITZER 1958 mit Nachdruck, nichts an der Disposition zu ändern. Dieser Wunsch wurde von den Behörden respektiert. Der Orgelbauer ERNEST MÜHLEISEN ersetzte lediglich die pneumatische Traktur und versah die Orgel mit einem fahrbaren elektrischen Spieltisch. Nur im Jahre 1912 hatte HAERPFER, wie aus zwei Briefen SCHWEITZERS hervorgeht (10. 10. 1911 und 8. 3. 1912), im I. und im III. Manual je ein Weitprinzipal 8′ eingesetzt, auf Kosten von Gemshorn 8′ I bzw. Terz und Septime III, wohl weil man den Klang der Orgel im Konzertsaal als zu mager empfand. Es wirft ein bezeichnendes Licht auf SCHWEITZERS Klangvorstellungen, daß er im III. Manual zwei Aliquoten und nicht eine der reichlichen Grundstimmen opferte. Herr MÜHLEISEN schrieb mir, FRITZ HAERPFER habe ihm erzählt, SCHWEITZER sei zu ihm wie ein leiblicher Bruder gewesen. Deshalb sei HAERPFER auch auf alle seine Wünsche eingegangen.

Zwei kleine Orgeln in Dorfkirchen lagen SCHWEITZER besonders am Herzen: in *Mühlbach*, wo sein Großvater, JEAN-JACQUES SCHILLINGER (geboren 1801) von 1829 bis ins Jahr seines Todes (1872) als Pfarrer gewirkt hatte, und in *Günsbach*, wo er selbst aufgewachsen war und 1928 sein eigenes Haus baute. Hier hatte er Orgel spielen gelernt. Beim Umbau von 1931, der beinahe einem Neubau gleichkam, sollte die Orgel folgende Disposition erhalten (siehe Spieltischskizze mit Eintragungen SCHWEITZERS vom 17. 7. 1930):

---

[6a] Vgl. FRITZ WARTENWEILER, *Der Urwalddoktor Albert Schweitzer*, Schweizerisches Jugendschriftenwerk, Heft 49, o. J., S. 27.

| I. MANUAL | | II. MANUAL | | PEDAL | |
|---|---|---|---|---|---|
| Bourdon | 16' | Bourdon | 8' | Subbass | 16' |
| Montre | 8' | Salicional | 8' | Gedeckt | 16' |
| Gamba (auf beiden | | Voix céleste | 8' | Cello | 8' |
| Manualen spielbar) | 8' | Gamba (auf beiden | | Flûte | 8' |
| Flöte | 8' | Manualen spielbar) | 8' | | |
| Salicional | 8' | Gemshorn | 8' | **KOPPELN** | |
| Bourdon | 8' | Rohrflöte | 4' | II/P | |
| Octav | 4' | Mixtur | | I/P | |
| Octav | 2' | Basson-Hautbois | 8' | II/I | |
| Cornet | | | | Sub II/I | |
| Trompete | 8' | | | Super II/I | |

SPIELHILFEN: Freie Combination I und P
Freie Combination II
I Bd. 16 ab
Zungen ab
Ha [Handregister ab]
Tutti
Registercrescendo.

Das Hauptwerk erhielt jedoch kein Salicional, dafür zwei Flöten (Flûte harmonique und Flûte conique), das Schwellwerk statt des Salicional einen Prestant 4'. Bei dieser Orgel mußte vorhandenes Pfeifenwerk wiederverwendet werden. Aus Kostengründen nahm man Zink statt Zinn. Zudem litten die pneumatischen Windladen durch Kriegseinwirkungen. Und so lohnte sich 1959 keine Reparatur mehr. Der Orgelbauer ALFRED KERN von Straßburg-Kronenburg, der nach dem Ausscheiden FRITZ HAERPFERS aus dem Orgelbau gewissermaßen dessen Stellung bei ALBERT SCHWEITZER übernommen hatte, riet zu einem Neubau. Im nachfolgenden Brief spricht sich SCHWEITZER über das Vorhaben aus:

Dr. ALBERT SCHWEITZER<br>Lambarene. Gabon<br>Afrique Equatoriale Française<br>19. 12. 59

Herrn Ingenieur FRITZ STUDER
Glockenthal-Steffisburg. Suisse.

Lieber Freund.

Du hast recht gehabt, mir einen richtigen Brief zu senden statt nur eine illustrierte Karte. Wie schön erzählst du von unserem Zusammenkommen! Und welche Rolle hat in unserem Bekanntwerden miteinander die liebe EMMY HOPF gespielt! Die schöne Zeit, wo du noch Chorleiter warst! Und das Erlebnis im Bahnhofsrestaurant Basel. Ich sehe dich noch in der Ferne sitzen und erlebe noch die Ueberraschung, dass ich die Rechnung für mein Essen nicht zahlen darf! Ich hebe deinen Brief unter den Papieren, die mir Erinnerungen bedeuten, auf. Und nun soll mein Wunschzettel kommen. Ja, ich habe einen, einen ernsten, für die *Gunsbacher* Orgel.
Im ersten Krieg war der Turm der Gunsbacher Kirche zerschossen worden wie auch das Dach. Es regnete auf die Orgel, die dann langsam an dem was sie erlebt hatte, völlig zu Grunde ging. Im Jahre 1932 wurde eine neue gebaut, zu der ich den Plan machte und die mein lieber Orgel-

bauer HÄRPFER aus Bolchen nach meinen Intentionen baute. Ich selber und Freunde ermöglichten der Gemeinde dieses Unternehmen durch Geldspenden. Der Orgelbauer baute zum Selbstkostenpreis für die vielen Dienste, die ich ihm im Laufe der Jahre geleistet hatte. So wurde es mir möglich das Ideal einer Dorforgel zu bauen, das ich mir im Laufe meiner langen Beschäftigung mit Orgelbau ausgedacht hatte. 2 Klaviere, 22 Register: BACH und die Modernen (WIDOR, CÉSAR FRANCK, REGER) sind in gleicher Weise darauf spielbar. Der Beweis: der Toningenieur der von Amerika mit dem Gerät für die Aufnahme meiner Platten für Kolumbia gekommen war, nachdem er andere, grössere Orgeln gesehen hatte, entschied sich, zu meinem Erstaunen für diese Dorforgel für die zu machenden Aufnahmen! Worin die Eigenart des Klanges dieser Orgel besteht, lege ich dir ein ander mal dar. Franzosen, Deutsche, Engländer und Amerikaner Organisten haben die Orgel als Muster einer Dorforgel anerkannt. Beim Bau aber hatte ich, weil die Mittel nicht zu einem Neubau gereicht hätten, von der alten Orgel alles was irgendwie noch brauchbar war an Material in die neue übernehmen müssen. Auch hatte ich mich entschliessen müssen, sie pneumatisch zu bauen, statt mechanisch, mit Schleifladen, weil die Orgelbauer damals diese alte Bauart nicht mehr beherrschten. Dies fiel mir schwer, aber es ging nicht anders. Damit konnte der Orgel nur eine beschränkte Lebenszeit beschieden sein. Die Pneumatik wird ja durch Staub, der mit der Zeit sich in allen Bohrungen festsetzt, unzuverlässig. Und die alten wurmstichigen Holz-Pfeifen und die Pfeifen in schlechtem Metall hören auch auf verwendbar zu sein. Dass die Orgel überhaupt an die dreissig Jahre durchgehalten hat, ist eine Leistung. Jetzt aber fängt sie an unzuverlässig zu sein, was fort und fort zunehmen wird, bis sie ganz unbrauchbar sein wird. In dieser Lage habe ich nun den Plan gefasst, die Orgel umzubauen: Die Traktur mechanisch zu machen (ohne Barkerhebel), Schleifladen anzuwenden und alles minderwertiges Pfeifenmaterial durch neues gutes zu ersetzen. Die Arbeit wird dem Orgelbauer KERN in Strassburg, der früher dem Hause HAERPFER angehörte und sich vor einigen Jahren in Strassburg selbständig gemacht hat, übertragen. Er ist ein hervorragender Intonateur und hat 1932 an der Intonation der jetzigen Orgel mitgearbeitet. Durch diesen Umbau wird dieses Vorbild einer Dorforgel für sehr lange Zeit erhalten, besonders auch, weil vor einigen Jahren die Kirchenheizung mit Oefen, die an dem Zugrundegehen dieser Orgel mitbeteiligt war, durch eine elektrische, die keinen Schaden anrichten kann, ersetzt worden ist.

Es ist also mein letzter Wunsch in diesem Leben, dass diese Orgel durch Umbau ganz solid wird und, wie eine gute mechanische Orgel, unsterblich wird.

Leider kann die Gemeinde Gunsbach zu diesem Umbau nichts beitragen. Sie hat schwer in den zwei Kriegen gelitten. Sie hat als dringende Aufgabe die in schlechtem Zustand befindliche Wasserleitung zu reparieren. Und ihre Finanzen sind in üblem Zustande, weil die Waldungen, die ihr bescheidenes Einkommen ausmachen im ersten Krieg durch Artilleriebeschiessung schwer gelitten haben, wozu noch kommt, dass die Holzpreise in der letzten Zeit in Europa schwer gesunken sind. Hülfe der Gemeinde kommt also für den Umbau kaum in Betracht. Ich muss das Geld selber zusammenbringen. Ich selber gebe, was ich kann. Nun wage ich auch Freunde zu bitten mitzuhelfen. Und diejenigen, die mich fragen, was mir zum 85 Geburtstag zu schenken, bitte ich etwas für den Orgelumbau zu stiften. Nun weisst du wie mir für dieses Fest am meisten Freude machen.

Die Kosten werden etwa 65 000 Schweizerfranken (etwa Sechs Millionen 500 000 tausend französische Franken) betragen. Wenn auch das Ganze wohl kaum zusammen kommt, wollen wir den Umbau so machen, dass die Orgel mechanisch ist und Schleifladen hat, wenn auch vorläufig nur ein Teil der Pfeifen eingesetzt sind. Etwa 20 000 Schweizerfranken habe ich schon zusammen.

Wenn du etwas zu dem Orgelumbau stiften willst lass es mir auf das Conto Nr 20 605 Doctor ALBERT SCHWEITZER bei der Agence de la Banque de l'Afrique Occidentale in Port-Gentil, Gabon, Afrique Équatoriale Française, überweisen. Das ist das Einfachste. Ich habe kein Bankkonto in Europa. Gib mir per Luftpostbrief Nachricht von der getätigten Ueberweisung und durch welche Bank in der Schweiz du sie machst. Ich danke dir zum Voraus für jede Hilfe.

Herzlich dein alter ALBERT SCHWEITZER

Auch aus Amerika kam Unterstützung für den Orgelneubau, wovon das folgende aufschlußreiche Schreiben zeugt:

Lieber Reverend WEINLAND:

[1959?]

Ich habe lange Zeit gebraucht um Ihnen auf Ihren so lieben Brief, den Sie an Herrn FRITZ DICKERT und mich gerichtet haben, zu antworten. Von Afrika aus konnte ich es nicht tun, und als ich im September 1959 nach Europa zurückkehrte musste ich mich gleich auf Reisen, die eine lange Reihe von Wochen dauern sollte, begeben. Nun bin ich von diesen Fahrten die mich nach Deutschland, nach der Schweiz, nach Dänemark, nach Schweden, nach Paris, nach Belgien, nach Holland zurückgekehrt und gehe nun an das Briefschreiben. Dieser an Sie ist einer der ersten die mir aus der Feder kommen.

Ich bin tief bewegt, dass mir die *American Guild of Organists* in Ihrer Gegend helfen will, die Orgel, die ich als das Modell einer guten Dorforgel erdacht habe und bauen liess, in der besten Weise zu erhalten. Sie hat die im ersten Krieg zu grunde gegangene aus dem Ende des 17 Jahrhunderts stammende Orgel ersetzt. Erst im Jahre 1932 hatten wir die Mittel zusammen, um diese Orgel zu erbauen. Und wir konnten sie nicht so erbauen wie wir wollten. Wir konnten sie nicht mechanisch bauen, weil danach die Orgelbauer noch nicht wiedergelernt hatten Orgeln mit den alten Schleifladen und mit mechanischer Traktur zu bauen. So mussten wir moderne Laden und Röhrenpneumatik verwenden. Auch mussten wir, um zu sparen möglichst viel Material für Holz und Metalpfeifen aus der alten Orgel übernehmen, das nicht mehr gut war und nur für eine beschränkte Zeit mehr Dienste leisten konnte. Es gilt also dieses schlechte alte Material, das von 1932 bis jetzt in der Orgel gewesen durch gutes, auf lange Zeit Dienste leistendes zu ersetzen. Die Kosten dieses Ersatzes an Material werden leider sehr bedeutend sein. Aber es hat keinen Sinn die Orgel umzubauen und sie nicht in der besten und für auf lange berechneten Weise umzubauen.

Ein besonders zu beachtender Vorteil ist, dass Herr ALFRED KERN, dem der Umbau anvertraut wird, noch mit der Art der grossen Intonateure des Orgelbauers CAVAILLÉ-COLL, der die Orgeln von Saint Sulpice und Notre Dame in *Paris* erschuf, vertraut ist. Der Gründer des Hauses HAERPFER, das 1932 unsere Orgel erbaute, war ein Schüler und Arbeitsgenosse von CAVAILLÉ-COLL. Um 1880 liess er sich in Bouley in Westlichen Elsass als Orgelbauer nieder. Er erstellte bei uns eine Reihe herrlicher intonierter Orgel. Sein Sohn FRÉDÉRICK HAERPFER hatte seine Kenntnisse in der Kunst des Intonierens ererbt, und bewies es beim Bau der grossen Orgel des Concertsaales in *Strasbourg*. (1909) Durch diesen Sohn wurden zwei Intonateure dieses Hauses mit den Geheimnissen der Intonationskunst CAVAILLÉ-COLLS bekannt. Einer ist Herr ALFRED KERN, dem der Umbau unserer Orgel übertragen wird. Seit Jahren bin ich mit ihm bekannt und habe seine Entwicklung zum Meister Intonateur verfolgt und gefördert. Er ist der Garant dass die Orgel ihren schönen Klang bei dem Umbau bewahren wird, und wirklich das Muster einer Dorforgel, auf der man die vorbachischen Meister, J. S. BACH, MENDELSOHN, CÉSAR FRANCK, WIDOR, GUILMANT, REGER spielen kann, sein wird.

[...]

Für mich bedeutet die Garantie des Weiterbestehens dieser Orgel durch diesen Umbau sehr viel. Von den Orgeln die ich erbauen half sind die schönsten in den beiden Kriegen zu Grunde gegangen. Zu Günsbach konnte ich 1932 diese erbauen als den Typus der idealen Dorforgel mit dem ich mich lange Jahre hindurch beschäftigt hatte. Wenn mir durch diesen Umbau die Erhaltung dieser Orgel für die Zukunft gelingt ist eine Erinnerung an dieses Bemühen erhalten, und kann in Zukunft wirksam werden. Das bedeutet ein grosses Glück, das mir im Alter widerfährt. Darum wage ich, mit dem Herrn Organisten zu Menschen in der Ferne zu bitten; mir zur Erhaltung dieser Orgel zu verhelfen und danke Ihnen zum Voraus für Alles was Sie dafür zu tun bereit sind.

Mit unseren besten Grüssen,<br>
Albert Schweitzer und<br>
Fritz Dickert:

Orgelbaumeister Alfred Kern hat die 22 an ihn gerichteten Briefe Albert Schweitzers aus dem Zeitraum vom 16. Juni 1951 bis zum 7. Juni 1964, also bis ein Jahr vor dessen Tod, dankenswerterweise dem Zentralarchiv Albert Schweitzer in Günsbach zur Verfügung gestellt und die Genehmigung zur Veröffentlichung erteilt. Die meisten Briefe betreffen vor allem die Orgel von *Günsbach*. Einige werden hier im Anhang mitgeteilt. Sie stellen nicht zuletzt auch ein Dokument zu Schweitzers Lebensgeschichte dar: In den Jahren hohen Alters, die durch Bauten im Spital von Lambarene, durch die Betreuung der Kranken und Besucher, durch Schriften über Ethik und durch seine Appelle an die Menschheit gegen die atomare Gefahr bis an den Rand ausgefüllt waren, stahl er sich die Zeit von seinem nächtlichen Schlaf, um der geliebten Orgel in *Günsbach* bis in kleinste Einzelheiten der Anordnung des Spieltischs die von ihm gewünschte Gestalt zu verleihen. Aber auch vom orgelbaulichen Standpunkt aus sind die Briefe bemerkenswert. Schweitzer verteidigt „vom Standpunkt des Spielers aus" hartnäckig die „doppelt verwendbare freie Kombination", die Streicherstimmen und vier labiale Achtfüße im Hauptwerk, von denen eine Flöte schließlich dem ihm ebenfalls wichtigen, ins Pedal transmittierten Bourdon 16′ weichen muß. Durch die Einwände Kerns läßt er sich nicht irre machen, sondern verlangt klare und ausführliche Begründungen, z. B. warum die vier Achtfüße die Windverhältnisse und die Spielart ungünstig beeinflußten. Auf begründete Einwände geht er jedoch ein. Weil das Pedal sich als zu schwach erweist, schlägt er den Einbau von Prinzipal 16′ vor, ist aber schließlich mit Dulcian 16′ und Fourniture ebenfalls einverstanden. Die Disposition der 1961 vollendeten Orgel nach Schweitzers halb französischen, halb deutschen Angaben lautet:

| I. MANUAL | | II. MANUAL | | PEDAL | |
|---|---|---|---|---|---|
| Bourdon | 16′ | Gemshorn | 8′ | Bourdon | 16′★ |
| Montre | 8′ | Bourdon | 8′ | Flûte basse | 16′ |
| Flûte conique | 8′ | Gambe | 8′ | Flûte | 8′ |
| Bourdon | 8′ | Voix céleste | 8′ | Violoncelle | 8′ |
| Prestant | 4′ | Prestant | 4′ | Prestant | 4′ |
| Flûte | 4′ | Flûte | 4′ | Fourniture 3 rgs. | |
| Quinte | 2²/₃′ | Sesquialtera 2 rgs. | | Dulcian | 16′ |
| Doublette | 2′ | Waldflöte | 2′ | | |
| Fourniture 4 rgs. | | Plein Jeu 3 rgs. | | ★ aus I. Manual | |
| Trompette | 8′ | Haut-Bois-Basson | 8′ | | |

Koppeln II/I, I/Ped., II/Ped. sowie Tutti als Tritte. Jede Klaviatur und das Pedal haben eine freie Kombination. Ein besonderer Tritt erlaubt die Handregister abzuschalten, so daß die freie Kombination allein spielt. Wird dieser Tritt nicht betätigt, so kommt die freie Kombination zu den Handregistern hinzu. Dies ergibt die folgenden Tritte: Handregister ab, Freie Komb. I und Ped., Freie Komb. II. Die Orgel hat Schleifladen und mechanische Spieltraktur; die Registerzüge und freien Kombinationen werden pneumatisch betätigt.

In *Mühlbach* stand zur Zeit des Großvaters SCHILLINGER eine Orgel von SILBERMANN aus dem Jahre 1736, vom Vater ANDREAS begonnen und nach dessen Tod von den Söhnen vollendet, 1841 von JOSEPH CALLINET umgebaut. Die Kirche fiel 1915 einem Bombardement zum Opfer. Zum Neubau der Orgel steuerte SCHWEITZER 1000 Franken als persönliche Gabe sowie etwa 23–24 000 Franken bei, die er durch verschiedene Spender in ganz Europa erhielt, so daß er im ganzen etwa ein Drittel der Orgel finanzierte. Sie erhielt folgende Disposition:

GRAND ORGUE (56 notes)

| Bourdon | 16′ |
| Principal | 8′ |
| Flûte creuse | 8′ |
| Gambe | 8′ [Tr.] |
| Bourdon | 8′ |
| Octave | 4′ |
| Quinte | $2^2/_3{}'$ |

PÉDALE (30 notes)

| Soubasse | 16′ |
| Bourdon | 16′ [Tr.] |

Combinaison libre sur Récit
Combinaison libre sur GO/Pédale
Tutti
Appel jeux à mains

RÉCIT EXPRESSIF (61 notes)

| Flûte harmonique | 8′ |
| Salicional | 8′ |
| Gambe | 8′ |
| Voix céleste | 8′ |
| Flûte octaviante | 4′ |
| Waldflöte | 2′ |
| Mixture 3 rgs. | |
| Basson-Hautbois | 8′ |

ACCOUPLEMENTS: GO sur Pédale
Récit sur Pédale
Récit sur GO
Octave aigue Récit sur GO
Octave grave Récit sur GO

Pédale dynamique (Crescendo général)
Pédale d'expression du Récit

Die Orgel wurde am 28. November 1929 von SCHWEITZER abgenommen und in einem Konzert der Gemeinde vorgeführt. Die Aufstellung und Intonation galt zugleich als Gesellenstück für FRITZ HAERPFERS Sohn. Über vierzig Jahre lang versah sie treu ihren Dienst, bis sie 1972 von ALFRED KERN, Straßburg, überholt und leicht umgebaut wurde[7].

---

[7] Herrn ANDRÉ DIETRICH, dem jetzigen Organisten von Mühlbach, möchte ich bestens für seine umfassenden Auskünfte danken. In Anlehnung an die von ALFRED KERN in *Günsbach* gebaute und am 3. 12. 1961 eingeweihte Orgel wurden 1972 in *Mühlbach* zur Aufhellung des Klangs des I. Manuals (die Superoktavkoppel war aus nicht mehr feststellbaren Gründen nicht gebaut worden) folgende Änderungen vorgenommen: Bourdon 16′ I und Salicional 8′ mußten weichen; Bourdon 8′ I kam an die Stelle von Bourdon 16′ (mit Transmission ins Pedal), Gambe II an die Stelle von Salicional, Quinte I an die Stelle von Gambe (mit Transmission ins I. Manual); aus Hohlflöte 8′ I wurde Hohlflöte 4′; neu gebaut wurde im I. Manual Cymbale (Kopie der SILBERMANNschen Zimbel in *Gries*, Unterelsaß) und Trompete 8′ (Kopie nach einer französischen Orgel des 17. Jahrhunderts: *Lagny-sur-Marne*). Die Gemeinde wurde bei diesem Umbau von Prof. EDOUARD NIES-BERGER, dem Mitherausgeber der letzten Bände von SCHWEITZERS Ausgabe der Orgelwerke J. S. BACHS (Verlag Schirmer), beraten. Vgl. auch EDOUARD NIES-BERGER, *L'orgue de Gunsbach*, in: Cahiers de l'Association française des Amis d'Albert Schweitzer, No. 33, Winter 1975, S. 14–16; ferner E. NIES-BERGER, *Die Günsbacher Orgel und Albert Schweitzer*, in: Ars Organi 24, 1976, H. 51, S. 14–17.

Vergleicht man diese Dispositionen mit Dispositionen von größeren Orgeln, so wird deutlicher, auf welche Register SCHWEITZER besonderen Wert legte: auf die Grundstimmen verschiedensten Charakters, sogar auf Kosten der Klangkrone im I. sowie des Prinzipalaufbaus im II. Manual. Noch deutlicher wird diese Tendenz bei ganz kleinen Orgeln, z. B. für Schloß *Elmau* (14. Juli 1931). Es wird daraus ersichtlich, wie stark SCHWEITZER in der Klangwelt des 19. Jahrhunderts verwurzelt war. Man darf nicht vergessen, daß RICHARD WAGNER ihn ebenso stark beeindruckte wie BACH. Die ideale Orgel sah er bei CAVAILLÉ-COLL verwirklicht, mit Ausnahme der schmetternden französischen Zungen, denen er weiche, hornartige vorzog.

Etwas vergröbert könnte man folgende paradoxe Gegenüberstellung wagen: Die Orgelreform SCHWEITZERS kämpfte für die Schleiflade, die mechanische Traktur (Abweichungen davon waren vor allem kostenbedingt), die handwerkliche Qualität, gegen jede Forcierung der Klangstärke bei durchaus „romantisch" bleibenden Klangvorstellungen, während die erste „PRAETORIUS-Orgel" in *Freiburg i. Br.* (1921) zwar barocke Register und Fußlagen eingeführt hatte, aber mit pneumatischen Kegelladen ausgestattet war. Ein guter Teil der Übertreibungen der sogenannten Orgelbewegung hätte bei einer Evolution nach den Vorstellungen SCHWEITZERS vermieden werden können. Der Verlust der Orgelromantik und der meisten klingenden Zeugnisse aus jener Zeit ist uns spät, dafür um so schmerzlicher bewußt geworden, und so mag es wertvoll sein, heute die Ansichten SCHWEITZERS wieder zur Kenntnis zu nehmen. Man wird dabei Grundsätzliches aus Zeitbedingtem herausschälen müssen: Wir möchten z. B. an keiner Orgel mehr das Rückgrat eines lückenlosen Prinzipalaufbaus missen; wir messen den Spielhilfen eine noch geringere Bedeutung zu (SCHWEITZER war schon bescheiden gegenüber seinen Zeitgenossen![8]); wir stellen Dispositionen nicht mehr losgelöst von räumlichen Gegebenheiten auf. Wir haben auch gelernt, daß keine Orgel universal verwendbar ist. Ein Pluralismus der Orgeltypen scheint unserem gesellschaftlichen Pluralismus angemessen. Dagegen droht uns mit der zunehmenden hochgezüchteten Spezialisierung von Instrumenten und Spielern nichts Geringeres als der Verlust des geschichtlichen Kontinuums. ALBERT SCHWEITZER jedoch hat sich nie spezialisiert. In seinen Orgelprogrammen erscheinen auch Werke von MENDELSSOHN, RHEINBERGER, FRANCK, WIDOR und anderen. Uns tut eine Orgel not, auf der solche Programme ohne grobe klangliche Entstellungen möglich sind.

Man kann sagen, daß SCHWEITZER über sein Ideal von 1909 nie ganz hinausgewachsen ist. Dazu mag die Abgeschiedenheit des Urwalds beigetragen haben. Andererseits blieb die Orgel für ihn bis ans Lebensende ein zentrales Anliegen, eine Herzenssache; das Beharren auf dem einmal eingeschlagenen Weg darf deshalb durchaus positiv gewürdigt werden. Kurz vor seinem Tode schrieb er noch, wohl mit einer gewissen Wehmut darüber, nie mehr auf europäischen Orgeln spielen zu können, an ERWIN R. JACOBI (16. Mai 1964): „Du hast wirklich [in MGG, Artikel „Schweitzer"] meine musikalische Betätigung dargelegt, wie sie ist. Die Hauptsache für mich war die Bemühung, von der orchestralen Orgel loszukommen und zum wahren Orgelton zu gelangen. Ich glaube, daß mein Bemühen nicht umsonst war."

---

[8] SCHWEITZER wägt die Vor- und Nachteile verschiedener Spielhilfen auf heute noch beachtenswerte Weise ab in *Deutsche und französische Orgelbaukunst und Orgelkunst*, S. 3–15.

# DER BRIEFWECHSEL MIT FRITZ HAERPFER

[1904]

Chororgel zu St. Thomä [Straßburg]
nach einem Entwurf von DALSTEIN & HÄRPFER in Bolchen.
(ausgearbeitet von Prof. MÜNCH und Dr. SCHWEITZER)
Auf etwa 4000 M veranschlagt ohne Buffet.

| I<sup>tes</sup> Clavier: | Bourdon | 16′ (weich) | |
| --- | --- | --- | --- |
| | Principal | 8. | |
| | Octav | 4. | Lieferbar |
| | Cornet | 8 | für Ostern |
| | Bourdon | 8 | |
| | | | |
| II<sup>tes</sup> Clavier: | Princip | 8. (weich) | |
| | Flöte | 8 | |
| | Salicional | 8 | |
| | Voix céleste | | |
| | Gemshorn | 4 | |
| | | | |
| Pedal: | Subbass | 16 (stark) | |

Cop: I+II  Sub Oct.  ⎫
Cop: Ped+I  Super Oct.  ⎬ Coppel
Cop: Ped+II  Beide Claviere in Jalousieschweller
so dass die Orgel sehr zart und weich ist.
tutti

★

Montag den 20 Nov. 05

Sehr geehrter Herr.

Der Kirchenrat zu St. Nicolaï [Straßburg] will zur Unterzeichnung des Vertrags mit Ihnen schreiten nach Prüfung Ihres 2<sup>ten</sup> Devis.
An demselben sind folgende Eintragungen zu machen:

1) I Man. bekommt ein neues Gemshorn 8′ 400 M.
   III Man   „    „    „   Dulciana 8′ (sehr fein intoniert) 300 M.
2) Ein Tuttiknopf Sämtliche Register ohne Sub- und Superoktav. umfassend wird beigefügt, als Tritt und Druckknopf und kommt rechts am äussersten zu liegen.
3) Es fehlt die freie Combination für Pedal. Dieselbe kommt rechts von der zum dritten Manual zu liegen.
4) Cornet wird nach unten vollständig durchgeführt.
5) Die Mixtur des III Clav. erhält denselben Druck wie Cornet I. Also keine schwächliche Intonation trotzdem es auf III M. steht.
6) Quintatön kann des Platzes wegen aus dem Schwellkasten herausgesetzt werden.
7) Windführungskanal womöglich unter den Dielen liegend.
8) Für Detailänderungen der Tritte und Knöpfe siehe die Bemerkungen auf dem Plane.
9) Wegen Einführung der Dulciana wird Voix céleste als richtige Voix céleste intoniert.
10) Der Devis mit diesen Änderungen ist dem Vertragsvorschlag beizulegen.
11) Die Kosten des Motors sind, da der Orgelbauer die Aufstellung des Motors leitet und überwacht zu den Posten der sonstigen Veränderungen zu stellen.

12) Die Nebenunkosten für Aufstellung der Orgel und des Motors sind genauer anzugeben.
13) Es wird ein absolut geräuschloses Funktionieren des Motors verlangt!
14) Die Orgel muss bis zum 15. März 1906 vollständig fertig sein.
15) Die Bezahlung erfolgt in Baar alsbald nach der Abnahme der Orgel, zu welcher die Kirche einen Experten stellt, wie auch der Erbauer. Als Dritter Experte funktioniert der Herr Organist SCHNEPP.
16) Eine persönliche Anwesenheit des Orgelbaumeisters zur Aufklärung über gewisse Punkte der Aufstellung der Orgel wäre erwünscht. Derselbe ist gebeten seine Ankunft dem Herrn Dr. SCHWEITZER vorher bekannt zu geben, dass er mit Herrn SCHNEPP und dem Erbauer die Fragen in der Kirche besprechen kann.
17) Es wäre sehr erwünscht wenn für die Weihnachtstage etliche Register spielbar wären, so angängig.

         Im Auftrag des Kirchenrats
         Hochachtungsvollst
         Dr. A. SCHWEITZER

Mit der Bitte um alsbaldige Rücksendung des corrigierten Devis.
Am besten wäre es wenn der Herr Orgelbauer etwa Ende der Woche oder Sonntag käme.

\*

[1906?]

Orgel für *Weitersweiler*.

  I Clav.      II Cl.

  1) Montre  8  1) Gamba  8
  2) Bourdon  8  2) Voix céleste
  3) Salicional  8  3) Flöte  4
  4) Octav  4  4) Cornet
         5) Clairon  4

  Ped.

  1) Ped Sub  16 (nicht im Schweller)
  2) Violon  8 (stark)

Wird herrlich so. Ideal. Von MÜNCH und mir entworfen.

Cop. P+I; Ped+II; I+II. Super Oct. II Sub Oct. II (Neues System); Leerlaufcoppel I.
Freie Combin. I. II. Pedal. Tutti.

\*

[Poststempel: 11. 11. 06]

In *Philippsburg* (zur Gemeinde Bärenthal gehörig) soll eine Kirche gebaut werden. Sogleich (auf Herreise nach Strassburg) zum Bürgermeister Herrn JAGGI gehen und sich als von Herrn MÜNCH, Herrn SCHWEITZER und Herrn Prof. FICKER empfohlen vorstellen.

         Mit frdl. Gruss
         Dr. A. SCHWEITZER

\*

Drei Ähren bei Türkheim[9] O/Els

Oct 07

Lieber Herr HÄRPFER.

Das ist jetzt eine Nachricht, die mich freut! Selten habe ich auf eine Verlobungsanzeige mit solchem Vergnügen geantwortet. Gar oft habe ich bei mir gedacht, dass Sie so viel arbeiten und eigentlich nicht wissen warum. Nun meine herzlichsten Glückwünsche. Möge Ihre Zukünftige Sie einmal so schätzen und lieben, wie Sie es verdienen und mögen Sie beide recht glücklich werden... Also Glück auf.
Ich hätte auch Geschäftliches, aber das darf nicht in einen solchen Brief hinein. Nur das eine: ich möchte Sonntag Mittag etwa gegen 2 Uhr die Orgel in *Kronenburg* sehen! Bitte zu veranlassen, dass sie nicht abgeschlossen wird! Dr WILL aus Mülhausen will sie mit mir sehen.
Von Samstag ab, bin ich wieder definitiv in Strassburg!
So, nun grüssen Sie Ihre Braut!

Ihr sehr ergebener

ALBERT SCHWEITZER

commis-voyageur der Firma DALSTEIN-HÄRPFER

\*

[nach 25. September 1908]

Geschichte des Hauses DALSTEIN und HÄRPFER.

Das Haus DALSTEIN und HÄRPFER wurde 1863 gegründet. Von den Gründern ging der eine, Herr DALSTEIN, aus der französischen Schule hervor; er hatte bei CAVAILLÉ-COLL gearbeitet und war fünf Jahre am Bau der Orgel zu St. Sulpice [*Paris*] beschäftigt gewesen; Herr HÄRPFER hatte bei deutschen und schweizerischen Orgelbauern gelernt und hatte bei der Intonation der Orgel in der Stiftskirche zu *Luzern* mitgewirkt.
Als die Gründer des Hauses den Plan fassten sich in Bolchen, der Heimat DALSTEINS niederzulassen, schwebte ihnen als Ideal vor, Orgeln zu bauen, die die Vorzüge deutscher und französischer Bauart in sich vereinigten. In allen Wandlungen der Orgelbaukunst suchten sie diesem Gedanken treu zu bleiben, gewiss auf diese Weise eigenartige und künstlerische Werke zu schaffen.
In der Folgezeit machte das Haus DALSTEIN und HÄRPFER alle Wege und Irrwege, die der Orgelbau einschlug mit. Es musste die Mechanik und die Barckerpneumatik aufgeben und nach einem brauchbaren röhrenpneumatischen System suchen; es musste sich bequemen zu den unerhört niedrigen Preisen zu arbeiten, die eine unkünstlerische Concurrenz vorschrieb, zu eben der Zeit, als die Materialien in ungeahnter Weise stiegen. Mitten in der schwersten Ubergangszeit starb Herr DALSTEIN. Nach längeren Versuchen entschloss sich das Haus für die Röhrenpneumatik mit Ausstromlade, dem System welchem, was Solidität der Bauart und künstlerische Art der Ansprache betrifft, anerkanntermassen die Palme gehört. Neuerdings verfügt die Firma auch über ein sicher und vorzüglich funktionierendes elektrisches System, um diesbezüglichen Wünschen der Besteller zu genügen.
Nach Schaffung dieser Grundlage wandten sich die Leiter des Hauses – Herr HÄRPFER Vater,

---

[9] In der Nähe von Colmar.

dem unterdessen Herr DALSTEIN Sohn und HÄRPFER Sohn zur Seite getreten waren – dem Problem der Einrichtung des Spieltisches und der Disposition und Intonation zu.
Sie erfanden die doppelt verwendbaren freien Combinationen, die eine ungeahnte Vereinfachung des Spieltisches darstellen, insofern als derselbe Zug, je nach Belieben die gezogenen durch die vorbereiteten Register ersetzt oder die vorbereiteten zu den gezogenen hinzutreten lässt. Sie suchten zwischen deutscher und französischer Art zu vermitteln, indem sie für die hauptsächlichsten Züge die deutschen Druckknöpfe mit den französischen Pedaltritten combinierten.
In der Intonation liessen sie sich von SILBERMANN und CAVAILLÉ COLL leiten. Für die Gamben und Zungenstimmen nahmen sie sich CAVAILLÉ COLL zum Muster, für Principale, Flöten und Mixturen gingen sie auf SILBERMANN zurück, indem sie sich entschlossen diese Stimmen mit niederem Winddruck zu intonieren.
Als Zusammenfassung aller dieser alten und neuen Versuche, gewissermassen als Musterstück ihrer Bauart, stellten DALSTEIN Sohn und HÄRPFER Sohn die Orgel zu *Strassburg Kronenburg* auf, die nach dem Urteil aller Kenner das Ideal der deutsch französischen Orgel darstellt. Mit der Orgel zu St. Marcel in *Paris* ernteten sie die Anerkennung auch der französischen Autoritäten für diesen Typus.
Als eine grosse Ehre und ebensogrosse Verantwortung empfanden es die Leiter des Hauses, dass ihnen vom Thomascapitel die historische Restaurierung der von Silbermann 1740 in St Thomas zu *Strassburg* aufgestellten Orgel übertragen wurde.
Gegenwärtig beschäftigt das Haus dreissig Arbeiter. Sämtliche Orgelteile werden im Hause selbst verfertigt. Alle Maschinen die eine Orgelbauanstalt leistungsfähig machen sind in Betrieb. Die Spieltischeinrichtungen liegen in den Händen von Herrn DALSTEIN Sohn; Herr HÄRPFER Sohn ist mit der Aufstellung der Dispositionen und der Beaufsichtigung der Montierung und Intonation betraut. [Dieser Absatz ist durchgestrichen.]
Dass das Haus DALSTEIN und HÄRPFER früher als die meisten andern Häuser aus der Zeit des Tastens und Versuchens, des unsicheren Vermittelns zwischen Neuem und Altem heraustrat, verdankt es nicht zum mindesten den erfahrenen künstlerischen Beratern, die ihm aus dem Kreise der bedeutenden Strassburger Orgelmeister erwuchsen. Seine Leiter sind entschlossen auch fürderhin allen neuen Erfindungen, die auftauchen könnten, das lebhafteste Interesse zu schenken, aber sie in erster Linie darauf zu prüfen, ob sie der Solidität und der Kunst oder nur der lärmenden Reclame dienen, und glauben so immer moderne Orgeln im besten Sinne des Wortes zu liefern. Sie wollen nicht Orgelfabrikanten werden, sondern Orgelbaumeister im vornehmsten Sinne des Wortes bleiben und in diesem Geiste ihre Anstalt leiten und ihre Gehülfen erziehen.

\*

Bolchen (Lothringen) den 6. August 1908.

Sehr geehrter Herr Dr.!

Ihren Brief gestern Abend erhalten. Was die Ablösbarkeit des Spieltisches anbetrifft, so sind wir uns mit der Einrichtung schon einig und ist derartig konstruiert, daß der Mechaniker des Sängerhauses das Ablassen des Spieltisches selbst besorgen kann. Spieltisch incl. Pedal und Röhren bis zum Gehäuse ist ein Stück und senkt sich zusammen runter. Absolut garantiert! Daß die Mixturen des III. Manuals mit 70 mm intoniert werden müssen verteuert uns die ganze Bauart. Anstatt 2 Magazine müssen 3 vorhanden sein und für das III. M. dann 3erlei Windleitung nötig sein. Ist es denn nicht möglich, diese Sache wegzulassen? [...]

Anbei nun die aufgestellte Disposition für das Sängerhaus[9a].

Mit freundl. Gruß
Ihr erg. Fr. Haerpfer.

| I. MANUAL | | II. MANUAL. | |
|---|---|---|---|
| 1. Principal | 8′ | 14. Bourdon | 16′ |
| 2. Cello | 8′ | 15. Geigenprincipal | 8′ |
| 3. Gemshorn | 8′ | 16. Salicional | 8′ |
| 4. Flöte | 8′ | 17. Flûte harm. | 8′ |
| 5. Bourdon | 8′ | 18. Quintatön | 8′ |
| 6. Rohrflöte | 4′ | 19. Fugara | 4′ |
| 7. Octav | 4′ | 20. Fourniture 4fach [durchgestrichen]* | |
| 8. Doublette | 2′ | Cymbel** | |
| 9. Mixtur Cornet 3, 4, 5fach | | 21. Clarinet | 8′ |
| 10. Mixtur 4fach | | | |
| 11. Cymbel 3fach [durchgestrichen]* | | | |
| 12. Trompete | 8′ | | |
| 13. Clairon | 4′ | | |

---

[9a] Disposition der Orgel des Sängerhauses in *Straßburg* laut Einweihungsschrift

| ERSTES CLAVIER | | ZWEITES CLAVIER | | DRITTES CLAVIER | | PEDAL | |
|---|---|---|---|---|---|---|---|
| 1) Principal | 16′ | 1) Bordun | 16′ | 1) Quintatön | 16′ | 1) Principal | 16′ |
| 2) Principal | 8′ | 2) Geigenprin- | | 2) Diapason | 8′ | 2) Salicetbass | 16′ |
| 3) Cello | 8′ | cipal | 8′ | 3) Gamba | 8′ | 3) Subbass | 16′ |
| 4) Gemshorn | 8′ | 3) Salicional- | | 4) Voix céleste | 8′ | 4) Octavbass | 8′ |
| 5) Hohlflöte | 8′ | Silbermann | 8′ | 5) Salicional | 8′ | 5) Cello | 8′ |
| 6) Bordun | 8′ | 4) Traversflöte | 8′ | 6) Lieblich- | | 6) Bordun | 8′ |
| 7) Octav | 4′ | 5) Quintatön | 8′ | Gedackt | 8′ | 7) Prestant | 4′ |
| 8) Rohrflöte | 4′ | 6) Geigen- | | 7) Flûte | | 8) Fagott | 16′ |
| 9) Octav | 2′ | principal | 4′ | harmonique | 8′ | 9) Trompete | 8′ |
| 10) Cornet 1–5fach | | 7) Fugara | 4′ | 8) Prestant | 4′ | 10) Clairon | 4′ |
| 11) Mixtur 4fach | $1^1/_3$′ | 8) Flöte | 4′ | 9) Gemshorn | 4′ | | |
| 12) Cymbel 4fach | 1′ | 9) Octavin | 2′ | 10) Flûte | | | |
| 13) Trompete | 8′ | 10) Quintflöte | $2^2/_3$′ | octaviante | 4′ | | |
| 14) Clairon | 4′ | 11) Fourniture 3fach | 1′ | 11) Flageolett | 2′ | | |
| | | 12) Clarinette | 8′ | 12) Nazard | $2^2/_3$′ | | |
| | | 13) Trompete-Silbermann | 8′ | 13) Mixtur 5fach | $2^2/_3$′ | | |
| | | | | 14) Tertz | $1^3/_5$′ | | |
| | | | | 15) Septime | $1^1/_7$′ | | |
| | | | | 16) Fagott | 16′ | | |
| | | | | 17) Fagott-Oboe | 8′ | | |
| | | | | 18) Trompete | 8′ | | |
| | | | | 19) Clairon | 4′ | | |

## III. MANUAL.

21. Quint. [? unleserlich] 16★
22. Diapason 8′
23. Viola di Gamba 8′
24. Voix céleste 8′
25. Salicional 8′
26. Lieblich Gedeckt 8′
27. Flûte octaviante 4′
28. Prestant 4′
29. Nazard 2$^{2}/_{3}$′
30. Flageolet 2′
31. Tertz 1$^{3}/_{5}$′
32. Septime 1$^{1}/_{7}$′
33. Trompete 8′
34. Clairon 4′
35. Fagott Oboe 8′
36. Plein jeu 5fach

## PEDAL.

37. Principalbass 16′
38. Octavbass 8′
39. Prestant 4′
40. Clairon 4′
41. Fagott 16★

## PIANO PEDAL.

41. Sousbass 16′
42. Violoncelle 8′

Statthalter-Register.[10]

I. Manual.

Dulciana

II. Manual.

Traversflöte 4′   Gemshorn 4★★
Octavin 2′   Fourniture ★★

III. Manual.

Fagott 16′ [durchgestrichen]★★ Transmission ins Pedal.
Flauto 8′ ★★
Quintatön 16′
Picolo 1′

Pedal.

Violonbass 16′

Durchführung der Octavcoppel im II. Manual
   Geigenpr. 8′
   Fugara 4′
   Octavin 2′

Durchführung der Octavcoppel im III. Manual
   Gamba 8′   Flageolet 2′
   Prestant 4′   Doppelter Druck★

Ein Mehr von 4000,00 M

---

[10] Wie aus der Einweihungsschrift *Die Straßburger Sängerhaus-Orgel*, Strassburg 1909, S. 5, hervorgeht, gab der kaiserliche Statthalter für das Elsaß, Exzellenz Graf VON WEDEL, einen namhaften Zuschuß zum Bau der Orgel.

[** Alle Spielhilfen von Albert Schweitzer mit Tinte eingetragen:]

        Supoct II  Supoct III  Supoct II  Supot III  Subo III  Leerlauf Copp.

Tritte    Cop Ped I  Ped II  Ped III  Cop I+II  Cop I+III  Cop II+III
        H A.
        Freie Com I  Freie Comb II  Freie Comb III  Freie Comb Ped.

Knöpfe  Cop Ped I  Ped II  Ped III  I+II  I+III  II+III  General Coppel  Walze ab
        H A.
        Freie Combin I  Freie Comb II  Freie Combin III  Freie Com Ped  Go I  Tutti

    \*  Eintragungen und Unterstreichungen mit dickem Stift
    \*\* Eintragungen mit Tinte, Handschrift von ALBERT SCHWEITZER

                                 \*

                        Bolchen (Lothringen) den 12. November 1908[11]

Sehr geehrter Herr Dr!

[…] Mit Ihrem Vorschlag betreffend Sängerhaus bin ich einverstanden. Nun über Manual II. Dasselbe wird vollständig in einen Kasten eingebaut, wozu das Gehäuse als Vorderwand dient. In derselben werden Löcher nach Skizze angebracht, so dass das II. Manual vollständig als Schwellmanual anzusehen ist Dazu muß aber ein eigener Tritt am Spieltisch angebracht werden. Über die Platzfrage bin ich ebenfalls im Reinen. Plan II. welchen MÜLLER in Händen hat, gilt und ist diese Disposition für den Ton ausgezeichnet. Die Mensurenfrage habe auch schon teilweise gelöst. Im Manual I gibt es keine Holzflöte, sondern eine sehr weit mensurierte frz. Flûte harmonique 8', dessen Mensur RUPP mir gegeben hat. Im II. Manual gibt es dann anstatt Flûte harm. Flûte traversière 8' um $^4/_2$ Töne enger mensuriert, als Flûte harm. 8' vom I. Manual.

Nun finde ich aber im Pedal ein Manco, nämlich daß kein Bourdon 8 vorhanden ist. Sousbass 16' u. Bourdon 8', im Gegensatz zu einem sehr weiten Principalbass 16' u. anstatt Octavbass 8' einen weiten Flötenbass 8', wie in St. Thomas. Ausserdem ist die Abstufung vom Fagott 16' u. Clairon 4' zu groß. Wir müssen da unbedingt die Trompete 8' als Transmission vom III. M. mitnehmen. Im I. Manual werden die Mensuren durchaus weit genommen. Im II. Manual sind die Mensuren bis auf Salicional 8 (sehr weich) etwas enger genommen. Im III. wie *Kronenburg*, blos daß die Gamba etwas weniger Schärfe haben wird.

Für Statthalter Conto wären dann einzusetzen, im I. Manual.

Register. 48.     Dulciana 8'. wie angegeben

                    im II. Manual.
      49.        Traversflöte 4'
      50. anstatt Octavin u. Quintatön Trompete 8 als Transm. aus III.
      51   "     Fourniture Bourdon 8 im Pedal.

---

[11] Der Vertrag wurde am 2. November 1908 geschlossen, worauf die Arbeiten sogleich begannen (Einweihungsschrift S. 5).

                              im III. Manual.
52          Flaut 8' was für eine?
53.         Piccolo 1'
                              im Pedal
54.         Contrabass weich.

Disposition würde nun lauten:
[... (entspricht beinahe der Disposition von 1909; zusätzlich: I Dulciana 8', III Piccolo 1'; es fehlen noch: II Geigenprincipal 4', Quintflöte 2²/₃', Trompete-Silbermann 8'; III Gemshorn 4')]

|                  | Pneumatik    | 140 mm |
|                  | Labialstimmen | 80 mm |
| St.[atthalter]+★ | Mixturen I M. | 70 "  |
|                  | Zungen III "  | 120 " |

[★ mit „St. +" sind bezeichnet: I Dulciana 8', II Traversflöte 4', III Flaut 8' und Piccolo 1', Pedal Bourdon 8', Contrabass 16' und Trompete 8' Transm. Diese Hinzufügungen von anderer Hand]

Erwarte nun Ihre telegr. Benachrichtigung.

Mit bestem Gruß
   Ihr erg. Fr. HAERPFER.

★

                              Bolchen (Lothringen) den 17. November 1908

Lieber Herr Dr. SCHWEITZER!

[...] Papa und PAUL [DALSTEIN] haben sich königlich gefreut, als ich ihnen den Bericht der Commissionssitzung erstattete, besonders daß auch Statthalter Conto mit ausgeführt wird. Papa sowie PAUL beauftragen mich Ihnen den aufrichtigsten Dank auszusprechen, denn ohne Ihr Wohlwollen hätten wir nicht daran denken können die *Strassburger* Conzertorgel zu bauen.

                              Mit herzl. Gruß
                                 Ihr erg. Fr. HAERPFER.

Herzlichen Gruß u. nochmaligen Dank
                              Ihr
                                 ergebenster
                                    CH HAERPFER

★

                              Strassburg i. E.
                              Thomasstaden 1ᴀ
                              Montag 5 Juli 09

Lieber Herr HÄRPFER

Sie schienen Samstag so müde und so deprimirt, dass ich Ihnen einen freundlichen Gruss für die kommende Woche schicken muss. Es giebt Momente im Leben, wo wir meinen, dass es nicht mehr geht und wo uns alles trübe erscheint. Das ist aber oft zu 80% Prozent Müdigkeit. Also guten Mut gefasst. Und schonen Sie sich. Nicht unnötig aufregen. Sie sahen nicht so gut

aus, wie ich es liebe. Ich kenne solche Momente der Verzweiflung auch; darum kann ich so gut mit Ihnen fühlen.
In diesem Brief nichts Geschäftliches. Es soll nur ein Freundeswort sein.
Ich werde in den betreffenden Angelegenheiten an DALSTEIN schreiben.

Mit herzlichen Grüssen<br>
Ihr ALBERT SCHWEITZER

★

Günsbach O/Els.<br>
24 Sept 09

Liebe Orgelbauer.

1) Danke für Depesche und Brief. Wenn das Gehäuse so geliefert ist, werden wir noch anständig fertig.
2) Sobald der Unterbau steht kann man gut $2^{tes}$ Man. intonieren, eventuel vielleicht besser mit Pedal anfangen. Ich werde MÜLLER sagen, dass von jenem Augenblick an nichts mehr gemacht werden darf.
3) Kann man nicht den Spieltisch so schicken, dass er zugleich mit dem Gehäuse aufgestellt wird? Ich bekam ihn auf den 10 Oct. versprochen.
4) Ich habe noch immer Kopfweh von dem Schreck über das unvollkommene Ansprechen. Sie können sich nicht denken, was ich gelitten habe. Es erscheint mir wie ein wüster Traum.
...
Ich bin noch nicht beruhigt! Es liegt nicht am niederen Druck; das soll gar nichts ausmachen! Sondern entweder an den Ausgleichsbälgen! oder an den Bälgchen die die Ventile activieren! Und wenn es am Ventil liegt ... Ich wage nicht daran zu denken!
Ich komme Mittwoch nach Strassburg; die Sache lässt mir keine Ruhe! Am besten wäre es, jemand von Ihnen käme auch, dass die Sache genau in Ordnung gebracht wird! Ich habe noch nie so ein Gefühl der Belastung gehabt, wie seither und es wäre mir eine Erleichterung gewesen, wenn Sie mir hätten schreiben können, dass Sie den wirklichen Grund des Fehlers erkannt haben!
[...]
6) Ich bin Mittwoch nur bis $12^1/_2$ in Strassburg zu sprechen; nachher bin ich besetzt. Aber den ganzen Morgen bin ich frei und bin von 10 Uhr an im Sängerhaus.
7) Ich zähle darauf dass die Arbeiter die wegen dem Fehler nachsehen sollen Montag in Strassburg eintreffen.

In Eile<br>
Mit frdl. Grüssen<br>
Ihr A. SCHWEITZER

★

[Stempel: Nuevo Gran Hotel<br>
de Inglaterra]<br>
[Barcelona]<br>
Montag 25 Oct 09

Lieber HÄRPFER

Ihren Brief vom 22 erhalten. Wenn ich Ihre Schrift sehe, bricht mir jedes mal der Angstschweiss aus und ich les immer zuerst das Ende um aus der Art des Grusses zu ersehen, ob was los ist od. nicht. Sie können sich nicht denken wie glücklich ich bin.

Dank. Ich warte schon auf den nächsten.

Aber jetzt hören Sie: Vor einer Stunde habe ich einen Vertreter für DALSTEIN und HÄRPFER in Spanien engagiert. Es kam ein deutscher Ingenieur des Elektricitätswerkes, sehr jung, der selber Orgel spielt und für mich begeistert ist. Ein Wort gab das andere. Durch Lichtanlagen hat er viel Bekannte unter den Priestern und in den Klöstern... da trug ich ihm die Sache an und er versprach mir alles zu thun. Zu bauen giebt es hier. WALKER hat soeben wieder drei Bestellungen erhalten!

Also fein! Aber dass mir die Locomobilmenschen hier keine Tollheiten machen!

Der Mann ist wirklich tüchtig und kann dann eventuell auch kleine Schäden reparieren!

Grüsse<br>Ihr A. SCHWEITZER

*

z. Z. Günsbach o/Els.<br>10. 10. 11.

[...] Mir schreiben, wann Sängerhaus und Chapelle in Angriff genommen werden. [...]

*

o.O.<br>8/3/12.

Lieber Herr HÄRPFER

1) Sängerhaus geht umgehend an sie ab. [...]
6) Bitte die Correkturen für die Sängerhausorgel sobald wie möglich im Kostenanschlag aufzustellen, damit ich sie der Commission vorlege und sie vom Vorstand genehmigen lasse.

Bitte um Antworten, Kopf hoch!

Mit besten Grüssen<br>Ihr A. SCHWEITZER

*

[Postkarte]

18 Aug 13<br>Lambaréné. (Gabun. Ogowe. Afrika)<br>Via Bordeaux – Cap Lopez.

Lieber Freund.

Hollah, ist die Tinte eingetrocknet in dem schönen Bolchen? Ich träume selten, aber dann immer entweder dass ich eine Reserve-Übung machen muss, oder dass ich etwas mit den Orgelbauern habe und erwache dann schweissgebadet und in grenzenloser Wut! Da könnt Ihr sehen, was ich für Aufregungen mit euch durchgemacht habe!

Jetzt schreiben Sie mir, was Sie bauen, ob *Lausanne*[12] fertig ist welche Aufträge eingegangen. Holz ist herrliches hier. Ich habe den Urwald gerade hinter meinem Hause. Aber Arbeitslöhne

---

[12] *Lausanne*, St. Jean, 14 klingende Stimmen und 2 Transmissionen, 1915 gebaut.

und Fracht sind schrecklich hoch. Aus dem Bericht ersehen sie (sie bekommen ihn gedruckt zugeschickt) was ich hier treibe.
Nochmals vielen Dank für das Pedal[13]. Es ist sehr gut angekommen und funktioniert, wie das Clavier, tadellos.

Grüsse an alle, auch von meiner Frau

Ihr<br>A. Schweitzer

*

Reims, o. D. (1923)

Lieber sehr verehrter Herr Dr.

Nachdem ich nun heute Nacht Ihre [?] Orgel durchstudiert habe, bin ich zu dem Resultat gekommen dieselbe folgendermaßen zu bauen:
  I. Manual    Bourdon 8
  II. Salicional 8 untere Octave gedeckt
  Pedal angekoppelt
  Spieltisch seitlich. [hs. Bemerkung von A. S.: Nein]
Balg in der Orgel mit 2 Pumpen mit Hebelbewegung.
Verpackt wird die Orgel in 2 Teile.
1. Unterer Teil: Balg, Spieltisch, Mechanik.
2. Oberer Teil: Windlade mit Pfeifenwerk, letzteres fest an den Windladen angebracht, so daß, sobald der obere Teil auf den unteren Teil aufgestellt ist, die Orgel funktioniert. Ich glaube kaum, daß man die Sache praktischer ausführen kann.
Die beiden Teile werden je ca. 1.30–1.40 hoch sein, insgesamt also ca. 2.80 m. [...]

*

Boulay, le 23 novembre 1923

Hochverehrter Herr Dr!

Anbei übersende ich Ihnen die Pläne zu Ihrer Orgel, welche bereits in Arbeit ist. Wollten Sie mir bitte mitteilen, ob die Höhe mit 2,80 m Ihnen passt. Sollte die Orgel niedriger gebaut werden, so müssten einige Pfeifen gekröpft werden.
Das Gehäuse ist als Schrank gedacht, wobei seitlich Jalousien angebracht werden. Ich hoffe, daß Sie so mit der Anlage einverstanden sind. Was nun die Aufstellung betrifft, so gibt es 2 Teile, die nur aufeinander gestellt werden und ist dann die Orgel spielfertig.
[...] An Arbeit fehlt es Gott sei dank nicht.

Mit freundlichen Grüßen<br>Fr Haerpfer

*

---

[13] Für A. Schweitzers eigenes Tropenklavier in Lambarene.

Abschrift.
Prof. Dr. ALBERT SCHWEITZER.

Gutachten über einen
eventuellen Umbau der
Orgel in der evangelischen
Kirche zu *Kork*, Baden.

An Bord des „Orestes".
Accra, Im Hafen, Goldküste[14].
Afrika.
19. III. 24.

1.) Das Material der Orgel ist materiell und künstlerisch zum Teil erstklassig. Die ehemalige Schönheit des Klangs der Orgel ist noch in dem jetzigen Zustande der Verwahrlosung der Orgel zu erkennen.

2.) Es kann sich also nicht um einen Neubau der Orgel, sondern nur um eine sorgfältige Restaurierung handeln, bei der die eigentümliche Schönheit der Orgel erhalten wird. Dies ist das Beste und Billigste, aber für den Orgelbauer das Umständlichste und Schwerste.

3.) Das erste Manual bleibt, was Windladen und Pfeifen anbelangt, was es ist. Nur müssen die Windladen und die Pfeifen gut repariert werden. Schadhaftes ist zu ersetzen. Dies oder jenes Register, dem etwa nicht mehr aufgeholfen werden könnte, wäre zu opfern. Aber ich hoffe, dass sie alle wieder herzustellen sind.

4.) Die Mechanik ist nicht zu erhalten. Das Ideal wäre, die alte Mechanik durch eine neue, geräuschlose zu ersetzen. Dies aber käme zu teuer. Darum ist der Schleiflade eine Pneumatik vorzubauen, wie dies z. B. in der evangelischen Kirche der *Rupprechtsau* bei *Strassburg* mit ausgezeichnetem Erfolg durch die Firma FRITZ HÄRPFER in Bolchen (Lothringen) geschehen ist. Dies erlaubt, die alte Windlade, die der Orgel ihre Klangschönheit gibt, zu erhalten, und ist zugleich am billigsten.

---

[14] Auf der zweiten Ausreise nach Lambarene.
Den freundlichen Mitteilungen von Herrn HELMUT SCHNEIDER verdanke ich folgende Einzelheiten über die von ALBERT SCHWEITZER begutachtete Orgel: Sie wurde 1778 von MARKUS GEORG STEIN aus Durlach, einem Schüler SILBERMANNS, im Rokokostil erbaut. Im Reparatur-Kostenanschlag von JOH. SCHARFENBERGER, Orgelbauer aus Bruchsal, vom 12. Juli 1850 heißt es: „Diese Orgel mit ausgezeichnet kombinierter Mechanik ist ein 8-füssiges Zungenwerk mit Manual und Pedal, hat 20 Register und ist mit 3 Blasbälgen versehen". In dieser Zeit mußte das Instrument schon sehr reparaturbedürftig gewesen sein. Ein Gutachten der Firma G. F. STEINMEYER, Oettingen, vom 10. November 1925 besagt, daß die Orgel etwa in den achtziger Jahren repariert wurde: „und bei dieser Gelegenheit wurden mehrere Register aus erstklassigem Material eingesetzt, welche bis heute tadellos erhalten sind." Diese Register stammten wahrscheinlich von GUSTAV MERKLIN, mit dem die Gemeinde am 8. Februar 1868 einen Vertrag zur Wartung abgeschlossen und ihm aufgetragen hatte, „überhaupt alles fehlende zu verbessern". Die Firma STEINMEYER versetzte 1935 das Werk von der Orgelempore, welche den Chor halb verdeckte und deshalb weichen mußte, in den Chor und machte es zusammen mit einem neuen zweimanualigen Instrument auf der rückwärtigen Empore elektropneumatisch spielbar. Es überstand die beiden Weltkriege. Heute sind also noch der herrliche Prospekt mit den originalen Prospektpfeifen und die 1935 für brauchbar befundenen inneren Pfeifen (vornehmlich die aus den achtziger Jahren) erhalten. Zwei Zeitungsartikel von HELMUT SCHNEIDER befassen sich mit der Beschaffung der alten Orgel, die einen Skandal auslöste und bittere Feindschaft stiftete zwischen dem Korker Bezirksamtmann EXTER und dem sehr eigenwilligen Superintendenten OPERMANN, der sich nicht an die vereinbarten 800 fl gehalten, sondern eine Orgel für 1580 fl bestellt hatte: *Die alte Orgel in Kork* in der „Kehler Zeitung" vom 9. Februar 1957 und *Barocker Kunstwert in der Korker Kirche* im „Badischen Tagblatt" vom 4. November 1961.

5.) Die dem ersten Klavier in der Höhe fehlenden Töne sind bei dieser Gelegenheit hinzuzufügen.
6.) Von dem Pedal sind leider nur noch die Pfeifen zu gebrauchen. Die Windlade muss geopfert werden, weil das Pedal ja vervollständigt werden muss. Es hat ja nur $^3/_5$ des nötigen Umfanges. Das Billigste ist also: Eine neue Lade, und zwar eine Kegellade, die sonorer ist als die gewöhnliche pneumatische Lade. Sie kommt etwa 12% teurer als die letztere, aber die Qualität ist unvergleichlich besser.
7.) Die zu dem richtigen Umfang des Pedals notwendigen Pfeifen sind nach dem Modell der alten neu zu machen.
8.) Eine Hinzufügung einer neuen Stimme im Pedal scheint mir nicht nötig.
9.) Eine gute Koppel des ersten Klaviers zum Pedal!
10.) Ein elektrisches Gebläse (Ventilator). Dabei ist darauf zu achten, dass der Ventilator so gestellt und eingebaut wird, dass in der Kirche nichts von einem Summen zu hören ist.

---

Dies sind die absolut dringenden Reparaturen, damit die so schöne Orgel nicht zu Grunde geht, sondern wieder spielbar wird und auf lange hinaus keine Reparaturen mehr erfordert.
Nun ist aber zu bemerken, dass es sehr zu bedauern ist, dass die Orgel einer so schönen Kirche nur ein Manual hat, wo zu jeder normalen Orgel ja 2 Manuale gehören und heute jede Orgel 2 Manuale hat.
11.) Darum wäre es zu wünschen, dass die Orgel ein, wenn auch bescheidenes zweites Klavier erhielte. Dies ist umsomehr angezeigt, weil die jetzige Orgel gar keine Zungenstimme enthält, und also den vollen, feierlichen Klang vermissen lässt.
Also wäre es sehr zu begrüssen, wenn die Mittel zusammengebracht werden könnten, um ein bescheidenes zweites Klavier, mit Pneumatik und Kegellade zu bauen.
Das Mindeste an Stimmen, was erforderlich wäre, wäre dies: 1.) Prinzipalflöte 8'. 2.) Salicional 8'. 3.) Vox celeste 8'. 4.) Flöte 4'. 5.) Piccolo 2'. 6.) Oboe 8'. Wünschenswert wäre auch Bourdon 8'.
12.) Muss man sich entscheiden entweder für das zweite Klavier, oder für das elektrische Gebläse, so bin ich eher dafür, das zweite Klavier zu bauen und der Orgel vorläufig ein gewöhnliches Gebläse zu geben. Denn den elektrischen Ventilator kann man später zu jeder Zeit noch einbauen, sowie die Mittel vorhanden sind.
13.) Copula des ersten Klaviers an das zweite; Copula Pedal an das zweite Klavier.
14.) Der Orgelbauer, die sich auf eine sachgemässe Restauration alter schöner Orgeln verstehen sind nicht viele. Die meisten Orgelbauer finden es bequemer (und lohnender!!) die alten Orgeln einfach abzureissen und durch elende moderne Fabrikware zu ersetzen. Als Orgelbauer, die etwas von Restauration verstehen, gebe ich an:
a.) FRITZ HÄRPFER in Bolchen (Lothringen), der die SILBERMANN'sche Orgel zu St. Thomas in *Strassburg* von 1740 so meisterhaft restauriert hat und jetzt als eine der ersten Autoritäten in diesem Fache gilt.
b.) STEINMAYER zu Oettingen (wenn ich nicht irre). Herr HÄRPFER ist gern erbötig, bei einer Durchreise durch Strassburg, nach *Kork* zu kommen und sich das Material der Orgel anzusehen, ohne jede Verbindlichkeit für die Gemeinde und kostenlos einen Kostenanschlag zu liefern. Er kennt die Orgel, denn er hat sie früher schon einmal gesehen.
Es ist mir eine Freude, der Gemeinde Kork, die eine so wertvolle alte Orgel besitzt, ein Gutachten zur Restaurierung derselben kostenlos zu geben. Mit den besten Wünschen für das Gedeihen des Unternehmens.

(gez.) ALBERT SCHWEITZER.

★

Permanente Adresse, von wo
aus alles nachgeschickt wird:
Günsbach Elsass
2 Oct 27

Lieber Freund

Ich bin also wieder im Land. Mein Absteigequartier in Strassburg: bei SCHNEPP, Speichergasse 2.[15] Teleph. daselbst, auf Namen SCHNEPP 6047. – Nun stehe ich Ihnen ganz zur Verfügung für Empfehlungen, Orgeleinweihungen, Kostenanschläge. Wo sie in Concurrenz stehen, berufen Sie sich auf mich. Wo ich Sie empfehlen soll, schreibe ich hin. Es kommt jetzt auf einen Brief mehr oder weniger nicht an.

Habe auch einen interessanten Auftrag:
Herr BRUSSE Museumsplein 13 Amsterdam, Holland hat eine kleine einklavierige Schrankorgel, etwa aus 1810 schätze ich. Er will sie restauriert haben. Bitte setzen Sie sich mit dem Herrn (ich kenne ihn gut) in Verbindung. Reisen Sie auf seine Kosten nach Holland, einen dieser Sonntage (nach vorheriger Abmachung), besehen Sie das Werkchen, stellen einen Kostenanschlag für Restaurierung auf, vorläufig ohne Preisangabe, den Sie mit mir besprechen; entscheiden, ob Sie das Werk an Ort & Stelle restaurieren können, oder ob Sie das Pfeifenwerk nach Hause nehmen müssen! Sehen ob man Pedal anhängen kann und die gemalten Pfeifen in Prospekt durch wirkliche ersetzen. Auch Frage des Motors für Gebläse studieren, denn das soll auch gemacht werden. Ganz genau studieren und detaillierten Restaurationsanschlag. Über die Summe sich dem Herrn gegenüber in keiner Weise äussern, ehe Sie mir die Sache unterbreitet. Auch die Möglichkeit ein Pedal ans Manual anzuhängen erwägen. Dadurch würde das Instrument natürlich wertvoller. – Ich hoffe Ihnen auch den Bau einer grösseren zweiklavierigen Salonorgel bei einer reichen Dame in Zürich zuzuschustern. [...]

Herzlichst
Ihr ALBERT SCHWEITZER

★

Boulay (Moselle), den 3. Oktober 1927

Lieber sehr verehrter Herr Dr!

Gestern Abend nach der Rückkehr von Verdun (Douomont) wo ich gestern bei einem Collegen eingeladen war, fand ich Ihren lieben Brief vom 1. [sic!] Oktober vor, haben Sie herzlichen Dank!

[...] Kaum sind Sie da, und schon denken Sie an mich und haben mich bereits empfohlen. Es gibt halt nur einen SCHWEITZER! Ich könnte diese beiden Aufträge gut gebrauchen und werde ich mich sofort mit Amsterdam in Verbindung setzen. [...]

Mit herzlichem Gruß Ihr dankbarer
FR. HAERPFER

★

Lieber Freund. 3. 4. 28

1) Was ist aus der Sache geworden, wo WIDOR Sie für Orgeln in reconstruction im Norden empfohlen hat
2) *Metzeral*[16] und *Mühlbach* so gut wie sicher! Ich habe da vollständig die Sache in Händen.

---

[15] Hier wurden auch sämtliche Sendungen nach Lambarene verpackt und verschickt.
[16] Nachbardorf von Mühlbach.

Nun die Frage: Ist es möglich beide mit Schleifladen zu bauen, mit ganz einfachen Spielhülfen? *Mühlbach* mal sicher. Also *Mühlbach* ganz wie *Pfaffenhofen*[17] gebaut ist! Nur Tutti und Walze. Oder wollen Sie pneumatisches Regierwerk, um zu zeigen, dass man dies mit Schleifladen verbinden kann? Traktur? – Was würde *Metzeral* mehr kosten, wenn man es mit Schleifladen baute, eventuell mit vereinfachtem Spieltisch?
An diesen beiden Orgeln, wo wir ganz frei sind, wollen wir die andern schlagen.
*Günsbach* kommt auch früher oder später dazu. Habe schon alles eingeleitet.
Ich gehe soeben auf 7 Wochen für Concerte Holland und England. Bitte Antwort, ausführlich, leserlich. Alles nach Günsbach adressieren –

In Eile mit besten Grüssen<br>Ihr Albert Schweitzer.

*

Lieber Herr Dr.                                             Boulay, le 16/4 1928

Ihren werten Brief habe dankend erhalten. [...]
Was nun Ihre Frage bez. Schleifladen betrifft, so möchte ich hierzu folgendes bemerken:
Sollte *Metzeral* Schleifladen mit pneumatischer Registeraktion erhalten, so kommt ein Aufschlag auf die Gesamtsumme von 5000,–
Die pneumatische Registeraktion kommt allein auf 2600 Mehrkosten im Verhältnis zur Registeraktion bei unsern pneumatischen Laden. Wird dagegen Schleiflade gebaut mit ganz einfachem Registerknopf, so kommt die Sache billiger. Aber hierbei kommt dann nur der einfache Registerzug in Betracht ohne Tutti und Walze.
Sie scheinen nicht zu wissen, daß *Pfaffenhofen* mechanische Kegelladen hat, ebenso *Boulay* die Orgel der kath. Kirche und alle anderen mechanischen Werke, die vor 1894 gebaut wurden.
Die Kegellade eignet sich sehr gut zur Mechanik, so wie Sie es selbst in *Pfaffenhofen* feststellen konnten, hierbei ist die Registeraktion sehr einfach.
In diesem Falle käme für *Metzeral* nur ein Aufschlag von 2400.– frs., und würde ich vorschlagen, diese Orgel nach diesem System zu bauen. Für *Mühlbach* käme dann Schleiflade mit einfachem Registerzug in Betracht, oder wenn Sie wünschen mit pneumatischem Regierwerk mit Tutti und Walze.
Ich danke Ihnen sehr für alle Ihre Bemühungen und grüßt Sie bestens

Ihr dankbarer<br>Fr. Haerpfer

*

Adresse neu:<br>Strassburg<br>2 Speichergasse.<br>In Holland<br>o. D. [vor oder nach 3. Mai 1928]

Lieber Freund

Habe heute Orgel Brusse geprüft. Ausgezeichnet! Ihr Mann hat wirklich gut gearbeitet. Künstlerisch und gewissenhaft! Er hat über die Arbeitszeit hinaus gearbeitet. Er ist brauchbar. Herr Brusse hat grosse Freude an seiner Orgel. Also: Ende gut, alles gut.

---

[17] Flecken zwischen Saverne (Zabern) und Haguenau, wo der Großvater, Philippe Chrétien Schweitzer, Lehrer und von 1875 bis 1886 Gemeindepräsident war. Vgl. auch Anm. 4.

Bitte schreiben Sie Herrn BRUSSE, wie viel für den nicht verwendbaren Motor in Abzug kommt. Er wird dann gleich alles mit Ihnen regeln.

Am Montag Abend bin ich in Günsbach und werde wahrscheinlich nach *Mühlbach* fahren, um mit dem Kirchenrat über die Orgel zu sprechen.

Jetzt bin ich den ganzen Sommer zu Hause. Verfügen Sie über mich, wo es nötig ist.

Viel Liebes<br>Ihr ALBERT SCHWEITZER

*

Strassburg 2 Rue des Greniers<br>31. 8. 28

Lieber Herr HÄRPFER

1) Wenn Sie mir nicht bald den Plan des Spieltischs für *Lund*[17a] schicken, komme ich in üble Lage!!!
2) In *Rouen* ist Reparatur der evangelischen Kirche, sie heisst wenn ich nicht irre St. Eloi (?), geplant. RINKEBACH bewirbt sich darum. Schauen Sie, ob Sie nicht ankommen.
3) In *Hunnaweier* (Ober Elsass) soll die alte Orgel (so viel ich mich errinnere interessantes Material) restauriert werden, ganz auf Gemeindekosten. Auch hier macht RINKEBACH Anstrengungen. Aber da Pfarrer LEIBER aus Rappoltsweiler zugleich Pfarrer von Hunnaweier ist haben Sie guten Fürsprecher. Aber Sie müssten einmal, und nicht zu spät, sich nach Rücksprache mit Pfarrer Leiber in Hunnaweier vorstellen und die Sache ansehen. Bürgermeister Monsieur Hans Jakob. Ich schreibe ihm auch.
4) Für *Mühlbach* bitte legen Sie bitte Salicional so an, dass er im ersten und im zweiten Clavier zugleich spielbar ist, und verlegen Sie den Bord 16 aus dem zweiten ins erste Clavier. Bitte mir schreiben was dies für Preisveränderungen machen würde.
5) Auf Orgel in *Königsfeld* wäre eine Oboe 8 einzusetzen und eventuell Gambe 8 umzuintonieren. Ich verfüge darüber. Könnten Sie jetzt bis 20$^{te}$ Sept auf Kosten der Kirche hinaufkommen und sich äussern? (An einem Sonntag als Besuch bei mir). Die Orgel ist von STEINMAYER. Wenn Sie kein Interesse für den Aufbau haben, bekommt ihn STEINMAYER. Ich frage nur an, ob es für Sie von Interesse ist. In Eile.

Herzlichst Ihr ergebener<br>ALBERT SCHWEITZER.

*

Boulay, le 9 Septembre 1928

Lieber, sehr verehrter Herr Dr!

Endlich komme ich dazu Ihnen auf Ihr freundliches Schreiben vom 31. 8. zu antworten. Ich war nämlich in letzter Zeit dauernd unterwegs gewesen – und zwar mit guten Resultaten, so daß ich heute für ca. 220.000 frs. Bestellungen in Orgeln habe, *Mühlbach* nicht mit eingerechnet. [...]

Aber trotzdem lasse ich Sie mit den Plänen nicht im Stich, welche sehr viel Arbeit kosten. [...]

4. *Mühlbach* – Ich werde das Salicional so anlegen, daß sich das Register auf beiden Clavieren separat spielen läßt. Kostenpunkt 800 frs.

*

---

[17a] Stadt in Südschweden, wo A. SCHWEITZER mehrere Konzerte gab.

Königsfeld
14. 9. 28.

Lieber Freund

Tausend Dank für die Zeilen. Tausend Dank für die Zeichnungen. Wohlverstanden: Ich will nur das Äussere, nicht die innere Einrichtung des Spieltisches.
Unmöglich Bolchen zu kommen. Wo denken Sie hin. Gehe am 23 auf Concertreisen für 3 Monate! Werde wahrscheinlich auch in Bielefeld spielen. Nun bitte: Ich bin am Samstag 22 Sept in Strassburg. Unbedingt kommen!! Reise auf meine Kosten. Wenn Sie nicht anders können kommen Sie erst Abends. Fahre Sonntag Morgen ab. Ich besichtige um 1 Uhr die Orgel der Protest. Kirche *Neudorf*[18], die restauriert werden soll und die ich, da beide Pfarrer meine Duzfreunde sind, Ihnen zu verschaffen hoffe. Es wäre gut, wenn Sie es einrichten könnten um 1 Uhr an der Kirche zu sein dass ich Sie gleich zu Rate ziehe und bekannt mache. Aber Sie haben jetzt ja so viele Bestellungen, dass Sie sich nicht um das Wild kümmern, das ich armer, treuer, alter Jagdhund Ihnen stelle. Ja, die Herren Orgelbauer! Aber lieb habe ich Sie doch. Ich hoffe, dass ich die Mittel zusammenbekomme, um *Mühlbach* gleich ganz zu bauen! Dann weihe ich es noch ein.
Antwort, bitte, wegen Strassburg sofort nach Königsfeld schicken![19]

Ich muss schliessen.

Ihr A. SCHWEITZER

\*

Boulay, le 15 Septembre 1928

Lieber, sehr verehrter Herr Dr!

Zunächst meine herzlichste Gratulation zu der so sehr seltenen Verleihung des Goethepreises[20] und freuen wir uns mit Ihnen.
Ihren lieben Brief soeben erhalten, wofür vielen Dank. Ich komme am Samstag nach Straßburg mit dem Zuge von 8,10. Ich ziehe es vor bereits Morgens nach dort zu kommen, damit wir die Zeichnungen prüfen können und wenn nötig (was ich nicht annehme) ändern zu können. Dieselben sind nur in Blei angefertigt. Soll ich die Schriften für Register, Combinationen und Tritte selbst eintragen, oder wollen Sie dieses tun, damit Ihre Schrift vorhanden ist?
[...] Nun möchte ich wissen, für wann der Orgel in *Mühlbach* fertig sein soll, damit Sie dieselbe noch vor Ihrer Abreise einweihen können.
[...]

Es grüßt Sie und Ihre Frau Gemahlin herzlichst

Ihr sehr erg. FR. HAERPFER

\*

[nach 8. Oktober 1928]

Lieber Härpfer

1) Der junge Schweizer Pfarrerssohn der sich für Ihre Firma meldet hat mir sehr guten Eindruck gemacht. Rate ihn zu nehmen.

---

[18] Vorort von Strassburg, heute eingemeindet. CHARLES MICHEL, der Präsident der AISL (Association Internationale pour l'Hôpital Albert Schweitzer Lambaréné), schrieb: *Albert Schweitzer und Neudorf. Erinnerungen*, in: Messager de la Paroisse Protestante de Strasbourg-Neudorf, 61e année, Nos. 8–7.
[19] Luftkurort im Schwarzwald, wo SCHWEITZER 1924 für seine Frau und Tochter ein Haus baute.
[20] Zweiter Träger des Goethepreises der Stadt Frankfurt am Main (nach STEFAN GEORGE 1927).

2) In Kostenanschlag *Neudorf* das Detail der Preise eintragen! Seit wann schicken Sie mir Anschläge ohne Detail! Sie sind doch nicht der SCHWENKEDEL.
3) Für *Mühlbach*
Was meinen sie, wäre es nicht besser in 1^te Clavier statt Oct 4 eine grosse 4′ Flöte?
4) Gamba 8 soll zugleich auf I und II^te spielbar sein wie Salicional.
5) Ins zweite noch eine weite, starke Flöte 8′
Diese sub 4 u. 5 genannten Punkte als Nachtrag dem Kostenanschlag beifügen und diesen an mich zurücksenden, bald!
6) Zugleich Vertragsentwurf (aber einen wie ich sie will!) senden! […]
In Eile Ihr A. SCHWEITZER

★

Berlin 1 XII 28.

Lieber Freund –
1) Nein, kein solches Gehäuse. Ein Gehäuse mit grossen und kleinen Pfeifen, kein so elendes Architektengehäuse.
Also Türmchen, Imitation eines einfachen alten Gehäuses! Türmchen mit kleinen Pfeifen in der Mitte oder auf den Seiten.

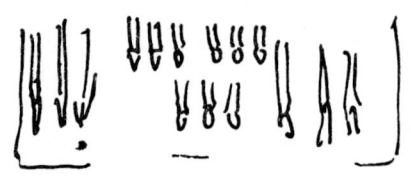

Haben Sie schon Vertrag unterzeichnet und Geld erhalten? Da muss ich Ihnen dann noch die Summe, die von mir aus dazukommt geben – Komme etwa 15 XII nach Hause.
In Orgel *Mühlbach* auf meine Kosten noch eine schöne runde offene Flöte 8′ im zweiten Manual einfügen, aber niemand etwas sagen. Was schlagen Sie vor? Was kostet es?
Gab Concert in *Bielefeld!*[21] Orgel immer Prima. LAMPING lässt grüssen! Seine Hausorgel funktioniert tadellos. TEICHFIESCHER hatte Schlaganfall und sitzt als zittriger aber geistig noch heller Greis im Lehnstuhl. Ich war bei ihm.
Also bitte: versuchen Sie etwas Netteres als Gehäuse und senden Sie es mir. Den Architekten geht das nichts an.
Durch die 8′ Flöte im 2^ten Clavier wird die Orgel erst vollständig! Jetzt habe ich seit 27 Sept 31 Concerte gegeben! 31 Concerte in 61 Tagen! Nun geht es zu guter letzt nach Prag –
In Eile Ihr ALBERT SCHWEITZER

★

[vor 17. Januar 1929]

Lieber Herr HÄRPFER.

Also ist Ihr Brief beim Nachsenden verloren gegangen – Auch bei andern ist das geschehen. Wie unangenehm.
Vor dem Concert kann ich nicht nach *Kronenburg*[22] kommen. Ich komme aber am Freitag

---

[21] Orgel mit 44 und Hausorgel mit 7 Registern, 1912 von HAERPFER gebaut.
[22] Die HAERPFER-Orgel von *Straßburg-Kronenburg* (1907) galt als besonders repräsentativ. Vgl. oben S. 188.

Morgen um 9 Uhr dorthin – machen Sie, dass alles fertig ist. Und dann richten Sie sich, bitte, ein, dass Sie für einige Stunden wenigstens nach *Günsbach* kommen, mit mir von Strassburg aus und sich die Sache ansehen. Ich halte das für notwendig. Einige Stunden haben Sie wohl für eine solch wichtige Sache... ich habe auch schon Stunden für Sie gehabt neben dringender Beschäftigung. Und ich halte daran, dass *Günsbach* gleich unternommen wird. Darüber äussern Sie sich nicht.

Also – auf Wiedersehen in Kronenburg am Freitag Morgen 9 Uhr –

Herzlichst Ihr Albert Schweitzer

Lassen Sie doch den Congress Congress sein und bauen Sie Ihre Orgeln pneumatisch! Das sind ja alles bloss Rupp-Witze! In der Welt kommt man von der Electricität ab, weil alle elektrischen Orgeln unzuverlässig sind! Wie viele Gemeinden und Concertsäle habe ich gefunden, die über ihre Elektricitäts-Orgeln jammern! In England wie auf dem Festland! – Von einem Orgelbaukongress in Strassburg redet in 2 Jahren kein Mensch mehr. Also nicht irre machen lassen. Ruhig eine gute Pneumatik weiterbauen!

★

Boulay, le 17 Janvier 1929

Lieber, sehr verehrter Herr Dr!

[...] Der Vertrag von *Mühlbach* ist unterzeichnet und ist bereits Geld von dort überwiesen worden. Den neuen Gehäuseplan für *Mühlbach* füge ich bei und hoffe, daß derselbe Ihrem Geschmack entspricht – Silbermannart! Daß Sie als Künstler meinen ersten Entwurf nicht genehmigten war vorauszusehen, aber zu einem Preise von 3800 frs. incl. Seiten und Rückwand konnte man nur ein modernes Gehäuse in Vorschlag bringen. Die Ausführung des neuen Entwurfes kommt auf 6800 frs.

Was nun das neu hinzukommende Register betrifft, so schlage ich eine Flûte harmonique vor, so wie Sie dieselbe von den Cavaillé-Coll'schen Orgeln kennen. Da nun dieses Register auf das 2. Manual kommt, so schlage ich vor, daß der Bourdon 8′ vom 2. ins erste Manual kommt, welches als Begleitregister sehr nötig ist. Separat füge ich die neue Disposition bei und hoffe, daß Sie mit derselben einverstanden sind. Und so wird es eine Musterorgel!

[...] Orgel *Günsbach*:

Der Pfarrer von G. hat bereits in dieser Angelegenheit an mich geschrieben und mir den Vorschlag gemacht, mit Ihnen nach dort zu kommen, um das Projekt auszuarbeiten. ...

Was nun den Preis für die Flûte harmonique 8′ für *Mühlbach* betrifft, so habe ich den Preis von 3970 frs. berechnet. Sollte das neue Projekt für das Gehäuse in Frage kommen, so gäbe es folgenden Nachtrag:

Gehäuse mehr 3000 frs.
Flûte harm ,, 3970 ,,
Gambe 8′  ,, 1200 ,, als Transmission ins 2te Manual.
_____
8170 ,,

Am Dienstag können wir dann alles genau besprechen und begrüße ich Sie herzlichst

Ihr sehr erg. Fr. Haerpfer

★

*Mühlbach Orgel*                                                                              1 2 29

Lieber Herr Haerpfer                 Antwort auf Brief vom 17. 1. 29

1) Für *Mühlbach* also das neue Gehäuse (Mehrkosten 3000 frs)
2) Die Flute harmonique im II$^{ten}$ (mehrkosten 3970 frs)

Diese beiden Posten garantiere ich persönlich. Sie brauchen mit niemandem darüber zu reden. Nicht verstehe ich die 1200 frs, die Sie dafür berechnen, dass Gamba auf Cl I spielbar ist. Das stand doch schon im ersten Kostenanschlag, nur für den Salic. statt für Gamba. Und ist auch etwas viel für einfache Transmission. Also keine Geschichten: Die Gambe wird auf 1$^{\text{ten}}$ Clavier spielbar ohne dass über die Kosten des ursprünglichen Planes hinausgegangen wird.
(Mir Plan der Mühlbacher Spielhülfen schicken. Auch in Mühlbach Spieltisch in Orgel hineinbauen!) Uebrigens sparen Sie auch dadurch dass Bordun 16 nicht in Schwellkasten sondern auf 1 Clav. steht. Es bleibt also bei dem von mir unterschriebenen Devis und der Majoration von 6970 frs, die ich garantiere.
Registerzüge! Keine Wippen! Und Züge nicht einhackend, sondern einfach ein und ausziehbar.
Ich bat Sie mir zu sagen, welche Summe Sie bisher von Gemeinde Mühlbach erhielten. Sie schreiben es mir nicht. Bitte schreiben.
Wann ist die Möglichkeit die Orgel Mühlbach aufzustellen? Im Juli kann ich sie einweihen. Das gibt ein Fest.
Hier die Disposition. Quinte $2^2/_3$ muss sehr rund und weich werden, auch Oct 4

*

Fritz Härpfer

*Günsbach* Orgel                                                                                           1. 2. 29

Also Disposition *Günsbach* I. Montre 8 (aus 4') Salic. 8. Gambe 8 (neu) auf I u II spielbar; Flute 8; Bord 8 neu; Oct 4; Oct 2
II Gamba 8 (neu) Voix celeste 8 (neu) Gemsh 8; Bord 8; Dulciana 8 (aus 4') Rohrfl 4; Mixt; Hautbois 8'.
Ped Sub 16; Flöte 8; Cello 8.

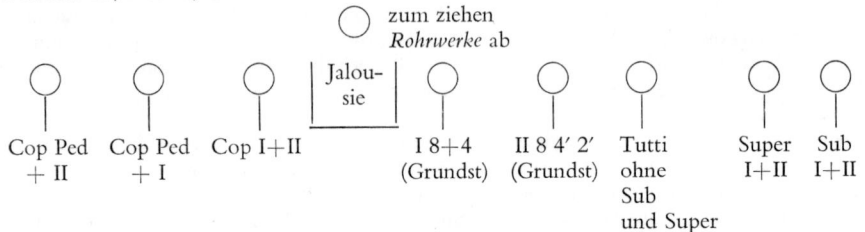

|  |  |  | zum ziehen *Rohrwerke* ab |  |  |  |  |
|---|---|---|---|---|---|---|---|
| ○ | ○ | ○ | Jalousie ○ | ○ | ○ | ○ | ○ |
| Cop Ped + II | Cop Ped + I | Cop I+II | I 8+4 (Grundst) | II 8 4' 2' (Grundst) | Tutti ohne Sub und Super | Super I+II | Sub I+II |

alle Spielhülfen auch als kleine Registerzüge.
Die Coppeln links unter Register; die Combination und Superoctavcoppeln unter Tasten des ersten Claviers, linke Hälfte, zum Herausziehen und Einstossen als kleiner Registerknopf.
Noch eins: auf Man I vorsehen: noch zwei Windladen: eine für Cornet und eine für Tromp 8. Das bringen wir später noch einmal dazu, wenn ich Concerte in Amerika gebe.
Mir schreiben, ob alles klar ist!
Kostenvoranschlag zuerst an mich schicken, nicht an Pfarrer

Herzlichst Ihr Albert Schweitzer

Was würde es kosten, die Bassflöte 8' im Pedal zu Fl 16 umzuarbeiten?

*

Boulay, le 5 Février 1929

[...] Eine Transmission kostet 60% vom Anschaffungspreis eines Registers – bereits vor dem Kriege. Nun müssen wir die Röhrchen aus Deutschland kommen lassen und zahlen hierfür

Plan des Gehäuses der zu
Aufteilung kommen sollen

G. Schweitzer
6. 2. 29

35% Zoll. Ein Kilo Röhrchen kostet demnach heute 7 francs. Es besteht heute tatsächlich kein großer Unterschied mehr zwischen einer Transmission und einem wirklichen Register. Notiert habe auch, daß der Spieltisch ins Gehäuse eingebaut werden soll. Registerzüge nicht zum Einhaken, sondern einfach ausziehbar. Spieltischskizze liegt bei und bitte mir dieselbe nach Prüfung wieder zusenden zu wollen. Lieferung Ende Juni, Einweihung Ende Juli, worauf ich mich sehr freue.

Orgel *Günsbach*:

Den Kostenanschlag erhalten Sie noch diese Woche und zwar nach Ihren Angaben. Flûte 16′ ist nicht durchführbar wegen der mangelnden Höhe, diese beträgt nur 3,76 m und das C 16′ mißt 5,20 m ohne die Windlade. [...]

          Ihr dankbar ergebener
          Fr. Haerpfer

      ★

          Königsfeld
          26 2 29

Lieber Härpfer

Nur keine Geschichten mit correkt oder nicht correkt im Ausdruck – Habe in Ihrer Ausdrucksweise nichts unkorrektes gefunden.

Schreibe eben *Gebweiler*, dass Sie um 13⁴⁴ am Samstag 10 März kommen und dann Orgel gründlich untersuchen. Sich melden im Pfarrhaus, Pfarrer Amstoutz, lieber Freund von mir.

        Herzlichst Ihr
        A. Schweitzer

Was würde für *Günsbach* Preisunterschied sein: a) für Walze b) statt der Fortecombinationen für I $^{Ped}$ und II
Freie Combination für I $^{Ped}$ und II.
Dies hinten am Kostenvoranschlag einfügen.

       In Eile
       AS

      ★

         Permanente Adresse:
         Speichergasse 2 Strassbg.
         1 Mai 29
         (auf Concertreise)

Lieber Freund

Tausend Dank für die lieben Zeilen. Aber Sie sind wohl nicht gesund, dass Sie *Mühlbach* nicht so fertig stellen wollen, dass ich es einweihen kann. Immer dieselbe Geschichte: Wenn keine Bestellungen da sind, renne ich mir das Herz aus, um Ihnen welche zu retten und nachher hat der Fritz Härpfer Aufträge, dann ist der Apportierhund Albert Schweitzer Luft für ihn. Also: keine Fissematente! Ich fahre November fort. Bis dahin steht die Orgel von Mühlbach, wenn die Kirche so weit ist, dass man die Orgel stellen kann! Darüber schreibe ich mit dem Pfarrer. Uebrigens scheinen Sie zu vergessen, was es für Sie im Elsass bedeuten kann, wenn ich mit einigem Klimbim eine Orgel für sie einweihe und davon in die Zeitungen kommen lasse. Aber der Apportierhund freut sich wenn sein Herr viel Bestellungen hat. Widor hat sich sehr geregt, um Sie allenthalben zu empfehlen, immer von mir aufgestachelt.

In Stuttgart: Ich schreibe an Organisten für Festsetzung der Entschädigung. Sie haben die Sache gut gemacht. **Nur** fehlt in Ihrem Gutachten Vorschlag zum Ersetzen der Barkermaschine, unsere vervollkommnete Verbindung von Traktur und Pneumatik. Barker macht immer Lärm Bitte das nachliefern.
Natürlich brauchen Sie Correspondenten. Ich wüsste in Strassburg einen klugen (bucklingen) jungen Mann, der aushilfsweise auf Bürgermeisteramt beschäftigt ist, Correspondenz, Buchhaltung. Aber prompte Erledigung der Correspondenz Haupterfordernis für gediegene Firma.
In Eile
Ihr treuer Apportierhund
A. Schweitzer

*

18 Oct 29
2 Speichergasse

Es ist zum Verzweifeln, dass ich von Ihnen keine Antwort bekommen kann, ob und wann die Arbeiten in *Mühlbach*, die im September beginnen sollten, in Angriff genommen sind und wann die Vollendung der Orgel zu erwarten ist, die ich absolut noch vor meiner Abreise Ende November einweihen will. Ich finde es sehr demütigend für mich, dass ich jetzt mit einem dritten Schreiben bei Ihnen um Auskunft betteln muss, die Sie mir von selber hätten schicken sollen.
Ihr tieftrauriger Albert Schweitzer

*

Lambaréné. Bitte alle Briefe für mich an Frau Martin 2 Speichergasse adressieren.
[zwischen 8. 4. und 3. 6. 1930]

Lieber Herr Härpfer.
Es handelt sich um das Harmonium. Zuerst: der Blasebalghebel seitwärts, rechts, nicht hinten,

wie ich zuerst sagte, und in der Höhe, dass er von einem stehenden Knaben bedient werden kann, wenn dies sich so anbringen lässt. Dann die Tasten genau mit dem Fall und der Belastung wie Orgeltasten, wie die Orgeltaste, die ich mit Ihnen in *Metzeral* ausgemacht habe, das heißt: etwas mehr Leergang und etwas weniger Tiefgang als die gewöhnliche, wie Sie sie machen. Das Pedal nicht zu sehr geschweift. In der Mitte ganz eben. Nicht zu schmale Leisten der Tasten.
Guten Klebstoff verwenden, der in den Tropen hält. Viele mit Messingschrauben fixieren.
Unnötig Bank. – Also Pedal zum einfachen Einschieben. Alles sehr solid gearbeitet, möglichst in Metallführung, weil das Holz quellt. Nichts überhasten. Nehmen Sie sich Zeit. Aber wenn ich die Sache bald haben kann, bin ich froh.
Für Verpackung: Harmonium in solider verzinkter Kiste. (Achtung: die Kiste gut verschrauben, nicht nageln! Und Achtung, dass ja nicht ein Nagel durch das Zink geht.

Das Pedal in caisse à part, auch verzinkt. Und Reservefedern und alle Reservestücke; ebenso alle möglichen Reservestücke für das Harmonium.
[…]
Also in *Neudorf* auf meine Garantie hin die Posaune einbauen.
[…]

*

7. 5. 30

Lieber Herr Härpfer

Erfahre soeben, dass in *Günsbach* Sie den Auftrag mit unserem Kostenanschlag bekommen! Ist dies der Fall und ist der Vertrag unterzeichnet, so ordne ich an, dass Sie auf meine Kosten im ersten Clavier noch ein schönes weiches Cornet 8′ und eine herrliche Trompete 8′ bauen, dass das Werk vollständig ist! Bitte mir die Pläne nochmals zu senden. Spieltisch wie *Muhlbach*, aber nicht so wackelige Tritte! Der Schaum steht mir noch vor dem Maul, wenn ich an diese Tritte denke, wo Sie früher *Bielefeld*! so wundervoll bauten, wie Cavaillé Coll! Aber ihr habt mich halt nicht mehr so auf den Rippen wie damals!
Nicht wahr: Bordun 16′ ist doch im I Clav. vorgesehen!

In Eile Ihr A. Schweitzer

So ist die Orgel vollständig! Mit mir in allen Fragen correspondieren. Spieltisch mir vorlegen; herrliche weite Mensuren. Achtung dass Gambe weit ist. Nicht sparen! Und schöne weiche Trompete! Kein so welsches Schnerr-Ding. Die müßten Sie nachher wieder rausschmeissen! Und hornartiges Hautbois, wie Sie sie früher bauten! Strengen Sie sich für *Gunsbach* an! Die Orgel ist wichtig, der vielen Künstler wegen, die mich in Günsbach besuchen werden. Und bauen Sie (da jetzt die beiden Säulen wegfallen) gut in die Breite, geräumig, dass das II$^{te}$ Clavier hinten gut herauskommt. Ist es nötig, verlängern wir den Prospekt seitwärts, was gut zu machen ist.

AS

*

Zu Spieltisch *Gunsbach* [vgl. das Faksimile nach S. 212]
[Transkription nur der Notizen und Texte von Schweitzer:]
Lambarene 17. 7. 30
Antwort an H. Haerpfer

[rechts oben:]

Ja!
Aber Orgel so nahe an Empore als möglich!
Also Spieltisch eventuell über Empore herausschieben!

[links, obere Blatthälfte:]

◯ Cop I+II

◯ ◯ ◯ ◯ ◯
Zungen  I B 16  Sub    Super  Ped/   Ped/
ab      ab      Oct    Oct    II     I

[links, untere Blatthälfte:]

1) Register weiter auseinander als in *Mühlbach*!
2) Bourdon 8 gehört neben Fl 8
3) In II Bordun 8 neben Gemshorn
4) Cop I+II auf den leeren Platz unten in der Reihe der Pedalregister.
5) Die Reihenfolge der Coppelzüge unter der Registerleiste so wie ich sie angebe.

[rechts, untere Blatthälfte:] Leicht schief!

Sind Sie ganz verrückt mir *Günsbach* elektrisch bauen zu wollen! Nichts da! Wozu elektrisch? Aber machen Sie mir eine gut beschwerte und elastische Taste! Das Cornet nach unten durchgeführt. Weich aber nicht zu schwach! Es muss der Orgel schöne Fülle geben! Ebenso Trompete weich, aber rund und voll, auch nach oben gut ausgebaut! Und die Mixtur nicht spitz! – Es fehlt noch der Knopf der aus dem vollen Werk in der Walze und im Tuttitritt den B 16 in I und der, der die Trompete 8′ in I und der Hautbois im II$^{ten}$ ausschaltet! Das scheine ich vergessen zu haben. Also die Sache so (wie ich es im Princip, wenn auch nicht für Günsbach) schon mit Ihnen besprochen hatte. Im Tuttitritt und dem Walzentritt ist alles drin. Ziehe ich aber den Knopf: B 16 ab, dann ist dieser 16′ nicht drin; ebenso der Knopf, um die Tromp 8 und das Hautbois aus dem Tutti ausschalten. Das ist sehr wertvoll und kommt nicht teuer! Ich übernehme Kosten. Dies auch in *Neudorf* anbringen.

Im Register Crescendo (Walze) ist ebenfalls alles drin. Aber als letzte treten ein: Hautbois und Trompete 8; dann noch ein Stück Leerlauf und jetzt erst, wenn er ganz offen ist der Bord. 16! Die Sub und Superoctav sind nicht in dem Tutti und auch nicht in der Walze. Also nochmals: I Bd 16 ab und Zungen ab wirkt sowohl auf Walzenbalanciertritt, wie auf Tuttitritt
Das Cornet setzen Sie nach Modell und Mensuren Ihres besten Cornetts zusammen!
Bekomme ich Spieltisch *Neudorf* nicht?

Da ich etwas von Schriftstellerei verstehe, schlage ich Ihnen vor, dass Sie mir den Text Ihres Catalogs getippt zukommen lassen, dass ich Ihnen rate für Aufbau desselben. Denn ein schriftstellerisch nicht prima aufgebauter Catalog wirkt nicht gut! Es kommt jetzt auf einige Wochen nicht an.
Also *Günsbach* muss prima werden. Und benutzen Sie zugleich die Gelegenheit das Drecks-Welsche-Hautbois in der *Mühlbacher* Orgel durch eines zu ersetzen, wie Sie sie früher bauten und wie es sich gehört. Noch heute kocht die Wut über jenes Sau-Hautbois in mir!

★

Lambaréné,
30. 9. 30

Lieber Freund HÄRPFER

Es war also wie immer: Ich war voller Bewunderung für Sie und hatte eine Mordswut auf Sie. Die Mordswut von daher, dass ich Ihnen ausdrücklich geschrieben hatte, das Pedal solle eine Kiste für sich haben und nicht in die des Harmoniums hineinkommen, weil dadurch die Kiste (verzinkt!) für den Transport auf dem Canoe zu gross und zu schwer würde. Ich bat Sie diese Instruction genau nach Orbey [?] zu übermitteln. Aber FRÉDÉRIC HAERPFER Facteur d'orgues d'église et de salon pfeift drauf. Zu allem Unglück ist wegen der trockenen Jahreszeit der Flussarm, der zum Landungsplatz des Flussdampfers führt, durch eine grosse Sandbank von 600 M Länge gesperrt, über welche ich nun die schwere Kiste von Negern tragen lassen musste, was eine fürchterliche Sache war und einen Tag in Anspruch nahm!

Nun zur Bewunderung. Das Instrument ist einfach herrlich! (so gut man den Ton mit air aspiré réussieren kann, was ja nicht so gut ist als mit dem andern Wind). Wunderbar auch das Pedal. Eine herrliche Bass-Sonorität. Und technisch ist alles prima! Ich bin sehr erfreut. Das ist ein Instrument, das mir erlaubt absolut à la hauteur zu bleiben. Wie viel Dank schulde ich Ihnen! Sie wissen, dass ich Ihnen selbigen im Herzen voll erstatte.
Nun die Sache *Paris*, aber *entre nous*. Also man hat in der Kirche, wo Sie damals erstmals in *Paris* bauten, St Marcel, nachgefragt, und diese haben geantwortet, dass sie mit der Orgel sehr zufrieden sind, aber verärgert, weil Sie, Monsieur HÄRPFER, nicht dazu zu bringen sind, die Reparaturen so zu machen, wie es gewünscht wird. Jetzt sind die Leute der deutschen Gemeinde, besonders der Organist kopfscheu. Natürlich rede ich es ihnen aus und hoffe Ihnen die Orgel zu erhalten. Aber (ohne etwas sich merken zu lassen von dem was ich Ihnen schreibe) stellen sie die Leute von St. Marcel zufrieden, dass dieses Gerede aufhört – Jetzt bin ich begierig wie *Günsbach* und *Neudorf* ausfallen. – Nochmals tausend Dank für alles und liebe Grüsse an Sie und die Ihren

Ihr alter, brummiger (zuweilen mit Recht)<br>ALBERT SCHWEITZER

★

Lambarene 30. 11. 30.

Lieber HAERPFER

1) Aus beiliegendem Brief an Burgermeister von *Harlem* sehen sie, was Sie sollen, wenn der Bürgermeister der Bitte Folge gibt, die ich an ihn richte. – Aber dann nicht mit Zeit sparen sondern alles genau untersuchen. Also: 1) Windladen. Sind sie noch im Stande, dass man pneumatische Verbindung machen kann 2) sind Pfeifen nicht im Aufschnitt verändert? 3) Welcher Winddruck 4) Ist Platz um ein Schwellkastenklavier anzubringen? 5) Wie steht es mit der Brauchbarkeit der Zungen? Eventuell Planskizzen.
Ich zähle auf Sie, dass Sie die Sache gründlich machen. Sie kommen nur als Experte hin, in meiner Vertretung, aber man weiss nie von welcher Bedeutung es sein kann für Sie. – Sind Sie in Haarlem, dann alsbald diese Einführung an meinen Verleger und Freund TJENK WILLINK abgeben. Er ist sehr lieb.
Also die Sache eilt nicht, aber es wäre mir lieb, dass es im Laufe des Winters gemacht würde. Die Adresse des Organisten der St Bavokirche ist: Herr ROBERT an St. Bavo (Herr TJENK WILLINK wohnt in Haarlem. Baan 25.) Ihm Ihre Ankunft mitteilen und ihn zuvor besuchen. Ich schreibe ihm auch in der Sache. Ist sehr lieb, wenn auch kühl. [...]

★

Lambarene 30. 11. 30

Orgel *Mühlbach*

Domkantor BANGERT[23] hat sie gesehen und war entzückt. Aber, wie ich beanstandet er die Oboe 8! Warum haben Sie mir an dieser Orgel nicht die schöne hornartige Fülle habende Oboe, wie an anderen Orgeln. Also: sobald ich wieder im Lande bin, müssen Sie sie durch eine andere ersetzen. Das haben Sie mir versprochen! Noch eins: Ihre so unnötigen Uhrenzeiger des Crescendo legen Sie mir bitte ganz rechts, wo sie nicht stören. In *Neudorf* legen sie ihn in

---

[23] EMILIUS BANGERT, 1883–1962, dänischer Komponist, Kantor und Organist an der Domkirche in Roskilde bei Kopenhagen 1919–54 und Dozent für Musiktheorie am königlichen Konservatorium in Kopenhagen 1925–53. Verbindungsmann von A. SCHWEITZER für alle dänischen Angelegenheiten. Einer der 4 Fachleute, bei denen A. SCHWEITZER Rat holte für das Ornamentik-Kapitel im 6. Band der Orgelwerke BACHS (Verlag Schirmer).

die Mitte! Das gibt mir gerade Lust ihn einzuschlagen wie einen Feuermelder. – Und warum die Pedalregisterknöpfe in die Mitte in *Neudorf?* Diese sollten rechts unten von den Manualen! Ebenso *Günsbach*. Bitte sich dies ein für Alle Male notieren. Es ist mir unbegreiflich, dass ich es übersehen haben soll!

AS

Es freut mich, dass Sie schön Bestellungen haben! Tausend Dank, dass Sie mir den Spieltisch der alten *Gunsbach*orgel reconstruieren, möglichst vollständig! Auch das Pedal. Und machen Sie, dass ich auch die Bank dazu bekomme

*

Lambarene 30. 11. 30

M. Haerpfer zur Kenntnisnahme   AS.
An den Herrn Burgermeister zu *Harlem*, Holland.

Hochverehrter Herr Bürgermeister.

In etwa einem Jahre hoffe ich wieder in Europa zu sein. Bis dahin möchte ich aber, dass Vorarbeit für die Aufstellung des Planes der Restauration der Orgel getan sei. Da ich nicht selbst schon in der Orgel herumkriechen kann, möchte ich bitten, dass es der Orgelbauer FRITZ HAERPFER, Boulay bei Metz, Lorraine, für mich tut und mir eingehend Bericht sendet. Er weiss genau, worauf es mir bei dieser Aufnahme des Tatbestandes ankommt, da er schon eine Reihe alter Orgeln mit mir restauriert hat. Herr HAERPFER würde nur als mein Vertreter in dieser vorläufigen Untersuchung fungieren. Aber es ist wichtig, dass sie gründlich gemacht wird. – Die grosse Frage ist 1) in welchem Zustande die Windladen sind, ob man bei der letzten Restauration der Orgel nicht den Aufschnitt der Labien höher gelegt hat, was alles sehr erschweren würde. Unser Plan muss dahin gehen, die Windladen und die Pfeifen (und damit das Wesen) der alten Orgel zu erhalten, die Spielart technisch leichter zu machen einen Schwellkasten anzubringen, wenn dies die Aufstellung der Orgel erlaubt. Alle diese Fragen müssen von jedem der Experten für sich gründlich geprüft werden, ehe wir uns die Ausarbeitung eines Planes machen. Da ich diese Arbeit nicht selber tun kann, bitte ich Sie, sie durch meinen Vertrauensmann HAERPFER tun zu lassen. Selbstverständlich sollen Ihnen dadurch keine grossen Kosten erwachsen. Da Herr HAERPFER als mein Vertreter kommt, wird er nur die Reise- und Aufenthaltskosten und eine kleine Entschädigung für die gebrauchte Zeit rechnen. Er wird seine Rechnung erst einreichen, nachdem ich sie geprüft habe, als handelte es sich als eine von mir aufgestellte. Wollen Sie ihm also die Einladung die Arbeit an meiner Stelle zu tun, zukommen lassen. Es wäre mir lieb, einmal klar in der Sache zu sehen. Ach, das alles gibt eine schwere und verantwortungsvolle Arbeit, so wie ein Chirurg, der einer Prinzessin, die eine krumme Nase hat, sonst aber sehr hübsch ist, durch eine Operation die Nase gerade machen sollte. So kommen wir uns in dieser Angelegenheit vor.

Mit besten Grüssen an Sie und Ihre Mitarbeiter,

Ihr ergebener gezeichnet A. S.

*

[14. Juli 1931]

Dispositionsentwurf einer Orgel für Schloss *Elmau*

I<sup>tes</sup> Clavier. Offen stehend.

1) Principal          8, weit mensuriert, weich intoniert. Im Prospekt stehend
2) Bordun             8. Weit und weich.

II$^{tes}$ Clavier im Schwellkasten stehend, der nach vorn und den Seiten sich öffnet, dickes prima Holz

| | | | |
|---|---|---|---|
| 3) | Flöte | 8 | (Flûte harmonique. Rund dass sie das Fundament abgiebt) |
| 4) | Salicional | 8. | Weite Mensur. Muss zugleich Gambe ersetzen! |
| 5) | Vox Coelestis. | | Weite Mensur. |
| 6) | Flöte | 4 | Weite Mensur. |
| 7) | Waldflöte | 2 | (nicht spitz. Fülle) |
| 8) | Mixtur 3–5fach | | |
| 9) | Oboe | 8. | Rund und in der Tiefe hornartig um bei Coppel dem Bass Fülle zu geben und Trompete zu ersetzen. |

Pedal freistehend

10) Subbass                16′. Prima Qualität.

Gehäuse: Einfach, aus Tannenholz mit klingendem Prospekt

Spieltisch: Gediegen aber einfach:
Cop I + II
Cop Ped + I            Als Knopf und
Cop Ped + II          Tritt links.
Superoctavcoppel I + II

Registertrittcrescendo als Balanciertritt
Jalousiecrescendo als Balanciertritt
I Freie Combination   I Clavier + Pedal
,,  ,,    ,,    II Clavier
Tutti, mit anschaltbarer Oboe 8

Eventuell noch einfacher, ohne freie Combination. Wie viel Ersparnis ist das?

*

Herrn HAERPFER für retouchieren:                              *Neudorf* 8. 4. 32

1) das Generalcrescendo ist nicht genug belastet und geht von selbst in die Höhe! Schande, dass mir so etwas auf Haerpferorgel begegnet
2) die Orgelbank wackelt! 3) das Schild der Gambe fällt ab! 4) Ich höre den Motor! 5) I Cl. Flöte 8: viel runder und voller; I Clav. Bordun viel runder und voller; II Clav. Flute harmonique viel runder u. voller II Bordun 8 viel runder und voller; II Waldflöte 2′ Viel runder! Das ist keine Waldflöte, das ist ein Flageolett. – Pedal geht zu weich und wackelt. – Das mittlere si bémol im Hauptmanual bleibt als hängen. – Orgelbank 2 cm zu hoch
An anderen Registern nichts machen!

Ich komme Freitag $^1/_2$ 4 Uhr üben. Bitte da sein

Herzlichst A. SCHWEITZER.

Lieber Herr HÄRPFER. Obiges ist auf der Orgel in *Neudorf* geschrieben, wo ich heute für das Concert nächsten Freitag übe. Etwas nervös geworden, denn ich bin nicht gewohnt, dass auf einer Härpferorgel die Registerschwelle nicht fest steht und mich stetig die Registrierung stört, und dass die Bank wackelt. Also die offenen und gedackten Flöten mehr ausgehen lassen. Die Orgel hat nicht genug Körper. Ich bin beelendet, dass wenn das Haus HÄRPFER einmal eine Intonation der Grundstimmen hatte, diese nun wieder verlassen wird. Traditionen!

Traditionen! Und diese zu weiche Spielart der Tasten. Alles Kleinigkeiten, aber ... es darf nicht sein. Nun machen Sie mir die Flöten schön – Und das Concert gebe ich nur, um Ihnen zu dienen. Ich muss dafür von Stuttgart kommen und wieder nach Stuttgart zurückfahren – Herzlichst Auf Wiedersehen Ihr alter brummiger ALBERT SCHWEITZER

Es wäre mir wertvoll, wenn Sie selber die Umintonierung machten. Aber nicht ins andere Extrem fallen. Die Orgel ist wirklich schön!

\*

Edinburg Schottland
27. 6. 32

H. FRITZ HÄRPFER.

Lieber Freund.

Mitte Juli kehre ich nach Günsbach zurück. Bitte sich bereithalten etwa vom 25 Juli ab, der Orgel in *Gunsbach* die definitive Form zu geben, wie wir es besprochen.
1) Bessere Spielart der Tasten. 2) besseres Pedal (in der Mitte gerade, nur an den beiden Seiten etwas erhoben) Tasten 3–4 cm breit.
3) Flöten alle mehr Volumen. 4) Die Sau-Welsche-Oboe 8 durch eine richtige HÄRPFERoboe ersetzen etc. Alles zu meinen Kosten aber billig berechnet. Ihre Leute und Sie essen bei mir.
Es wäre mir lieb, wenn Sie dabei wären und selber intonierten. Das Werk kann grosse Bedeutung für Sie haben.
Ferner, habe mit holländischen Orgelbauern angebandelt (die nicht selber bauen), dass Sie Spieltische eventuell von Ihnen, statt aus Deutschland beziehen. Zu müde im Detail Ihnen davon zu schreiben. Orgel *Harlem* wird restauriert. Neuer Spieltisch. Organist kommt August Orgel Gunsbach sehen. Versuche, dass Ihnen vielleicht Spieltisch übertragen wird – Paris wird vielleicht gebaut ...
Heute Abend gab ich im Dom zu Glasgow mein (glaube ich) 35$^{tes}$ Orgelconcert seit 13 April – Jetzt geht es nach Heidelberg, München, Ulm –. Darf mit Erfolg in Holland, England, Schottland zufrieden sein –
Also alles rüsten, dass Günsbach Ende Juli etwas vollkommenes wird. Und auch die Sau-Oboe in *Mühlbach* ersetzen – Und dass ich nie mehr etwas derartiges in einer Haerpfer Orgel finde. Das ist eine üble Assimilation. – Ich bin Doctor der Musikwissenschaft der Universität Edinburgh –
Bitte ausführliche Antwort auf diesen Brief nach Günsbach senden (sans tarder!) von wo aus sie mir nachgesandt wird.

Viel Liebes an Sie und die Ihren

Ihr A. SCHWEITZER

Also bitte, nehmen Sie sich Zeit, Günsbach selber zu überwachen! J'y tiens.

\*

Bouley, le 7 Septembre 1932

[...] Was nun die Konstruktion der Oboe betrifft, so versichere ich Sie, daß sie genau so ist wie wir diese früher herstellten, was nicht mehr klappt ist, daß das Zungenmaterial nicht mehr wie früher ist. Auch intonieren sich die Zungen leichter bei der Mechanik. [...]

\*

Lambarene
22. 4. 33.

Alle Briefe von ALBERT SCHWEITZER innerhalb 48 Stunden beantworten (Décret du Président de la République du 30 fevrier 1933)

Lieber Freund

Die Kirche in *Port Gentil*[24] gesehen; wundervoller, grosser Bau! Unsere 5 Registerorgel zu klein. Habe mit dem Pater und dem Frère XAVIER (dieser ein geborener Rheinländer, vorzüglicher Schreiner) gesprochen. Also die Leute haben nicht das Geld, die größere Orgel zu bezahlen. Nun aber geht Bruder XAVIER in etwa 8 Monaten für etwa ein Jahr nach Europa. Er gehört dem Orden des St. Esprit, wo Sie die Orgel für das Mutterhaus in *Chevilly sur Seine* bauen an. Nun haben wir den Plan gefasst, dass er bei seinen Oberen um die Erlaubnis bittet 2–3 Monate bei Ihnen zu arbeiten, um das Elementare des Orgelbaus zu erlernen. Er würde dann Ebenholz, Ivoire und afrikanisches gelagertes Hartholz bringen (Tannenholz-Pfeifen sind für Afrika untauglich) und würde bei Ihnen lernen: Pfeifen (Holz) Blasbälge Jalousien, malen, Intonieren, Stimmen, eventuell auch Windladen und Orgel montieren. Dann würden Sie liefern, Spieltisch, Mechanik, Metallpfeifen etc und er würde die Orgel montieren. Disposition I Clav: Montre 8; Flöte 8; II Salicional 8; Voix Cel 8 Flute 4 (Waldflöte); Flute 2; Mixtur 3 (oder 4); Hautbois 8; Pedal: Subb. 16. Bitte antworten Sie umgehend, ob Sie Bruder XAVIER erlauben würden 2–3 Monate bei Ihnen als Volontär zu arbeiten.

Die Sache kann für Sie von grosser Wichtigkeit sein. Sie könnten durch Ihn Orgeln in der kathol. Kirche in Colonien zu bauen bekommen, die er montieren würde! Es sind viele schöne Kirchen in Colonien, die keine Orgel haben. De plus: Durch ihn könnten Sie wertvolle Hölzer bekommen zum Probieren. Der Orden hat nämlich ein Schiff das regelmäßig nach Port Gentil kommt Holz holen. Er ist mit der Gesellschaft der Reeder befreundet, die ihm fast keine Fracht rechnen. Das könnte für Sie von Wert sein. Und der Bruder XAVIER (ein alter Freund von mir) ist ein hervorragender lieber Mensch. – Das würde Ihnen in katholischen Kreisen grosse Reklame machen. Also überlegen und bejahend antworten.

In Eile

Ihr alter ALBERT SCHWEITZER

\*

Lambarene, 11. 6. 33

Lieber Freund HÄRPFER

(Wenn Ihre Antwort prompt erfolgt schreibe ich Freund, wenn nicht prompt Herr) Tausend Dank für postwendende Antwort vom 16 Mai 33. – Ich teile den Inhalt dem Frère XAVIER mit und sage ihm er soll sich in allem, auch in der Frage des Holzes aus Afrika jetzt direkt mit Ihnen in Verbindung setzen. Seine Adresse: Le Frère XAVIER Mission Catholique. Port Gentil. Afrique Equatoriale Française par Bordeaux – Schreiben Sie ihm, ob er nicht auch etwas Holz für Sie zu Versuchszwecken auf dem Dampfer, der ihm zur Verfügung steht, mitsenden kann. Er kann sich leicht Holz verschaffen.

Dass es mit den Bestellungen so gut geht ist schön. Wegen des fahrbaren Spieltisches in der Cathedrale zu *Metz* würde ich Sie boxen, wenn sie in meiner Nähe wären. Ohne wenigstens eine gründliche Viehheit geht es bei euch Orgelbauern nicht ab! Fahrbarer Spieltisch ... Da werden Sie schöne Scherereien mit haben. Und ich goenne sie euch dann. – Immer ihr gleich herzlich ergebener

ALBERT SCHWEITZER

---

[24] Hafenstadt von Gabun.

In *Kolbsheim* kenne ich gut Herrn VON GRUNELIUS. Ich schreibe ihm, dass er sich für Sie einsetzt. Habe soeben an VON GRUNELIUS Kolbsheim geschrieben und so schön nebenbei die Orgelsache erwähnt, dass nur Sie in Frage kommen sollen. [...]

*

Gunsbach
8. 5. 34

Lieber Herr HAERPFER

Tausend Dank, dass Sie kamen! Nun habe ich wieder Freude an der Orgel. Die Trompete ist wirklich schön. Die Oboe ist auch schön. Das gibt jetzt einen schönen Klang. Und jetzt kann ich sie ausländischen Organisten, die zu Besuch kommen, zeigen, mit Freude. Es waren Norweger da, die sie sehr bewunderten. Herzlichst, (zu müde Ihnen so zu schreiben, wie ich möchte)

Ihr ergebener und dankbarer
ALBERT SCHWEITZER

*

Auf Dampfer „Amérique". Auf der Höhe von Kamerun.
22. 2. 35

Lieber Freund

Tausend Dank für freundliche Zeilen vom 1. 2. 35. Ich wusste, dass Sie in *Alger* zu bauen haben. Nur nicht verzweifeln. Sie bekommen noch Aufträge. Ihr seid jetzt bekannt.
Die kleinen Orgeln Type BONNET [24a] gut. Aber viel feiner und nicht teurer ist

I 1) Montre 8  2) Bourd 8  3) Prestant 4 (aus Nr 1)
II 4) Salicional 8; Flûte harm 8; 6) Flute 4 (aus 5)  7) Voix céleste. 8) Hautbois 8 (hornartig, rund)  9) Mixtur 3–4fach (oben nur 3fach)

Pedal wie bei BONNET. Aber eine Mixtur muss herein, dass die Orgel vollständig ist. Und Hautbois 8′, mit Mixtur, ersetzt die Trompete und dann hat man noch eine schöne Solostimme. Der BONNET ist nicht praktisch.
Wenn Sie in der nächsten Zeit freie Zeit haben, machen Sie mir doch die Trompete 8 und das Hautbois 8′ in *Günsbach*. Ich habe mehr darunter gelitten als ich sagen kann, dass ich Ihnen den Umbau Günsbach zu so guten Bedingungen verschafft habe, indem ich viel aus meiner Tasche dazuzahlte, und dass Sie mir die Zungen nicht einmal selbst intoniert haben, sondern meinen armen Ohren Zungen von einem Anfänger intonieren zumuteten, obwohl ich extra gesagt hatte, dass die Intonation von Ihnen sein muss. Ich trauere immer, wenn ich die ideale Intonation von St. Jean in *Lausanne* höre und sie mit Günsbach vergleiche. Also, wenn noch eine Spur von Gewissen bei Euch vorhanden ist, mir bei Gelegenheit die zwei Zungen (und auch die Flöten) intonieren und den Salicional stärker. Aber die Zungen nach unten nicht zu stark! sondern schön von der Mitte aus nach unten und oben abnehmend. Und Hautbois schön rund, hornartig, wie das eures Vaters in *Pfaffenhofen*! Die Kosten ersetze ich Ihnen, Mit Frau MARTIN ausmachen, wenn diese in Günsbach ist, dass Sie bei mir wohnen.

Herzlichst
Ihr ALBERT SCHWEITZER

Ich habe nicht ff gegen euch gewettert sondern nur mit Grundstimmen 8′ und 4′.
Auch das Hautbois in *Metzeral* besser machen!

*

---

[24a] JOSEPH BONNET (1884–1944), frz. Organist (an St-Eustache in Paris) und Komponist.

Lieber Freund [Anfang November 36]

Wie leid tut es mir um ANDRÉ! Welch ein lieber stiller Mensch war er – – wenn ich nicht im Gedränge des Packens wäre, käme ich zur Beerdigung.
Ich schickte Ihnen ein Telegramm Sie bittend heute Abend oder Morgen früh zwischen 9 und 10, da sie doch in der Gegend sind, zu mir zu kommen. Es handelt sich um den Prospekt in St Aurelien. Derselbe soll vervollständigt werden, dass man den Schwellkasten nicht sieht. Und will man auch dann später Stimmen ins Rückpositiv stellen. – Für den Prospekt wäre ich dafür, ihn einfach in die Höhe zu heben und unten durchlöcherte Wand, aus Holz, dass der Ton herauskommt. Wir würden uns dann die Sache in der Kirche schnell ansehen. – Die Platten, deren Probe ich mit dem Leiter von Columbia gehört habe, sind grossartig! der Herr sagt, es gäbe keine Orgelplatten auf denen eine so schöne Orgel wäre. Das benützen wir zu Reclame für Sie – auch davon wollen wir reden.
Morgen, Samstag 12 Uhr fahre ich nach Lausanne und dann am 25 nach Bordeaux.

In Eile
Ihr A. SCHWEITZER

[…]

*

Lieber Freund. Lambaréné 26. 11. 38

Nun sind Sie wieder im Leide ... Als ich die Nachricht erhielt musste ich daran denken, wie ich zum Mittagessen bei Ihrer Hochzeit in der Krone hereinkam und Ihnen die Nachricht brachte, dass Sie die Sängerhausorgel bekämen... Damals war alles Glück... und nun sind Sie durch so viel Leid hindurchgegangen... Und nun dieser letzte Trauerfall. Dann war es also das letzte Mal, dass ich Ihre Frau sah, im Hotel Metropole, als sie im Speisesaal auf mich zukam. Ich freute mich damals, sie wiederzusehen... Ach, und das Leben geht seinen Gang weiter, und jeder Tag bringt neue Sorgen. Sie wissen, wie ich an allem, was Sie angeht, herzlich teilnehme... Hier schleppt man sich in der schweren Arbeit und der furchtbaren Hitze hin, wie man gerade kann. ... Wie es wohl um den Orgelbau stehen mag? ... Ach, es liegt alles darnieder in dieser verlebten Welt –

Mit lieben Gedanken ... und auf Wiedersehen, so Gott will

Ihr treu ergebener ALBERT SCHWEITZER

★ ★
★

## ANHANG: BRIEFE AN ALFRED KERN

[Stempel:]
Docteur ALBERT SCHWEITZER
Lambaréné – Gabon
Afrique Equatoriale
Française

Herrn ALFRED KERN
Facteur d'orgues
23 Rue Jacob 3. 3. 59
Strasbourg-Cronenbourg. Bas-Rhin

Lieber Herr KERN.

Besten Dank für den Brief vom 15 Jan. 59. Das sind keine schönen Nachrichten über den Zustand der Orgel [von *Günsbach*]. Da bleibt uns nichts anderes übrig als einen Umbau bei dem

das Minderwertige durch vollwertiges ersetzt wird, zu machen, und dabei Schleifladen und Traktur zu verwenden. Nun einige Fragen, die ich Sie bitte ausführlich zu beantworten.
1) Wenn wir Traktur machen, wollen wir dann einfache Traktur machen oder mit Barkermaschine? Ist Barkermaschine nicht überflüssig bei einer relativ so kleinen Orgel mit zwei Manualen? Bei einer Barkermaschine riskiert man immer dass sie nach Jahren anfängt zu klappern. Auf der Orgel zu *Pfaffenhoffen*, die grösser ist als die Günsbacher spielt man gut ohne Barkerhebel.
2) Welche pneumatischen Spielhilfen können wir bei Schleifladen haben? Ist es möglich meine doppel verwendbare Freie Kombination zu haben? Auf den Rollschweller würde ich, wenn es sein muss verzichten, wie auch darauf, dass die Gambe im ersten wie im $2^{\text{ten}}$ Manual verwendbar ist. Sie würde nur im zweiten stehen. Das ist kein grosses Unglück.
3) Zink statt Zinn haben wir beim Umbau der Orgel nehmen müssen, weil wir die Mittel für Zinn nicht hatten. Aber ich bin dafür, dass wir jetzt Zinn nehmen.
4) Wollen Sie mir also einen Kostenanschlag des Umbaus der Orgel liefern mit Ersatz alles schlechten Pfeifenmaterials, Schleifladen statt pneumatische Laden, einfache Traktur (oder Traktur mit Barkerhebel) pneumatische Spielhülfen.
5) Dieser Kostenanschlag direkt an mich. Bis auf weiteres mit niemand anderem verhandeln denn mit mir! Auch mit niemand anderem darüber sprechen. Mit Herrn Dickert[25] bespreche ich den Plan.
6) Auf Ihrem Compte chèque Postal 21274 Strasbourg bekommen Sie, von der Banque de l'Afrique Occidentale Port-Gentil 600 000 frs français[25] überwiesen die Sie sogleich zum Ankauf von gutem Holz und Zinn für den Ersatz der schlechten Pfeifen verwenden. Dieses Material lagern Sie und benutzen es zu nichts anderem. Und wenn Sie Zeit haben, fangen Sie gleich mit der Herstellung der neuen Pfeifen an, zuerst mit den Prospektpfeifen. Und die Pfeifen auf die beste Weise bauen. Schreiben Sie mir, was Sie in Arbeit nehmen. Das Material muss man jetzt kaufen, denn es kommt eine grosse Preissteigerung. Die Zinnpreise sind gefallen, weil Russland viel Zinn produziert.
7) Und stellen Sie die Rechnung der Arbeit, die Sie leisten mit der Anfertigung des Pfeifenmaterials, auf
8) Also die Schuld, die Sie mir gegenüber hatten, existiert nicht mehr. Sie ist reichlich aufgewogen für alle Ihre Arbeit an der Unterhaltung der Gunsbacher Orgel
9) Wenn Sie Geld brauchen um das Grundstück das Sie gekauft haben abzubezahlen, schreiben Sie es mir und geben Sie die Summe an. Ich werde sehen, was zu machen ist.

Mit besten Gedanken an Sie und Ihre Frau
Ihr ergebener Albert Schweitzer

★

Lambaréné 6. 6. 59

Lieber Herr Kern

Tausend Dank für den Brief vom 5. April und die Ausführungen über den Umbau der Orgel. Zu Ihren Vorschlägen: Also reine mechanische Traktur. – Die doppelt verwendbare freie Kombination beibehalten und pneumatisch machen – Dass dies möglich ist, ist mir sehr wertvoll

---

[25] 100 alte Ffr. = 1 neuer Ffr.

Das Registercrescendo weglassen. – Die Transmissionsregister auch weglassen. Bitte schreiben Sie mir, ob es eine Möglichkeit gäbe, bei Schleifladen die Transmission zu behalten. Ich glaube, dass es nicht der Fall ist. Einverstanden mit einem in die Orgel eingebauten Schrankspieltisch. Das vereinfacht ja so viel bei der Traktur
Die Oktavkoppelungen weglassen. Sie sind nicht notwendig Hoffentlich können Sie die pneumatischen Windladen irgendwo verwenden, wo man solche wünscht, oder verkaufen. Aber vorläufig stellen wir den Kostenanschlag auf, als ob diese Windladen unverkäuflich blieben. – Einverstanden mit neuen Klaviaturen. In allem rechnen wir mit erstklassiger Arbeit. Nirgends einzusparen versuchen.
Ja im ersten Manual sind zwei 8′ Flöten und ein 8′ Bordun. Diese werden beibehalten, denn die ganze Schönheit der Orgel beruht auf diesem Fundament
Nun noch meine Bemerkungen.

1) Den Bourdon 16 (der transmittiert war) möchte ich [im] Pedal nicht vermissen. Also schlage ich vor, dass wir dieses Register in den Kostenanschlag auf[nehmen]
2) Ich schlage auch vor im ersten Manual eine Quinte vorzu[sehen], denn dies fehlte der Orgel für die rechte Fülle des Tons! Wenn wir doch den Umbau machen müssen, wollen wir die gute Gelegenheit die Quinte einzuführen nicht ungenutzt lassen.

Achtung: Die Registerzüge nicht alle links, sondern links nur I Clavier und darunter das Pedal. und darunter die von Hand gezogenen Koppeln. Die Registerzüge des II Claviers aber über der Claviatur des II Claviers. Ist das technisch möglich. Denn das muss man ausnutzen dass man Registerzüge gerade über der Klaviatur hat!
Wie schön, dass Sie die Aufschnitte niedriger machen. Das verbessert den Ton.
Den Prospekt ganz nach Ihrem besten Ermessen machen.
Aber wenn Sie das Violoncel ersetzen, gut achten, dass Sie denselben schönen Ton bekommen, der PABLO CASALS so entzückt hat!
Ich rechne, dass wir 6 Millionen brauchen. Den Devis den sie also auf meine Berechnungen hier unten mit den Kosten, die die Quinte im I Clavier und der Bourdon 16 im Pedal verursachen, eingerechnet, schlagen Sie auf 6 Millionen an. Was Sie darüberhinaus je ausgeben, nehme ich auf meine Kappe und ersetze es Ihnen. Die ganzen Verhandlungen mit dem Gemeinderat übernehme ich.
Sie schicken mir den neuen Kostenanschlag, nach den Veränderungen und Zusätzen, die ich vorschlage, und behalten eine Kopie für den Gemeinderat. Noch keine detaillierte Rechnung der Einzelposten. Wenn ich Ihnen dann meine etwaigen Bemerkungen dazu geschickt habe, machen [Sie] den Kostenanschlag mit den Détailveranschlagungen und senden diesen dann an die Gemeinde und mich. Senden Sie mir diesen vervollständigten Kostenanschlag möglichst bald!
Und das nötige Material müssen Sie möglichst bald einkaufen. Darum erhalten Sie von der Banque de l'Afrique Occidentale dieser Tage auf Ihr C.C.P 21274: 1 Million frs français. Sie müssen alles Nötige alsbald kaufen, denn es wird bald eine grosse Preissteigerung auf allen Gebieten geben. Das würde uns die ganze Kostenveranschlagung umwerfen! Also strecke ich Ihnen das Nötige für den Einkauf allen Materials vor! Und wenn es nicht reicht – die 1 600 000 frs, die Sie jetzt haben, für den ganzen Einkauf dann schreiben Sie mir sogleich und ich strecke Ihnen noch mehr vor. Schreiben Sie mir die erforderliche Summe.
Aber reden Sie mit Niemand darüber, dass ich Ihnen dies vorstrecke. Aber alles Material kaufen und es in Ihrem Atelier gegen Feuer versichern.

Nun der Zeitpunkt der Arbeiten. Ich komme Anfang September nach Europa. Wenn sie also den Umbau möglichst früh nach Abschluss der Vertrags in Angriff nehmen könnten, womöglich schon im August, wäre es gut. Dann könnte ich die drei Monate, die ich in Europa bin, mitmachen. Lassen Sie alle Arbeit liegen und nehmen Sie gleich diese in Angriff

Herzlich Ihr ergebener ALBERT SCHWEITZER

Auch mit Niemand davon reden, dass ich Anfang September ankomme.

*

Lambaréné 24. 1. 1960

Lieber Herr KERN.

Tausend Dank für Ihren Brief vom 10. 1. 1960.
[...]
Nun zu Ihrem Briefe vom 10. 1. 60. Sie meinen ich habe zu viele 8′ im Hauptwerk disponiert. Sie äussern auch die Ansicht, dass diese 8 Füsse sich gegenseitig absorbieren und das Plenum nicht in der erwarteten Weise verstärken. Ich weiss, dass solche akustische Phänomene vorkommen. Wollen Sie mir nun die Sache in dem vorliegenden Fall erklären. Wir haben zwei offene Flöten 8, einen Bourdon 8 und eine Montre 8. Ich habe nicht bemerkt, dass sie sich auf der pneumatischen Lade sich nicht in wünschenswerter Weise verstärkten und auch nicht dass sie die Windverhältnisse ungünstig beeinflussten. Ich weiss dass es auf der Schleiflade andere Verhältnisse sind. Aber ich hätte nicht gedacht dass die vier Achtfüsse einen zu starken Windverbrauch bedeuten. Wollen Sie mir die ganze Sache klar und ausführlich darlegen, denn ich will nicht, dass es zu Windschwierigkeiten kommt. Und was meinen sie in dem Sie sagen, dass die 4 Achtfüsse ,,sich auf die Spielart ungünstig auswirken?'' Gehen die Tasten mit der einfachen Traktur zu schwer? Sie sagten mir dass wir mit der einfachen Traktur, ohne Barkerhebel auskommen.
Auf dem Bourdun 16′ im Hauptwerk verzichte ich ungern, wenn er irgendwie möglich ist. Aber wie er irgendwie Schwierigkeiten macht, kommt er nicht in Betracht.
Die Gewissheit muss gegeben sein, dass das Werk in jeder Hinsicht tadellos ist. Davon hängt Ihr Ruf und der meinige ab!! Für Sie soll diese Orgel das Meisterstück sein, das Ihnen die gute Kundschaft einträgt. Mir über alles was in Betracht kommt berichten. Bitte die Briefe mit Schreibmaschine schreiben, die Zeilen gut auseinandergerückt und mit frischem Farbband schreiben, meiner angegriffenen Augen wegen – Und was macht die Ueberholung der Orgel in *Pfaffenhoffen?* Gehn Sie dran. Bitte mir schreiben, Herzlich Ihr ergebener

ALBERT SCHWEITZER

Und überlegen Sie, ob wir nicht doch Barkerhebel machen wollen, für alle Fälle!! Wegen der Spielart, dass die Taste gut herunter gedrückt wird, besonders wenn beide Claviere gekoppelt sind! Mir Ihre Ansicht mitteilen. Das Geld für die Mehrausgaben würde ich zusammenzubringen versuchen!
Die drei Flöten 8′ brauche ich besonders für die Bachschen Choralvorspiele um den runden Flötenton zu haben, gegen den die Solostimme sich gut abhebt

*

Lambaréné 20 Mai 1960

cher monsieur KERN

Tausend Dank für Ihren Brief vom 5 Mai.
Nun also die Frage der Disposition.
HAUPTWERK 1) Also Verzicht auf Bordun 16 (der mir schwer fällt) aber es muss sein. Die Hauptsache ist, dass die Windverhältnisse untadelich sind

2) Unsere ehemalige Flûte conique 8′ wird, da das Material nicht gut ist, durch die von Orgelbauer PAUL OTT aus Göttingen [ersetzt]. Hoffentlich hat sie den schönen weichen Klang wie die, die nun, nachdem sie so schöne Dienste geleistet hat, abgesetzt wird.
3) Die übrigen Stimmen des ersten Hauptwerks bleiben: Montre 8, Bourdon 8, Prestant 4, Quint 2²/₃, Doublette 2, Fourniture 4 rangs, Trompette 8

Positiv expressif.
Bleiben: Gemshorn 8, Bourdon 8, Gambe 8, Voix céleste 8, Prestant 4, Flûte à cheminée 4, Sesquialtera 2 rgs. Plein Jeu 3 rangs, Basson-Hautbois 8′
Neu Waldflöte 2′ (ÅKERMAN & LUNDS). Diesen 2′ habe ich [in] Schweden gehört, Als einen 2′ mit großartiger Fülle. Nun schreibt mir der Orgelbauer ÅKERMANN, dass er mir die Waldflöte 2 schickt, die er jetzt baut. Aber es bestehe ein älterer Typ dieser Waldflöte bei seiner Firma „die obertonreichen Klang" hätte. Nun frage ich mich, ob es nicht die ältere Art dieser Stimme war, die mich auf alten schwedischen Orgeln so beeindruckte? Wollen Sie mir schreiben, welche Art von Ton Sie nach der Mensur der Waldflöte 2, die ihnen geschickt wurde, erwarten. Ist er wirklich von besonderer Fülle. Sonst schreibe ich ihm, er soll mir die ältere Art schicken.
Pedal Ich kann nicht gut auf Bordun 16′ verzichten. Ich brauche ihn für Piano- und Pianissimo Stellen, wo Bordun 16 mit dem zweiten Clavier gekoppelt ist. Wenn ich nur einen ziemlich starken Subbass 16′ habe bin ich für das Pedal in Piano- und Pianissimo behindert; und zugleich ist dann der Subbass 16 für das Forte der Orgel nicht stark genug, weil er abgetönt geworden ist, um auch im Pianissimo dienen zu können. Also: ein gewöhnlicher Bourdon 16 und dazu ein Subbass 16′ der so stark ist, als es die Windverhältnisse erlauben, dann ist die Bassfrage für diese Orgel richtig gelöst. So sieht die Frage vom Standpunkt des Spielers aus. Also geben Sie mir Bescheid, ob es technisch möglich [ist]. Bedenken Sie dass wir die Orgel vorrücken und so Platz gewinnen. Wie viel Platz eigentlich? Aber die Frage des richtigen Basses im Piano und Forte ist die wichtigste von allen! Bitte mir genaue Auskunft geben.
Also die bisherigen Stimmen im Pedal: Subbass 16 Bordun 16, Flûte 8, Cello 8
Und das Cello 8 muss die gleichen Qualitäten wie vorher haben, so wie es PABLO CASALS gespielt und bewundert hat.
Neu im Pedal: Flöte 4, geschenkt von Dr. BENGT ANDRÉAS[26]
Nun schlägt Dr. BENGT noch einen Dulcian 16′, in alter schwedischer Mensur für Pedal vor. Wenn es technisch möglich ist, diese Stimme neben Bordun 16 noch zu haben [bin] ich einverstanden! Der Orgelbauer FLENTROP (Holland) würde die Stimme liefern. Es wäre schön. Aber wenn ein Verzicht auf einer relativ kleinen Orgel geleistet werden muss, ist es auf die Selbstständigkeit des Pedals! Es hat ja die Koppelung für/an die Claviere!
Nun aber fehlt uns im Hauptwerk eine Stimme: Flöte vier, die da sein sollte, um Bourdon 8 und Flute conique zu verstärken und aufzuhellen und so ein schönes Mezzoforte für das 1$^{te}$ Hauptwerk zu haben. Dies erlaubt dann Prestant 4 etwas schärfer zu intonieren. Vom Standpunkt des Spielers ist das eine der ersten Forderungen die er stellen muss. Also wollen Sie mir Auskunft geben, ob Sie noch Platz und Wind für eine Flöte 4 auf dem Hauptwerk haben. Dann würde ich den Orgelbauer FLENTROP (Holland) bitten uns eine schöne 4 füssige Flöte fürs erste Clavier zu geben, statt der Dulciana 16.
Und Dr. BENGT ANDREAS würde ich bitten Octav 4 im Pedal zu stiften, statt Flöte 4, weil man Octave 4 in Bachs Choralvorspielen als Solostimme braucht, und im Forte das Pedal durch Octav 4 eine schönere Fülle erreicht als durch Flûte 4. Im Forte der Orgel hört man (wo die

---

[26] In Malmö (Schweden).

Claviere an das Pedal gekoppelt sind, nicht (oder kaum) ob eine Dulciana 16′ dabei ist. Die Trompete 8 im Hauptwerk und die Oboe 8 im Nebenwerk geben genug Rohrstimmenklang! Also Accouplements II + I  I Pedal  II Pedal. links, aber in der Anordnung dass von Mitte an nach links hin zuerst kommt II + I, dann I + Pedal, dann II+ Pedal.

Combinaisons libres. Ich weiss wirklich nicht, warum ich beim Orgelumbau auf die doppelt verwendbare freie Combination, das Ideal der Spielhülfen, verzichten soll. Sie haben gesagt dass Sie sie ohne Schwierigkeiten pneumatisch auch bei Schleifladen ausführen können. Also machen wir es. Ist aber etwas, das die Sache schwierig macht, wollen Sie es mir mitteilen. In der Kathedrale von *Dijon* hat der Organist bei dem Umbau seiner grossen Orgel verlangt dass die doppelt verwendbaren freien Combinationen, die er in *Günsbach* kennen gelernt hat, eingebaut würden, und hat mir nachher geschrieben, wie Glücklich er darüber ist. Also sprechen Sie sich in dieser Frage, bitte, klar aus. Kann man es, oder kann man es nicht. Wenn man es kann, wird es gemacht, denn [es] ist wichtig, dass man den Erweis erbringt, dass auf mechanischen Orgeln, diese einfachen, idealen Spielhilfen, die eine Combination der französischen und der deutschen sind, auf mechanischen Orgeln möglich sind.

Also von Mitte (nach dem Schwellkasten) nach rechts:
Handregister ab; Combinaison libre: G. Orgue und Pedal; Combinaison libre Positif; Tutti. (Combinaison libre Générale fällt aus, weil sie keine grosse Bedeutung hat)
Es ist besser den Tritt machen zu müssen, wenn man will, dass die freie Combination die gezogene Registrierung ablöst. Denn das Gewöhnliche ist, dass die präparierten Register, wie auf der französischen Orgel, hinzutreten. Das viel seltenere ist, dass sie sie ablösen, (was die deutschen Spielhülfen fälschlich annehmen).
Die kurzen Bezeichnungen wären: J. A. (Jeux annihilés); C. I P; C II; Tutti. Die Abstände der Tritte wie auf der unseren jetzigen Orgel in *Günsbach*. Den Schwellkasten aber nach rechts verlegen Etwa 10 Zentimeter. Wir mussten ihn in die Mitte legen, wegen dem Generalcrescendo).
Aber da dies wegfällt können wir ihn etwas nach rechts verlegen. Aber sonst alles wie in der jetzigen Orgel. Die Tritte der linken Seite (Koppeln) fangen in demselben Abstand von der Mitte nach links an, wie auf der jetzigen. Der Platz den der Generalcrescendo-Tritt hatte bleibt leer.
Wollen Sie mir eine Zeichnung der Lage der Tritte und des Schwellkastens auf einem Papierstreifen in Naturgrösse zukommen lassen. Den Lauf der Tritte so kurz wie möglich machen, denn das erleichtert ihre Bedienung.
Und schauen Sie doch nach, ob man sie nicht um 2 oder 3 Zentimeter tiefer legen könnte, der unteren Leiste zu, denn auch das würde die Bedienung erleichtern.
Und die Wirkung soll erst bei vollem Niedergedrücktsein eintreten, damit man mit dem Fuss Fühlung nehmen kann zum Herabdrücken, ohne dass bei dem Fühlungnehmen etwas erklingt. Das ist sehr wichtig.
Die Tritte links werden nach links eingeschoben, und die zur Rechten werden nach rechts eingeschoben. Und den Lauf des Einschiebens so kurz wie möglich.
Und die Form der Tritte genau wie auf der jetzigen Orgel.

Pedal: Die Tasten etwas dicker und am rechten und linken Ende des Pedals ein wenig ansteigen. Ich habe auf Reisen die Erfahrung gemacht, dass dies das Spiel erleichtert.
Der gewöhnliche Blasebalg für alle Fälle, der an der Mauer auf der Seite gegen den Fluss zu liegt: Ich bin der Meinung ihn zu erhalten. Man weiss nicht, was mit der Elektrizität passieren kann. Dann kann man mit diesem Hülfsblasebalg einige Register spielen
Nun noch eine allgemeine Frage. Wie viel Platz gewinnen wir bei nach Vorne Rücken der Orgel. Hinten muss der bisherige Gang bleiben. Vorne muss so viel Platz bleiben, dass eine Person bequem zwischen der Orgelbank und der Brüstung durchkann. So war es vor 1932.

Also machen Sie das mit dem Herrn DICKERT [27] aus und geben Sie mir dann an, wie es der Orgel zu Gute kommt. Ich rechne dass wir mindestens 60 Zentimeter gewinnen. Das ist doch schon etwas. Ich erinnere mich noch, wie es uns bei dem Umbau von 1932 beelendete, dass wir wegen des freien Spieltischs, der damals als eine Notwendigkeit angesehen wurde, so viel Platz verloren. Ich hoffe, dass der gewonnene Platz ein guter Gewinn für die Orgel ist.
Die Briefe, die ich Ihnen schon zukommen liess, machen bald ein Buch aus.
Schreiben Sie mir bald, dass wir die Sache zu Ende bringen. Die Claviaturen wie auf der jetzigen Orgel. Keine schwarzen Untertasten! – Was versteht Dr. ANDREAS unter einer einfachen direkten mechanischen Registerbetätigung? Dass man durch einen einfachen Tritt vorbereitete Register zur gezogenen Registrierung hinzutreten und abtreten lassen kann? Das habe ich bei mechanischen Orgeln immer gesucht und nirgends in irgendwie befriedigender Weise gefunden, in keinem Lande! Meint der Doctor ANDREAS also, dass man jegliches Register so vorbereiten kann, dass es mit einem Tritt zur gezogenen Registrierung hinzugebracht und von ihr wieder abgebracht werden kann. Also das französische auf Rohrwerke und auf Mixturen beschränkte Verfahren auf alle Stimmen angewandt. Das habe ich [von] französischen Orgelbauern immer verlangt, und sie haben es als unmöglich erklärt. Auch in Schweden habe ich es nicht gefunden. wenn es das wirklich gibt, dann bin ich dafür und verzichte darauf dass die gezogene Registrierung durch die neu eingeführte aufgehoben werden kann, wie bei der pneumatisch doppelt verwendbaren freien Combination.
Macht diese doppelt verwendbare freie Combination viel Arbeit? Wie teuer kommt sie für den Orgelumbau? Ist es einfacher, wenn man eine einfache pneumatische Combination baut, die zur gezogenen hinzutritt, dann würde ich diese eventuell in Betracht ziehen. An der Ausserkraftsetzung der gezogenen Registrierung bei Einführung der vorbereiteten liegt mir nicht so viel. Ich habe die doppelt verwendbare freie Combination vorgeschlagen, weil sie auf der pneumatischen Orgel leicht realisierbar ist. Aber die doppelt verwendbare kann auf der mechanischen Orgel Schwierigkeiten machen. Bitte berichten Sie mir, wie die Sache liegt, auch in Hinsicht auf den Preisunterschied.
Ich lasse Ihnen nächstens 2 Millionen französische Franken zugehen, dass Sie alles einkaufen können!
Auf Ihre Antwort werde ich sogleich antworten, dass die Arbeit bald beginnen kann. Und ich hoffe im Herbst kommen zu können. Aber Sie dürfen es niemand sagen.

Herzlich ALBERT SCHWEITZER

★

Lambaréné 29. 6. 61

Lieber Herr KERN.

Ich danke Ihnen für die Sendung der Disposition für *Neudorf*. Wenn die Leute in Neudorf darauf bestehen, die dreimanualige Orgel zu haben, habe ich nichts dagegen. In Ihrer Disposition figurieren die Stimmen, auf die ich Wert lege. Das genügt mir. Wenn Sie das Cello 8 im Pedal durch Bordun 8 ersetzen, bin ich sehr traurig. Subbass 16 und Cello 8 geben den klaren Bass für die Choralvorspiele BACHS ab. Und BACH hat selber Cello im Bach [= Bass] disponiert. Er war sicher so gescheit als unsere heutigen Orgelsachverständigen. Ich halte ihn [für] noch eine grössere Autorität als diese. Aber verraten Sie mich nicht.
Ich habe an Herrn MICHEL geschrieben, dass ich mit Ihrem Plan der 3manualigen Orgel einverstanden bin. Ich habe ihm auch geschrieben, dass ich mich leider entschliessen musste, dieses Jahr nicht nach Europa zu fahren, wie es geplant war. Die Arbeit erlaubt es mir nicht.

---

[27] Organist der Kirche von Günsbach.

Wir sind mit den Bauten, die während der trockenen Jahreszeiten erstellt werden müssen, im Rückstand und werden bis tief in den Herbst hinein mit ihnen zu tun haben. Und vor Weihnachten müsste ich von Europa nach Lambarene zurück sein. Da ist eine Europareise unmöglich. Schweren Herzens habe ich darauf verzichten müssen.
Mit der *Günsbacher* Orgel halten wir es also so: Es findet keine offizielle Abnahme der Orgel statt. Die Orgel wird in Gebrauch genommen sobald Herr DICKERT und Sie miteiander entschieden haben, dass der Bau beendet ist und in jeder Hinsicht als gelungen angesehen werden kann. Ich muss mich auf Sie beide verlassen. Ich schreibe auch an Herrn DICKERT und bitte ihn, mir einen Bericht über die Fertigstellung der Orgel zu senden. Ich muss mich darauf verlassen, dass Sie meine Intentionen für die Intonation kennen und diese in meinem Sinne ausgeführt haben.
In Ihrem Brief vom 29 Mai schreiben Sie mir, dass die Windverhältnisse und die Spielart gut sind. Das ist eine Grundvoraussetzung für das Gelingen des Baues. Sorge macht mir, ob es Ihnen gelungen ist, das Geräusch der Erzeugung des Windes im Kirchturm völlig abzufangen. Das muß unbedingt geschehen.
Wenn Herr DICKERT und Sie erachten, dass das Werk vollendet ist, schicken Sie mir also einen Bericht über Eure Abnahme.
Sie selber aber schicken mir eine Abrechnung aus der sich klar ergibt, was ich Ihnen noch zu bezahlen habe. Ich habe Ihnen so bedeutende Summen zukommen lassen dass es wohl nicht mehr viel sein wird.
Also erst in einem Jahre werde ich die Orgel hören. Ich danke Ihnen für die Mühe die Sie sich für dieses Instrument gegeben haben.
Nun lege ich Ihnen noch die wunderschöne Orgel von *Pfaffenhofen* ans Herz. Unterhalten Sie sie gut. Es sind zwei oder drei kleine Sachen drin, die Sie verbessern müssen. Setzen Sie sich mit dem Bürgermeister und dem Pfarrer in Verbindung. Es ist mit der Gemeinde ausgemacht, dass an dieser Orgel, die in den 80ger Jahren dieses Jahrhunderts 100 Jahre alt wird und eine grossartige Leistung des soliden und künstlerischen Orgelbaus jenes durch CAVAILLÉ-COLL beeinflussten Orgelbaus seiner Zeit steht [sic], nichts verändert wird, um sie zu germanisieren.

    Mit besten Gedanken   Herzlich   ALBERT SCHWEITZER

★

Lambaréné le 26. 5. 62

Lieber Herr KERN. Seit der Orgeleinweihung bin ich noch nicht dazu gekommen Ihnen richtig zu gratulieren für die grosse Anerkennung die Ihre Orgel fand. Ich habe mich herzlich mit Ihnen gefreut und bin Ihnen dankbar, daß Sie ganz in meinem Sinne gearbeitet haben.
Aber die Frage des Prinzipal 16′ im Pedal quält mich. Denn tatsächlich ist die Orgel so stark geworden, dass die zwei milden Sechzehnfüsse im Forte nicht ausreichen. Ich will also überlegen, wie man den Prinzipal doch einmal einbauen kann. Zum Glück haben Sie ja den Platz vorgesehen.
Nun machen Sie mir bitte den Plan der Einfügung eines tonschönen Prinzipals 16 in bestem Material. Rechnen Sie alle Kosten, auch die der Aufstellung und der Intonation zusammen. Und schicken Sie mir die Rechnung. Machen Sie es bald, denn ich werde in einiger Zeit so viel Arbeit haben, dass ich keine Zeit habe mich mit etwas anderem abzugeben.
Hoffentlich bekommen Sie auch die Orgel in *Neudorf.* Ich habe getan, was ich konnte. Dann haben Sie zwei schöne Musterorgeln. Ich bin nicht für 3 Klaviere gewesen, denn auf diese Weise ist das Schwellkastenklavier zu schwach geworden, was ein grosser Nachteil ist. Und das Positiv hängt zu sehr in die Kirche hinein. Aber die Hauptsache ist, dass Sie auch diese Orgel

bekommen. Also mir bald den Kostenanschlag schicken, dass ich sehe ob der Plan einmal ausgeführt werden kann.

Herzlich Ihr ergebener<br>Albert Schweitzer

★

Lambarene 1 Juli 62

Lieber Herr Kern. Ich freue mich, dass Sie Aussicht haben, die *Neudorfer* Orgel zu bekommen, und dass mein lieber alter Organistenfreund aus Paris Gefallen an der *Gunsbacher* Orgel gefunden hat.

Nun bitte ich Sie den Einbau der beiden Pedalregister in der Gunsbacher Orgel (Dulciana 16 und Fourniture) baldmöglichst zu unternehmen. Ich sehe ein Sinken des Frankens voraus und möchte nicht nachher eine entsprechende Erhöhung des Preises hinnehmen müssen. Der Preis der beiden Register zusammen ist also 250 000 frs metro). Ich lasse Ihnen die Hälfte der Summe zugehen 125 000 Metro auf Ihr CCP Nr 212 74 Strasbourg d. d. Banque BAO Port Gentil. Die andere Hälfte nach Abnahme der beiden Register.

Ich freue mich dass Callinet Orgeln im Elsass und der Schweiz wieder sachgemäss restauriert werden. Eine Callinet Orgel steht in *Rouffach*. Wenn Sie restauriert wird, suchen Sie mit der Arbeit betraut zu werden. Widors Grossvater war Orgelbauer bei Callinet in Roufach. Er kam aus Ungarn und hiess „Victor" aus dem dann Widor wurde. Sein Sohn wurde Organist in Lyon (der Vater Widors). Als Kind kam Widor in Ferien zu den Grosseltern in Roufach. Mit mir besuchte er wieder Roufach. Mein Grossvater Schillinger in Mühlbach war mit allen elsässischen und badischen Orgelbauern befreundet. Also sorgen Sie, bitte, dass die Orgel in *Mühlbach* immer gut im Stande ist.

Herzlich Ihr Albert Schweitzer

Bernhard Billeter

Albert Schweitzer and his Organ Builder.
Letters to Fritz Haerpfer, 1789–1956, Bolchen (Boulay), Lorraine.
Supplement: Letters to Alfred Kern, born 1910, Strasburg

Of the countless letters which Albert Schweitzer wrote concerning questions of organ building, there are, so far, very few published. The 139 letters to Fritz Haerpfer, the organ builder whom Schweitzer preferred, are of particular significance. After Haerpfer's retirement from organ building, Alfred Kern took over his role in relationship to Schweitzer. Kern received 22 letters from him. These letters show that Schweitzer's passion for the organ, and his position in relation to questions of organ building remained strong, until his death in 1965. He remained true to his early ideals as to tonal structure, specification, voicing, quality of materials, technical construction, and console design (combination action etc.). He was rooted in the world of the turn-of-the-century organ and its tone, and so he looked for a synthesis, between the classical forms of Silbermann, in Alsace, and the creations of Cavaillé-Coll.

Bernhard Billeter

Albert Schweitzer et son facteur d'orgues
Lettres à Frédéric Haerpfer (1879–1956), Boulay, Moselle
Appendice: Lettres à Alfred Kern (né en 1910), Strasbourg

ALBERT SCHWEITZER a écrit nombre de lettres concernant la facture d'orgues; très peu en ont été publiées jusqu'ici. Les 139 lettres adressées à FREDERIC HAERPFER, l'organier préféré de SCHWEITZER, revêtent une importance particulière. Au décès de HAERPFER, SCHWEITZER donna sa préférence à ALFRED KERN, à qui il adressa 22 lettres. Ces lettres prouvent que SCHWEITZER a gardé jusqu'a sa mort (1965) la passion de l'orgue et des problèmes y afférents, et qu'il resta fidèle jusqu'au bout à l'idéal qu'il s'était forgé en sa jeunesse concernant la sonorité, la composition, l'harmonisation, la qualité des matériaux, la conception technique et la disposition pratique de la console. Il était enraciné dans le monde sonore du début du siècle et recherchait une synthèse de la structure classique des SILBERMANN d'Alsace et des réalisations de CAVAILLÉ-COLL.

# Namensregister

*(Orgelbauer)*

Affolterer, Matthäus 81
Åkerman & Lunds 220
Allgaier s. Allgayer
Allgäuer s. Allgayer
Allgayer, Balthasar 94
Allgayer, Benedikt 94
Allgayer, Familie 93
Allgayer, Franz 94
Allgayer, Johannes 93 f.
Allgayer, Joh. Bapt. 93
Allgayer, Joh. Georg 93, 101 f.
Allgayer, Joseph 93 f., 102
Allgayer, Joseph Nikolaus 94
Allgeyer s. Allgayer
Ammer, Johann 10

Baumeister, Joseph Friedrich 85, 91
Berger, Adolph v. 158
Böhme 165
Braun, Anton 111, 113
Braun, Blasius 104, 111
Brötler, Carl 101
Buckow, Carl Friedr. Ferd. 24
Bühler, Joh. Martin 92

Callinet, Joseph 183, 224
Cavaillé-Coll, Aristide 181, 187 f.
Chwaliszewski, Wawrzyniez (Laurentius) 23
Compenius, Esaias (I) 127

Dalstein, Paul 192
Dalstein-Haerpfer 174, 185, 187
Demet(t)er, Josef 30 f.
Dinckel, Hans 81
Donati, Johannes Jacobus d. Ä. 162
Dreymann, Bernhard 162
Dyemer, Caspar 130

Ebert, Jörg 79
Eberth, Joh. Matthäus 94
Ehemann, Joh. Georg 72, 80, 82, 99
Ehrlich, Joh. Adam 94
Ehrlich, Joh. Anton 94
Engelfried, Gebr. 73, 89
Eule, Hermann 167

Fesenbeckh, Joh. Jakob 72, 83, 99 f., 105, 110
Fischer, Eberhard jun. 73
Fischer, Eberhard sen. 73, 100
Flentrop, D. A. 220
Fomann, Bernhard Heinrich 91, 102, 105, 114
Fomann, Jakob 91
Fomann, Joh. Carl 91
Freunden, Franz 94
Friedrich, Christian 159

Gallus, Meister 10
Gansser, Jakob 71, 95, 99, 101

Gauss(er), Matthias 111
Goll, Chr. Ludwig 100, 104, 112 f.
Goll, Joh. Andreas 75 f., 102, 114 f.
Goll, Joh. Ludwig 76, 103
Goll, Ludwig Friedrich 76, 94, 102
Graf, Carl 95
Gruol, Viktor 75, 85
Grüner, Johannes 80
Guna, Július 40, 43
Gunzer, Marx 71

Haerpfer, Charles 175, 181
Haerpfer, Frédéric Charles Walter 178
Haerpfer, Fritz (Jean Adolphe Frédéric) 174 ff.
Hagemann, Joh. Christoph 63, 83, 89 f., 105, 114
Hagemann & Knecht 90, 111
Hartmann, Joh. Christoph 73, 100
Hasenmaier, Philipp Heinrich 80, 111
Hasenmüller, Chr. 159
Haußdörffer, Christian Gotthilf 83, 86, 89, 104 f.
Haußdörffer, Joh. Carl Sigmund 83, 86, 89 f., 103, 105 f., 110

Heller, Ambrosius 72
Heller, Hans Georg 72, 99
Herbert, Heinrich 71
Hertzer s. Herzer
Herzer, Joh. Christoph 81, 103
Hesse, Joh. Andreas 166
Hoffmann, Johann 91
Hoffmann, Joh. Caspar 83, 91
Hofmann, Johann 159
Holbeck, Severin 162, 165
Holzhay, Joh. Nep. 99
Hommel s. Hummel
Höß, Joseph 99
Hottmann, Johann 94
Hötmann s. Hottmann
Hummel, Hans 11 ff., 44
Hüttenrauch, Karl August 165

Jetter, Andreas 74
Jetter, Joh. Martin 73 f., 104

Kern, Alfred 174, 179 ff., 181, 216 ff.
Kloebinger, Joh. Nepomuk 66
Klotz, Benedikt 79, 94
Knauß, Georg Heinrich 74
Knecht, Georg Christian 63 f., 90
Koch, Georg 162, 165
Koch, Stephan 162
Krämer, Andreas 67 f.

Lamprecht, Georg Michael 84 f., 101
Lamprecht, Nicolaus Franziscus 83 f., 101
Leo, Christoph 93
Leube 162
Liebleben, Paul 79
Link, Andreas 79, 99
Link, Gebr. 76, 86, 103 f.
Lökher, Jakob 71

Maier, Sixt 71
Martin, Joseph 100

Martin, Ludwig 55
Martinus de Leutschovia 10
Maurer, Matthäus 79, 96
Maurer, Wilhelm 79
Melzer, Jozef 43
Merklin, Gustav 196
Meyer, Daniel 119 ff.
Mezenièrs, Otto Reinhard 85 f.
Mezenius s. Mezenièrs
Mezler, Georg Ludwig 86
Mezler (= Mezenièrs), Otto Reinhard 85 f.
Misurecz, Béla 43
Mooser, Joh. Peter Aloys 161, 165, 171
Mooser, Karl 34 f., 41
Mooser, Ludwig 31 ff.
Mühleisen, Ernest 178
Müller, Christoph 92
Müller, Dominik 27, 29 f.

Niehoff, Jakob 134
Nikolaus, Meister 10
Nitrowsky, Jerzy (Georg) 21 f.

Pape, Jost 120
Penigk, Joh. Peter 162
Plum, Peter 115
Poppe, Karl Ernst 165
Prescher, Joh. Paul 47
Prescher, Paul 92, 99

Rainer 63
Reuschlin, Wendel 82
Reyter, Caspar 79
Rieger, Gebr. 43
Rinckenbach, Joseph 200
Rohrer, Joh. Georg 67
Rottenstein, Hermann 162
Röver, Joh. Heinrich 123
Rudigier, Hans 86, 90, 110 ff.
Rüdiger s. Rudigier
Rühle, Wilhelm 127
Ruf, Friedrich 101

Schäfer, Carl 101
Schäfer, Friedrich 112 f.

Schäfer, Joh. Heinrich 85, 100, 105
Schäffer, Johannes 79
Scharffenberger, Joh. 196
Scharner, Gustav 33, 40
Schaxel, Blasius 55, 64 ff.
Schaxel, Josef 65
Scheler, Georg 159
Schentzer, Hans 81
Scherer 133
Schmahl, Georg Friedrich 80, 106
Schmahl, Joh. Adam 80
Schmahl, Joh. Friedrich 73, 80, 85
Schmahl, Joh. Michael 80, 92, 100
Schmeisser, Alfred 167
Schmied, Michael 99
Schott, Cäsarius 112
Schott, Conrad 71, 95, 99
Schramm, Joh. Jacob 162
Schreyer, Leonhard 82
Schreyer, Ulrich 82
Schultes, J. M. 99
Sieber, Joh. Philipp 48
Sieber, Wilhelm 48
Silbermann 92
Silbermann, Andreas 138, 165, 183
Silbermann, Familie 137 ff., 175, 188
Silbermann, Gottfried 138, 162 f., 166
Silbermann, Joh. Andreas 138, 140, 144, 183, 197
Silbermann, Joh. Daniel 139 f.
Silbermann, Joh. Heinrich 138, 142, 144
Silbermann, Joh. Josias 140
Siltmann 92
Späth, Joh. David 75, 106, 109
Späth, Gebr. 99
Späth, Joh. Georg 75, 109
Späth, Joh. Michael 76
Stäbel 34
Stanzer, Johann 33 f.
Stehle, Gebr. 104

Stein, Georg Marcus 92, 196
Stein, Joh. Andreas 92
Steinmeyer, G. F. 47, 99, 159, 196 f., 200
Stieffell, Franz 67
Stieffell, Gebr. 67
Stieglitz 112
Strobel, Johannes 104

Tabisch 34
Taiglin, Gilg 94
Thaiß 33, 40
Thümmler, David Gotthilf 161 ff.
Trampeli, Friedrich Wilhelm 165
Tuček, Jan 43

Ulroe, Christoffel 83

Vier, Peter 89
Vinsternau 79
Vischer s. Fischer

Walcker, E. F. 73 f., 80, 86, 89, 101, 114 f., 161, 194
Walcker, Joh. Eberhard 91
Waldenberger, Georg 71
Weigle, Carl G. 73, 94
Weigle, Friedrich 73, 106, 111
Weigle, G. F. 37, 40 ff., 44
Weimar s. Weinmar
Weinmar, Johannes 74, 106, 109 f., 112, 114
Weinmar, Joh. Jakob jun. 75
Weinmar, Joh. Jakob sen. 75, 100, 112 f.
Weis(s)land(t), Georg 121, 125, 133 f.
Weistock 23
Wiegleb, Familie 146 ff.
Wiegleb, Friedr. August 146, 151 f.
Wiegleb, Friedr. Philipp 83, 90, 146
Wiegleb, Georg Ernst (I) 146 f., 149

Wiegleb, Georg Ernst (II) 146, 149, 152
Wiegleb, Johann (I) 90, 146 f.
Wiegleb, Johann (II) 146, 152
Wiegleb, Joh. Christian 146, 149, 152
Wiegleb, Joh. Christoph 94, 146
Wiegleb, Joh. Conrad 146, 149, 152 ff.
Wiegleb, Joh. Ernst 146, 148
Wiegleb, Joh. Friedrich 92, 146, 149, 152
Wiegleb, Joh. Wilhelm 146, 149
Wiegleb, Vitus Friedrich 146, 148, 152
Würth, Johannes 70, 72, 82 ff., 93

Zimmer, Andreas 26

# Ortsregister

*(Standorte von Orgeln. Kursiv gedruckte Seitenzahlen verweisen auf Dispositionen.)*

Adelberg 75
Affalterbach 75 f.
Aidlingen 90
Aistaig 74
Aldingen 76
Alger 215
Alpirsbach, Kloster 73
Altbulach b. Calw 74
Altdorf b. Tübingen 86
Altenmüster b. Crailsheim 93
Altensteig 75, 81
Altensteig-Stadt 74, *112*
Apfelstetten 89
Asch 89
Aufhausen 76
Augsburg, Barfüßerkirche 84

Backnang, Stiftskirche 71 ff., 79
Bad Brambach 169, *170*
Bad Liebenzell 89, *104*, 105, 114
Bad Teinach *100*
Balgheim (Ries) 48
Balingen, ev. Stadtkirche 72, 86, 90, *110*, *111*
Bardejov 10
Bartfeld s. Bardejov
Baumerlenbach 91
Bebenhausen, ehem. Klosterkirche 72, *95*
Beihingen a. N. 74, *109*, *110*
Beilstein 95
Beinstein 81
Békés Gyula 37
Bergfelden b. Horb 74
Besigheim 109, *110*

Beuren b. Nürtingen 73
Beutelsbach 81
Bezgenriet 75
Bieberehren a. d. T., Marienkapelle 150, 152
Bielefeld 202, 208
Bietigheim, Stadtkirche 70, 91
Birkenfeld 75
Bissingen a. d. Enz 91
Bissingen b. Kirchheim u. T. 76
Bittenfeld 76
Blaubeuren, ev. Stadtkirche 86, *105*, 106
Böblingen, Stadtkirche 70, 73, 75, 81, 89 f.
Bolheim 75
Bolchen, kath. Kirche 178, 199
Bondorf (Kr. Böblingen) 74, *106*
Bönnigheim 82, 91
Bösingen 75
Börtlingen 75
Boulay s. Bolchen
Brackenheim 86
Braunsbach 79
Bretten 81
Buoch 76
Buonas, Gut (Zugersee) 178
Burgstall (Württ.) 75
Bydgoszt 23

Calmbach b. Neuenbürg 92
Calw 86
Cannstatt, Stadtkirche 91
Chevilly-sur-Seine 214
Crailsheim, Johanniskirche 93

229

Dachtel 75
Dagersheim 73
Daisbach 149
Dettingen b. Heidenheim 75
Dettingen u. T. 76, 90
Dijon, Kathedrale 220
Ditzingen 90
Döffingen 86, 91
Dornhan 73
Dornstetten 75
Dürrmenz 72
Dußlingen 89

Ebersdorf 149
Ebingen, Stadtkirche 80, 90
Edingen, ev. Kirche 67
Eger-Erlau 40
Ehningen 73
Ellrichshausen 93
Ellwangen, Stiftskirche 79, 94
Elmau, Schloß 184, *211 f.*
Entringen 89
Enzweihingen 75
Eperjes s. Prešov
Erligheim 95
Esslingen, St. Dionysius 76, 79, 86, 93
Esslingen, St. Paul 73

Feldrennach 75
Feudenheim 67
Frauenzimmern 81
Frederiksborg, Schloß 127
Freiburg i. Br., Münster 81
Freiburg i. Br., Universität 184
Freiburg (Schweiz), Kathedrale 162
Freiburg-Ebnet 55
Freudenstadt 72 f., 75, 81, 90
Freudenstein b. Maulbronn 92
Frickenhausen 73
Friolzheim, ev. Kirche 89, 105, *114*
Frohnsdorf 165
Fulda, Stadtpfarrkirche 133 f.
Fürnsal b. Sulz a. N. 90, *113*

Gächingen b. Urach 76
Gaildorf, Stadtkirche 94
Gärtringen 86, 90
Gechingen 91
Geradstetten 75
Gerlingen b. Leonberg 73, 94

Gerstetten 75 f.
Gestungshausen 147
Gmunden 40
Gomaringen 89
Göppingen, Stadtkirche 74 ff., 79, 84
Göttingen, St. Jacobi 130
Gräfenhausen 74
Gries (Unterelsaß) 183
Grömbach 75
Gronau 95
Großbettlingen 89
Großbottwar 75
Großgarnstadt 147
Großheppach 75
Großglattbach 91
Großsachsenheim 90, 95
Großwalbur 147
Grötzingen b. Nürtingen 89, 90
Grüntal b. Freudenstadt 74
Gültlingen 75
Gültstein 75
Günsbach 178, *179, 182,* 199, 203 f., *204,* 206 ff., 213, 215 ff.
Gunzenhausen, Stadtkirche 83

Haarlem, St. Bavo 210 f., 213
Haberschlacht 92
Haiterbach 74
Harburg, Schloßkapelle 83
Haubersbronn 76
Hausen a. d. Würm 91
Hedelfingen 81
Heidenheim, Stadtkirche 74, 79 f., 90
Heilbronn, Kilianskirche 72, 79
Heimsheim 86, 90
Hemmingen b. Leonberg 93
Hepsisau 76
Herbolzheim (Breisgau) St. Alexius *64 f.*
Herrenberg 81, 90
Herrenberg, Spitalkirche 86
Herrenberg, Stiftskirche 72
Hessen b. Wolfenbüttel, Schloß 127
Hessigheim 92, 95
Heubach (Württ.), ev. Stadtkirche 91, 93, *101*
Hildrizhausen 72, 74
Hirsau, Kloster 73 f., 92
Hochdorf b. Nagold 74
Höfingen 75
Hohengeren 76

Hollenbach 91
Holzgerlingen 89
Holzhausen b. Sulz a. N. 75
Hopfau 74
Hornberg (Schwarzwald) 63 f.
Horrheim, ev. Kirche 81, *111*
Hunnaweier (Oberelsaß) 200
Hürben 75

Illingen 85
Immenhausen 90
Ingelfingen 81

Jebenhausen 75
Jesingen 76
Jettenburg 90

Karlsruhe, Lehrerseminar 67
Kaschau, Dom 27
Kassel, Schloß 121 ff., 129 f.
Kaufungen b. Wolkenburg 167
Kayh 86
Kenzingen, Pfarrkirche 55
Kilchberg 89
Kirchberg a. d. Jagst 81
Kirchentellinsfurt 89
Kleinaspach 74 f.
Kleinsachsenheim 95
Kochersteinsfeld 95
Kohlberg 75
Kolbsheim 215
Komárno 24
Komorn s. Komárno
Köngen 75
Königsbronn, Pfarrkirche 91, 93
Königsfeld 200
Kork (Baden), ev. Kirche 196 f.
Krakau, Marienkirche 11, 14, 20, 23
Krakau, Markuskirche 11
Kronach, Annakapelle 152, 155
Kronach, Kreuzkapelle 149, 152, 155 ff.
Künzelsau 94
Kuppingen 86

Ladenburg, St. Sebastian (ehem. Galluskirche) 67
Lagny-sur-Marne 183
Lahr, Friedenskirche 66
Laichingen 76, 102

Lauffen a. N., Regiswindiskirche 90
Lauingen 80
Lausanne, St. Jean 194, 215
Leidringen 90
Lendsiedel 85
Leonberg, Stadtkirche 72
Leonberg-Eltingen 91
Leutschau, ev. Kirche 26
Leutschau, Gymnasialkirche *40*
Leutschau, Stadtpfarrkirche St. Jakobi 9 ff., *12 f.*, *22, 28 ff.*, *38, 43 f.*
Levoča s. Leutschau
Liebenzell 73
Lienzingen b. Mühlacker 92
Limersheim i. E. 65
Lobsdorf 166
Löchgau 81
Lombach 74
Ludwigsburg, Schloßkirche 74, 85
Ludwigsburg, Schloß 91
Ludwigsburg, Stadtkirche 86, 91
Ludwigsburg-Eglosheim 91
Ludwigsburg-Oßweil 81
Lund (Schweden) 200
Luzern, Stiftskirche 187

Machtolsheim 76
Magstadt 86, 90
Maichingen 73, 81, 112
Marbach, Stadtkirche 71
Markgröningen 70, 73, 81, 91, 95
Marksdorf s. Markušovce
Markušovce 27
Mannheim, Bürgerhospitalkirche 67
Mannheim, Große Hofkirche (Jesuitenkirche) 67
Maulbronn, Klosterkirche 72
Maulbronn, Kloster (Winterkirche) 76
Metterzimmern 95
Metz, Kathedrale 214
Metzeral 198, 207, 215
Metzingen 73
Miechow, Pfarrkirche 11
Mössingen 73
Möttlingen b. Bad Liebenzell 90, *113*
Mötzingen 86, 90
Mühlbach (Elsaß) 174, 176, *183*, 198 ff., 207 ff., 213, 224
München, Deutsches Museum 83

München, St. Peter   54, *61 f.*
Mundelsheim
Münsingen, Stadtkirche   89

Nabern, ev. Kirche   76, *103, 104*
Nagold, Stadtkirche   74 f.
Nebringen   75
Neckarbischofsheim   149
Neckarhausen   90
Neckarrems   76, 81
Neckarsulm, Deutschordensschloß   92
Neckarsulm, Stadtkirche   72, 92, 149
Neckartailfingen   73
Neckartenzlingen   89 f.
Neidlingen   76
Nellingen b. Esslingen   76
Neresheim, Klosterkirche   79, *96*, 99
Neubreisach   65
Neuenbürg, ev. Stadtkirche   74, *114*
Neuenstein   85
Neuhausen a. d. Erms   86
Neukirchen b. Waldenburg (Sa.)   165
Niederfüllbach   149
Niederwiera   165
Nufringen   74
Nußdorf b. Vaihingen   85

Oberdigisheim   76
Oberesslingen   76
Oberkochen   94
Oberlenningen   86
Oberriexingen   81
Obersontheim   81
Oberstenfeld, Stiftskirche   75, 91
Ochsenburg   75
Ödenwaldstetten   89
Oferdingen b. Reutlingen   90
Öffingen   74
Ofterdingen   73
Olkusz   11, 13 f., 21, 23, 44
Öschelbronn   75
Ostelsheim   92
Ötisheim   91
Ötlingen   76
Ottenhausen   74
Owen   73

Paris, Notre-Dame   181
Paris, St-Marcel   188, 210
Paris, St-Sulpice   181, 187

Pfaffenhofen (Elsaß)   174, 178, 199, 215, 217, 219, 223
Pfäffingen   89
Pfalzgrafenweiler, ev. Kirche   91, *102*, 103
Pfullingen   89
Philippsburg (Elsaß)   186
Pinache b. Mühlacker   73
Plauen i. Vogtland, St. Johannis   165
Pliezhausen   90
Plochingen   73
Plüderhausen   75
Poppenweiler   76
Port Gentil   214
Prešov   10

Reichenbach i. Vogtland, SS. Peter u. Paul   165
Reihen   149
Reilingen, ev. Kirche   *66 f.*
Remse b. Glauchau, Pfarrkirche St. Georg   165, *168,* 169
Renningen   81
Röhlingen b. Ellwangen   94
Rommelshausen b. Waiblingen   85
Rosenfeld   81
Roßwag   81, 92
Roßwälden   76
Rotenburg a. d. Fulda, Schloßkapelle   123
Rottenburg a. N., St. Martin   83
Rouen, ev. Kirche   200
Rouffach   224
Rutesheim   90

St. Ottilien, Benediktinerabtei   80
Schanbach   76
Schelklingen   102
Scheuerfeld   147
Schiltach   *112 f.*
Schlunzig   162
Schmalkalden, Schloßkapelle   123 ff., 133
Schönberg b. Meerane   165, *166,* 167
Schönenberg b. Ellwangen, Wallfahrtskirche   93, *102*
Schönfels b. Zwickau   167, 169
Schorndorf, Stadtkirche   75
Schützingen   92
Schwäbisch Gmünd, Hl. Kreuz   79, 93
Schwäbisch Hall   79

Schwäb. Hall, Katharinenkirche   81
Schwäb. Hall, St. Michael   79
Schwaikheim   76
Schwenningen   74
Seidmannsdorf   147
Seißen b. Ulm, ev. Kirche   76, 93, *102*
Sersheim   91, 94
Sesenheim   *177*
Sickenhausen   86
Siegelsbach   149
Siglingen   94
Sindelfingen   80 f.
Söhnstetten   75
Sonneberg   147
Sontheim a. d. Brenz   93
Sontheim b. Münsingen   75
Stammheim b. Calw   89
Stangengrün i. Vogtland   162
Steinenbronn   89
Steyr   82
Straßburg, Église libre   176
Straßburg, Hôpital Civil   176
Straßburg, Palais des Fêtes s. Straßburg, Sängerhaus
Straßburg, Sängerhaus   174 f., 176, 178, 181, 188, *189 ff.*, 192 ff.
Straßburg, St-Aurélien   176, 216
Straßburg, St. Nicolai   176, 185
Straßburg, St. Thomas; Chororgel   175, 185
Straßburg, St. Thomas; Hauptorgel   175, 188, 197
Straßburg-Kronenburg   176 f., 187 f., 202
Straßburg-Neudorf, prot. Kirche   201 f., 208 ff., 222 ff.
Straßburg-Ruprechtsau   176, 196
Strümpfelbach i. Remstal, ev. Kirche   76, *114 f.*
Stuttgart, herzogl. Gärten   72
Stuttgart, Hospitalkirche (ehem. Liebfrauenkirche)   72
Stuttgart, Leonhardskirche   72
Stuttgart, Stiftskirche   71 f., 73, 75 (Z. 10), 80, 93, *99*, 100
Stuttgart-Berg   91
Stuttgart-Stammheim   91
Stuttgart-Weilimdorf   86, 90
Sulz a. N., ev. Stadtkirche   70, 81, 86, *103*
Sulz b. Nagold   75, 90, *112 f.*
Suppingen   76

Tailfingen b. Herrenberg   74
Teinach   72 f.
Tettau   167
Tieringen b. Balingen, ev. Kirche   74, *104*
Tours   49
Trossingen   90
Tübingen   73
Tübingen, ev. theol. Stift   71
Tübingen, Schloßkapelle   71
Tübingen, Stiftskirche St. Georg   71, 86
Tuttlingen, Stadtkirche   72, 92

Unterensingen   86
Untergruppenbach   74
Unterheinriet   91, 111
Unterriffingen b. Ellwangen   93
Unterkochen   94
Upfingen   89
Urach, Stadtkirche   86, 90
Urnagold   74

Vaihingen a. d. Enz   84, 100, *101*
Vaihingen a. d. Enz, Stadtkirche   72
Villingen   92

Waiblingen   73, 76, 80
Waiblingen, Stadtkirche   91
Walddorf   89
Waldenbuch, Stadtkirche   89
Waldenburg (Sa.), Lehrerseminar   167
Waldenburg (Sa.), Lutherkirche   165
Waldenburg (Sa.), St. Bartholomäus   165
Wechingen (Ries), St. Veit   47 ff., *47*
Wechselburg, St. Otto   162
Weidensdorf   167
Weil der Stadt   81
Weilheim a. d. Teck   76
Weiler a. d. Zaber   91
Weinsberg   95
Weitersweiler   *186*
Wernsdorf b. Berga a. d. Elster   166
Wernsdorf b. Glauchau   167
Wertheim a. Main, Stadtkirche   81
Wiesenfeld   147
Wiesensteig, Collegiats-Stiftskirche   94
Wildbad   74, 92
Wildberg   75, 92
Wildberg, ev. Stadtkirche   73 f., *100*
Wilhelmsburg, Schloß s. Schmalkalden

233

Winnenden 70, 85
Winterlingen 110
Wittendorf 74
Wolfschlugen 76
Worms, Predigerkirche 82
Würzburg, Dom 133 f.
Wyhl a. K., St. Blasius 65 f.

Zavelstein 82
Zell b. Eichelberg 76
Zell b. Esslingen 115
Zwickau, Katharinenkirche 162
Zwickau, Marienkirche 162
Zwiefalten, Klosterkirche 100
Zwerenberg b. Calw 74

*Anschriften der Verfasser:*

Billeter, Dr. phil. Bernhard, An der Specki 33, CH-8053 Zürich
Gergelyi, PhDr. Otmar, Párovská 209, CS-949 01 Nitra
Hart, Günter, Pastor em., Kantstraße 12, D-3150 Peine
Hüttel, Dr. sc. Walter, Külzstraße 55, DDR-916 Glauchau
Kleemann, Gotthilf, Konrektor i. R., Triebweg 109, D-7000 Stuttgart 30
Meyer-Siat, Prof. Dr. P., 17, Route de Brumath, F-67 300 Schiltigheim
Oschler, Harald, Orgelbauer, Hombergstraße 3, D-7893 Jestetten
Sulzmann, Bernd, Orgelsachverständiger, Carl-Hermann-Jaeger-Straße 4, D-7637 Ettenheim
Winter, Willy, Boxbergring 15, D-6900 Heidelberg 1
Wurm, MUDr. Karol, Gottwaldova 1/B, CS-031 01 Liptovský Mikuláš

*Redaktionelle Zuschriften* sind zu richten an:

Oberstudiendirektor Alfred Reichling, Nikolaus-Fey-Straße 17, D-8700 Würzburg

*Bild-Nachweis:*

Otmar Gergelyi, Nitra: Nr. 1–7
Deutsches Museum München: Nr. 15
H. Olgemüller, Kronach: Nr. 30
Fritz Steinmeyer, Oettingen: Nr. 32
Hauptstaatsarchiv Stuttgart: Nr. 9

Landesdenkmalamt Baden-Württemberg, Stuttgart: Nr. 8, 10–14, 16–27
Bernd Sulzmann, Ettenheim: Nr. 31
Matthias Walther, Glauchau: Nr. 33, 34

Übersetzung der Zusammenfassungen ins Englische: The Reverend John L. Birley, Abtei Himmerod.
Übersetzung der Zusammenfassungen ins Französische: Ch.-W. Lindow, Maisons-Alfort (Art. Gergelyi/Wurm, Hüttel, Oschler, Sulzmann) und Prof. Dr. P. Meyer-Siat, Schiltigheim (Art. Billeter, Hart, Kleemann, Meyer-Siat, Winter).

# ACTA ORGANOLOGICA

HERAUSGEBER:

ALFRED REICHLING

---

Band 1

BERNSDORFF-ENGELBRECHT, CHRISTIANE: Kasseler Orgelbaugeschichte
DÄHNERT, ULRICH: Die Orgellandschaft Sachsen und Thüringen
FOCK, GUSTAV: Der historische Orgelbau im Küstengebiet zwischen Hamburg und Groningen (16. bis 18. Jahrhundert)
GROSSMANN, DIETER: Kurhessen als Orgellandschaft
HULVERSCHEIDT, HANS: Die rheinische Orgellandschaft
QUOIKA, RUDOLF: Bayern als Orgellandschaft
SCHUKE, KARL: Deutsche Orgellandschaft zwischen Elbe, Stralsund und Görlitz
STEHR, GUNNAR: Berlin als Orgelstadt
SUPPER, WALTER: Die Orgellandschaft Württemberg
UTERMÖHLEN, RUDOLF: Die Orgellandschaft zwischen der Elbe und den Niederlanden

Band 2

FISCHER, HERMANN: Der mainfränkische Orgelbau bis zur Säkularisation
HULVERSCHEIDT, HANS: Die Orgelbauer des Bergischen Landes vom 17. bis zum 19. Jahrhundert
MEYER-SIAT, P.: Die Orgelbauer-Familie Callinet
REUTER, CLEMENS: Der Orgelbau in den katholischen Kirchen des Rheinlands von 1700 bis 1900
SULZMANN, BERND: Der Orgelbau am Oberrhein im 18. und 19. Jahrhundert

Band 3

BÖSKEN, FRANZ: Historische Orgeln im Mainzer Raum
FISCHER, HERMANN: Die Beziehungen Mainfrankens zu anderen Orgellandschaften
KLAIS, HANS GERD: Gedanken über die Neuplanung von Orgeln
KLEUKER, DETLEF: Kunststoffe beim Windladenbau
MEYER-SIAT, P.: Die Orgelbauer-Familie Sauer
PAPE, UWE: Die Orgeln der Liebfrauenkirche zu Bremen
SCHMIDT, KURT: Das Hülsenmagnet-System
SUPPER, WALTER: Die wichtigsten Windladenarten
WINTER, HELMUT: Das Winddruckproblem bei den norddeutschen Orgeln im 17. und 18. Jahrhundert
WOLFF, CHRISTOPH: Die Architektur von Bachs Passacaglia

Band 4
BORMANN, KARL: Orgelbautraktat von Sebastian Wirth (1736–1820)
HOHN, P. ALBERT: Die Orgeln Johann Andreas Silbermanns
PAPE, UWE: Orgelbauer und Orgeln im ehemaligen Herzogtum Braunschweig
SELLE, LISELOTTE: Die Orgelbauerfamilie Gloger (1)
WOLFF, HEINZ: Die Gestalt alter und neuer Orgeln im niedersächsischen Raum

Band 5
ADELUNG, WOLFGANG: Statistische Untersuchungen an neuen Orgeln (1)
FRIDRICH, ZDENEK: Der Orgelbauer Jan Výmola
MEYER-SIAT, P.: Die Orgeln zu St-Nicolas in Straßburg
PAPE, UWE und SCHÄFER, JOHANNES: Die Graff-Orgeln in Ahlshausen und Hohnstedt
SELLE, LISELOTTE: Die Orgelbauerfamilie Gloger (2)
WALTER, RUDOLF: Beziehungen zwischen süddeutscher und italienischer Orgelkunst vom Tridentinischen Konzil bis zum Ausgang des Barock

Band 6
ADELUNG, WOLFGANG: Statistische Untersuchungen an neuen Orgeln (2)
BISTER, HERIBERT und SCHNEIDER-KLEMENT, ALBRECHT: Die Huygens-Fokker-Orgel im Museum Teyler zu Haarlem und die Möglichkeiten der 31-Ton-Temperierung
HEILING, HANS: Die Orgeln der Stadt Wien
LEUCHTMANN, HORST: Organisten und Orgelbauer in ihrer Beziehung zum bayerischen Herzogshof 1550–1600
SELLE, LISELOTTE: Die Orgelbauerfamilie Gloger (3)

Band 7
KLEEMANN, GOTTHILF: Die Orgelbauerfamilie Schmahl
LANGE, HELMUT K. H.: Die Orgelstimmung Gottfried Silbermanns
PAPE, UWE: Historische Orgeln und Prospekte in Bremen, Hamburg und der Lüneburger Heide
REHM, GOTTFRIED: Die Orgelbauerfamilie Oestreich
SENN, WALTER: Zur Lebensgeschichte von Hans Schächinger d. Ä. und Hans Schächinger d. J.
SULZMANN, BERND: Die Orgelbauerfamilie Stieffell und ihre Schöpfungen im 18. und 19. Jahrhundert
WINTER, WILLY: Die Genealogie der Orgelmacher Wiegleb und ihr Schaffen in Franken, Württemberg und Rheinhessen

Band 8
BIBA, OTTO: Donauländischer Orgelbau innerhalb der österreichischen Orgellandschaft
BÖSKEN, FRANZ: Die Orgel von Kiedrich
BRENNINGER, GEORG: Der Münchener Orgelbauer Hans Lechner

KLAUS, P. GREGOR: Über den Orgelbau in Vorarlberg
PAPE, UWE: Dispositionen und Prospektzeichnungen des 19. und 20. Jahrhunderts im Archiv der Firma Emil Hammer
PAPE, UWE: Die Dispositionsprinzipien des Orgelbauers Philipp Furtwängler in Elze
REHM, GOTTFRIED: Orgelbauer und ihre Arbeiten in den Kreisen Fulda und Schlüchtern
SENN, WALTER: Andreas Putz. Beiträge zu seiner Tätigkeit in Tirol
SULZMANN, BERND: Zwei Werkzeichnungen der Orgelbauer Stieffell
SULZMANN, BERND: Anmerkungen über Orgelwerke der Familie Ehrlich im nordbadischen Raum

Band 9

SCHÄFER, JOHANNES: Orgelchronik der Bergstadt Clausthal-Zellerfeld
SULZMANN, BERND: Die Orgel der Schloßkapelle zu Schwetzingen
WALTER, RUDOLF: Ein spanischer Registriervorschlag aus der Zeit um 1770
WURM, KAROL und GERGELYI, OTMAR: Historische Orgeln und Gehäuse in der Mittelslowakei

Band 10

BRENNINGER, GEORG: Die Orgeln der Münchener Heilig-Geist-Pfarrkirche
FISCHER, HERMANN und WOHNHAAS, THEODOR: Zum Œuvre der Münchener Orgelbauer Maerz
KLEEMANN, GOTTHILF: Conrad Schott, der blinde Orgelmacher aus Stuttgart (1561–1638)
MEYER-SIAT, P.: Georg Friderich Merckels Biographie
MEYER-SIAT, P.: Toussaint, Vater und Sohn, Orgelmacher zu Westhoffen
NOISETTE DE CRAUZAT, CLAUDE: Aristide Cavaillé-Coll (1811–1899)
REICHLING, ALFRED: Orgeln der Pfarre Bieberehren
SULZMANN, BERND: Nachrichten über Leben und Werk der Heidelberger Orgelmacher Ubhauser
TIELLA, MARCO: Das Positiv von Lorenzo da Pavia (1494)
TRINKAUS, ECKHARD: Neun fotografische Aufnahmen westfälischer Orgeln aus dem Jahre 1871 von Ludwig Bickell

# Veröffentlichungen der Gesellschaft der Orgelfreunde

1. Der Barock, seine Orgeln und seine Musik in Oberschwaben (Tagungsbericht Ochsenhausen 1951) / Hrsg. von Walter Supper / Verlag Merseburger, Berlin
2. Alte Orgelmusik (Bach-Strebel, Melchior Schild) / Hrsg. von Walter Supper / Verlag Merseburger Berlin
3. Musik des oberschwäbischen Barock / Hrsg. von Ulrich Siegele / Verlag Merseburger Berlin
4. Neue Orgelmusik (Eberhard Bonitz, Bernhard Rövenstrunck) / Hrsg. von Walter Supper / Verlag Merseburger Berlin
5. Orgelgehäusezeichnungen von A. G. Hill / Hrsg. von Hans Klotz und Walter Supper / Jahresgabe 1952 / Verlag Merseburger Berlin
6. Altbayern als Orgellandschaft (Tagungsbericht Ingolstadt-Weltenburg 1953) / Hrsg. von Rudolf Quoika / Jahresgabe 1953 / Verlag Merseburger Berlin
7. Rudolf Quoika, Albert Schweitzers Begegnung mit der Orgel / Verlag Merseburger Berlin
8. Walter Supper, Der sparsame Orgelsachberater / Sonderdruck als Neujahrsgabe 1956
9. Wolfgang Adelung, Elektronen-Instrument und Pfeifen-Orgel / Jahresgabe 1956 / Verlag Merseburger Berlin
10. Rhisé-Seggermann, Klingende Schätze. Orgelland zwischen Weser und Elbe / Jahresgabe 1957 / Oliva-Verlag, Cuxhaven
11. Altbayerische Orgeltage (Tagungsbericht Freising 1956) / Hrsg. von Rudolf Quoika / Große Jahresgabe 1956 / Verlag Merseburger Berlin
12. Richtlinien zum Schutze alter wertvoller Orgeln (Weilheimer Regulativ) / Hrsg. von Walter Supper / Verlag Merseburger Berlin
13. *Summaria der ergetzlichen Begebenheytten des Orgelmachers Daniel Brustwerckle* / Verlag Merseburger Berlin
14. Orgelbewegung und Historismus (Tagungsberichte Stade 1954, Malmö 1955 und Hannover 1955) / Hrsg. von Walter Supper / Jahresgabe 1954 und 1955 / Verlag Merseburger Berlin
15. Rudolf Quoika, Altösterreichische Hornwerke / Verlag Merseburger Berlin

16. RHISÉ-SEGGERMANN, Klingendes Friesland / Oliva-Verlag, Cuxhaven
17. WALTER SUPPER, Kleines Orgelbrevier für Architekten / Jahresgabe 1958 / Verlag Georg D. W. Callwey, München
18. GERARD BUNK, Liebe zur Orgel / Ardey-Verlag, Dortmund
19. ERNST KERN, Die Orgel / Sonderdruck als Jahresgabe 1960
20. ALBERT KNOEPFLI, Von der schweizerischen Orgeldenkmalpflege / Jahresgabe 1959 / Zwingli-Verlag, Zürich
21. Die Orgel in Geschichte und Gegenwart / Jahresgabe 1961 / Bärenreiter-Verlag, Kassel
22. Das Elektrium / Jahresgabe 1963 / Verlag Merseburger Berlin
23. CHRISTIAN ERBACH, Acht Canzonen für Orgel / Hrsg. von ALFRED REICHLING / Verlag Merseburger Berlin
24. HILDE PFEIFFER-DÜRKOP, Klingendes Ostfalen / Oliva-Verlag, Cuxhaven
25. RUDOLF REUTER, Die Grundlagen des Orgelbaus auf der Iberischen Halbinsel / Jahresgabe 1964 / Verlag Merseburger Berlin
26. Alte Musik für Tasteninstrumente / Hrsg. von GÜNTER BÖNIG / Verlag Merseburger Berlin
27. KARL BORMANN, Die gotische Orgel von Halberstadt / Jahresgabe 1965 / Verlag Merseburger Berlin
28. Zehn Sonaten aus G. C. ARESTI, Sonate da organo di varii autori (1687) / Hrsg. von ALFRED REICHLING / Verlag Merseburger Berlin
29. WALTER SUPPER, Die Orgel im Kirchenraum / Sonderdruck als Neujahrsgabe 1967
30. ACTA ORGANOLOGICA, Band 1 / Hrsg. von ALFRED REICHLING / Jahresgabe 1966 / Verlag Merseburger Berlin
31. Fränkische Orgelmeister des 17. Jahrhunderts, Heft 1 / Hrsg. von ALFRED REICHLING / Verlag Merseburger Berlin
32. ACTA ORGANOLOGICA, Band 2 / Hrsg. von ALFRED REICHLING / Jahresgabe 1967 / Verlag Merseburger Berlin
33. Fränkische Orgelmeister des 17. Jahrhunderts, Heft 2 / Hrsg. von ALFRED REICHLING / Verlag Merseburger Berlin
34. KARL BORMANN, Orgel- und Spieluhrenbau (nach den Aufzeichnungen des IGNAZ BRUDER) / Sanssouci-Verlag, Zürich und Konstanz
35. WOLFGANG ADELUNG, Orgelpfeifenmensuren-Rechenstab / Selbstverlag, Singen
36. ACTA ORGANOLOGICA, Band 3 / Hrsg. von ALFRED REICHLING / Jahresgabe 1968 / Verlag Merseburger Berlin
37. FRIEDRICH HÖGNER, Dreißig Choralvorspiele / Verlag Merseburger Berlin
38. ACTA ORGANOLOGICA, Band 4 / Hrsg. von ALFRED REICHLING / Jahresgabe 1969 / Verlag Merseburger Berlin
39. KARL BORMANN, Heimorgelbau / Verlag Merseburger Berlin
40. RUDOLF REUTER, Die Orgel in der Denkmalpflege Westfalens / Festgabe 1971 zum 20jährigen Bestehen der GDO / Bärenreiter-Verlag, Kassel
41. ACTA ORGANOLOGICA, Band 5 / Hrsg. von ALFRED REICHLING / Jahresgabe 1970 / Verlag Merseburger Berlin

42. WOLFGANG ADELUNG, Orgeln der Gegenwart – Bärenreiter-Verlag, Kassel
43. ACTA ORGANOLOGICA, Band 6 / Hrsg. von ALFRED REICHLING / Jahresgabe 1972 / Verlag Merseburger Berlin
44. HANS GERD KLAIS, Überlegungen zur Orgeldisposition / Verlag Das Musikinstrument, Frankfurt am Main
45. ACTA ORGANOLOGICA, Band 7 / Hrsg. von ALFRED REICHLING / Jahresgabe 1973 / Verlag Merseburger Berlin
46. HANS-GEORG BERTRAM, Concerto Urbinate II / Verlag Merseburger Berlin
47. ACTA ORGANOLOGICA, Band 8 / Hrsg. von ALFRED REICHLING / Jahresgabe 1974 / Verlag Merseburger Berlin
48. HANS LEO HASSLER, Canzonen / Hrsg. von ALFRED REICHLING / Verlag Merseburger Berlin
49. LEVENTE ZORKÓCZY, Hörsamkeit in Kirchen / Verlag Merseburger Berlin
50. ACTA ORGANOLOGICA, Band 9 / Hrsg. von ALFRED REICHLING / Jahresgabe 1975 / Verlag Merseburger Berlin
51. JUAN CABANILLES, Ausgewählte Orgelwerke I / Hrsg. von GERHARD DODERER / Süddeutscher Musikverlag Willy Müller, Heidelberg
52. JUAN CABANILLES, Ausgewählte Orgelwerke II / Hrsg. von GERHARD DODERER / Süddeutscher Musikverlag Willy Müller, Heidelberg
53. ACTA ORGANOLOGICA, Band 10 / Hrsg. von ALFRED REICHLING / Jahresgabe 1976 / Verlag Merseburger Berlin
54. ALBERT SCHWEITZER, Zur Diskussion über Orgelbau (1914) / Hrsg. von ERWIN R. JACOBI / DOCUMENTA ORGANOLOGICA, Band 1 / Verlag Merseburger Berlin
55. *Maison A. Cavaillé-Coll*, Paris 1889 (frz.-dt.) / Hrsg. von ALFRED REICHLING / DOCUMENTA ORGANOLOGICA, Band 2 / Verlag Merseburger Berlin
56. HERMANN J. BUSCH (Hrsg.), Orgeln in Paris / Verlag Merseburger Berlin
57. FRANZ ANTON MAICHELBECK, *Die auf dem Clavier spielende und das Gehör vergnügende Caecilia* (8 Sonaten), Augsburg 1736 / Hrsg. von ALFRED REICHLING / Verlag Merseburger Berlin
58. ACTA ORGANOLOGICA, Band 11 / Hrsg. von ALFRED REICHLING / Jahresgabe 1977 / Verlag Merseburger Berlin

Geschäftsstelle der Gesellschaft der Orgelfreunde e.V.: Schaffhauser Straße 22, D-7700 Singen